智能制造新模式应用丛书

智能制造探索与实践（二）
——试点示范项目汇编
（装备制造行业卷）

辛国斌　主　编
李　东　刘九如　王瑞华　副主编

电子工业出版社
Publishing House of Electronics Industry
北京·BEIJING

内 容 简 介

为深入贯彻落实制造强国战略部署，自 2015 年起，工业和信息化部已连续几年组织实施智能制造试点示范专项行动，共遴选并确定了 305 个试点示范项目，涉及 92 个行业类别，拉动投资超过千亿元。这些试点示范项目智能化改造后，在企业提质增效、降本减耗、提高核心竞争力等方面发挥了积极作用，有力支撑并带动了制造业转型升级，并探索形成了一批较成熟、可复制、可推广的智能制造新模式。在组织出版了首批 46 个智能制造试点示范项目案例汇编之后，为相关地区、行业、企业实施智能制造提供了借鉴与参考，形成了很好的效果。为扩大试点示范效应，加快示范企业典型经验的推广应用，对 2016 年和 2017 年的智能制造试点示范项目实施情况进行了梳理和汇编，分为《电子信息行业卷》《装备制造行业卷》《原材料行业卷》《消费品行业卷》四个分册（本书为《装备制造行业卷》），以持续营造全社会推广智能制造的良好氛围。

本书可为政府部门、制造企业及从事制造业政策制定、管理决策和咨询研究的人员提供参考，也可以供高等院校相关专业师生及对制造业感兴趣的读者学习阅读。

未经许可，不得以任何方式复制或抄袭本书之部分或全部内容。

版权所有，侵权必究。

图书在版编目（CIP）数据

智能制造探索与实践：试点示范项目汇编. 二，装备制造行业卷 / 辛国斌主编. —北京：电子工业出版社，2019.4
（智能制造新模式应用丛书）
ISBN 978-7-121-30838-3

Ⅰ. ①智… Ⅱ. ①辛… Ⅲ. ①智能制造系统—制造工业—工业项目—中国 Ⅳ. ①F426.4

中国版本图书馆 CIP 数据核字（2017）第 016052 号

责任编辑：郭穗娟

印　　刷：北京虎彩文化传播有限公司
装　　订：北京虎彩文化传播有限公司
出版发行：电子工业出版社
　　　　　北京市海淀区万寿路 173 信箱　邮编　100036
开　　本：787×1092　1/16　印张：25　字数：640 千字
版　　次：2019 年 4 月第 1 版
印　　次：2019 年 4 月第 1 次印刷
定　　价：88.00 元

凡所购买电子工业出版社图书有缺损问题，请向购买书店调换。若书店售缺，请与本社发行部联系，联系及邮购电话：（010）88254888，88258888。

质量投诉请发邮件至 zlts@phei.com.cn，盗版侵权举报请发邮件至 dbqq@phei.com.cn。

本书咨询联系方式：（010）88254502，guosj@phei.com.cn。

编委会

主任委员：苗 圩

副主任委员：辛国斌

委　　员：（按姓氏笔画排序）
　　　　　李 东　王瑞华　乔跃山　刘九如
　　　　　刘 杰　汪敏燕　苗治民　金 鑫

出版工作委员会

主　　编：辛国斌

副 主 编：李 东　刘九如　王瑞华

编写组成员：汪 宏　叶 猛　王 影　肖月华　郭小燕
　　　　　　李 强　曲晓杰　林 啸　徐 静　尹 峰

参与编写人员：（按姓氏笔画排序）
　　　　　　马春生　王 蓉　左世全　白 华　白晓威
　　　　　　吕 翔　吕 鹏　刘贺贺　苏 铮　庞国锋
　　　　　　吴 锋　佘伟珍　张 凯　张荣瀚　陈春梅
　　　　　　陈颖涛　郭穗娟　董 挺　夏 鹏　秦 聪

序

近代大国兴衰的历史经验表明，制造业是立国之本、强国之路，制造业强则国家强。当前，国内外形势正在发生深刻复杂的变化，新一轮科技产业变革加速重构全球创新版图，各制造强国均奋力把握全球科技产业革命的机遇，重塑制造业竞争新优势。改革开放40年以来，我国制造业持续快速发展，支撑了中国经济的高速增长，也为全球经济稳定增长做出了突出贡献。但近年来受发达国家和发展中国家双向挤压影响，我国制造业传统比较优势正逐步削弱，正处在转变发展方式、优化经济结构、转换增长动力的重要关口。

习近平总书记在2018年两院院士大会上指出，要把握数字化、网络化、智能化融合发展的契机，以信息化、智能化为杠杆培育新动能。智能制造是促进制造业向中高端迈进、建设制造强国的重要举措，是打造具有国际竞争力的制造业，提升我国综合国力、保障国家安全、建设世界强国的必由之路。习近平总书记明确要求，要以智能制造为主攻方向推动产业技术变革和优化升级，推动制造业产业模式和企业形态根本性转变。这为中国制造业的创新驱动、转型升级指明了发展方向。

过去几年，在各部门、地方密切配合下，我国智能制造初步形成了中央、地方、行业、企业等多方协同推进体系，企业和地方对推进智能制造的认识不断深入、积极性高涨，利用数字化、网络化、智能化手段持续推进制造业转型升级，一些短板技术取得突破，一些供给能力逐步形成，一些模式变革初现端倪，一些创新主体孕育而生，智能制造在构筑现代化制造体系方面的作用进一步凸显。

但是，推进智能制造是一项复杂而庞大的系统工程，由于我国发展基础相对薄弱、发展环境不够健全，仍面临着应用水平偏低、核心关键技术受制于人、生态体系建设不完善等问题，需要一个循序渐进、持续改善的过程，难以一蹴而就。下一步，我们将以习近平新时代中国特色社会主义思想为指导，全面贯彻新发展理念，以深化供给侧结构性改革为主线，以高质量发展为第一要务，按照制造强国战略总体部署，加快发展智能制造，为实现"两个一百年"奋斗目标、实现中华民族伟大复兴做出更大的贡献。

2019 年 3 月

前言

习近平总书记指出,"新科技革命和产业变革的时代浪潮奔腾而至,如果我们不应变、不求变,将错失发展机遇,甚至错过整个时代。"智能制造作为这场变革的重要标志,业已成为工业发达国家竞逐的焦点。

近年来,我们积极贯彻实施制造强国战略,把发展智能制造作为主攻方向,初步构建形成了智能制造多方协同推进体系,设计了"研究牵引、上下协同、领先示范、标准推广、应用拉动"的实施路径,以试点示范、新模式应用推广、标准体系建设和系统解决方案供应商培育为具体抓手,智能制造发展取得了明显成效。尤其是从2015年开始的智能制造试点示范专项行动,在中央的统一领导下,各行业、各地区和广大企事业单位密切配合、协同推进,聚焦制造关键环节,解决技术融合难题,探索系统解决方案,加快面上整体提升,注重标准引领、创新迭代,遴选出305个智能制造试点示范项目,建成208个具有较高水平的数字化车间/智能工厂和188个智能制造标准试验验证平台,培育出35家主营业务收入超过10亿元的系统解决方案供应商,推动企业制定智能制造标准草案近千余项,涉及92个行业类别,拉动投资超过千亿元,初步形成了各具特色的区域智能制造发展路径,有效促进了制造业的转型升级。

在连续推进智能制造试点示范专项行动中,一批先行先试的企业不断探索与实践,在不同行业起到了引领示范作用。一是装备制造行业示范企业通过实施智能制造有效解决了多品种、小批量、快响应等共性行业问题,实现了柔性化、可定制生产,远程运维技术与应用模式趋于成熟,带动企业由生产型制造向服务型制造转变的步伐明显加快,装备制造企业智能化转型,有效拉动智能装备产业的投资和发展。二是电子信息行业示范企业实现了设备的互联互通、数据的纵向集成,信息开始在企业内自动传递,可以被终端获取、分析;推动产业链各企业在研发、设计、生产、制造、供应链管理等价值链环节综合集成,为进一步提高产业链协作效率打下基础。三是消费品行业示范企业实现快速响应用户的需求,快速交付产品,产品质量追溯、大规模个性化定制能力得以提升,产品品质的稳定性和可靠性也进一步提高。四是原材料行业示范企业针对工艺复杂、控制点多、系统庞大等问题，通过数字化车间、智能工厂建设，感知、预测、协同和分析能力明显提升，有效提升企业在资源配置、工艺优化、过程控制、产业链管理、质量控制与溯源、节能减排及安全生产等方面的智能化水平。

为继续扩大试点示范效应，我们组织对 2016 年和 2017 年的智能制造试点示范项目实施情况进行了梳理，归纳典型做法和经验汇编成书，丛书分为装备制造行业、电子信息行业、消费品行业、原材料行业四卷，围绕五种智能制造新模式以及工业互联网和人工智能等新技术创新应用，系统阐述示范企业实施智能制造的具体做法、实践经验和示范意义，可为相关地区、行业、企业推进智能化制造提供借鉴与参考。案例中既有大型企业在智能化改造方面的难处与对策，也有中小企业智能转型升级的困难和办法，期望广大企业能够参考借鉴，找准发展智能制造的切入点和落脚点，降低试验成本和风险，加快智能化转型升级，以持续营造全社会推广智能制造的良好氛围。

智能制造是新一代信息通信技术与先进制造业深度融合的新型生产方式。加快发展智能制造，不仅有利于优化提升产业链、价值链，而且有利于推动制造业质量变革、效率变革和动力变革，从根本上解决制造业高质量发展问题。在新的形势下，我们要以习近平新时代中国特色社会主义思想为指导，不折不扣地贯彻落实党中央、国务院的决策部署，全力以赴推动智能制造再上新台阶，以扎实的成效推动制造业数字化、网络化、智能化发展，为加快制造强国建设做出新的更大贡献。

2019 年 3 月

目 录
Contents

01 缝制设备远程运维服务试点示范——北京大豪科技股份有限公司 /1

02 数字压力校验装置智能制造试点示范——北京康斯特仪表科技股份有限公司 /9

03 智能伺服电机数字化车间试点示范——北京超同步伺服股份有限公司 /16

04 鼓风机远程运维服务试点示范——沈阳鼓风机集团股份有限公司 /24

05 数控机床智能制造试点示范——大连机床（数控）股份有限公司 /30

06 发电设备远程运维服务试点示范——哈尔滨电机厂有限责任公司 /35

07 C919飞机网络协同制造试点示范——中国商用飞机有限责任公司 /40

08 重型车用发动机智能制造试点示范——一汽解放汽车有限公司无锡柴油机厂 /44

09 高速动车组转向架智能制造试点示范——中车青岛四方机车车辆股份有限公司 /52

10 精密机械零部件数字化车间试点示范——山东威达机械股份有限公司 /57

11 客车智能制造试点示范——郑州宇通客车股份有限公司 /60

12 船海工程机电设备数字化车间试点示范——武汉船用机械有限责任公司 /65

13 智能用电管理终端智能工厂试点示范——威胜集团有限公司 /71

14 土方机械智能制造综合试点示范——广西柳工机械股份有限公司 /78

15 微小惯性器件智能制造试点示范——中航工业西安飞行自动控制研究所 /85

智能制造探索与实践（二）——试点示范项目汇编（装备制造行业卷）

16 节能重卡变速器智能制造试点示范——陕西法士特齿轮有限责任公司 /89

17 智能控制阀数字化工厂试点示范——吴忠仪表有限责任公司 /94

18 风电设备远程运维服务试点示范——新疆金风科技股份有限公司 /99

19 新能源汽车动力电池智能制造试点示范——孚能科技（赣州）有限公司 /104

20 环卫装备远程运维服务试点示范——劲旅环境科技有限公司 /110

21 8档自动变速器智能制造试点示范——盛瑞传动股份有限公司 /115

22 铝合金汽车轮毂智能制造试点示范——浙江今飞凯达轮毂股份有限公司 /125

23 高压开关数字化车间试点示范——西安西电开关电气有限公司 /129

24 汽车焊装数字化车间试点示范——奇瑞汽车股份有限公司 /137

25 农业精量灌溉装备智能制造试点示范——大禹节水集团股份有限公司 /142

26 高端流体控制与执行元件智能制造试点示范——徐州徐工液压件有限公司 /146

27 混凝土车辆远程运维服务试点示范——河南森源重工有限公司 /155

28 航空航天复杂零部件智能制造试点示范——上海上飞飞机装备制造有限公司 /161

29 核电系统远程运维服务试点示范——中广核工程有限公司 /168

30 电力装备智能制造试点示范——南京国电南自电网自动化有限公司 /173

31 汽车零部件数字化车间试点示范——吉林金洪汽车部件股份有限公司 /179

32 航天器结构件智能制造试点示范——上海航天设备制造总厂 /185

33 商用车辆智能制造试点示范——北汽福田汽车股份有限公司 /192

34 船用柴油机核心部件数字化车间试点示范——重庆红江机械有限责任公司 /198

35 曲轴数字化车间试点示范——桂林福达重工锻造有限公司 /209

目 录

36 大型精细破碎筛分成套装备远程运维服务试点示范
　　——上海云统创申智能科技有限公司 /219

37 电梯智能工厂试点示范——杭州西奥电梯有限公司 /229

38 新能源汽车动力电池智能工厂试点示范——深圳市比克动力电池有限公司 /238

39 工业装备远程运维服务试点示范——安徽容知日新科技股份有限公司 /244

40 汽车智能制动系统智能制造试点示范——浙江力邦合信智能制动系统股份公司 /249

41 光伏电力系统关键设备数字化车间试点示范——特变电工西安电气科技有限公司 /253

42 曲轴、连杆数字化车间试点示范——天润曲轴股份有限公司 /261

43 商用车智能工厂试点示范——一汽解放青岛汽车有限公司 /269

44 重型拖拉机智能制造试点示范——中国一拖集团有限公司 /277

45 铝合金摩托车轮毂智能工厂试点示范——浙江万丰摩轮有限公司 /282

46 工程机械远程运维服务试点示范——中联重科股份有限公司 /291

47 锅炉智能控制及远程运维服务平台——博瑞特热能设备股份有限公司 /300

48 汽车智能制造试点示范——大运汽车股份有限公司 /313

49 机器人智能工厂试点示范——沈阳新松机器人自动化股份有限公司 /322

50 汽车底盘制造智能工厂试点示范——宁波建新底盘系统有限公司 /328

51 活塞智能制造试点示范——安徽环新集团有限公司 /334

52 钛酸锂电池智能车间试点示范——河北银隆新能源有限公司 /341

53 汽车线束智能工厂试点示范——昆山沪光汽车电器股份有限公司 /350

54 新能源汽车动力电池智能工厂试点示范——惠州亿纬锂能股份有限公司 /359

55 新能源汽车动力电池智能制造试点示范——青海时代新能源科技有限公司 /367

56 金属增材制造智能工厂试点示范——西安铂力特激光成形技术有限公司　/371

57 风电设备远程运维服务试点示范——明阳智慧能源集团股份公司　/375

58 新能源汽车动力电池智能制造试点示范——妙盛动力科技有限公司　/383

01 缝制设备远程运维服务试点示范

——北京大豪科技股份有限公司

一、项目实施背景与状况

(一) 项目实施背景

1. 缝制设备制造业遇到发展瓶颈

缝制加工业是设计服装、箱包、鞋帽、汽车、家具、篷帆、家纺装饰等产品加工的重要行业，与提高人民生活水平，实现小康社会密切相关，是典型的制造产业。

近两年缝制设备制造业和中国其他制造产业一样出现了终端市场需求疲软、发展增速放缓的情况。发达国家"再工业化"、新兴经济体"承接转移"、国内出现少量资本"抽逃"实体经济迹象——在全球经济复苏乏力的"后危机时代"，作为"世界工厂"的中国缝制设备制造业，如何直面压力、突出重围、再造"新辉煌"，是摆在每个行业领导者们面前的难题。

2. 创新驱动转型升级是必由之路

"创新驱动、转型升级"的总体发展思路，走行业可持续发展道路已经是行业内普遍形成的共识。但是创新的方向在哪里？产品向何处转型？找准缝制设备发展的方向是决定未来中国制造能否突破"大而不强"，缺少具有核心竞争力产品窘境，决定这个行业未来发展的关键所在。

3. 实施缝制设备智能制造远程运维服务模式的优势

北京大豪科技股份有限公司（以下简称"大豪"）电控产品涵盖工业缝纫机、特种缝纫机、电脑刺绣机、横织机、电脑织袜机，应用覆盖缝制设备加工业的多个领域，具备可以统一不同缝制设备的网络接口和通信协议的实现基础，可以满足缝制设备加工企业多种缝制设备单元统一协调生产管理需要。电控系统自身具备的数据采集感应单元的先天优势，为实施缝制设备智能制造远程运维服务模式的数据采集提供了保证。

（二）项目总体思路

本项目开发新型智能缝制设备电控系统集成了工业互联网接口，具备实时数据采集、通讯和远程控制功能。构建缝制设备智能远程运维云服务平台可以实现缝制行业各类生产线中多种设备联网管理和远程运维服务，如工作数据统计和管理、设备监控、故障预警与预防性维护、远程故障诊断和远程升级、专家系统和决策支持等。接入的工厂还可实现对生产设备、物流订单、人力资源的管理，并和企业资源计划（ERP）、产品全生命周期管理（PLM）等系统数据对接。

（三）项目实施预期目标

通过构建缝制行业各类设备的智能远程运维云服务平台，提供公共服务和数据资源，可以实现行业工业化和信息化的深度融合，提高智能化水平。通过对已接入该平台的百余家工厂近万台设备运行情况统计，改造后的智能工厂可以提高生产效率25%，废品率降低20%，运营成本减低20%。后续全行业还有几百万台具备联网能力的缝制设备可接入该平台，项目市场前景巨大。

项目还规划了云服务平台后续多个增值服务，其中家用缝制创意产业可实现行业的"双创"发展模式，具有较高的社会效益和经济效益。

二、项目主要实施内容

（一）智能集成一体化缝制设备电控系统——实现缝制设备智能化

智能集成一体化电控系统（见图1-1）是大豪公司最新推出的一款高端电控产品，突破以往缝制设备电控系统设计传统，革命性地采用全新的集成一体式电控架构优化设计，突破性地实现了主控系统和驱动系统的全面集成整合，控制性能全面提升，电控与整机接口大幅减少，电控安装应用更加简单方便；采用专用定制CPU芯片"大豪芯"，实现缝制设备控制、显示系统和电机驱动控制应用的全面整合优化。

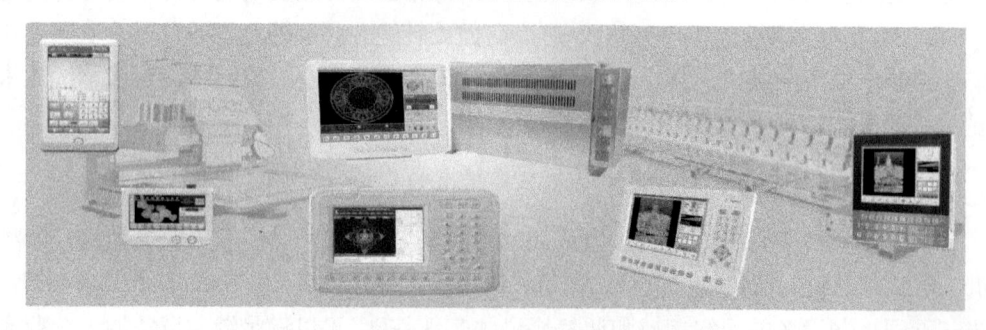

图1-1 智能集成一体化缝制设备电控系统

该产品应用覆盖工业缝纫机、特种缝纫机、电脑刺绣机、横织机、电脑织袜机，具备可以统一不同缝制设备的网络接口和通信协议的实现基础,可以满足缝制设备加工企业多种缝制设备单元统一协调生产管理需要。该产品是专门面向网络应用设计开发的,采用统一网络接口和通信协议,实现整个服装机械生产线中多种缝制设备联网管理和自动控制。具备实时数据采集、通信和远程控制功能,能够采集并上传设备运转状态、下传缝制工序和工艺,还能根据远程指令灵活调整工作模式。

(二)缝制设备智能服务云平台

缝制设备智能服务云平台架构如图1-2所示。

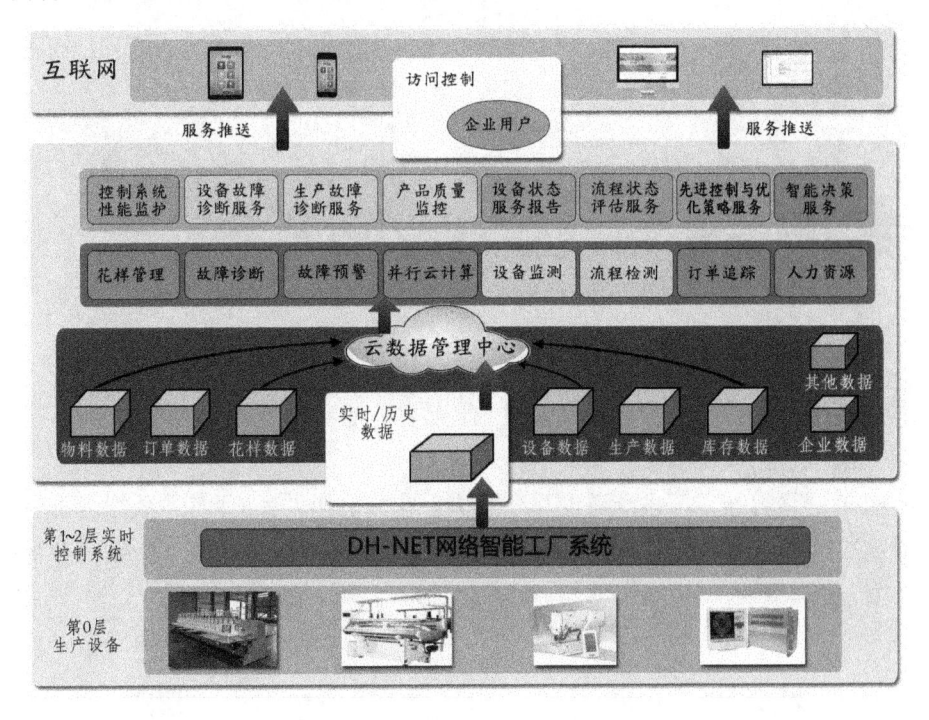

图1-2 缝制设备智能服务云平台架构

1. DH-NET 网络智能工厂管理系统

DH-NET 网络智能工厂管理系统可以实现缝制行业各类生产线中多种缝制设备联网管理和运维服务:

- ➢ 设备工作数据存储与挖掘。
- ➢ 设备实时监控。
- ➢ 设备参数管理。
- ➢ 花样管理。
- ➢ 故障预警与预测性维护。
- ➢ 远程故障诊断与修复。

- 远程升级。
- 生产订单管理。
- 加工生产管理。
- 人力资源管理。

DH-NET 网络智能工厂管理系统（见图 1-3）目标是实现多台缝制设备的联网生产管理，系统采用了多项业界领先的技术，大幅度提高了传统工厂的智能化水平。同时，提升了管理水平。

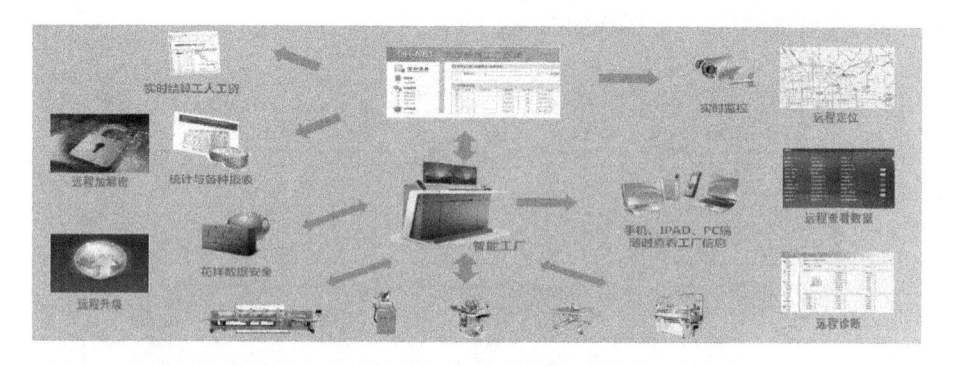

图 1-3　DH-NET 网络智能工厂管理系统

系统通过对缝制设备数据的直接采集，承上启下地实现了缝前、缝中、缝后整个服装工艺产品线的数字化设备解决方案。

DH-NET 网络智能工厂系统通过互联网从全球各地和大豪（北京）数据运维中心交互数据，通过实时数据交互实现大豪对终端客户的远程运维服务，实现了缝制设备智能服务云平台，如图 1-4 所示。

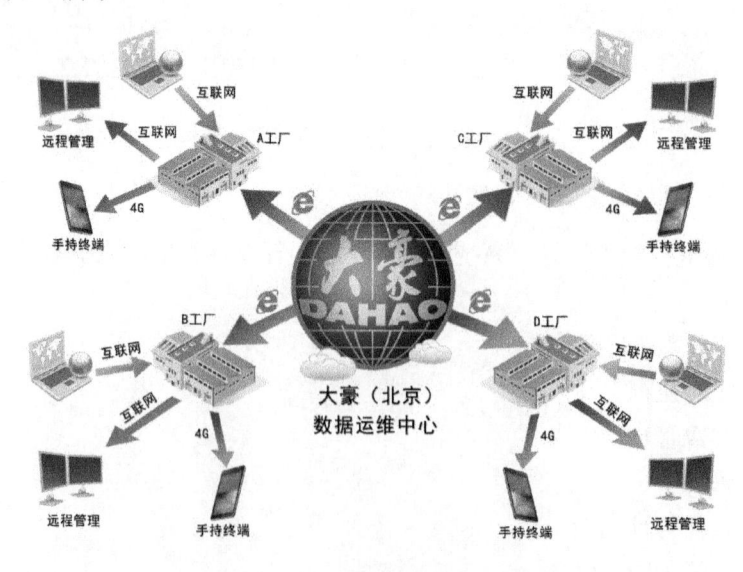

图 1-4　缝制设备智能服务云平台

智能服务云平台提供给各级管理者一个智能化的网络管理平台，可支持 PC、PAD、手机等设备随时随地远程查看，让工厂管理和客户服务变得更简单、流畅并且透明。DH-NET 网络智能工厂系统客户端如图 1-5 所示。

图 1-5　DH-NET 网络智能工厂系统客户端

2．整合企业相关系统提供一体化管理服务

DH-NET 网络智能工厂系统可以和企业 ERP、CRM 等系统实现数据对接，实时、准确地采集整个工厂的生产数据，包括工人的工作记录、机器工作数据和工作内容等，通过这些数据进行生产过程的监控和订单完成情况的跟踪，管理细度由每月每天精确到每分每秒。通过工厂、车间、机器各维度图文报表，给工厂管理者的决策提供各方面的数据支持，向企业传统的"经验式决策"中加入了新的"数据分析"元素。

3．打造专家系统为企业提供全天候服务

DH-NET 网络智能工厂系统基于客户运维模式推出了远程运维服务，并打造专家系统为客户提供服务。

远程运维服务平台专家检测系统（见图 1-6）的优势：

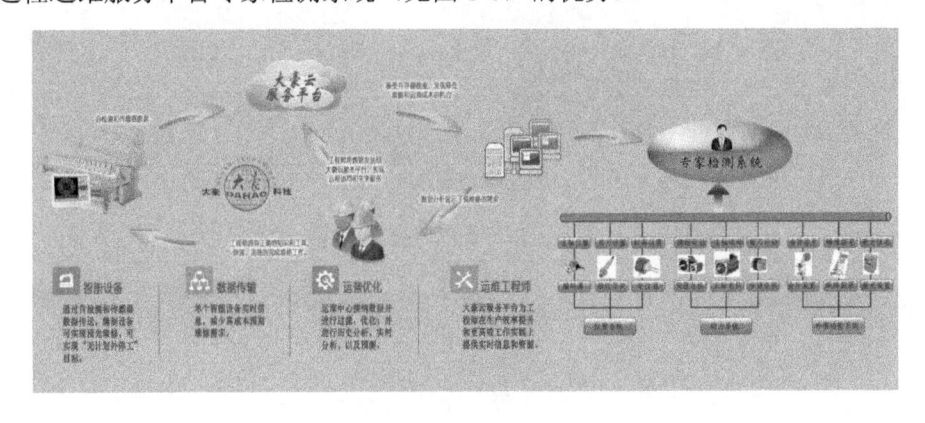

图 1-6　远程运维服务平台专家检测系统架构

- 专业工程师提供 7×24 小时不间断服务。
- 监控设备状态，及时处理设备故障。
- 监测设备健康度，预测可能发生的潜在问题。
- 专家系统贯穿设备运行各个环节，提升生产效率和产品质量。
- 提供安装、调试、改造、维护、修理等一站式服务，降低维护成本。

（三）缝制行业大数据平台

利用缝制行业大数据平台，实现整个缝制加工业的大数据采集、分析和智能服务。

在 DH-NET 网络智能工厂系统的远程运维服务云平台的基础上，大豪通过建设缝制设备网络管理公共信息服务数据中心，打造提供公共服务和数据资源的缝制设备大数据平台（见图 1-7）。

智能工厂的高效运转的同时，缝制加工数据（花样数据、生产数据、机器运行数据、加工能力数据）都源源不断上传到云平台上，形成缝制制造行业的大数据。对这些数据进行分析汇总，数据挖掘，缝制设备智能服务云平台为行业开拓扩展新的缝制行业模式，构建基于物联网的新型缝制行业生态圈。逐步衍生出花样交易云平台、整机销售租赁平台、云打版平台、家用机云平台、垂直电商云平台、整机生产管理。

依托缝制设备公共服务和数据资源云服务平台可以集成多项平台业务，各平台业务间会相互关联，共同营造缝制制造加工行业生态圈，创造出丰富的商业盈利模式。

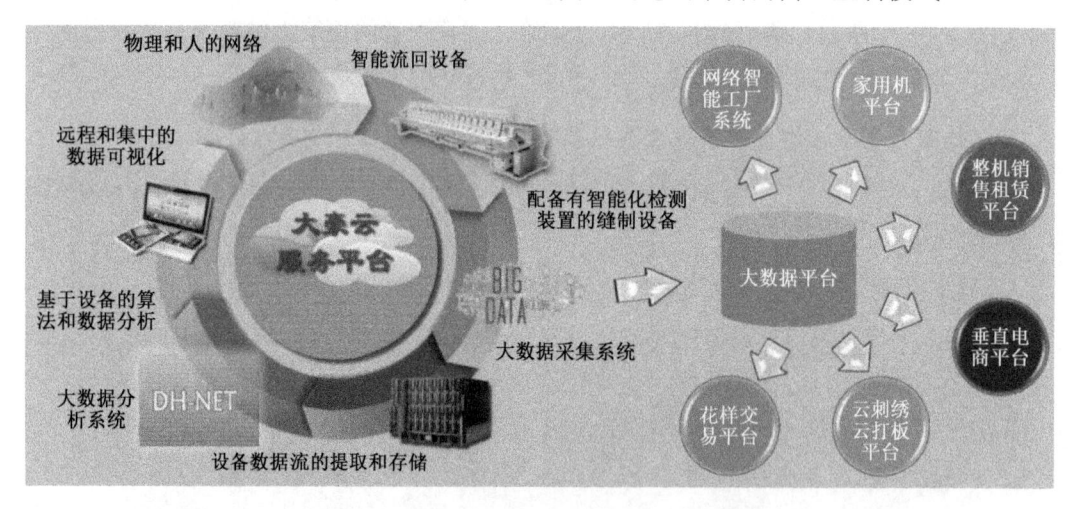

图 1-7　基于缝制设备智能服务云平台的大数据平台

三、实施成效

大豪 DH-NET 网络智能工厂管理系统在全国已经接入 100 余家大中小型企业，并提供了云平台远程运维服务，覆盖广州、佛山、汕头、绍兴、青岛等多个地区，与汕头康氏、广州海帝、青岛永元、绍兴金蝉、佛山多龙、多彩等行业龙头企业进行深度的合作,目前已有10 000多台缝制设备使用大豪DH-NET网络智能工厂系统及其智能服务云平台,随着终端用户对系统的逐步认可,这个数字正在进一步增长中。

随着项目的进展,大豪加强了在海外的布局,DH-NET智能工厂系统已在印度新德里、苏拉特、巴基斯坦拉合尔和越南胡志明等地区实现大豪智能缝制设备的接入,海外共接入设备超过500台。目前,中印巴等地区每年有3万～5万台配套大豪智能电控系统的缝制设备需求,随着设备不断地增加和对智能服务的需求提升,预计后续接入系统的节点数将出现爆炸式的增长。

通过大豪DH-NET网络智能工厂管理系统及其智能服务云平台可以帮助企业提高管理水平,提高企业的生产效率,降低运营成本。经测算实施后的工厂生产效率总体提升25%以上,不良品率降低20%,运营成本降低20%。实施前后成效对比见表1-1。

表1-1 智能制造实施前后成效对比

	成效评价项目	实施前	实施后	变化情况
智能制造实施前后成效对比	运营成本	150元/台·天	120元/台天	降低20%
	生产效率	80万针/台·天	100万针/台天	提高25%
	产品研制周期	6天	4.2天	缩短30%
	产品不良率	30件/万件	24件/万件	降低20%
	能源利用率	70%	75%	提高5%

四、实施经验

本项目为传统制造业,通过信息化和工业化相结合,实现传统缝制设备制造业向信息服务业延伸和转变,提升产业竞争力提供了非常典型的示范作用,具体表现在以下几方面。

(一)符合制造设备智能化的变革方向

本项目实现智能化缝制设备控制及网络管理系统的产业化。将加快智能化缝制设备的普及应用,将有利于服装加工产业的生产设备的更新换代,劳动密集型产业结构有望得到彻底改善,通过网络生产管理系统,提高生产加工效率,服装加工企业将摆脱劳动力成本和劳动力匮乏的发展桎梏,有利于快速实现大规模集约化的产业发展,将彻底改变"一人一机"的缝制设备生产模式,实现"一人多机",多机种综合生产加工模式,将工人从繁重复杂的劳动中解放出来,带动机电一体化高端缝制设备数量的快速增长,从而带动上游产业的发展。

（二）实现传统制造业向服务型制造业的延伸

通过建设缝制设备公共服务和数据资源云服务平台。可以实现缝制加工产业链管理和缝制设备网络信息系统管理的云服务化。并提供服装加工企业用户应用此系统的云服务器数据服务，提供安全可靠的信息服务；整合缝制行业的优秀数据资源，增强数据安全性和应用效率。

由于缝制加工制造业和其他大部分轻工行业同为典型的劳动密集型加工制造业，因此本项目所作出的智能制造升级改造的项目实施方案很容易被其他相关轻工行业所借鉴，如纺织加工业、印染加工业、造纸加工业及皮革加工业，具有较强的示范作用。

（三）建设基于互联网的"双创"平台

未来的制造加工业不再是密集的工人、庞大的生产规模，而是人、机器、数据的互联，结合各种信息技术进行数字化的柔性制造。该项目可以构建家用缝制设备云服务平台，该平台实现了"线上云设计平台+线下体验店+云工厂=极具创意的个性化商品"的创新商业模式实践，在服装缝制应用领域将具有非常广阔的市场前景。通过缝制设备加工业和互联网信息产业结合，开创服装创意应用服务产业。实现传统制造业向信息服务业的延伸。在缝制加工行业领域实现李克强总理提出的"大众创业、万众创新"的"双创" 发展模式具有非常典型的行业示范作用。

编委会：潘 磊　　编写组：周 游

02 数字压力校验装置智能制造试点示范

——北京康斯特仪表科技股份有限公司

一、项目实施背景与状况

(一)项目实施背景

1. 数字压力校验装置具有广阔的市场空间

我国仪器仪表行业呈稳定增长的态势,在市场中健康有序的发展。仪器仪表行业成为发展最快的行业之一,压力校验装置市场同样增长迅速。近年许多新兴产业的出现,环保节能、低碳等条件的倡导和要求,生产环境发生了改变,均成为仪器仪表的新的增长点。并且,随着国内创新意识和创新能力的加强,仪器仪表的产品更新周期也在逐步缩短,国际上常见的仪器仪表的更新周期在2~4年,随着我国生产力总体水平和设备投资的提高,以及我国仪器仪表的出口的增加,我国的压力检测仪器仪表的需求量年增长率一直保持在10%以上。

2. 国产仪器仪表在高精端领域相对薄弱

压力校验装置的生产按照技术的难易程度,呈现不同的发展态势。目前标准级以上压力检测仪器仪表的精密度、稳定度水平较高,对企业的生产技术、生产工艺均有较高要求。该类产品大部分的国内市场份额被国外的供应商占有。此类供应商有较长的生产历史,在客户中形成良好的口碑,主要占据某一或几种标准化压力检测产品的市场,实现了规模化生产。国内企业由于拥有人力成本低、价格低廉、服务优质及个性化产品的特点,国内优秀压力检测仪器仪表生产商发展前景广阔。

为了提升产品质量并实现国际化的战略,北京康斯特仪表科技股份有限公司(以下简称"康斯特")于2014年在海淀区永丰产业基地着手建立智能制造生产线,通过两年多的努力,最终建成了数字化的加工中心、组装中心和发货中心。

（二）项目总体思路

本项目的总体思路是，建立一座集数字化、智能化、信息化于一体的数字压力校验装置智能制造工厂，根据加工中心、组装中心和发货中心各自需求和特点，打造生产全流程、产品全周期的数字化生产管理模式，实现智能制造的目标。

（三）项目实施预期目标

1．扩大产能，提高市场占有率

本项目利用自有厂房面积 2 691.80 平方米用于生产制造，通过对该厂房装修、设备购置及安装，实现产能的扩增。项目建成后，将新增产能数字精密压力表 6 000 台/年、智能压力校验仪 2 150 台/年、智能压力发生器 200 台/年及压力校验器 3 000 台/年。

2．降低成本、实现规模效应

公司产品的成本主要为原材料成本及人力成本。

（1）原材料成本：随着本项目的实施，一方面公司生产规模扩大，导致原材料采购规模相应扩大，从而提升公司相对的市场地位，提高公司的议价能力，保证采购质量的同时确保公司采购的价格优势；另一方面随着规模的扩大，公司可以根据不同系列、型号的产品对零配件质量的不同要求，分别进行采购，改变以往类似产品组按零配件的最高要求采购的一揽子采购方法，实现对产品成本的有效控制，进一步提高公司产品的竞争力。

（2）人力成本：目前公司的所有产品都已实现流程化生产，但由于场地有限，公司只有提早制订生产计划，把不同型号的产品在不同的时间段进行分别生产。因为公司的产品型号较多，不同产品在量程、准确度等方面分类标准不同，为了满足市场需求经常需要对生产计划进行调整，频繁的生产计划调整容易导致人力成本的浪费。扩产后，公司将为主要产品设置专门的生产线，有利于产品生产的效率的提高；专业化的生产设备也可以进一步降低人力成本。

3．提高产品品质

产品质量除了依靠核心生产技术外，还与生产设备、生产环境、工人的熟练操作程度有关，目前公司的生产设备与生产环境同业内的国际领先企业相比均存在一定差距，成为影响产品质量的重要因素之一。

本项目的建设，购置先进的设备，并建造稳定的防静电、防尘的工作环境，进而提升产品的生产效率和稳定水平。另外，公司将通过研发中心项目继续提升技术、工艺水平，并构建更加稳定及科学的质检环境，实现对产品质量的准确把握和严格把控。

4．提升国产产品竞争力

仪器仪表应用领域广泛，在国民经济建设各行各业的运行过程中承担着把关和指导者的任务。由于其地位特殊、作用大，对国民经济有倍增和拉动作用，有着良好的市场需求和巨大的发展潜力。"十二五"期间是我国仪器仪表行业发展最快的 5 年，迄今为止，我国已经成为国际仪器仪表行业规模最大的国家之一，也是发展中国家仪器仪表行业规模最大、产品品种最齐全的国家。但我国仪器仪表行业还存在国产产品稳定性和可靠性与国外产品有明显差距、自主创新能力不足、集中度低、企业结构不合理等问题，致使我国高端仪器仪表领域严重依赖进口。

二、项目主要实施内容

（一）智能制造项目总体设计模型

数字压力校验装置智能制造项目是典型的多品种、小批量生产模式，主要分为加工中心、组装中心、发货中心。本项目总体设计模型如图 2-1 所示。

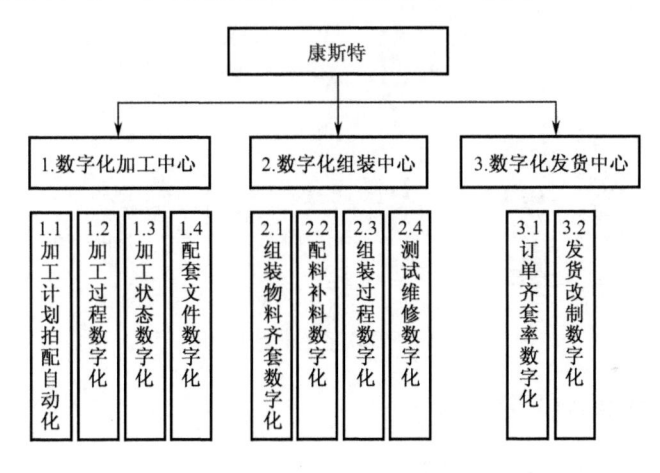

图 2-1 项目总体设计模型

（二）先进设计技术采用情况

1. 数字化三维设计与工艺技术的应用情况

本项目目前采用 SolidWorks 进行产品结构三维设计。SolidWorks、UG、Pro/E、Catia 为机械结构设计领域主要的四款三维设计软件。相对于其他几款三维结构设计软件，SolidWorks 是一款设计操作简单、功能齐全的设计软件。它包括齐全的设计标准件数据库、齐全的结构模拟功能、强大的二维图样制作功能和产品渲染功能。

2. 产品数据管理系统（PDM）图及主要功能

PDM 系统可根据批量导入的产品三维图样或二维图样信息，生成具体零部件结构关系的产品结构树，如图 2-2 所示。PDM 系统与企业资源计划（ERP）系统对接，PDM 系统可读取 ERP 系统中已存在零件的物料信息，将已有零件的物料编码写入结构树零件属性栏。同时，PDM 系统可根据产品结构树可直接生成产品零部件 BOM，对新增物料申请 ERP 系统物料编码后，生成的产品零部件 BOM 即可直接用于生产或用于生成和校对 ERP 的 BOM。实现技术文档的物联网管理。

PDM 系统中产品结构树对应有文档树，文档树中存储相应的项目过程文件、源文件、工艺文件等。查询具体产品结构信息时就能快速定位到相应的技术过程文件、工艺文件、说明书、维修包等。这样产品技术文件实现集中、高效的管理。

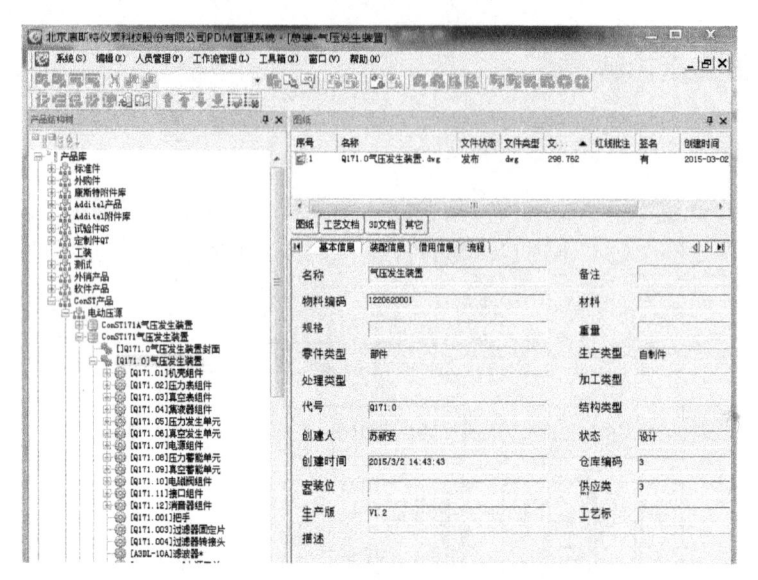

图 2-2　PDM 系统产品文档树

（三）关键技术装备应用情况

1. ConST 9000 压力测试标定系统

康斯特自主研发了 Meter 生产管理系统软件和自动生产设备 ConST 9000 压力测试标定系统用于数字压力表的老化测试过程。ConST 9000 压力测试标定系统可以提供从微压 60Pa 到高压 280MPa 的全自动压力源，从而实现应力老化和高低温老化同时进行，这也是数字压力仪表生产过程中的核心工艺。此外，ConST 9000 压力测试标定系统还可以自动完成传感器筛选、压力标定、数据自动存储等功能，保存每台数字压力仪表生产过程数据的原始记录。

压力传感器和压力仪表的老化、筛选、测试工作是压力校验装置的核心工作，它是保证计量标准准确度和可靠性的重要手段。目前，我国还没有企业可以生产销售压力校验仪表的全自动测试标定系统。ConST 9000 压力测试标定系统集成了康斯特多年的技术经验，使压力仪表的测试标定工作变得简单可靠。

2. ConST 800 全自动检定校准系统

由于压力校验装置主要作为计量标准器使用，这就要求产品在出厂时需要进行校准，并出具校准证书。传统方式采用人工校准方式，需要大量专业计量人员和设备，校准效率低下，容易出错。

项目采用 ConST 800 全自动检定校准系统（见图 2-3），全智能压力控制，可快速准确输出设定的压力值。该系统充分考虑到了实验室的使用环境，在压力源、连接管、转接头、过滤器及被检表的快速连接都经过周到且专业设计，可帮助工作人员快速、高质地完成指针类压力仪表、压力变送器、压力传感器、数字压力计等仪表的测试、检定工作。

图 2-3　ConST800 全自动检定校准系统

（1）包括液压、气压和微差压 3 款全自动压力检定校准子系统。
（2）覆盖压力量程为 40Pa～60MPa。
（3）准确度 0.01 级、0.02 级、0.05 级可选。
（4）可以检定校准正负表压、差压和绝压等不同类型的仪表。

（四）制造执行系统（MES）与企业资源计划系统（ERP）

图 2-4 为康斯特 MES 的构架，本期 MES 应用的主要目的是机加车间生产过程的加工任务、质检信息、图样工艺等实现数字化管理，提高生产执行和管理效率。流程主要包括计划模块、过程管理模块、质检模块、配料模块、看板功能和集成功能。

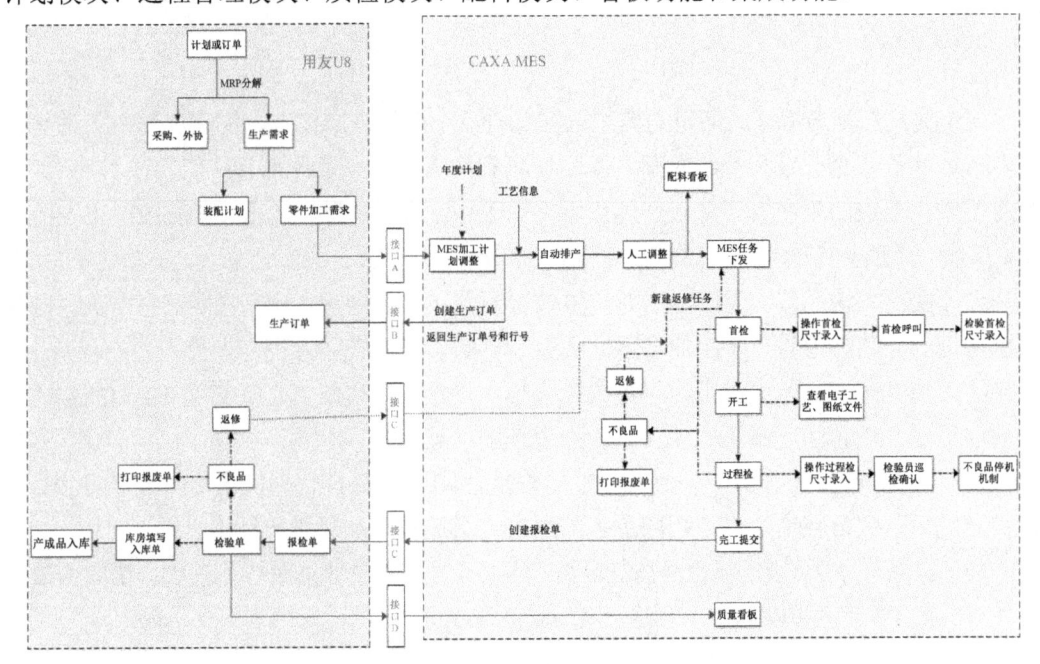

图 2-4　制造执行系统构架

图 2-5 为用友 U8 系统架构，子系统主要包括销售管理系统、售后管理系统、供应商管理系统、无线条码系统等。

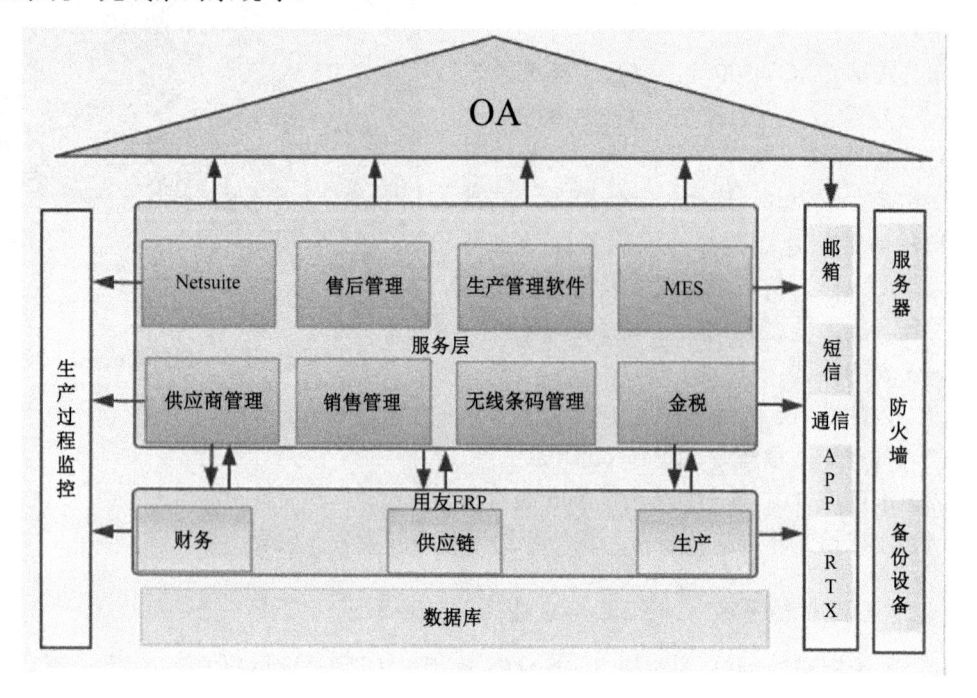

图 2-5　用友 U8 系统架构

三、实施成效

（1）提高产能效率。康斯特是典型的多品种、小批量生产模式，生产过程中工件更换较多，这就需要企业减少换线时间，提高设备利用率，充分发挥现有产能。项目建成后，改变了原有粗放的生产方式，年产能从原来的 1.1 亿元提高到 2 亿元。随着国际市场的拓展，只需增加生产设备，即可实现年产值 3 亿元。

（2）提高人均产值。康斯特压力校验装置不仅在国内销售，还远销美、德、英、法等国际市场，面临与国外顶尖企业竞争。通过项目的实施，康斯特生产人员人均产值从 100 万人民币提升至 400 万人民币，达到国际先进水平。项目建成后，如果销售额大幅增加，只需增加生产设备即可满足要求，人均产值还能继续提升。

项目实施以前，在 2013 年公司生产人员多达 90 人，每台数控机床均需人工看守；项目实施以后，大幅减员，以便招聘更多的研发人员进行产品研发设计。

（3）提高竞争力。为康斯特建成世界三甲的压力温度校准集团打下基础，帮助美国子公司 Additel 迅速占领国际市场，进而在 NASDAQ 上市。

智能制造实施前后的主要成效见表 2-1。

表 2-1　智能制造实施前后成效对比

	成效评价项目	实施前	实施后	变化情况
智能制造实施前后成效对比	运营成本	90 产线工人	50 产线工人	降低 44%
	生产效率	整机平均 30 天	整机平均 18 天	提高 40%
	产品研制周期	3 年	2 年	缩短 33%
	产品不良率	10%	5%以下	降低 5%
	能源利用率	58%	80%	提高 22%

四、实施经验

（1）康斯特自行研制了部分适用于校验装置智能制造的设备，投入超过 60%的研发工程师用于生产设备的研制和改造，为生产系统提供了全面的智能制造设备。特别是仪表生产过程中的核心工艺处理和测试环节目前处于仪器仪表行业智能制造的领先地位。

（2）加工中心在国内首次采用数码大方公司的 CAXA 智能制造解决方案，完美地结合了 CAXA 产品数据管理系统，并成功投产。

（3）组装中心采用 U 形生产线生产，更适合多品种、小批量的生产模式，并实现个性化定制。

（4）物料全部采用二维码进行标记，实现物流的数字化管理。原材料二维码信息包括 ERP 编码、来料批次和供应商等信息。成品二维码信息包括产品型号、生产批次、测试记录和校准记录等信息。

编委会：叶　炎　　编写组：王　震

03 智能伺服电机数字化车间试点示范

——北京超同步伺服股份有限公司

一、项目实施背景与状况

（一）项目实施背景

伺服电机作为一类典型的复杂高端制造产品，其产品研制具有涉及专业广、技术含量高、多学科交叉等突出特点，对研发设计与技术质量要求高，且面临多品种、变批量、多配套件、生产工艺复杂等挑战。目前，国内伺服电机企业的现有生产模式普遍存在生产计划不精确、信息传递不及时、库房与物流配送滞后、资源能源利用率低、生产效率不够高等问题，对智能制造的需求十分迫切。

（二）项目总体思路

本项目的总体思路是，建立一座集柔性化、智能化、信息化、绿色化于一体的伺服电机智能制造工厂，基于网络全覆盖的大数据信息交互平台，通过融合用户参与的个性化设计、数字化生产制造执行系统、智能化仓储物流系统、智能远程运维服务等功能模块，打造生产全流程、产品全周期的智能化管理模式，实现"以智能制造，制造智能装备"的目标。

（三）项目实施预期目标

本项目的预期目标是建立与国际先进水平接轨的智能制造数字化工厂。实现制造过程的网络化连通、智能化处理、协同化控制，形成大数据驱动、自主执行的生产模式，达到快速响应、精益管理的目的，推动伺服电机制造模式由传统生产模式向全要素资源共享、全过程深度协同的智能化柔性化生产模式转变。

二、项目主要实施内容

（一）智能化生产线总体架构

本项目智能伺服电机数字化生产线围绕"以智能制造，制造智能装备"的理念，基于网络全覆盖的大数据信息交互平台进行数据共享和信息交换，融合了前期商务管理、个性化设计研发、数字化生产制造、智能化仓储物流管理、全过程在线质量监控、全生命周期售后服务、人财物资源综合保障等企业生产运营管理的各个环节，打造了"互联网+智能制造"的全新生产模式。本项目智能化生产线总体架构如图3-1所示。

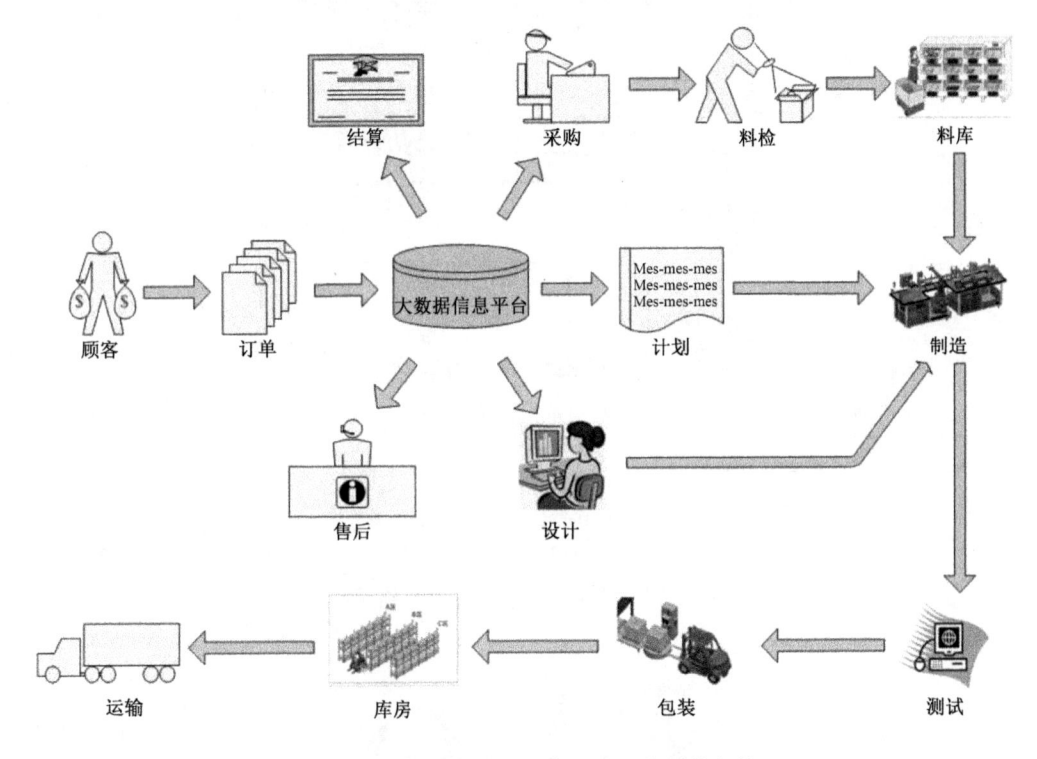

图 3-1 智能伺服电机数字化生产线总体架构

（二）大数据信息交互平台

1．网络建设

随着互联网及移动互联网的快速发展，信息服务、大数据产业等已呈现网络化、智能化趋势，互联网+智能制造已成为制造业发展的趋势。

超同步建立了覆盖整个工厂各业务环节的网络架构，即大数据信息交互平台，所有信息交换都可以通过有线网络、无线Wi-Fi、蓝牙、手机移动终端APP进行内部和外部的信息交互及处理。大数据信息交互平台网络架构如图3-2所示。

2. 系统架构

企业管理和生产运行的每个环节均可通过内部局域网、互联网在大数据交互平台上进行数据共享、信息交换。

整个大数据信息交互系统包含了八个协同运行的功能模块，即商务管理、设计研发、生产制造、资料管理、仓储物流、质量管理、综合保障、售后服务等。

以大数据信息交互平台为核心，通过各功能模块之间的分工协同运行，实现了"互联网+智能制造"的生产经营模式。大数据信息交互平台系统架构如图 3-3 所示。

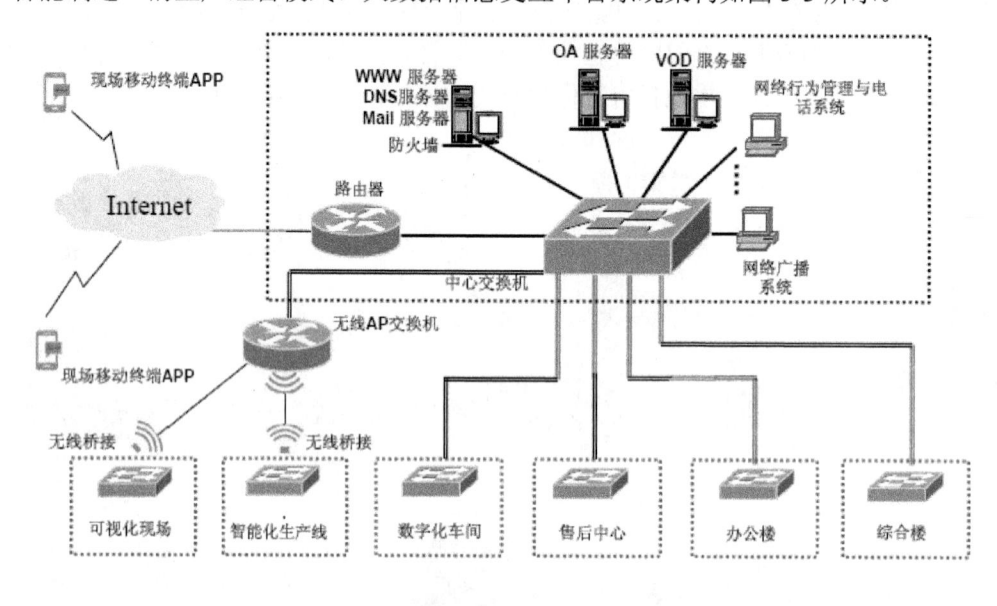

图 3-2 大数据信息交互平台网络架构

图 3-3 大数据信息交互平台系统架构

3. 管理软件

在发展过程中，超同步基于数字化、智能化的管理需求，自主研发了大数据信息交互平台，实现了 OMS（订单管理系统）、ERP（企业资源计划）、SCM（供应链管理系统）、MES（制造执行系统）、WMS（仓储管理系统）、PLM（产品生命周期系统）等多模块协同运行的智能化模式，为打造立体化智能工厂奠定了坚实的基础。

该信息交互平台上线运行以来，整体运行情况良好，效果显著。大数据信息交互平台管理软件登录界面如图 3-4 所示。

图 3-4 大数据信息交互平台管理软件登录界面

（三）个性化定制服务系统

个性化定制是工业 4.0 的突出特点，通过对顾客个性需求进行分析，以"定制"模式为核心，借助大数据信息交互平台构建的定制功能部件数据库、关键设备数据库、加工工艺数据库、产线工程数据库，为客户提供数字化、智能化、系统化的解决方案，打造个性化智能制造平台。个性化定制的服务流程如图 3-5 所示。

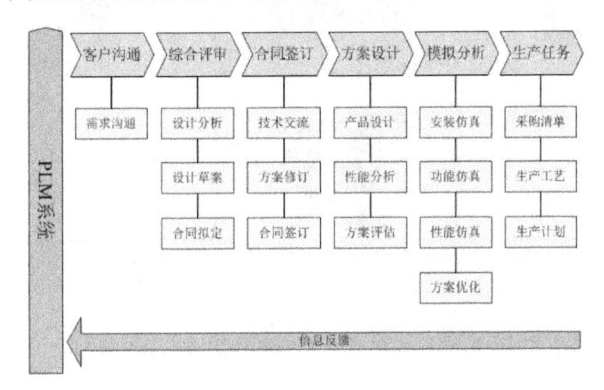

图 3-5 个性化定制服务流程

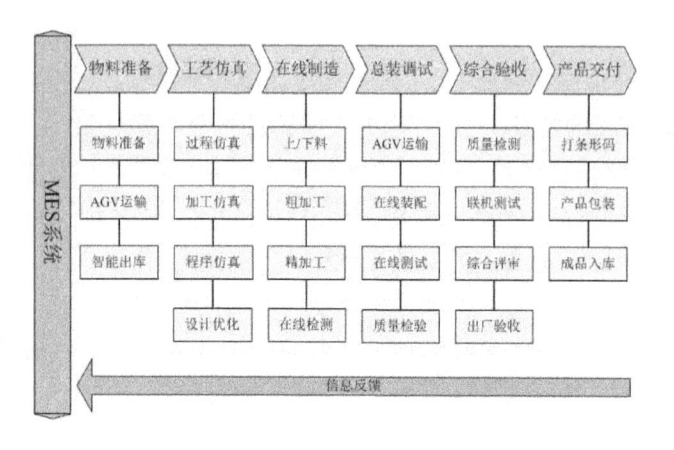

图 3-6 生产制造执行系统（MES）

（四）生产制造执行系统

制造执行系统（MES）通过局域网与互联网全覆盖的大数据信息平台进行数据交互，完成了订单管理、物料准备、工艺仿真、在线制造、总装调试、综合验收、产品交付等生产工艺过程全环节的统筹管理。

通过制造执行系统（MES）可制订和执行生产作业计划，精确生产指挥调度，处理生产过程中突发问题；执行生产过程工艺标准，控制产品的质量；掌握设备运行情况，管理原料、材料、成品的库存，从而达到优化资源配置、降低生产成本、缩短生产周期的目标，如图3-6所示。

（五）远程运维服务系统

为迅速响应市场的运维升级需求，提升服务效率，提高服务响应，公司着力构建了智能化售服网络。将在全球运行的设备产品（包括各类伺服单元、数控设备、智能化生产线等）通过无线（如 4G 技术）网络技术实现互联互通，提供安全可控乃至个性化一对一的实时在线检测、定位追溯、报警联动、调度指挥、预案管理、远程控制、安全防范、远程维保、在线升级、决策支持等管理和服务功能。

客户只需在手持移动终端上下载超同步提供的智能售服 APP，即可在第一时间将设备的运行及故障状态信息发送至公司售后服务平台，由后台专家团队实时在线监控、解决故障，实现按需维护，保证设备持续高效运转。远程运维服务系统整体架构如图 3-7 所示。

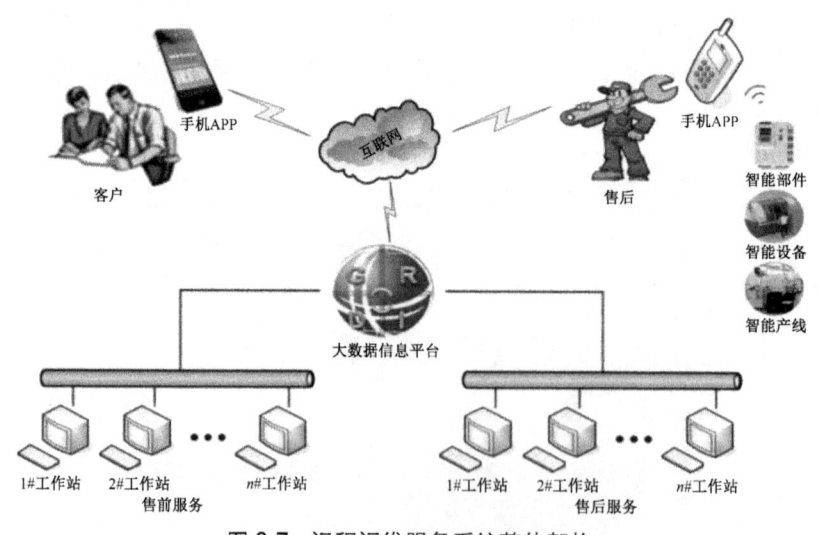

图 3-7 远程运维服务系统整体架构

（六）关键设备使用

超同步在"以智能制造，制造智能装备"的理念指引下，经过多年发展，形成了智能制造成套装备的生产和集成能力，多条智能化生产线已投入使用并稳定运行，以及定子、端盖、轴、转子等数字化生产线。

1. 使用的智能设备

为带动提升我国智能制造体系核心技术和关键设备的国产化水平，本项目智能伺服电机数字化生产线中采用了完全国产化的核心设备，包括智能机床、AGV 小车、桁架机械手、工业机器人及在线检测设备等。国产化智能制造核心设备如图 3-8 所示。

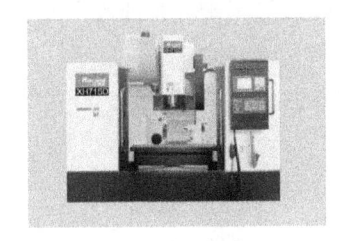

（a）智能机床　　　　（b）AGV 小车　　　　（c）工业机器人

图 3-8　国产化智能制造核心设备

2. 核心部件完全实现自主研发

经过多年发展，超同步实现了智能装备核心技术的完全自主知识产权，拥有智能装备核心功能部件的自主研制及生产能力。目前，智能伺服电机数字化生产线中所使用的智能伺服电机、伺服驱动、车铣床电主轴、伺服刀塔、刀库、直驱转台等核心部件，全部为公司自主研发。自主研发的核心功能部件如图 3-9 所示。

（a）伺服电机　　　　（b）伺服驱动　　　　（c）电主轴

图 3-9　自主研发的核心功能部件

（七）信息安全保障

在数据交互、信息共享的运行环境中，保证企业内部数据和客户个人数据的安全十分重要。本项目智能化生产线的大数据信息交互平台采用了多层防护体系，实现对信息安全的保护功能。

（1）对企业内部产生的文件进行加密处理，所有外发文件均须通过解密审批方可正常使用。

（2）对数据进行智能化透明加密管理，在不影响用户使用习惯与工作效率的前提下，自动保护数据安全。

（3）对所有办公文件进行混淆加密，以防止黑客入侵或非法复制造成机密文件的丢失。

三、实施成效

（1）本项目的实施，大幅提升了超同步生产经营全过程的智能化水平，通过人机智能协调的新模式，优化工艺流程，降低运行成本，提高产品质量和综合效率。

（2）本项目的实施，有助于伺服电机智能工厂整体解决方案的探索与形成，为今后在伺服电机以及智能装备行业内推广应用奠定了良好基础。

（3）本项目的实施，将促进产业链上下游企业的有效协作与整合，推动产业链各环节的无缝对接和综合集成，为进一步提升产业链的有效协作打下坚实基础。

（4）本项目的实施，将大幅提高伺服系统等核心技术和关键设备的国产化率，有效解决我国智能制造产业核心技术空心化的问题，提升我国在智能制造行业的全球竞争力。

智能制造实施前后的主要成效见表 3-1。

表 3-1　智能制造实施前后成效对比

	成效评价项目	实施前	实施后	变化情况
智能制造实施前后成效对比	运营成本	77kW/h	65kW/h	降低 16%
	生产效率	班产能 52 台	班产能 104 台	提高 100%
	产品研制周期	14 天	10 天	缩短 30%
	产品不良率	15.5%	0.1%	降低 15.4%
	能源利用率	76%	91%	提高 15%

四、实施经验

（一）实现了整个工厂级的智能化管理模式

公司通过多年的不懈努力，以智能设备为核心，逐步建立起智能化生产线，并延伸至车间级智能化，最终实现整个工厂智能化。

智能化工厂实现了生产全流程、产品全周期的智能化管理模式，包括用户参与的个性化设计、网络全覆盖的信息化管理、数字化生产制造执行、智能化仓储物流、智能远程运维服务等系统。

（二）完全自主研发的智能装备生产线

本项目的智能化生产线从方案策划、研发设计、模拟仿真、工艺布局、设备研制、软件开发、系统集成、调试试验、稳产定型等全部环节，均由超同步主导实施完成。

通过本项目的实施，使公司形成了系统化的智能工厂整体解决方案，打造一支智能化生产线的专业实施团队，为今后在电机及智能装备行业内推广应用奠定了良好基础。

（三）体现了制造模式、消费模式和商业模式的转型升级

超同步智能伺服电机数字化生产线在制造模式、消费模式和商业模式的变革中进行了实践。

（1）制造模式的变革，从传统批量化生产向高效柔性智能化生产转变，形成大数据驱动，自主执行的制造模式，达到快速响应、高效柔性的生产目标。

（2）消费模式的变革，从产品经济向体验经济转变。用户可以全程参与公司产品的设计、生产环节，真正实现了用户和企业的零距离。

（3）商业模式的变革，从单一销售产品向全生命周期综合服务转变。通过APP移动终端服务平台为客户提供前期咨询、个性设计、安装集成、远程监控、实时维保、改造升级等一体化全流程服务，形成一站式综合解决方案。

（四）形成了伺服电机智能制造新模式

本项目智能伺服电机数字化生产线经过近年不断改进完善，已逐步趋于成熟，形成了集柔性化、智能化、信息化、绿色化于一体的伺服电机智能制造新模式，为"超同步智能装备产业园"的建设奠定了坚实的技术基础。

未来，超同步将更多的利用大数据、云计算、虚拟仿真、机器人等先进技术，持续改进提升智能化生产线的运行效率，不断完善融合单元级、生产线级、车间级、企业级等四层架构的智能化工厂运营模式。

（1）以国际领先技术水平的关键智能设备为核心打造各工作台位的制造单元级智能化。

（2）以物料配送系统、工序流转系统、在线检测系统为辅助建立生产线级智能化。

（3）以指令管控体系、数字化库房、智能物流系统为支撑形成车间级智能化。

（4）以个性化定制设计、远程运维服务、内部综合管理相结合实现企业级智能化。

超同步将致力于成为国内领先、国际一流的智能制造系统解决方案供应商，通过自身的实践，带动整个电机与智能装备行业的智能化升级，引领中国智能制造装备企业协同发展。

编委会：项久鹏　　编写组：刘　珍

04 鼓风机远程运维服务试点示范
——沈阳鼓风机集团股份有限公司

一、项目实施背景与状况

（一）项目背景

沈鼓集团十分重视商业模式的创新和新技术的研究应用。2012 年，沈鼓集团响应国家整体产业规划，结合自身发展实际需要，提出"由制造向服务转型"的发展战略，并与在线状态监测行业的领先公司深圳格鲁森测控技术有限公司合资成立了沈阳鼓风机集团测控技术有限公司。通过合资的形式，进行装备制造业的基因改造。引进了技术、人才和互联网思维理念。

（二）项目现状

2015 年，在学习国际先进理念的基础上，沈鼓集团提出"沈鼓智造 2025"的宏伟规划——建立"沈鼓云"。"沈鼓云"规划了服务平台、创新平台、制造平台、营销平台、工程平台、物流平台、数据平台等八大平台，将逐步实施。旨在通过数据驱动，实现产品全生命周期服务和客户终身价值管理，创造极致的用户体验，提高客户的经济效益。

作为沈鼓云规划的核心平台之一，沈鼓测控公司以自主研发和实施机组监测系统 SG8000 和远程监测中心为基础，率先实施了沈鼓云服务平台，希冀以此平台打通沈鼓服务全流程，打造流程工业设备云医院。2015 年 3 月，沈鼓云服务平台一期正式上线发布。

目前，沈鼓云服务平台现已接入 4 000 多台关键旋转机组。未来 3 年，预计接入机组、机泵 3 600 台。

（三）沈鼓云服务平台之上增值服务业务开展的情况

1. 机组保运服务

（1）机组启机。一方面为一次性开车成功提供了技术支持与保障，也为机组制造商、设计院及其他同类型装置企业的专家远程指导顺利开车提供了数据基础。另一方面完整保留了机组试车的全过程，为后续机组的维护、维修及满负荷运转提供了参考。

（2）实时监测。诊断服务工程师每天实时关注 SG8000 系统数据，监测机组运行趋势、波形、频谱等信息，分析判断机组运行状态。

（3）电话咨询。诊断服务工程师通过电话方式，为客户提供有关机组故障诊断方面的优先咨询如：故障诊断理论咨询、故障处理办法咨询、现场操作注意事项咨询、检维修咨询等。

（4）运行报告。诊断服务工程师定期（每月/每季度）对所服务机组提供运行状态分析评估，并出具报告；报告内容将包括机组运行状态分析依据、评估结论、下一步运行和处理意见等。

2．机组异常服务

（1）机组故障预警。诊断服务工程师在监测期间机组出现振动异常时，通过短信、手机 APP、电话或邮件方式为客户提供故障早期预警服务。

（2）临时故障诊断。诊断服务工程师对现场机组突发的各种异常情况（如振动异常、温度异常、故障停机等），针对 SG8000 系统监测得到的数据，进行机组故障诊断分析，提供故障诊断分析报告并给出原则性处理意见。数据驱动的服务流程如图 4-1 所示。

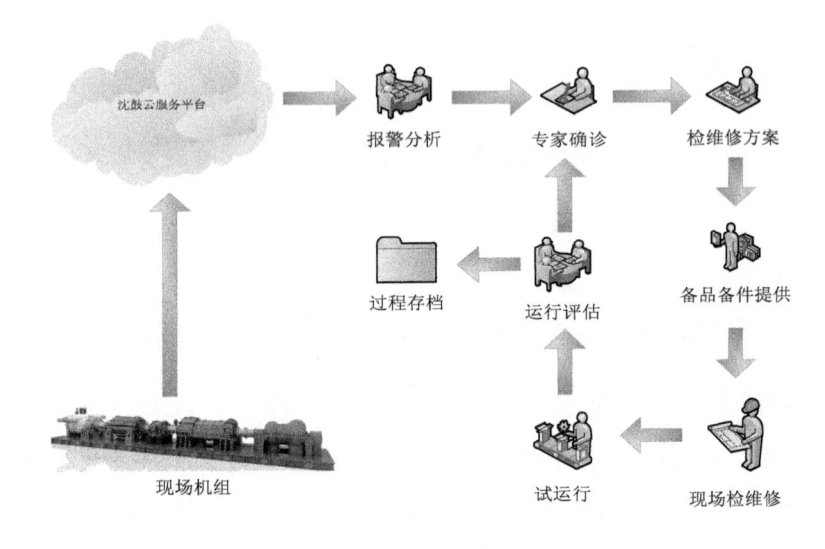

图 4-1　数据驱动的服务流程

3．检维修服务

（1）整机解决。提供机组安装检修、保养维护、故障抢修、转子动平衡、故障诊断和设备改造的整体解决方案。

（2）备件指导。依据企业机组状态、检维修计划及备件库存状态，为企业提供备件指导，以有效降低企业备件库存量及周转率。

（3）信息反馈。及时了解用户现场状况，与用户建立全面的检维修服务流程，在沈鼓与用户之间搭建畅通的信息反馈平台，从而实现有效的沟通，快速解决用户实际问题。

（4）现场诊断。根据客户要求，诊断服务工程师进行现场诊断服务，结合 SG8000 系统监测得到的数据与机组现场工艺与本周期内检维修情况，与客户诊断人员一起进行现场诊断，出具故障诊断方案，参与现场方案的实施。

（四）基于云平台的推送服务情况

1．推送机组运行状态及报警

当机组运行状态发生变化，或者系统判断机组有故障征兆时，系统将会提高事件前后的数据存储密度，并将事件推送到短信接口、手机 APP、PC 客户端，以提醒用户。

2．推送诊断报告

根据与客户签订的服务协议，诊断工程师定期（月度、季度、年度）为服务的机组出具诊断报告；或者当机组发生故障后，诊断工程师将专门出具故障诊断报告。诊断报告通过系统上传到云端，并将链接推送到手机 APP、用户邮箱中，用户可以随时下载、查看、转发。

二、项目主要实施内容

沈鼓云服务平台自下而上由旋转机组在线监测系统、远程监测及故障诊断中心、数据中心和移动 APP 组成。

（一）系统架构

沈鼓云服务平台系统拓扑图如图 4-2 所示，系统架构如图 4-3 所示。

（二）详细功能

在线监测系统 SG8000。SG8000 在线监测系统由中心服务器 DS8000 及若干现场监测分站 DA8000 组成。DA8000 负责对机组键相、振动、过程量等信号进行实时采集、分析，然后将数据传送给 DS8000。DS8000 负责对 DA8000 所传送的数据进行深入处理，并承担数据存储、管理、发布等功能，以便用户进行状态监测及故障诊断；DS8000 还可通过 Internet 将现场实时监测数据发送给沈鼓远程中心 SGC8000，实现机组远程监测及故障诊断。

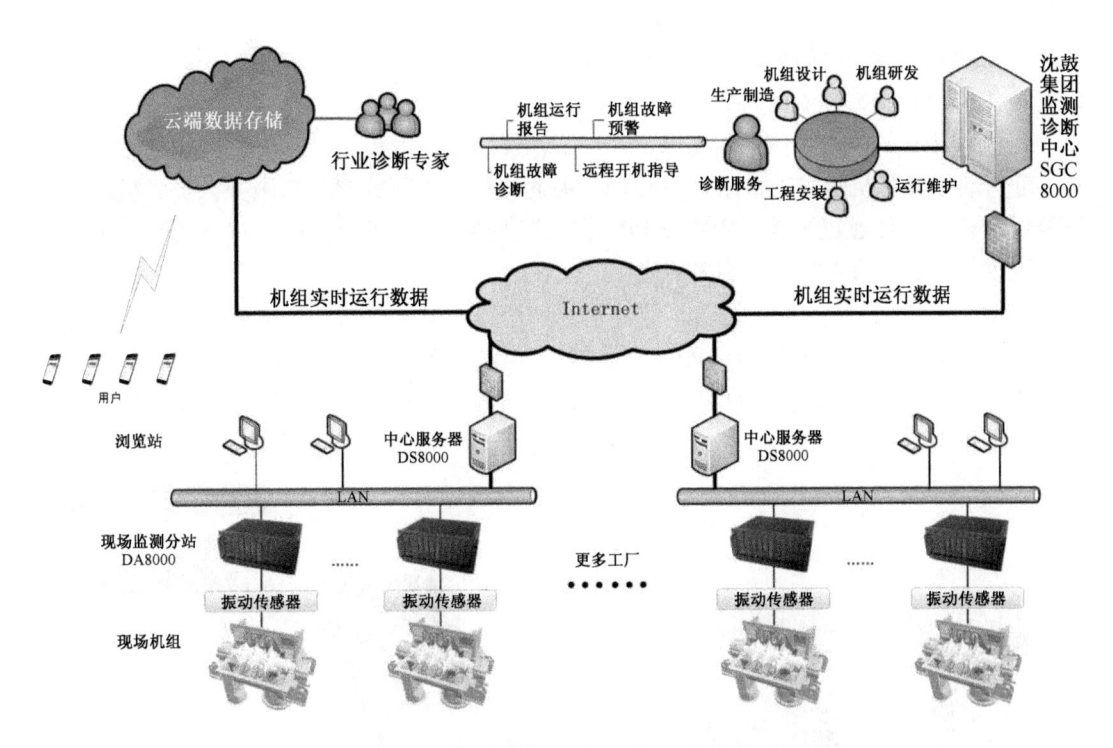

图 4-2　系统拓扑图

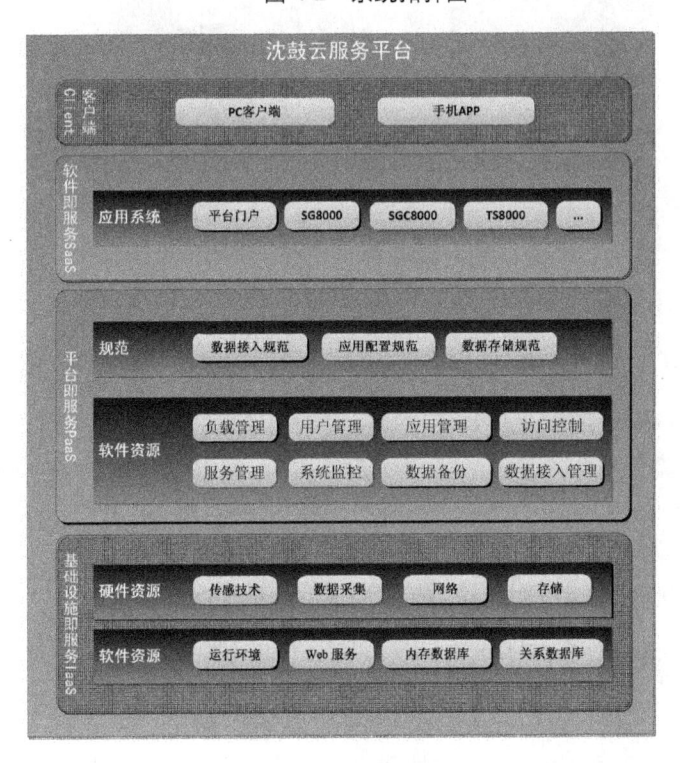

图 4-3　系统架构

数据中心接收、存储来自现场的海量数据；管理机组各项设计参数、图纸、资料；进行灾难备份，确保数据安全性、系统可靠性。

远程监测及故障诊断中心（见图4-4）可远程浏览机组实时、历史数据、进行故障分析；可灵活设置各机组，当机组产生故障征兆时，第一时间提醒诊断服务人员。机组触发报警后，相应事件通过短信、手机APP等形式直接推送给用户。持续对已有数据进行分析和挖掘，不断提高故障判断的准确性。

移动APP与云服务平台相连，使得用户和服务人员可以随时随地监测机组的状态，更及时地做成反应；通过移动APP可查看各机组的基础信息、运行状态、实时数据、历史数据、事件列表等，更可以便捷地分享机组信息，有益于沟通讨论；另外，移动APP还可以用于查看机组的历史服务记录，用户信息反馈、查看诊断报告等，如图4-5所示。

图 4-4　沈鼓云远程监测中心　　　　图 4-5　通过移动APP可查看各机组的状态

三、实施成效

（一）服务平台运行优势

沈鼓云服务平台与国际先进水平比较，具有以下特点：

（1）服务全流程整合。国际上的远程监测，多以技术平台为主，对于服务的整个实施流程，缺少整合。只有实现了服务全流程的整合，才能实现让用户"尖叫"的极致体验，这也是互联网思维与大型装备制造业跨界融合的一次大胆尝试。

（2）移动互联网技术的采用。沈鼓云服务平台一期已经开发并投用"沈鼓云"移动APP，目前以支持Android和iOS平台。这个APP是在线状态监测行业第一个移动APP应用。

沈鼓云服务平台实施之前，沈鼓用户的机组状态监测信息是分散的、本地的，沈鼓只能提供被动服务，即用户有问题通知沈鼓来进行服务，解决已经发生的问题。沈鼓强大的技术能力无法充分发挥，用户的问题处理也难以达到用户期望的相应速度。项目实施后，沈鼓借助远程监测手段，为用户提供主动的、预知性的状态监测和故障诊断，沈鼓专家的技术实力逐步发挥，由被动服务转变为主动服务、预知性服务和基于状态的维修维护。服务变得及时而专业，获得客户的好评。

（二）用户经济效益提升

（1）减少关键设备非计划停机。机组故障导致的非计划停机对用户造成巨大损失。据统计一次非计划停机平均直接损失 100 万元人民币，间接损失 200 万元人民币。云服务预计可减少每台机组每年平均 0.3 次非计划停机。按照 2017 年覆盖大型机组 1 600 台（旋转机组和往复机组）计算，可减少直接损失 4.8 亿元人民币，间接损失 9.6 亿元人民币。

（2）提升能源利用率。大型机组是用户的主要耗能设备。通过沈鼓云服务平台大数据分析，并结合沈鼓产品技术设计优化，可使机组效率平均提升 1 个百分点，每年可节省能源 6.3 亿千瓦时。按照工业用电平均 1 元/kW·h 计算，可节省 6.3 亿元人民币。同时减少碳排放，带来环境效益。实施前后成效对比见表 4-1。

表 4-1 沈鼓实施智能制造前后成效对比

	成效评价项目	实施前	实施后	变化情况
智能制造实施前后成效对比	运营成本	30 亿元	15.6 亿元	节省 14.4 亿元
	生产效率	10%	15%	显著提升
	产品研发周期	30	20	显著缩短
	产品不良率	20%	10%	显著降低
	能源利用率	5%	10%	节省 6.3 亿千瓦

四、实施经验

（一）与行业友商共享

本项目不仅可为沈鼓制造的设备提供大数据支持，还可为与沈鼓机组配套的汽轮机、电机等设备提供大数据支持。从而将服务平台扩展到沈鼓之外的友商，形成围绕石油、石化、化工、煤化工、核电等重大能源行业用户的全方位设备服务平台。为机组用户实现一站式、集成化专业服务。

（二）示范作用

沈鼓云服务平台对装备制造业服务转型可起到的示范作用。如发电设备制造（核电、火电、风电、水电）、输变电设备制造、轨道交通设备制造、国防工业、冶金设备制造、大型制造设备等。可复制商业模式、系统架构设计、数据集成技术、大数据技术等。

沈鼓云服务平台作为沈鼓整合服务全流程的重要平台，作为沈鼓和用户之间联系的枢纽，是沈鼓集团的现代生产性服务转型和两化深度融合的核心平台，对于提升用户的满意度、提升用户经济效益、提升沈鼓自身技术能力等具有现实、长期、深远的意义。

编委会：赵志海　　编写组：杨玉娟

05 数控机床智能制造试点示范
——大连机床（数控）股份有限公司

一、项目实施背景与状况

本项目在企业现行生产模式的基础上，研究有关数控机床面向订单、混流、柔性、多品种、智能制造新模式及信息物理系统（CPS）、高精度感知控制、虚拟设备集成总线、大数据和新型人机交互等先进技术，形成可复制的机床行业智能制造生产组织、管理新模式。

形成"产、学、研、用"相结合的技术创新体系，通过项目培养和形成一只具有独立、开发、服务能力的研发队伍，能够为行业持续提供解决方案和实施服务。

智能工厂试点示范项目通过2~3年持续提升，实现运营成本降低20%，产品研制周期缩短20%，生产效率提高20%，产品不良品率降低10%，能源利用率提高10%。

二、项目主要实施内容

（一）主要内容

由大连机床（数控）股份有限公司牵头，大连华铁海兴科技有限公司、大连理工大学等参与，根据数控机床的节拍化装配工艺特点，进行模式研究、产线改造和系统化信息建设，并完成研究结果的示范应用，具体任务包括以下几项：

（1）研究有关数控机床面向订单、混流、柔性、多品种、节拍化生产智能制造新模式及相关核心技术，形成可复制的机床行业智能制造生产管理新模式和行业智能制造工艺技术规范与标准。

（2）项目根据数控机床的工艺特点，使用多种核心智能制造装备建设具有自主知识产权的数控机床智能制造数字化车间，以支撑面向订单、混流、柔性、多品种、智能制造的新模式。

（3）进行机器人基础关键技术研究，利用研究成果，完成包括床身加工自动线、床鞍加工自动线、主轴箱加工自动线、主轴箱部装自动输送线、整机总装装配输送线的改造。

（4）进行一系列软件系统、一批相关装置的需求分析和设计，包括支撑面向订单配置的PDM系统、面向多品种生产计划排程的计划系统、支持混流生产线管理模式制造执行系统、面向敏捷物流配的智能物流系统等系统的功能分析和关键算法研究。

（5）基于总体需求分析，利用面向关键算法研究成果，采用先进的架构模式和开发技术，构建出智能化设计与产品数据管理、智能化生产资源管理、计划排程管理、基于物联技术的制造执行管理、全过程质量数据追溯与分析、智能化车间物流管理等系统。

（6）在大连华根精密机床有限公司进行项目研究成果的实施和验证，通过本项目让大连机床（数控）股份有限公司在生产模式上达到国际先进水平，在满足企业自身发展需求同时，也可为机床产业结构调整、实现转型升级提供新模式及相关核心技术示范。

（二）采取主要措施

1. 项目的组织

本项目的研发将由第一承担单位组织实施。鉴于项目实施的涉及面广、专业性强、各研究任务之间接口多、研究成果的集成要求高，因此，采用"产、学、研、用"相结合的一体化科研模式，充分发挥各自优势，职责分工明确，通力合作，协同攻关。在项目执行过程中，力求充分发挥部门、行业、地方、企业、专家和科技服务机构等各方面的作用，实行整体协调、资源集成、平等协作、联合推进的机制。

（1）采取总体规划、分步实施、确保进度的实施策略。信息化建设是一种在需求、开发和应用中循环往复、不断发展的动态调整过程，其效益将在不断建设、不断应用的过程中逐步产生和增强，最终给企业带来极大的经济效益。根据项目提出的研究目标，首先制定出整体解决方案和实施计划，然后分阶段实施，循序渐进。

（2）采取效益驱动、重点突破的应用策略。由于项目涉及面广，在项目实施过程中必须从对影响企业生存和发展的突出问题入手，采取效益驱动、重点突破的应用策略。抓住关键环节，实施重点突破，不但可以给企业及时解决难题，迅速带来效益，增强信息化信心，同时也可以提高信息化投入产出的效果。

（3）采取量力而行、滚动投入的投资策略。鉴于此项目实施内容较多、计划投资较大、实施周期较长。为此，在实施过程中必须根据企业的经营状况和应用目标，采取量力而行、滚动投入的投资策略。既要尽量选用成熟的、性价比最好的技术与产品，不盲目贪大求全，以追求最大的投资效益，又要将投资规模变小，投资频率加大。既不给企业造成大的负担，又保证每项投资都有收益，使生产的自动化与信息化工程实施过程始终处于良性循环之中。

2. "产、学、研、用"结合

项目遵循"产、学、研、用相结合、以需求为导向、以产业化为目标"的原则，各单位分工明确：由大连机床（数控）股份有限公司提出技术需求和工艺要求，并负责系统集成和产业化应用实施，各合作单位制定技术方案，并开展关键技术攻关，完成自动化产线的研制及信息化管理系统的实施。各方紧密合作，发挥各自的优势，充分体现产学研紧密结合的原则。

"产、学、研、用"结合注重实现创新机制、合作模式、创新人才培养三大环节。本次课题组高度注重这三个环节，充分发挥了各单位的优势。通过课题的实施，一是可以形成"产学研用"间的有机结合，为"产、学、研、用"创造一种新的机制；二是可以提高企业工程技术人员技术水平，增强企业开发产品能力。

3. 创新人才队伍的凝聚和培养

项目凝聚了企业开发人员、学校研究人员、实验室研究人员和硕士、博士研究生，通过项目实施，培养了企业人员的科研能力和创新精神，为学校和实验室提供研究课题和研究生解决工程问题的平台，造就了数控机床智能制造的研究队伍和研发基地，将为国家培养一支拥有数控机床智能制造技术和具有创新能力的开发队伍，为我国数控机床智能制造的发展提供人才支持。

在本项目实施过程中，各个课题参与单位将密切配合，加强沟通协调，开展国际国内科技合作和学术交流，实行"产、学、研、用"相结合，共同进行本领域的技术开发工作。在项目实施后，将建设数控机床自动化生产、装配生产线、面向数控机床高效生产的新一代智能制造系统应用示范。项目的实施将有力促进数控机床智能制造领域的创新能力建设和人才队伍建设，将打造一支前沿的数控机床智能制造域科研与运作的科技和管理团队，并锻塑一批数控机床智能制造的领军人才。

三、实施成效

（一）综合指标

通过本次项目建设，利用信息系统的协同工作、闭环反馈等机制以及通过自动化设备之间的互联、互通、利用率的提升，在项目达产后，生产基地的综合生产指标，根据设计要求：生产效率将提高25%以上，运营成本降低25%以上，产品研制周期缩短30%以上，产品不良品率降低30%以上，能源利用率提高20%以上。

（二）项目实施前基础数值

本项目综合指标的基础数值如下。

（1）生产效率基础数据：项目实施后，生产18 000台，按照人均产能测算，人均产能为150台/人。

（2）运营成本基础数据：运行成本主要是人员成本，项目实施前，共需人员220名。

（3）产品研制周期基础数据：项目实施前12个。

（4）产品不良品率基础数据：项目实施前生产10 000台数控机床有产品质量问题的1 000台，不良品率为10%。

（5）能源利用率基础数据：实施节拍化和智能化生产前，已知加工中心能源利用率不足15%，手动机床能源利用率低于30%。

实施成效见表5-1。

表5-1 智能制造实施前后成效对比

	成效评价项目	实施前	实施后	变化情况
智能制造实施前后成效对比	运营成本	共需人员1 800名	共需人员220名	降低运营成本7倍
	生产效率	人均产能为10台/人	人均产能为82台/人	提高效率7.2倍
	产品研制周期	12个	6个	提高效率2倍
	产品不良率	不良品率10%	不良品率5%	提高2倍
	能源利用率	机床能源利用率低于30%	机床能源利用率低于15%	提高2倍

四、实施经验

（一）项目实施对行业的影响和带动作用

本项目以数控机床为基础，进行智能制造数字化车间的建设。项目的顺利实施，将对提高我国数控机床的生产能力及制造业的智能化水平具有巨大的促进作用。逐步提高我国数控机床的制造、生产能力及生产车间、工厂的智能化水平，满足国内主要行业对制造装备的基本需求，使我国早日跨入世界制造强国行列。

（二）改进我国数控机床的生产模式和工艺

项目的顺利实施，将使我国在车间信息化、自动化、智能化和协同化水平上获得巨大提升，逐步形成国内领先的产能水平、质量控制水平、生产成本控制能力水平等。

同时，项目凝聚了大量的企业研发人员及学校的研究人员，培养了其科研能力和创新精神，造就了一批具备数控机床智能制造数字化车间设计、制造能力及创新精神的研发队伍，为产业的发展提供人才支持及强大的可持续发展动力。

（三）"产、学、研、用"模式加速成果转化及人才培养

项目的研发和实施由信息部及外部研发实施团队共同完成，充分各自的知识和技术优势，以企业需求为中心，使得项目的研发和实施与大连机床（数控）股份有限公司信息化

现状和业务流程紧密结合。

在项目实施过程中坚持以企业为主,"产、学、研、用"相结合的模式(见图5-1),发挥各自优势,实现理论知识与实际应用相结合,形成强大的研究、开发、生产一体化的先进系统,同时培养一批创新型、应用型人才。

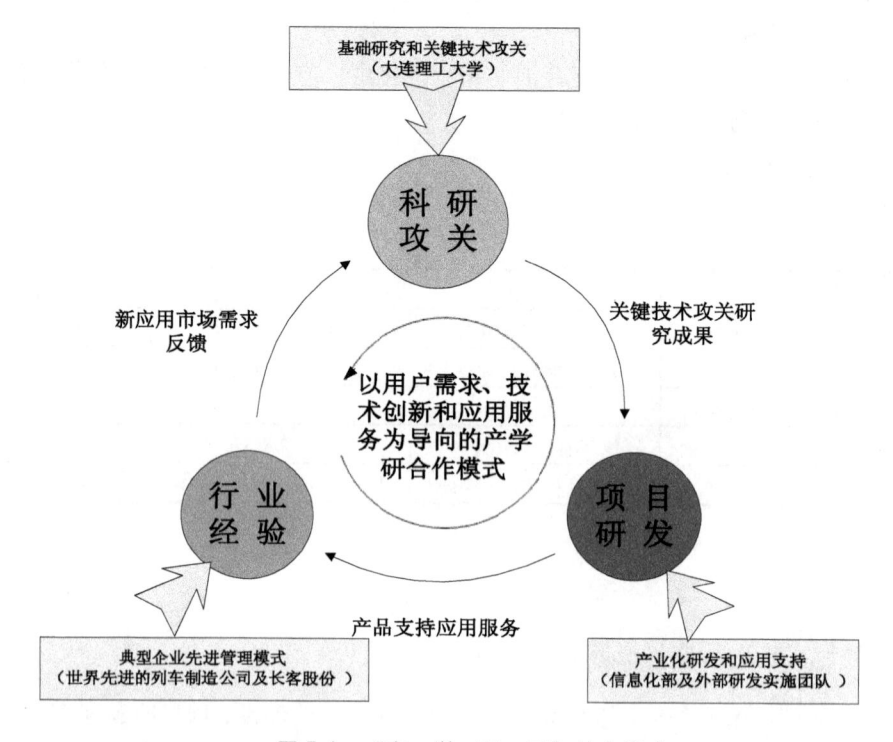

图 5-1 "产、学、研、用"结合模式

(四)提高我国制造业的智能化水平

本项目在加工环节采用高速高精自动化设备,物流装夹环节采用智能机器人、AGV小车和立体仓库,过程管理环节采用精细化协同制造运营管理系统,可以节省大量的人力。项目的顺利实施,将会对我国智能制造数字车间的建设提供示范作用,引领我国智能制造发展方向,大幅提高我国机床制造业的智能化水平。

编委会:饶彦平　　编写组:王　辉

发电设备远程运维服务试点示范
——哈尔滨电机厂有限责任公司

一、项目实施背景与状况

"十二五"期间,哈尔滨电机厂有限责任公司(以下简称"哈电机")积极响应国家政策并结合自身特点,率先应用互联网与传统大型发电设备相结合,基于机组运行过程中所产生的大数据,并结合公司成立65年来在自主研制发电设备的丰富经验和技术实力,完成了国家科技支撑计划课题"基于物联网技术的发电设备全生命周期服务支持系统"(简称"远程故障诊断系统V1.0")的开发,搭建了设备制造厂与电厂两者之间互联互通的桥梁,将制造厂的设计制造知识、专家知识与电厂运行知识深度融合。

公司在"远程故障诊断系统V1.0"的基础上,以丰满项目为依托完成"系统V2.0"构建,引领发电设备制造智能化发展;以"智能制造试点示范"和抽水蓄能机组为依托和切入点,布局"系统V3.0",助推运维模式和备件联储社会化;构思"系统V4.0"融入"智能电网","能源互联网",延伸产业链。远程诊断发展战略布局如图6-1所示。

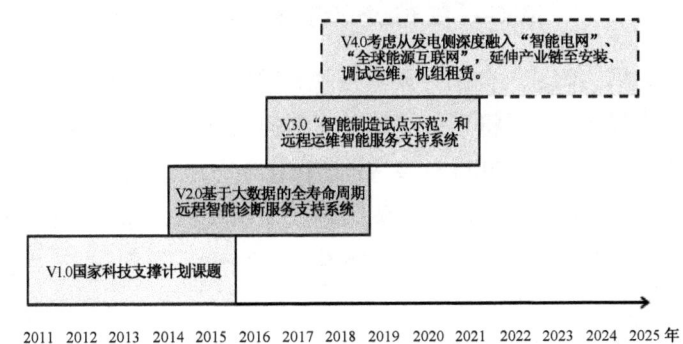

图6-1 远程诊断发展战略布局

二、项目实施主要内容

发电设备远程故障诊断系统通过机组运行大数据、物联网、互联网技术的多种软件的集成应用,实现了异构数据整合、远程实时监测、在线故障诊断、趋势分析预判、离线评估分析和制造服务,为电厂机组运行及维护提供技术支撑。

系统基于 SOA(面向服务架构)思想,利用 J2EE(Java 2 Platform, Enterprise Edtion)技术、数据库技术、整合 SSH 等成熟开发框架,基于面向对象设计思想,运用多态、继承、反射、泛型等编程思想封装了 JDBC,开发了事务处理及数据化、图形化、推理引擎等,自主研发了实时数据库及关系数据库接口程序,并与公共基础组件结合,搭建了发电设备远程故障诊断系统,如图 6-2 所示。

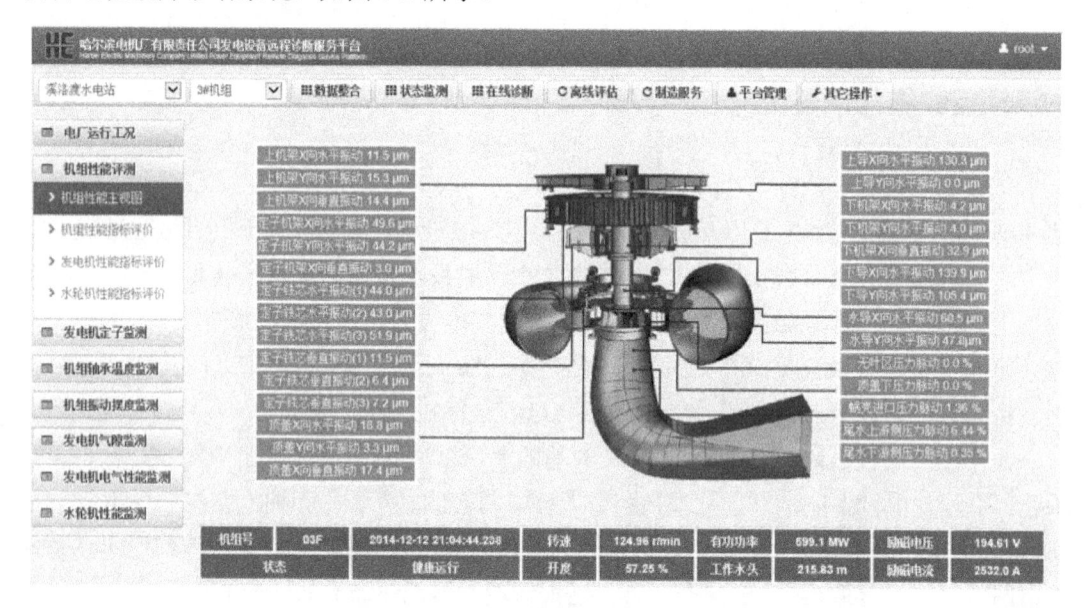

图 6-2 发电设备远程故障诊断系统

系统由以下三大模块组成,分别为采集模块、远程诊断分析模块及诊断服务模块,具体如图 6-3 所示。采集模块包括将感知器件采集到的数据,存储到本地关系数据库及实时数据库中,经网络传输到远程诊断分析模块;远程诊断分析模块集成了专家知识库及发电设备故障推理机,融合设计知识、制造知识、运行知识及相关标准,通过计算机系统进行数据整合、智能判别及挖掘分析,最后将分析结果送至诊断服务模块,为用户运维决策提供技术服务。

系统界面友好,简单易用且具有如下核心技术及创新点。

1. 数据整合及良好的数据兼容性

系统基于 TCP/IP 协议和 UDP 协议,自主开发并封装了接口程序,充分整合机组相关运行数据,通过不同电站不同类型测点的二次编码,实现对诊断机组与诊断系统的无缝衔接。

2. 多维全信息智能评价技术

系统采用多维全信息智能评价技术,将机组的振动、摆度、压力脉动、气隙、局放、温度、流量、压力等过程参数及涵盖机组所有部套的故障信息充分融合,提取出科学的控制指标,实现对发电设备的多维度智能评价。

3. 机组故障诊断专家知识库

哈电机拥有 600 余名高级技术专家、1500 余名技术专家,具备丰富的大

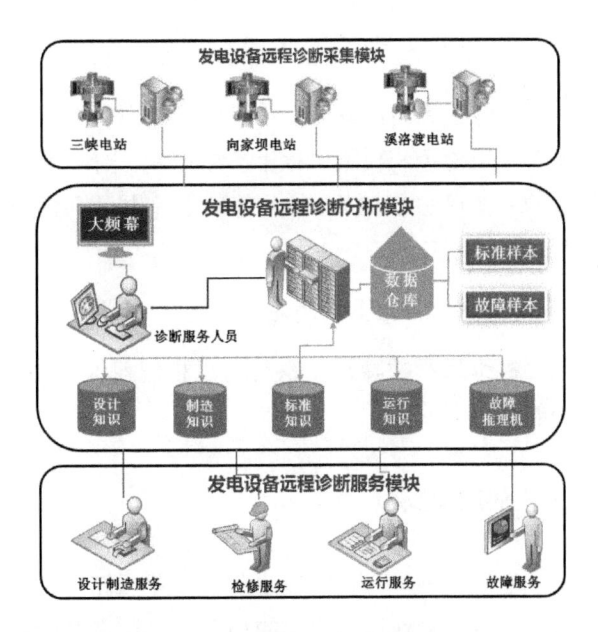

图 6-3 发电设备远程故障诊断系统架构

型、巨型水轮发电机组(约占全国水电装机总容量 1/2)和汽轮发电机组(约占全国火电装机总容量的 1/3)研发、设计、制造、安装、调试、维修经验。通过对专家知识和经验进行分析、梳理、结构化,按照主题、子题及故障因子关系的方式进行建模和逻辑运算,形成具有哈电特色的机组故障诊断专家知识库。

4. 机组故障诊断模式

远程运维智能服务支持系统采用两种故障诊断模式,在两种故障模式推理交叉点上,预判潜在故障趋势或确定已发生故障原因,给出以下决策方案。

(1)基于故障树(FTA)的故障诊断模式:采用自下而上、由粗到细的归纳分析方法,进行溯源分析,比对研发设计专家知识库,排查出故障。

(2)基于健康特征的故障诊断模式:测定机组的初始健康特征参数,通过与运行参数的对比评定,以超过健康特征值的大小来表示故障的严重程度。这种方法充分考虑了每台机组特征参数的唯一性。

5. 实现基于大数据的机组故障预判

通过系统所积累的与机组相关的海量数据,利用系统独有的评价指标及逻辑算法,对机组可能产生的故障进行预判。

6. 自学习功能

机组故障诊断专家知识库具备自学习功能,能够随着系统数据量和故障案例的积累,不断优化和丰富故障判断规则,为用户提供更加全面可靠的机组运维建议。

7. 完备的系统安全机制

为保证系统的安全，系统构建了完备的安全认证机制，采用前台注册，后台认证的方式对用户角色和权限进行了严格控制；同时为保证数据在传输过程中的安全性，系统在经典的加密算法 DES 和 RSA 基础上提出了混合加密算法，并提出了基于现场试验数据的比对还原加密算法。

8. 健康指数量化评定

机组远程故障诊断系统通过机组健康指数算法实现了机组状态从定性分析到定量分析的跨越。

三、实施成效

通过互联网与传统发电制造行业相结合，基于大数据云服务平台，充分发挥哈电机作为发电设备专业厂几十年的相关设计制造经验，以增强服务能力为目标，从产品设计、生产制造、远程故障诊断、智能评估及溯源分析、产品维护检修等维度，构架具有哈电特色的发电设备全生命周期运维服务新模式，如图 6-4 所示。

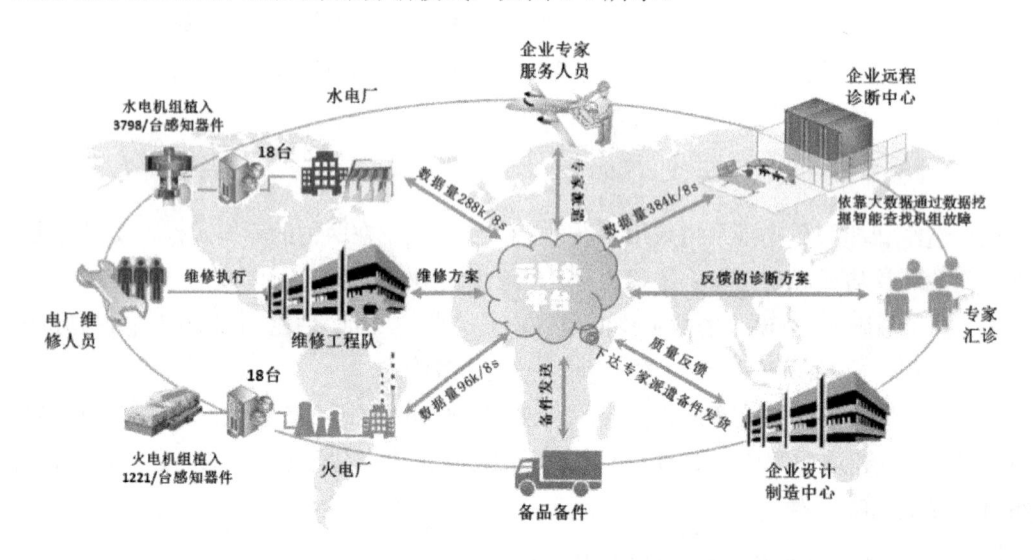

图 6-4 哈电机远程诊断服务模式

本服务模式以云服务平台为中心，物联网及互联网做技术支撑，将发电设备的制造企业和电厂集聚在这个平台上，实现了发电设备运行信息的资源共享。通过感知器件对发电机组的数据采集，随时可以监测到机组的运行情况，利用远程故障诊断及智能评估系统通过对机组运行大数据的分析，可对设备运行状态和故障概率进行智能评价，及时发现发电机组潜在的隐患，实现用户和制造企业双赢的目的。

对于电厂用户：

（1）通过系统的实施，促进电厂智能化建设，使电厂由以往的计划检修向状态检修转变，大幅降低机组运维成本，提供能源利用率。

（2）当机组出现故障时，经诊断平台形成预案，哈电机发挥作为制造企业的优势，组织专家进行远程会诊，提出解决方案，为现场维护队的维修工作提供建设性的参考意见。

（3）当部件需要更换时，设备制造厂及早安排备品备件的生产，缩短机组维修周期，为用户提供及时准确的服务，提高机组运行效率。

（4）充分利用制造企业建立的虚拟中心备件库，减少电厂相关备品备件的存放成本。

对于设备制造企业：

（1）当电厂机组出现故障时，设备制造企业通过本平台了解故障的基本信息，有的放矢的派相关专家到现场进行服务，减少盲目出差的次数，降低制造企业的成本。

（2）通过预测分析对易损部件寿命进行预判，为制造企业提供备件销售信息，提前安排生产，保证及时供货，挖掘潜在市场。

（3）通过本系统可以得到产品第一时间的质量反馈，用于改进后期产品设计，降低产品的不良率。

（4）通过本系统的开发，提高了产品的附加值，并将服务转化为产品，促进了制造企业的转型升级。

四、实施经验

"远程故障诊断系统V1.0"开发前期经过大量的走访调研，充分了解国内远程诊断的技术发展现况，结合公司实际情况，以企业为主体，建立产学研联合机制，发挥各自资源优势，实现优势互补，经过三年多的努力，公司完成了"十二五"国家科技支撑计划课题开发，成为国内首家从事大型发电设备远程故障诊断的发电设备制造企业。该项研究成果已成功为三峡、向家坝及溪洛渡3座电站18台巨型水电机组提供远程诊断服务。

哈电在系统V1.0的基础上进行升级与完善，并持续进行系统V2.0的开发工作，创新地在加强现有哈电故障诊断中心系统功能的前提下，在电厂端前置了现地故障诊断系统，对现场大量数据的预先分析，可以有效提高系统的响应速度。2015年12月，哈电成功签订"丰满水电站全面治理（重建）工程基于大数据的丰满水电机组全寿命周期远程智能诊断服务"项目合同，该项合同的签订，实现了由科研课题到服务项目产品化的转变，丰富了企业的产业结构。

2016年公司作为发电设备行业中唯一一家获得该项殊荣的制造厂商，被国家工信部授予智能制造试点示范单位，该项荣誉的获得加速了远程诊断项目的推广进程，许多电厂用户都对机组的远程智能诊断产生了浓厚的兴趣，预建立合作意向，加快了国内智能电厂的建设步伐，期间公司领导参与了全国范围内的各大会议，例如：全国智能制造试点示范经验交流会、以智能制造为主方向的世界互联网工业大会及电力装备行业智能制造新疆经验交流会，通过交流会的学习，汲取了其他单位在智能制造方面的宝贵经验，有利于更好更快地实现公司在远程诊断方面的战略布局。

编委会：李正　　编写组：刘立伟

07 C919飞机网络协同制造试点示范

——中国商用飞机有限责任公司

一、项目实施背景与状况

中国商飞公司是实施国家大型飞机重大专项中大型客机项目的主体,也是统筹干线飞机和支线飞机发展、实现我国民用飞机产业化的主要载体。中国商飞公司实行"主制造商—供应商"项目模式,重点加强飞机设计集成、总装制造、市场营销、客户服务和适航取证等能力,坚持中国特色,体现技术进步,走市场化、集成化、产业化、国际化的自主发展道路。

目前ARJ21-700飞机于2016年6月28日完成了首次商业运营,正在转入批产阶段。C919飞机已获得570架订单,为满足订单要求,企业必须在短时间内完成生产过程的稳定,形成满足年产100架的批产能力,大量实施制造、装配过程自动化,开展智能制造技术的研究应用势在必行。

二、项目主要实施内容

(一)总体目标

中国商飞公司智能制造的建设目标是,建成以自动化、数字化、智能化制造及管理为特征的智能制造工厂,实现制造过程模拟仿真、工艺数据库和参数优化、在线检测和故障诊治、制造信息全程跟踪和产品质量追溯、精益生产管理等集成应用;建立车间设备互联网,构建统一的车间(产线)制造运营系统,实现与PLM(产品生命周期管理)、ERP(企业资源计划)融合应用;针对民机典型部件,实现制造过程关键工序(机加、复材制造、部件装配等)的智能化生产,实现车间现场的智能化管控。

(二)总体架构

中国商飞公司针对航空产品,结合C919客机研制、批量化生产需求,构建车间柔性化智能制造生产线、物联网、大数据等基础支撑系统，打通制造单元、功能性业务系统与公司级 PLM、ERP 等管理系统的数据流。实现面向生产全流程管控的智能化系统、自动化制造生产线和基础平台，形成完备的商用飞机智能制造体系，充分发挥自动化生产线的效能，保证型号批产的产量要求、降低产品制造成本、提高工艺设计的智能化程度和效率、实现产品质量的追溯与智能管控。中国商飞公司智能制造业务流程架构如图 7-1 所示。

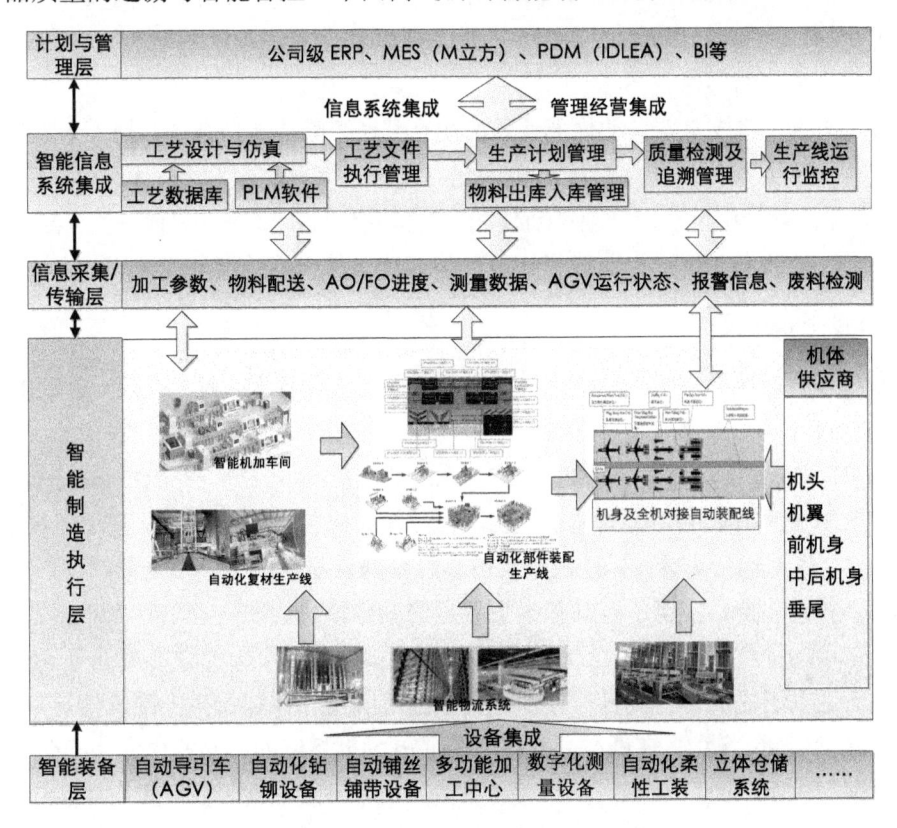

图 7-1 中国商飞公司智能制造业务流程架构

（三）具体实施内容

1. 基于模型的制造工程应用

在工艺准备与工艺规划方面，中国商飞公司以单一数据源为核心，开展了一系列的基于模型的制造工程应用工作。具体如下：通过生产线建模与规范仿真，实现不同生产线布局的优劣，并分析与预测各站位的生产能力，发现系统瓶颈；通过基于模型的工艺设计和生产仿真，对加工过程、装配过程进行仿真验证及工艺流程分析；通过数字化容差优化实现了"一体化"飞机装配协调和容差分配方法；并部分形成了可视化作业指导书与数字化测量检测系统等。

2. 智能核心装备集成应用

在制造方面，中国商飞公司建立了自动化程度较高的机加车间与复合材料制造车间。在机加车间，不仅引入了大量的大型五轴加工设备、数控龙门机床等自动化机加设备，并建设 DNC 网络实现了设备的统一管理；在复材车间，实现了复合材料的自动化铺丝、铺带，基于 AGV 小车的站位间转运，自动化无损检测，车间设备的数字化远程监控等。基本实现了复材铺贴的全自动化与零件机加的全自动化。为 ARJ21 的批产与 C919 客机的研制提供了质量稳定的零件。

在装配方面，建成 4 条自动化部件装配生产线（智能装配子系统）与 1 条总装移动生产线，实现飞机大部件自动化对接、自动化钻铆、数字化测量和数字化质量分析、基于 AGV 的大部件自动化运输、总装移动装配、智能化集成测试等。目前正在实施基于工业机器人和柔性轨的自动化钻孔、智能物流、智能检测等智能装配子元建设。

3. 数字平台建设

中国商飞公司遵循 "一个数字平台支撑全过程制造业务" 原则，主要包括 ERP、PLM、MOM（或 MES）与 BI 系统。

（1）ERP 系统。中国商飞公司通过 ERP 系统的实施，建立了从产品数字化定义到制造、产品支援全生命周期数字化管理体系，强化企业内部控制，对业务处理进行有效监控，实现信息共享，资源优化配置，提升决策支持以及信息交换的能力，为企业的绩效考核和经营决策提供有力支持。实现了建立基于主数据的业务模式、统一计划管理平台、以 MPR 驱动装配工单的排产、采用 MRP 为主的物料申请模式、以工单为核心的企业运营资源管理等功能，达到了提高工艺技术管理水平、数据准确性、计划与生产准确性等目的。

（2）PLM 系统。C919 客机产品数据管理（PLM）系统的所实施内容主要包括集成产品数据管理、BOM 管理、构型管理、数字样机管理、基础资源库管理、系统工程管理、客户服务支持及系统集成等方面，实现了基于单一数据源的产品全生命周期数据管理。

（3）MES 系统。中国商飞公司 MES 系统在对民用飞机智能车间制造业务流程分析的基础上，并结合业界 MES 功能特征，由生产管理子系统（AO、FO、TO）、质量（FRR）管理子系统、物料管理子系统及消息管理子系统组成，且与 PDM 系统、ERP 系统、门户系统、PCS 系统等外部系统进行交互。最终实现了作业现场无纸化、生产执行准时化、生产作业自动化、生产系统智能化。

（4）BI 系统。中国商飞公司 BI 系统包括物料及供应商数据管理、需求管理、采购管理、库房管理、自动识别等物料管理技术应用等，用于相关数据的可视化展示。

三、实施成效

通过基于模型的民机协同制造新模式示范项目的实施，通过信息化建设实现了管理的上下打通，通过协同制造技术手段实现了各供应商之间的左右联动，形成了设计、制造、管理一体化的基于模型的企业。

基于一体化协同研制平台，完全实现了跨企业间的统的构型管理、统一数据管理与统一协同工作流程。彻底打通各信息化系统间的信息孤岛，生产现场信息能够直接反馈至企业级管理与决策系统，提高了管理的精准度与实时性。较同类机型相比，研制周期缩短20%，并彻底消除了因信息不一致所产生的问题，并实现了制造过程的自动化、智能化，较项目实施前相比，提高生产效率30%，降低制造成本20%，减少能源消耗10%，制造质量问题发生率降低25%。

四、实施经验

基于模型的民机协同制造新模式示范项目实施过程中的经验主要包括以下几个方面：

（1）统一理念，主动创新、勇于探索。智能制造没有成熟的模式可以复制，德国的工业4.0也处于起步阶段，不能简单跟随，应吸取各成功的案例中的优点，综合运用。中国商飞公司一直倡导主动创新的文化，敢于打破传统的模式体系，勇于试错、主动创新，探索中国的民机智能制造模式，实现中国制造竞争力的引领。

（2）数据驱动，统一数字平台。智能制造成功的关键在于数据传递的自动化，通过"一个数字平台"打通管理层与现场层，实现企业层面的互联互通。在设备层，基于SCADA系统，实现了设备间的互通互联，打通了车间制造运营层（MOM）和设备层数据控制链，从数字化、网络化，稳步迈向制造过程的智能化。

（3）培养一批复合型智能制造人才。由于航空行业的特殊性，为充分的实施智能制造，使其能够符合行业特点，需要一大批即熟知航空制造业务流程又了解自动化技术、信息化技术、物联网技术等智能制造核心技术的技术人员，商飞公司通过人才培养与人才引进的方式，集中了一大批具有综合技术能力的技术人才，为智能制造的实施打下了坚实的基础。

编委会：秦福光　　编写组：陈　磊

08 重型车用发动机智能制造试点示范

——一汽解放汽车有限公司无锡柴油机厂

一、项目实施背景与状况

（一）项目背景

传统的重型车用发动机生产线以刚性设备为主、工序分散、分段自动化、人工或半自动作业、工艺及质量数据多为抽检和人工记录、试车方式为 100%热试及水力测功机、物流配送采用叉车巡线为主要特征。生产线自动化及信息化程度低，没有整体的规划，生产能耗高。伴随用人等制造成本上升，建设新型智能代生产线势在必行。

（二）项目建设目标

基于数字化工厂模式，引入智能制造理念与技术，将惠山重型车用发动机生产基地的设计数字化、制造自动化、信息集成化进行融合与提升，并将精益化和绿色化贯穿生产全过程，实现工厂运营管理智能化，如图 8-1 所示。形成工厂运行数据的自动采集、传输、存储、决策分析与反馈控制的闭环系统，具有自我学习、自行维护与自主控制的初步智能，并根据实际运行环境自行调整最佳系统配置，实现生产制造过程在"质量—成本—效率"等多目标的最优化。

本项目实施分两个阶段：2010—2013 年完成重型车用发动机生产基地建设，基本实现自动化、数字化生产模式；2014—2018 年在现有条件下进行智能化升级。

项目建设情况如下：

重型车用发动机生产基地规划、建设及运营阶段，工厂始终紧盯行业最新科技进展，力争工厂先进技术应用、运行管理综合水平保持行业领先，联合厂房平面如图 8-2 所示。经过数年的努力，智能制造模式已初具雏形，实现了各领域数字化设计，生产线柔性、高效、自动化生产，设备互联进一步提高，并逐渐形成产品全生命周期管理信息化系统框架。

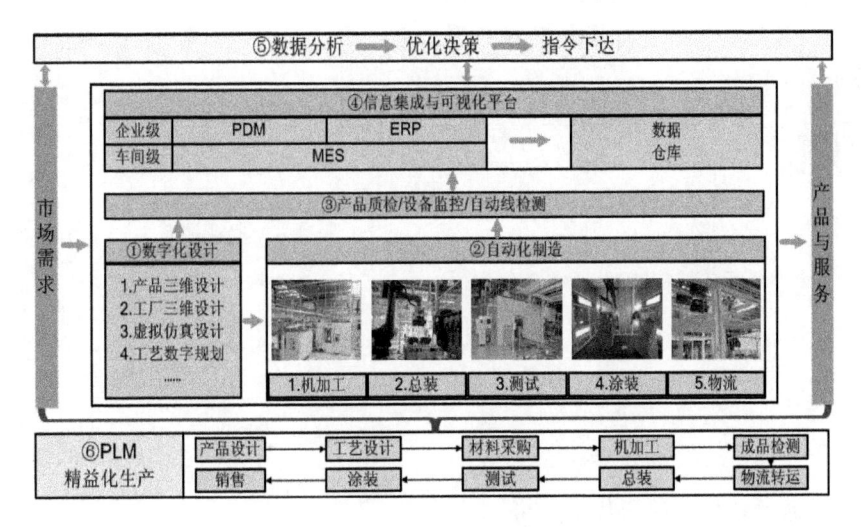

图 8-1 智能制造系统架构

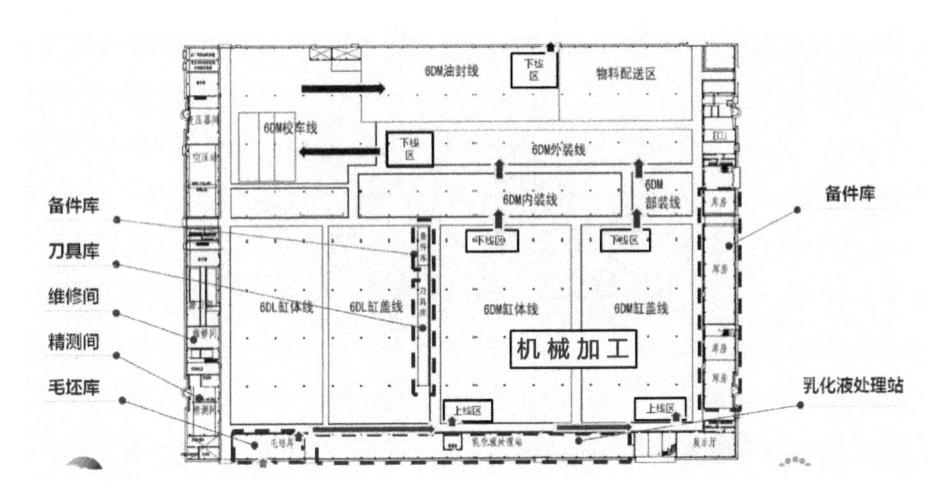

图 8-2 联合厂房平面

二、项目主要实施内容

（一）实现工厂规划设计的数字化

1. 工厂系统模型建立

通过数字化建模及协同仿真（见图 8-3），确定最优布局规划方案，及早发现错、漏、碰、缺等问题，提高设计效率 30%、规划成本降低 5%。

2. 生产线虚拟仿真

运用计算机辅助生产线仿真设计（见图 8-4），实现最佳生产线平衡、最小投资成本或最优化投入产出等方案；克服了传统规划模式效率低、准确性差等缺点，提高规划精准性并缩短设计周期。

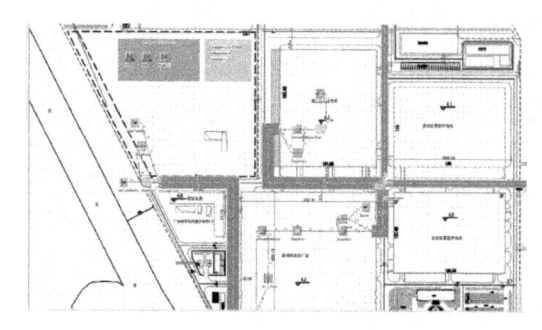

图 8-3　工厂厂区物流仿真　　　　图 8-4　生产线仿真模型

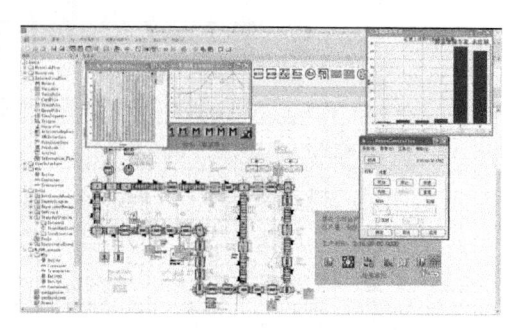

3. 计算机辅助工艺设计技术应用

借助计算机辅助工艺设计 CAPP 系统及 CAM 辅助制造软件，缩短工艺及加工程序编制时间，提升工艺设计的规范性和准确性，实现了内部数据的高度统一，使产品研制周期缩短 10%。图 8-5 所示为缸体模型及识别出的特征。

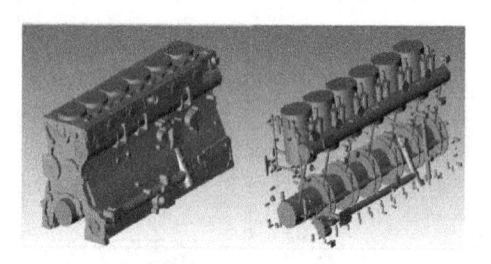

图 8-5　缸体模型及识别出的特征

（二）推动生产线装备的自动化和智能化水平

1. 缸体缸盖机加生产线

应用大量高精、高柔性、数控设备，集成传感技术、计算机技术、自动控制技术等现代智能控制技术，实现实时动态全闭环控制及在线诊断和智能化故障处理，如图 8-6 所示。生产线自动化率达 78.33%，同时生产线柔性设备占比 67%，具有较强的可重构、可扩充等特点以及产品快速换型能力。

2. 装配生产线

在确保发动机高品质装配的前提下，遵照安全环保、高开动率、高稳定性、高柔性、高效率、低成本原则；充分体现精益生产中必备的高质量、低消耗的准时化生产理念，总装线自动化率达28%，使建成的生产线具有更高的生产效率和更强的生产柔性，装配后的发动机获得更高的产品质量，图8-7所示为曲轴搬运及缸体翻转机器人。

图8-6　缸孔自动检测反馈补偿 　　　　图8-7　曲轴搬运及缸体翻转机器人

3. 自动化物流设备

应用大量自动化输送设备实现缸体、缸盖、零部件及整机转运（见图8-8），发动机从总装上线到油封下线一个流生产，中途发动机不落地，装配过程物流实现了全自动化输送，形成主动分析、按需配送的智能物流系统，大大降低了人工成本，同时提高转运效率和输送准确性，属国内首创。

图8-8　整机转运桁架机械手及试车RGV自动小车

（三）实现生产过程数据采集和分析的可视化

充分利用现场总线和工业软件，并采用RFID、DPM码等技术作为数据载体，实现生产过程数据的采集、上传和可视化管理，如图8-9所示。

1. 生产、质量数据采集

通过广泛应用RFID、二维码技术、扫描枪、视觉等技术对过程信息进行收集。通过自动分析质量数据的变化趋势，实现产品质量不良的早期预警，便于及时对过程加以控制改进，采取改进措施提升过程能力，确保产品质量。图8-10所示为工位实时产量显示。

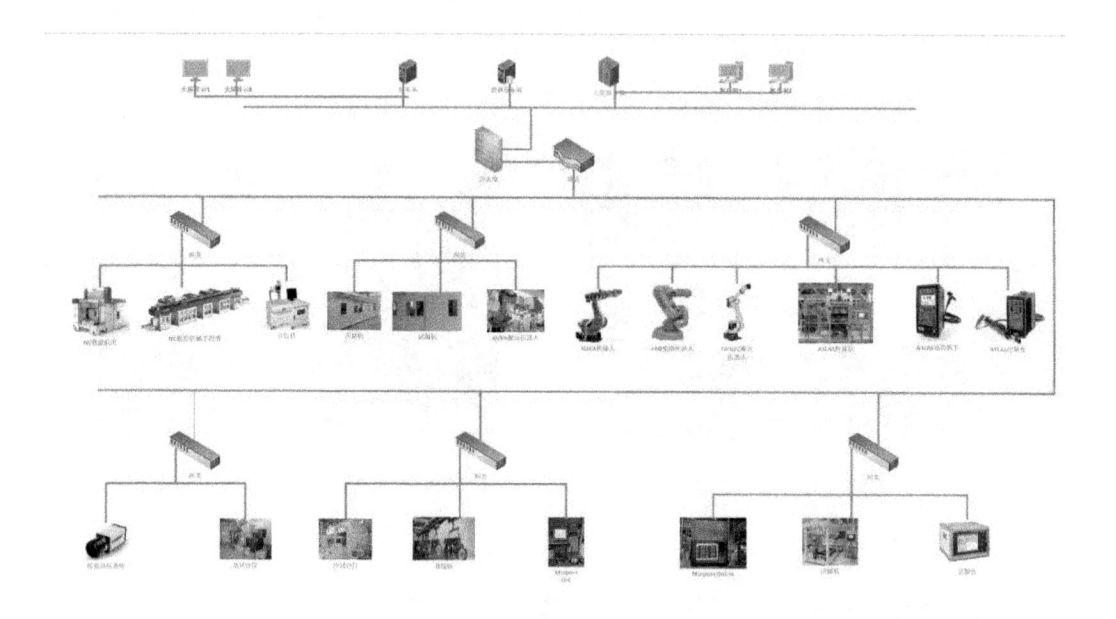

图 8-9　生产线数据采集系统架构

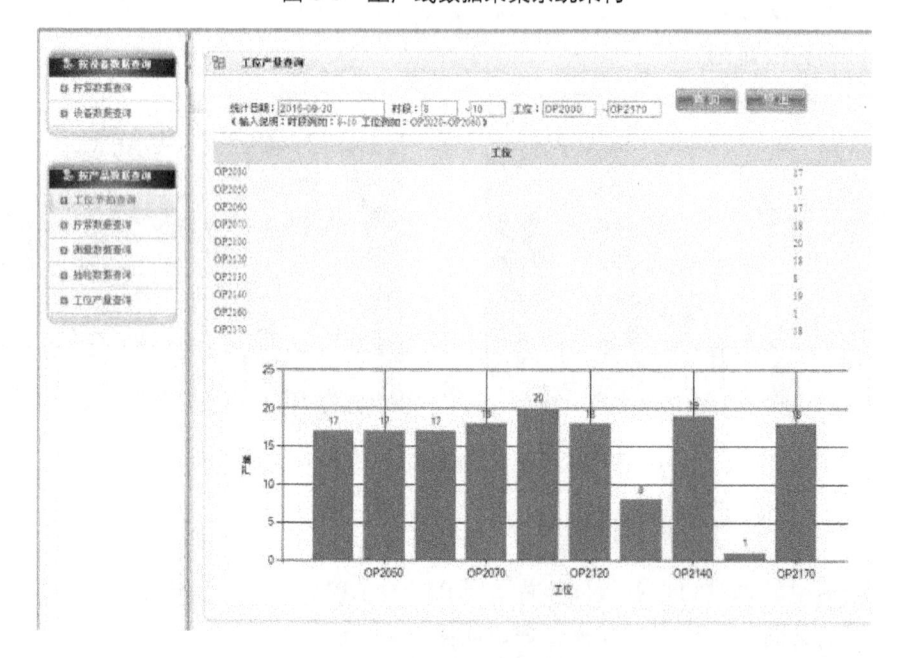

图 8-10　工位实时产量显示

2. 能耗动力设备数据采集

由智能电表在线监测各类电能指标，利用无线传送至电能云平台进行实时监控和处理，通过手机 APP 可及时掌握电能情况，确保电能使用受控，如图 8-11 所示。

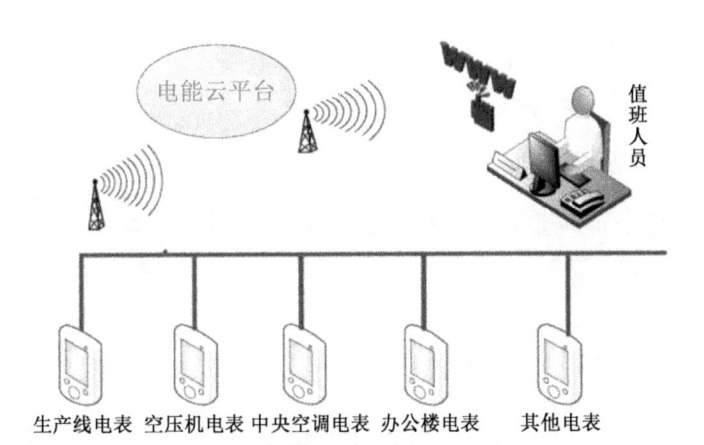

图 8-11 电能云平台架构

(四) 构建节能、环保的生产系统，实现绿色化

将绿色环保放在首位，广泛运用绿色制造技术以及节能生产系统。机加线关键工序缸盖枪铰加工采用 MQL 微量润滑加工技术，刀具寿命提高 10 倍，切削液消耗节约 3%，如图 8-12 所示。装配线在国内首次将冷试技术应用于重型发动机批产（见图 8-13），冷试机直接出厂比例 90%。相对传统热试工艺，每台发动机缩短生产时间 80% 以上，缩短整机交付周期 75 分钟，项目实施至今，减少二氧化碳排放 747 178 kg。

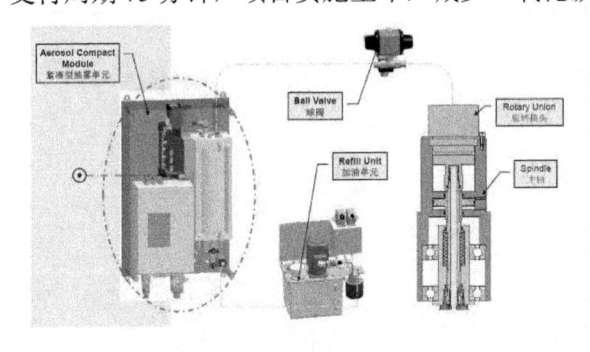

图 8-12 MQL 微量润滑系统　　　图 8-13 重型发动机批产冷试台

(五) 建设以"互联网+"业务驱动的集成应用软件平台

以工厂发展战略为导向，以对标行业水平为目标，结合国家提出的《中国制造 2025》以及"互联网+"战略规划内容，稳步推进车联网、云计算、移动智能、"互联网+"等技术在工厂的落地工作，以"统筹规划、分步实施、循序渐进、逐步升级"为信息化建设步骤，建设"互联网+工厂智造+智能服务"的信息化平台，如图 8-14 所示。

1. "互联网+工厂智造"

搭建以 ERP、TDS、PDM、CAPP、MES 等各类系统为基础的管理和生产平台，以及以物联网技术为核心的发动机数据远程采集系统的信息化建设框架,形成了"内外互联、上下互通、运行高效"的数字化管理体系。

2. "互联网+智能服务"

依托日趋成熟的工厂车联网及发动机电子身份证项目,开发智慧工厂APP,如图8-15所示。结合发动机DPM二维码技术升级,实现服务模式由传统被动呼叫向精准化主动关怀的转型。

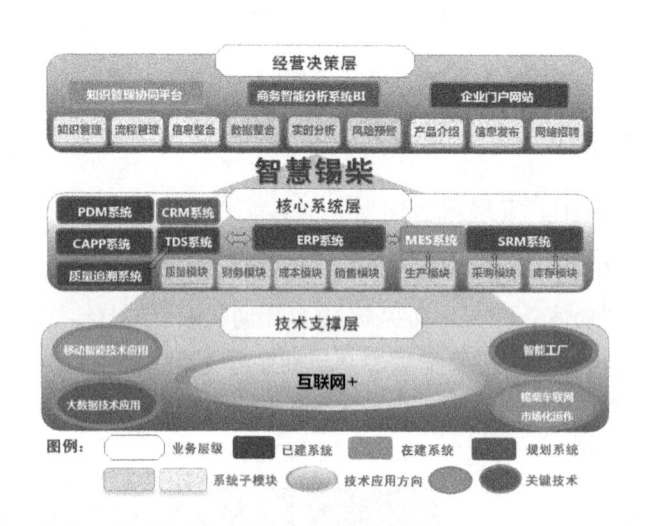

图8-14 工厂信息化发展框架

图8-15 智慧锡柴APP

三、实施成效

项目实现重型车用发动机的数字化、智能化生产,在生产线设计、先进技术应用等方面创造了多项国内第一。在运营成本、生产效率、产品研发周期、产品不良率及能源利用率等方面成效显著。使企业各项运营数据位居行业前列。实施效果见表8-1。

表8-1 智能制造实施前后成效对比

	成效评价项目	实施前	实施后	变化情况
智能制造实施前后成效对比	运营成本	刀具采用进口为主,装配线以人工作业为主	刀具国产化的实施及应用;提高自动化程度,降低人工成本	运营成本降低约20.8%
	生产效率	重型零部件人工装配效率低、试车周期长、物流配送准时率差等	智能化装备提高作业效率、冷试批产应用、物流安东及自动转运设备大量应用	生产效率提高约50.1%
	产品研制周期	生产线规划及工艺设计主要以人工经验为主	广泛应用生产线仿真、工艺仿真等计算机辅助设计软件	产品研制周期缩短约38.5%

续表

成效评价项目	实施前	实施后	变化情况
智能制造实施前后成效对比 — 产品不良率	设备加工精度差、人工装调一致性差、检测手段落后等	高精机床大量使用及自动化装备提高了制造精度及可靠性；激光、高精传感器、视觉等技术的应用提高发动机装调一致性	整产品不良品率降低约53.9%
智能制造实施前后成效对比 — 能源利用率	大多采用传统制造工艺技术以及粗放型能源管理模式	智能后勤保障设备以及绿色环保节能制造技术的广泛应用	能源利用率提高约56%

智能化工厂建设为企业生产经营带来了重大转变，增强了企业竞争力。但智能制造实践过程中，也存在一些问题需要进一步优化，后期，将主要对现有智能系统的薄弱环节进行升级，完善现有 MES 系统并实现各系统纵向集成，形成产品全生命周期管理，进一步推动整个工厂的信息互联互通，实现真正意义的"设备互联、数据互换、过程互动"；实施智能物流配送系统建设，提升工厂自动化和智能化水平，力争全面达到国际先进水平。

四、实施经验

"惠山重型车用发动机生产基地"项目的建设，形成了完善的发动机智能工厂规划体系，建成的生产线体现了自动化、柔性化、高效节能、绿色环保和可持续发展等特点，达到国际先进水平，在行业内具有良好的口碑，已成为车用发动机生产制造的标杆。项目建设过程形成的部分经验总结如下。

（1）加速设计过程向数字化转变。传统的工厂规划、设计主要凭借工程师经验，项目周期长、且对设计成果缺少科学论证。建议改变传统的工厂规划设计手段，广泛应用计算机虚拟仿真技术、数字化优化设计软件等，提高复杂生产线系统的规划设计符合性、缩短设计周期。

（2）推进落实绿色制造技术应用。践行绿色制造是企业的责任，同时能够为企业发展创造效益。重型车用发动机基地建设，充分发挥绿色制造技术，应用重型发动机冷试、MQL 微量润滑等技术，实现工厂的低排放、低消耗、低污染，并通过绿色制造技术切实落地，降低企业生产成本。

（3）强化信息化系统建设。在产品设计、采购、制造、销售、管理等各个环节引入 PDM、SRM、MES、TDS、ERP 等计算机应用管理系统，可以有效提高企业管理效率，降低生产成本，实现企业数据的数字化管理；各系统的实施应充分考虑接口设计，为今后智能制造升级提供支撑。

通过本项目的示范应用，工厂发动机制造过程相关的产品质量、生产效率、能耗等关键经济指标处于行业领先地位，在国内发动机制造行业内具有良好的推广价值。

编委会成员：李建刚　　编写组成员：朱　炜

09 高速动车组转向架智能制造试点示范

——中车青岛四方机车车辆股份有限公司

一、项目实施背景与状况

（一）开展智能制造的背景

轨道交通装备作为"中国制造 2025"优先发展的重点领域，率先实现赶超和引领，符合国家经济社会发展的重大需求，实现由"中国制造"向"中国创造"的跨越，将有力推动中国高端装备产业的升级，大力带动信息产业、电子工业、材料工业等相关产业链整体素质的提升，推进中国由"制造大国"向"制造强国"迈进。

随着我国铁路和城市轨道交通建设进程的加快，路网规模迅速扩大，产品技术不断升级，系统集成度提高，轨道交通运营方式正向网络化和多样化发展，对轨道交通的安全性、可靠性提出了更高、更苛刻的要求。

（二）智能制造实施的主要思路

高铁属于典型的离散制造、订单驱动产品，产品复杂程度在汽车和飞机之间。公司制造业务分为转向架、车体、总装、调试四大板块。公司首先选取最具代表性的转向架制造开展试点示范制造，打造数字化车间，示范成功后再逐步推广，最终建成轨道交通装备数字化工厂。

（三）智能制造实施目标

基于新一代信息技术和先进制造技术，以转向架数字化车间为实施载体，以数字化贯通全设计、制造、运维过程，以关键制造环节智能化为核心，以网络互联为支撑，通过智能装备、智能物流、制造执行系统（MES）的集成应用，实现整个生产过程的优化控制、智能调度、状态监控、质量管控,增强生产过程透明度,提高生产效率、提升产品质量,打造复杂装备、离散制造、订单驱动模式下的智能制造新模式。

二、项目主要实施内容

通过建设具有世界先进水平的转向架智能生产车间,实现转向架产品从数字化设计、数字化制造、数字化运维为一体的智能制造。

转向架数字化车间的整体架构(见图9-1),从上至下分为企业层,业务层,执行层,设备层。通过智能制造应用,优化制造资源配置,实现高效的物流配送,打造可追踪的制造执行,实现车间透明化管理,降低生产成本、提高产品质量。

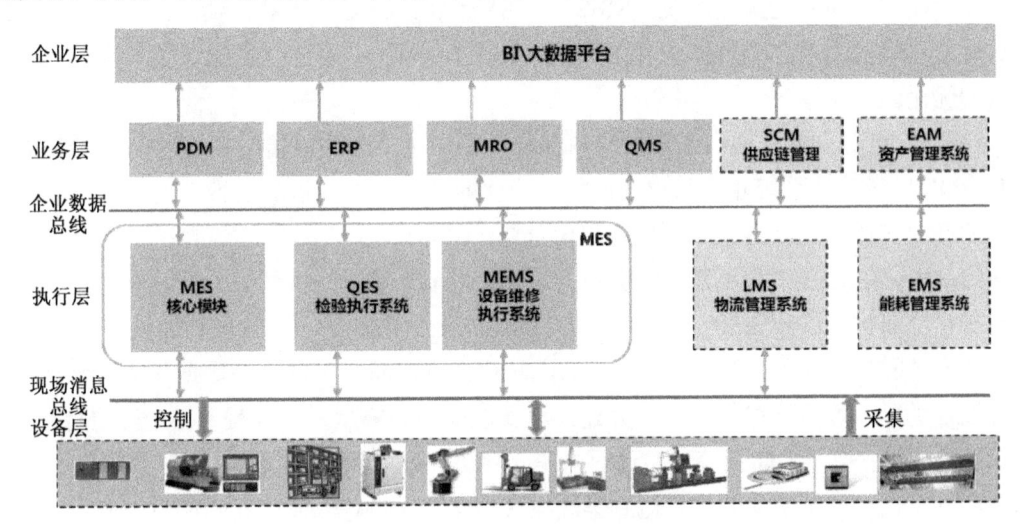

图 9-1 转向架数字化车间架构

主要建设内容如下:

(1)建立转向架车间数字化模型,开展转向架制造数字化规划,实现转向架生产从规划、生产、运营全流程数字化管理。

(2)建立企业产品数据管理系统(PDM),实现产品设计、工艺设计、质检策划的集成管理。

(3)建设转向架关键智能生产线,通过机器人、智能设备、智能传感、智能检测、智能物流等关键技术,实现转向架从零件加工、检验、涂装、装配等整个生产周期的智能化。目前已建成构架自动焊接生产线、空心车轴自动加工线、轴箱体柔性加工线(FMS)、构架加工生产线、转向架自动装配线等智能生产线(见图9-2),并取得良好效果。

(4)开展转向架制造全流程资源要素的数据采集,通过工业网络,打通转向架制造从计划层、控制层到设备层的数据链,实现制造全流程资源要素信息交互和可视化管理。

图 9-2　智能生产线

（5）建立车间制造执行系统（MES），实现计划、调度、质量、设备、生产、能效的全过程闭环管理。建立企业资源计划系统（ERP），实现供应链、物流、成本等企业经营管理的优化。

（6）建立工厂 IT 网络和工业网络，保证数据的可靠和快速传输。通过 MES、MRO、LMS、QMS 等信息系统建设与集成，实现企业的以 BOM 为核心的数据贯通和以业务为核心的流程贯通，建立全生命周期产品信息统一平台。

（7）建设工业信息安全管理制度和技术防护体系，通过网络边界、网络设备及数据安全防护，全面构建保障生产及办公 IT 网络信息安全体系，保障工业网互联通信安全。

（8）建设企业制造数据中心，实现从产品设计到产品交付的全部数据的集中管理；对关键设备进行远程故障智能诊断，并建立设备故障预警模型，对关键设备故障进行预测。

（9）通过搭建 MRO 系统，实现对故障、履历、检修计划、检修工艺、质检策划、检修生产以及物料的精细化管理，达到提高检修质量、保障行车安全、降低检修成本，并为产品设计和工艺技术的改进提供运维数据支持的建设目标。

三、实施成效

从 2009 年开始，公司分批投入各种资源，进行转向架智能制造项目的建设，通过智能制造项目的实施，成效主要体现在以下几个方面：

（一）打造了转向架智能制造新模式

智能制造实施以前，转向架的生产基本方式为单机生产、手工组装，自动化程度低，生产效率不高，生产数据手工记录。

通过实施智能制造实施，将转向架制造过程从订单、产品设计、生产制造到运维服务各个环节以柔性方式集成起来，建设转向架数字化制造平台，管理产品制造复杂性，建立核心制造业务过程和标准，实现数据驱动的生产。

（二）装备智能化应用成效显著，自动化、信息化以及智能化水平提升，打造转向架透明生产车间

智能制造实施以前，制造现场设备数控化率较低，在生产过程中过多依赖于工人的操作技能，物料配送通过电话催料，现场数据靠人工采集与小票统计，生产计划靠人工传达。生产效率不高，产品质量难以保证。

通过智能制造项目实施，已建成构架焊接生产线、空心车轴自动加工线、轴箱体柔性加工线（FMS）、构架加工生产线等自动化加工生产线。转向架生产过程中大量采用智能数控加工中心、智能机器人、智能自动装配设备、智能物流输送设备等智能制造装备，可有效减少人为错误。同时，通过 RFID、智能传感、物联网等技术，实现数据采集、物料追踪、质量控制，将生产现场数据采集到生产指挥中心，使信息化和工业化深度融合，提高企业生产过程的透明化。

（三）实现虚拟与现实制造的结合，缩短研发周期

智能制造实施以前，新产品研发通常要进行仿真分析、样车试制，试产等环节，反复的设计变更导致研发周期较长和研制成本较高。

通过智能制造项目实施，建立转向架车间数字化模型，在虚拟生产环境中进行试生产，对生产线产能、物流路径、工艺装配过程进行验证和优化，将产品研发和生产设计阶段的虚拟仿真和验证技术与企业现实生产和运维过程融合，提升产品研发和生产设计能力，通过虚拟制造与物理生产的循环迭代，减少车间错误，缩短产品的试制周期，降低制造成本，减少返工。

（四）信息系统集成

智能制造实施以前，各信息系统相互独立，业务流程没有打通，数据没有实现真正共享。

通过智能制造项目的实施，ERP、MES、MRO、LMS、QMS 等主要系统实现了信息集成。实现企业层—管理层—网络层—感知层—设备层的垂直集成，消除了企业信息孤岛。

智能制造项目实施后，已取得的成效指标对比情况见表 9-1。

表 9-1　智能制造实施前后成效对比

	成效评价项目	实施前	实施后	变化情况
智能制造实施前后成效对比	运营成本	1900 万元	1800 万元	降低 5%
	生产效率	25 天	20 天	提升 20%
	产品研发周期	350 天	315 天	缩短 10%
	产品不良率	7 件	6 件	降低 14%
	能源利用率	110 万	100 万	降低 9%

四、实施经验

智能制造是一个全新的课题,对于高铁行业没有成熟的经验,我们也是在探索中前进,其中的一些做法具有参考意义,供大家参考。

(1)在开展智能制造建设时,应进行智能制造的顶层规划,针对智能制造的主要环节分层次、分领域开展由上向下的设计。

(2)在进行智能制造时,应以精益生产思想进行生产与物流规划。同时,要关注设计与制造等环节的IT管理平台建设,做好自动化设备工业网络通讯统筹规划。

(3)在开展智能制造,应根据企业实际情况,选择一条生产线、一个车间、一个工厂分层次推进,由点及面,建设成功后再进行推广应用。

(4)智能制造是一个系统工程,要由知名科研院所、高校、企业组成联合体,实现强强联合,形成"产、学、研、用"的建设模式。

中国高铁是"引进、消化吸收、再创新"的典型代表,得益于此前的技术积累和科研攻关的举国体制,实现了技术上的腾飞,相信智能制造在中国高铁的应用,必将带动中国轨道交通装备制造行业的再腾飞。

编委会:柳少华　　编写组:文　勃

10 精密机械零部件数字化车间试点示范

——山东威达机械股份有限公司

一、项目实施背景与状况

（一）项目实施背景

目前，国内钻夹头行业平均生产效率约为 132 支/人·班，国外钻夹头行业平均生产效率约为 791 支/人·班，约是我国的 6 倍。据资料显示，国内有数百家夹具类产品生产企业，数万家手动和电动工具、汽车零部件、小型电机、中小型阀门和泵类等零部件类产品生产企业，普遍存在着自动化生产水平低，面临着我国劳动力逐年减少的压力。

为应对上述问题，保持我国制造业竞争力；未来数年我国制造业，特别是零部件制造业，将迫切需要进行大规模自动化智能制造升级改造。

山东威达组织开发的世界首套钻夹头智能制造车间技术方案，全部建成后，山东威达钻夹头生产效率，将由原来的人均约 184 支/人·班，提高到约 3000 支/人·班；车间生产效率将达到国外钻夹头平均生产率的 3.8 倍。

（二）项目实施主要思路及目标

威达发挥所属德迈科智能制造整体解决方案能力、济南第一机床数控机床开发能力及钻夹头等机械零部件大批量生产能力于一体的综合优势，成功开发的"低成本实现智能制造方案"，每条线建设成本只有国外类似功能的生产线成本的 40%～50%，可大幅降低制造业人工成本，较好地解决我国用工成本快速上升及招工难等问题，同时提高产品质量稳定性、降低工伤事故率。

二、项目主要实施内容

项目总投资 9 267 万元，改造厂房面积 27 650 平方米，定制桁架机器人 144 套、集群数控系统和自动组装设备各 24 套，购置数控卧车 38 台；改造原有 318 台旧数控机械加工设备；建成 48 条低成本精密零部件智能制造示范生产线和配套车间。建设地点：威海临港经济技术开发区中韩路 2 号，建设期：2015 年 9 月至 2017 年 12 月。

项目责任单位山东威达机械股份有限公司，主要负责项目的组织实施和低成本数字化智能制造车间的应用示范；参与低成本数字化智能制造车间研发制造的企业主要有：苏州德迈科电气有限公司、济南第一机床有限公司及济南一机锐岭自动化工程有限公司、工信部威海电子信息综合研究中心。

低成本数字化智能制造车间可实现自动化上、下料，自动、均衡化混流机械加工，数字化物流跟踪，生产过程实时监控，设备故障自动预警，在线高精度激光检测；并通过局域网协同 PLM/MES/ERP 集成管理等智能功能；实现设计体系、营销体系、生产体系、采购体系、物流体系的有机融合；通过项目的实施，可实现综合运营成本降低 27%，产品研制周期缩短 20%，生产效率提高 800%以上，产品不良品率降低 16%，能源利用率提高 12%。

该项目的应用示范，将为我国数万家中小零部件制造企业，提供一个低成本实现智能制造方案；大幅降低制造业人工成本；较好地解决了我国用工成本快速上升及招工难等问题，同时提高产品质量稳定性、降低工伤事故率；成功应对国外发展智能制造对我国制造业的冲击。

三、实施成效

项目实施前后情况对比见表 10-1，实施前后成效对比见表 10-2。

表 10-1 项目实施前后情况对比

项目名称	改造前现状	改造后预期效果
每条生产线所用设备	3 台数控车、5 台三孔专机、1 个组装工作台、1 台组装压机、2 台磨嘴机床、1 个包装检验工作台，共计 13 台	2 台数控车、5 台三孔专机、2 台磨嘴机床、3 台桁架机器人、2 台传送机、一套集群数控系统、1 套自动组装工作台，共计 16 台套

续表

项目名称	改造前现状	改造后预期效果
每条线人力	6.5 人/班	0.5 人/班
产能	1200 只/8Hr	1500 只/8Hr
一次合格率	82%	98%
信息记录方式	人工记录	自动记录、自动识别不合格品

表 10-2 项目实施前后成效对比

	成效评价项目	实施前	实施后	变化情况
智能制造实施前后成效对比	运营成本	11700 万元	8560 万元	下降 27%
	生产效率	1200/班/6.5 人	1500 只/班/0.5 人	提高 800%
	产品研制周期	90 天	71 天	缩短 20%
	产品不良率	18%	2%	下降 16%
	能源利用率	84%	96%	提高 12%

四、实施经验

（1）充分利用原有生产线的旧设备，经改造升级原有设备的 PLC 系统、线轨等关键部分，并入新系统组成智能制造生产线，大幅降低了系统的成本，每条线直接投资不超过 260 万元，与国外类似自动化生产线相比，可节省投资 50%~80%。

（2）创新研发成功集群数控系统软件——在控制 3 台桁架机器人代替人工装卸零部件的同时，还能控制数十台数控机械加工设备协同工作。

（3）在国内首创具有在线激光精密检测装置自动生产线。

（4）该生产线有很好的通用性，可以通过更换夹具、刀具和调整程序，直接应用于医疗器械、中小型阀门类、工具类、小型泵类和中小型电机类等组合件产品的智能制造自动化生产。

在智能制造项目的实施过程中，公司采取从单线自动化到企业级智能制造，分期逐步开展。计划先实现车间生产制造智能化，解决公司面临最迫切的人工问题，再逐步完成生产制造系统与设计、销售、采购等信息管理系统有机融合，最终实现智能工厂。

编委会：王德兴　　编写组：王传亮

11 客车智能制造试点示范
——郑州宇通客车股份有限公司

一、项目实施背景与状况

（一）项目实施背景

与传统汽车行业相比，客车行业生产方式是多品种小批量订单式生产，依然属于劳动密集型产业，很大程度上依靠人力劳动。目前我国客车制造依然处于智能制造的探索阶段，软件体系不够完整，整体方案不够系统化，自动化程度和设备智能化程度较低，设备与信息体系联系割裂，这些问题制约了客车智能化制造的整体进程。

通过信息化、自动化、智能化的先进制造技术，打造高效协同的客车制造供应体系，支持以用户订单为基础的柔性化生产体系和多种车型的任意顺序的混流智能化生产，将大幅提升客车智能制造水平。

（二）项目实施主要思路和目标

基于国家政策目标指引及企业发展需要，郑州宇通客车股份有限公司（以下简称"宇通"）将从以下三个方面着手建设客车智能制造生产基地：

（1）规划产品数字化设计管理体系，在产品设计、关键装备实现三维设计和仿真。

（2）完成智能生产系统建设，在车间建立工业通信网络，设备进行智能化升级，实现信息互通。建设白车身分总成智能加工装备群、白车身总成智能制造群、客车涂装智能化柔性制造体系及新能源远程客车智能升级体系。

（3）建立基于产品生命周期的数据管理、数据分析和数据决策体系。对现有的销售、生产和售后环节信息信息管理系统集成，完善现有企业资源计划管理系统（ERP），探索构建生产装备的物理信息融合系统，建设体系化 MES 系统。

通过该项目，宇通客车将解决以下几个方面问题：

（1）解决市场需求、产品设计、生产制造一体化和联动不畅的问题，缩短研制周期，提高生产效率和产品质量。

（2）解决订单计划和生产计划信息的断点问题，解决执行管控和质量监控的断点问题，实现计划集成、执行透明、自动预警、持续优化、稳步提高效率和生产质量。

（3）解决过度依赖于人工、过分依赖人工技能、人力成本居高不下的问题，通过柔性加工自动化和智能化提高生产效率，降低运营成本（单车工时和单车能耗）。

（4）解决市场上运营产品的信息采集、管理和服务升级、被动响应的问题，建立远程采集、智能升级系统，进行产品的智能化创新。

二、项目主要实施内容

宇通客车智能制造是结合宇通已有的产品、技术优势和运营模式，通过模块化设计、销售与柔性、自动化的精益生产相结合，建设客车制造新模式，支撑规模化的品质与效率、定制化的响应与柔性目标的达成，为宇通客车制造模式转型升级奠定基础。项目重点由以下几个方面展开：

（1）产品模块化设计体系建设。通过构建三维模块化设计体系，实现产品的模块化，并逐步实现零部件的模块化。

（2）全面 MES 系统建设。宇通将 MES 系统定位于订单计划层和现场自动化系统之间的执行层，主要负责车间生产管理和调度执行。升级后的 MES 系统将集成计划排产、生产追踪、物料管理、质量控制等功能，同时为生产部门、质检部门、工艺部门、物流部门等提供车间管理信息服务。

（3）白车身分总成数字化制造群建设。对现有设备进行智能化升级，实现物理信息融合；采购一批智能新装备，实现分总成工序的高效柔性制造；建设智能化立体物流体系，实现物料智能运送。

（4）白车身总成数字化制造体系建设。在白车身总成装备方面，由于客车车身相比乘用车体积很大，自动化实现难度与技术困难是前所未有的，现阶段正在建设的高效侧围自动化作业岛试点工程，实现了大型工件机器人焊接的激光视觉焊缝跟踪、工装的自动切换、大型工装库夹具存储和转运、重型移栽变位机精确位控、14 台机器人同步焊接；后续将在前后围自动化作业岛、顶盖高效生产线、地板自动化作业岛等方面展开建设。

（5）涂装智能化柔性制造体系建设。涂装车间在物流柔性化、智能化设备、智能制造管理方面取得了一定的突破，但是与智能化制造还有较大的差距。为建立适合客车涂装智能化、柔性化制造系统，宇通下一步将在以下几个方面实施重点建设：

①智能颜色快换系统的升级。

②柔性化生产物流系统搭建。

③车间级生产管理系统的优化与搭建。

④离线编程能力提升。

⑤涂装能源管理系统建设。

(6)总装数字加工生产线建设。总装生产过程由于其具有高度人机交互的生产特性,生产线以 RFID 作为产品身份识别标签,到达各工位时,自动更新电子作业指导书,安装零件进行条码确认。对于劳动强度比较高的工作环节已建立空调输送线和玻璃输送线。对于关键质量检测点,如管路保压、拧紧力、底盘轴距检测等建立在线检测体系,确保质量稳定。

(7)新能源客车远程智能升级体系建设。宇通新能源客车已初步搭建数据采集与信息化管理平台,实现了车辆数据的分布式管理和用户端 APP 的应用。下一步,将从远程升级硬件系统建设、软件体系建设、试验系统建设、数据加密设计方案建设等方面展开,实现智能远程升级功能。

三、实施成效

实施成效见表 11-1。

表 11-1 智能制造实施前后成效对比

	成效评价项目	实施前	实施后	变化情况
智能制造实施前后成效对比	运营成本(单车工时)	777 小时	583 小时	25%
	生产效率(8 小时产能/单线)	13.3 台	18.8 台	39%
	产品研制周期	32 个月	25 个月	22%
	产品不良率(产品下线一次交接通过率)	45%	72%	60%
	资源利用率(单车制造能耗)	3478 元	2260 元	35%

四、实施经验

(一)统筹规划信息化系统建设

宇通基于 ERP(企业运营平台)和 EIP(企业管理平台)双平台的信息化基础架构,灵活部署了 50 多个应用模块,全面集成了产、供、销、技术、财务、人事等业务,支持宇通从业务运作到企业管理各项活动。在国家工信部两化融合思想的指引下,宇通全面实施了 PLM(产品生命周期管理)建设,通过一致、高效的产品数据管理驱动研发业务流程改善和固化,并通过基于标准化、通用化、模块化的 3D 设计及其应用充分发挥 PLM 的价值,提升企业研发能力,缩短产品开发周期,提高产品质量。借助于 ERP、配置器、SCM、APS、MES 等信息系统的建设,快速响应和满足客户订单需求,持续提供质量稳定的产品和服务,并对运营成本进行合理管控。此外,宇通设立由 CIO(首席信息官)直接领导的信息化团队,以"职能管理+流程管理"矩阵式业务管理方式,秉承以客户为核心的工作理念,向宇通所有业务板块提供专业化 IT 服务。

（二）逐步推进分类自动化建设

客车生产各环节自动化、智能化程度差距很大，且难易程度不一致，针对该问题，通过将每一个工艺环节进行分析，逐点、线、面进行深入，适合做智能制造车间的做智能制造车间，适合策划自动化生产线的做生产线，适合做柔性制造单元的做柔性制造单元，本着先试点后推广的原则，实现智能制造建设的逐步推进。

在分总成方面推广了板材激光切割数控加工群、型材下料柔性加工群和机器人焊接柔性工作站加工群建设，实现了高效柔性化的分布式生产模式建设。

在总成方面建成了侧围自动化生产线，实现了客车侧围柔性自动化生产，提高了生产效率和质量。

在涂装方面，建成了少人化的自动涂装车间，实现了大规模的混线生产。

在总装方面，通过逐点分析研发，实现了竹地板自动上车、玻璃打胶、轮胎输送的自动化建设。

（三）关键技术实现突破

宇通客车为了实现由离散定制化向规模定制化能力提升，在市场需求、设计、生产全方面进行革新，对关键瓶颈进行突破，取得了较好的成绩，在产品模块化设计方面，通过市场调研和工艺调研，逐步由单纯基于市场考虑的产品设计，向基于可柔性规模制造的产品模块化设计转变，不仅引导了市场的需求，而且推进了企业的柔性制造水平。

在柔性制造方面，每一个制造环节都经过精确分析，如何将设备柔性化、智能化发挥到极致是宇通每个工艺人的工作目标。

在分总成制造体系建设中，在板材切割系统实现了远程集中自动排版、网络投送工艺文件，自动上料自动切割的信息化柔性切割系统；在机器人焊接技术体系建设中，开发了机器人集成管理技术、基于伺服和数据库的柔性夹具设计技术，实现了机器人柔性制造可加工品种达1 000种以上，设备故障诊断及维修信息在5秒内通知维修人员，机器人利用率提升3%，机器人节拍优化提高4%。

在总成制造体系建设中，重点解决大型工件柔性焊接技术，通过突破大型工件柔性工装技术、工装库技术、基于焊接工艺库的激光焊缝形态识别和智能焊接技术实现了客车大型工件的柔性化生产。

在涂装制造体系建设中，重点攻克了大型客车产品自动识别技术、自动转运技术、走珠换色技术，实现了全系客车涂装的柔性化、自动化生产。

在智能产品领域，实现在役新能源车辆程序的远程更新，减少了传统升级对线下售后的依赖，有效提高了产品的服务水平。

（四）与企业、高校合作共赢

通过与大族激光等相关厂家合作，打破国外技术垄断，合作研发出型材激光切割技术，适合全承载客车车架、车身骨架复杂切割形状零件加工，实现下料、切断、钻孔、冲孔复合一体化加工，比传统加工工艺效率提高2～3倍以上，实现客车行业最先进的型材下料加工工艺。

与哈工大机器人研究所和哈工大机器人集团合作，对空中智能物流技术、客车大型结构件柔性焊接技术进行联合研发，其中空中智能物流技术是实现分总成车间型材的智能物流关键技术，保证物料根据排产精确投放。客车大型结构件柔性焊接技术将实现客车大型骨架结构的自动化、柔性化焊接，将有效提升客车行业在关键大型结构件的制造能力。

宇通正通过广泛的技术合作来解决定制化规模制造能力的提升，带动客车行业的发展，推进行业制造水平的飞跃。

编委会：刘炳伟　　编写组：苏　晖

12 船海工程机电设备数字化车间试点示范
——武汉船用机械有限责任公司

一、项目实施背景与状况

船海工程机电设备是船舶与海洋工程装备的典型配套产品类型，具有量大、面广和高技术、高附加值的产业特点，其发展水平是我国船舶与海洋工程装备综合竞争力的重要体现。然而，从整个行业分析，高端的配套几乎被国外知名品牌垄断，国内机电产业绝大部分还处于价值链底端和低价格的竞争格局；传统的船配企业面临着资源环境约束强化和生产要素成本上升等问题，主要依靠资源要素投入和规模扩张的粗放经济增长方式难以为继。

相对其他制造行业，船海工程机电设备产业面临着设计、制造和服务体系还较传统的现状，产品具有使用工况恶劣，对产品服役性能、环境适应性及可靠性要求高的特点。对制造模式而言，船海工程机电设备产品的制造属于典型的离散制造，包括以下几个特点：

（1）采取按订单、多品种、单件小批量等的生产方式。
（2）主要通过对原材料物理形状的改变、组装成为产品使其增值。
（3）生产设备更多的是按照工艺进行布置，而不是按照产品。
（4）自动化水平较低，主要在单元级实现柔性制造系统。
（5）工艺过程变更频繁，生产仍以操作工人为主。

船海工程机电设备产品的生产特点及难点如图12-1所示。

武汉船用机械有限责任公司（以下简称"武汉船机"）是我国船舶配套领域的旗舰。为了进一步提升我国自主配套的船海工程机电设备制造的"效率、效益和质量"，武汉船机充分发挥船舶配套领域龙头企业的技术和资源优势，结合行业及产品特点，在完善的产品体系、技术标准规范体系及现有的工业化、信息化基础上，开展船海工程机电设备智能制造系统建设，并制定了如图12-2所示的《武汉船机智能制造实施规划》，作为企业发展智能制造技术、提高船海工程核心配套行业竞争力的纲领性文件及总体建设目标。

图 12-1 船海工程机电设备生产特点

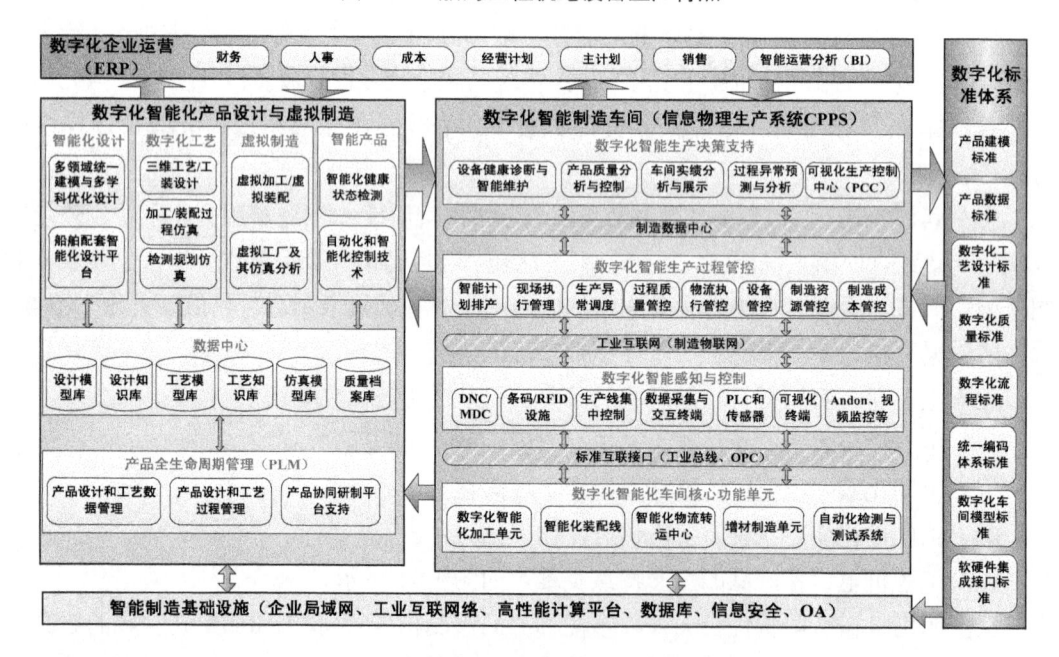

图 12-2 武汉船机智能制造实施规划框架

武汉船机以"全面数字化+核心智能化"为目标,即在船海工程机电设备典型产品"设计—工艺—制造"全生命周期关键环节全面实现数字化;基于 MES 系统,在产品的加工、装配、焊接等核心制造过程实现智能化。

本项目紧密围绕上述总体目标，基于"系统规划、重点突破、分步实施"的原则，以机电液多学科融合、系统相对复杂、集成程度高的船用主推调距桨装置为突破，在完善的产品体系和技术标准规范体系基础上，以智能制造为主攻方向，围绕绿色、高效、质量，针对船海工程机电设备个性化定制、单件小批量的需求特点和自动化、智能化技术发展趋势，打造船海工程机电设备数字化工厂示范标杆，形成行业可复制推广的智能制造实施模式和技术标准规范体系。在2020年以前，武汉船机以深化应用数字化研发设计平台、企业运营平台及数字化生产管控平台，建立多品种、变批量产品的高效高品质数字化示范车间为阶段性目标，在2025年以前全面实现总体建设目标。

二、项目主要实施内容

本项目在产品标准化、模块化、系列化和制造工艺优化的基础上，以精益生产为目标，开展产品制造流程优化和再造，建设高效、灵活的数字化工厂，项目实施的总体架构如图12-3所示。

基于总体架构，项目主要建设内容如下：

（1）系统集成。采用标准的、先进的、柔性的SOA架构体系，通过企业服务总线（ESB）打通ERP、MES、DNC、PDM、智能装配管控系统、柔性焊接管控系统等平台之间的数据集成，通过主数据管理系统和企业门户实现企业界面、应用、服务、数据、用户等各类信息资源的集成和融合，达到数据驱动生产的目的。

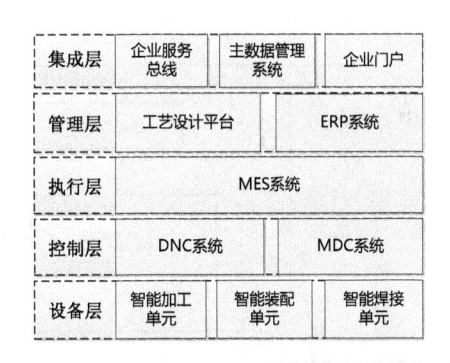

图12-3 调距桨智能制造系统的总体架构

（2）工艺设计平台。应用三维工艺设计平台（WindChill /PDM/ CAPP/通用基础件选型库）、可靠性评价等先进技术，实现贯穿于产品设计、制造、质量、物流等环节的全生命周期管理。

（3）ERP系统。针对个性化定制的生产模式，通过定制化的ERP系统，实现对在制产品主计划、资源、物料、质量、流程、人事、财务、成本的集成管理，并通过BI商业智能构建实现运营管理智能决策支持。

（4）MES系统。面向船海工程机电设备数字化车间的生产过程，建立车间物理信息的集成应用系统——MES系统，实现计划、排产、生产、检验的全过程闭环管理。基于MES系统的应用，重点建立生产过程数据采集和分析体系，充分采集制造进度、现场操作、质量检验、设备状态等生产现场信息。同时，运用大数据技术，在保障信息安全的前提下，对制造全生命周期数据进行综合分析，实现经营、管理和决策。

（5）DNC/MDC系统。面向船海工程机电数字化车间底层设备数字化采集与管控的需求，搭建 DNC 系统（机床联网模块）和 MDC 系统（机床采集及监控模块）；通过 DNC 系统实现数控机床与公司局域网的相互通信，并实现数控程序的编辑、仿真及管理；通过 MDC 系统实现数控机床设备状态监控、加工信息等内容的采集及统计分析，为关重零件加工和数控设备的管理分析提供准确数据；并与上游 MES 系统高度集成，为 MES 车间生产过程管理的有效执行提供数据基础。

（6）关键过程智能化。针对船海工程机电设备产品的关键机加工艺过程，通过数控设备的智能化升级实现加工过程自适应控制和误差补偿，提升加工效率与质量；针对关键装配工艺过程，研究并建立全过程智能化装配系统，实现装配过程的流程化引导、关键点的智能化监控、装配质量的数字化分析以及装配过程的人机交互；针对关键焊接工艺过程，建立以焊接机器人和自动焊设备为主的多个焊接单元组成的柔性焊接管控系统，实现多焊接单元的协调作业、实时监控与反馈、自适应与自感知等。

上述建设内容数据交互内容如图 12-4 所示。

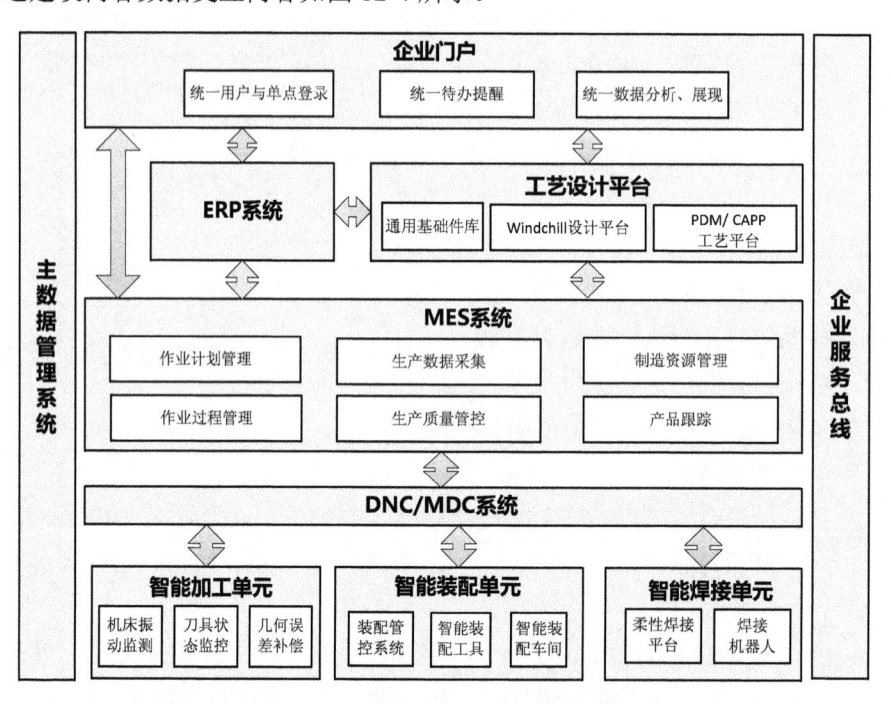

图 12-4 调距桨智能制造系统数据交互

三、实施成效

武汉船机经过多年发展，已经形成完善的产品体系和技术标准规范体系；应用智能制造技术在产品质量、生产效率、管理提升、技术创新等工作上做了很多努力，也取得了较好成效，具体情况见表 12-1。

表 12-1 智能制造实施成效

	成效评价项目	实施前	实施后	变化情况
智能制造实施前后成效对比	集成接口	各系统呈现信息孤岛	连通信息系统接口数 115 个	搭建了企业服务总线，实现接口统一管理
	物资代码	企业物资合计代码 2 年内由 4 万条快速增至 12 万条	企业物资代码稳定在合理范围内	通过建立企业数据管理系统，形成企业数据字典，建立企业统一的数据环境，提高了信息系统运行质量和效率
	产品性能分析	调距桨桨叶性能无分析预测能力	调距桨桨叶性能仿真分析，与实测值误差在 5%以内	建设完备的数字化仿真体系，提高产品仿真试验能力
	产品研制周期	起重机原设计周期 90 天，制造周期从 240 天	起重机设计周期缩短为 60 天，制造周期缩短为 210 天	通过专业化的产品设计平台和基于的设计-工艺的产品数据管理平台，缩短了设计周期；通过多学科设计优化和设计、工艺仿真验证，提高了设计质量，减少了设计更改次数
	产品报检合格率	调距桨产品报检合格率 93.99%	调距桨产品报检合格率 98.90%	通过面向精细化工艺的 PDM/CAPP 系统和面向精益生产的 MES 系统的深度集成，实现生产过程的精细化控制和质量数据管理与追溯；通过关键加工、焊接、装配过程智能化单元的建设，产品制造质量大幅提升
	数控机床联网率	调距桨车间数控机床联网率 0%	调距桨车间数控机床联网率 100%	通过 DNC/MDC 系统的实施，实现数控程序远程下发及数控设备的数据采集

四、实施经验

"以智能化手段创造智能化装备"是武汉船机公司"十三五"的三大任务之一，船海工程机电设备数字化车间项目实施，是武汉船机借助智能化技术促进传统制造业转型升的必经之路，也是企业实现可持续健康发展的必然选择。主要经验和体会如下：

（1）充分结合产业特点、坚持需求牵引。武汉船机坚持需求牵引，并与应用紧密结合，以推动企业降低运营成本和产品不良品率，缩短产品研制周期，提高生产效率和能源利用率为导向，结合产品单件、小批量的生产特点，从企业的实际需求出发开展工作。

（2）系统规划、重点突破、分步实施。船海工程机电设备数字化车间建设项目是在传统制造体系基础上实施的一项复杂的系统工程，并具有明显的行业需求特征。武汉船机基于"全面数字化、核心智能化"的整体策略，综合考虑包括设计、工艺、生产、管理、服务、评价和安全等关键要素，以船海工程机电设备典型调距桨产品为突破，由点到面向船海工程机电设备领域其他产品推广和深化应用。

（3）系统开发与标准建设同步。武汉船机坚持系统开发和标准建设同步，在实施船海工程机电设备数字化车间建设的同时，同步推进具备行业特色的智能制造标准体系建设，形成行业可借鉴、可复制推广的标杆和模式。

（4）打造复合型专业技术人才队伍和行业领先的创新团队。智能制造集成了信息、工程和管理等多学科融合技术，不论是国家还是企业都亟须培养与"中国制造 2025"相适宜的复合型专业技术人才。一方面，坚持"以我为主，请进来、走出去"的战略，武汉船机成立集成了具有经验丰富的信息技术和工程技术人才的智能制造技术团队，作为项目实施的核心和主导，确保项目的实施与公司产品现状及智能化发展紧密结合；另一方面，进一步为公司的智能制造技术不断深化应用奠定人才基础。

本项目的实施联合了行业的优势资源，与华中科技大学、中国船舶重工集团公司第七一六研究所、中国船舶重工集团公司第七二四研究所、西安美林数据技术股份有限公司、武汉开目信息技术有限公司等专业团队建立了战略合作关系，做到"产、学、研"相结合，发挥各单位的技术优势，达到"一加一大于二"的效果，保证了公司智能制造系统的自主、安全和可控。

在"中国制造 2025"战略带动下，武汉船机将不断对标优化，积极探索实践，通过智能制造技术，促进船海工程机电设备的转型升级，打造国际知名的质量品牌，通过配套强国支撑海洋强国战略。

编委会：汤　敏　　编写组：李　汛

13 智能用电管理终端智能工厂试点示范

——威胜集团有限公司

一、项目实施背景与状况

（一）项目实施背景

目前，能源计量及控制产品品种多，业务涉及智能电表、智能终端等多个业务且数量大。随着客户的个性化定制需求越来越多，每天的生产订单个数达数百个，迫切需要通过信息化管理和智能制造手段来实现产品质量提升和快速响应市场的需求。

威胜集团是国内电工仪器仪表行业理事长单位，也是能源计量与控制产品的龙头企业，通过本项目实施智能制造新模式，树立行业内智能制造数字化工厂的成功示范，建立行业内可复制、推广的智能制造标准化模式，对带动行业制造转型升级和技术进步具有重要的意义。

（二）项目实施的主要思路和目标

本项目以长沙麓谷威胜科技园已有厂房与车间为实施对象，占地10万平方米，建设生产技术水平行业领先、自动化程度行业领先、信息化系统全覆盖、科技含量行业领先的数字化工厂。项目具体包括建设和集成 ERP/PLM/MES/CRM/SRM 系统，建设智能单相/三相电能表数字化车间、数据采集终端智能生产线等，智能生产各类能源计量及控制产品1 500万台（套）/年，实现从产品设计、工艺、制造、物流、销售、服务产品全生产周期的管理和集成，通过持续改进，采用网络化技术、大数据技术实现企业智能管理与决策，实现集团管控多工厂智能制造新模式。

项目基于已有的 CAD/CAE/CAPP/PDM/ERP/MES 系统，建设 PLM/CRM/SRM 信息化系统，升级 MES 系统，建立安全可控的智能生产线及机器人上下料、基于大数据的在线故障诊断与分析系统、基于 AGV（自动导引运输车）的智能化物流仓储系统、基于 RFID 电子标签条码识别的公共制造资源定位与物料跟踪系统、基于视觉系统的在线测量及质量监控检测机器人系统、PCC（计算机控制中心）生产控制中心，建立基于大数据分析的企业智能管理与决策体系，全面提升企业的资源配置优化、操作自动化、生产过程可视化、管理精细化和智能决策科学化水平，实现集团管控智能工厂新模式。

二、项目主要实施内容

本智能制造新模式项目以威胜集团长沙工厂的能源计量产品、控制产品为实施对象，涵盖产品研发、工艺、生产、销售、物流、服务全生命周期以及从客户订单下达、订单生产、交付、客户服务等端到端的全过程为实施对象，主要包括以下内容：

（1）单相和三相电能表数字化车间，包括自动插装/焊接线、自动装配线、生产自动检定线、后加工自动线、QA 自动检定线、自动包装生产线及物流自动配送装置。

（2）以企业已有的数字化自动生产线和信息化技术为基础，包括一系列生产自动化设备、数字化三维 CAD 设计与工艺仿真优化设计、产品数据管理系统（PDM）、产品全生命周期管理（PLM）、企业资源计划（ERP）系统，通过搭建车间互联互通、异地协同制造的网络架构，实现集团物料的统一管控，制造过程现场数据采集与可视化，开发生产计划 APS 系统，实施应用车间制造执行系统（MES），打通现场数据与生产管理系统与制造执行数控设备、机器人的信息控制一体化集成。

（3）建立安全可控的智能生产线及机器人上下料、基于大数据的在线故障诊断与分析系统、基于 AGV 的智能化物流仓储系统、基于 RFID 电子标签条码识别的公共制造资源定位与物料跟踪系统、基于视觉系统的在线测量及质量监控检测机器人系统、集团 PCC 生产控制中心，建立基于大数据分析的企业智能管理与决策体系，全面提升企业的资源配置优化、操作自动化、生产实时优化、管理精细化和智能决策科学化水平，完成集团化智能工厂新模式实现。

搭建的集团管控智能工厂模式，部署研发、采购、营销、财务的统一管理系，生产运营实现异地协同，解决产业链产品协同设计、分布式协同工作流可视化建模、分布式驱动引擎、安全访问控制等技术问题，开发面向集团协作的协同供应链集成管控平台，支持集团公司多组织管理模式专业化、异地化发展。项目总体布置和数字化车间 MES 系统功能架构分别如图 13-1 和图 13-2 所示。

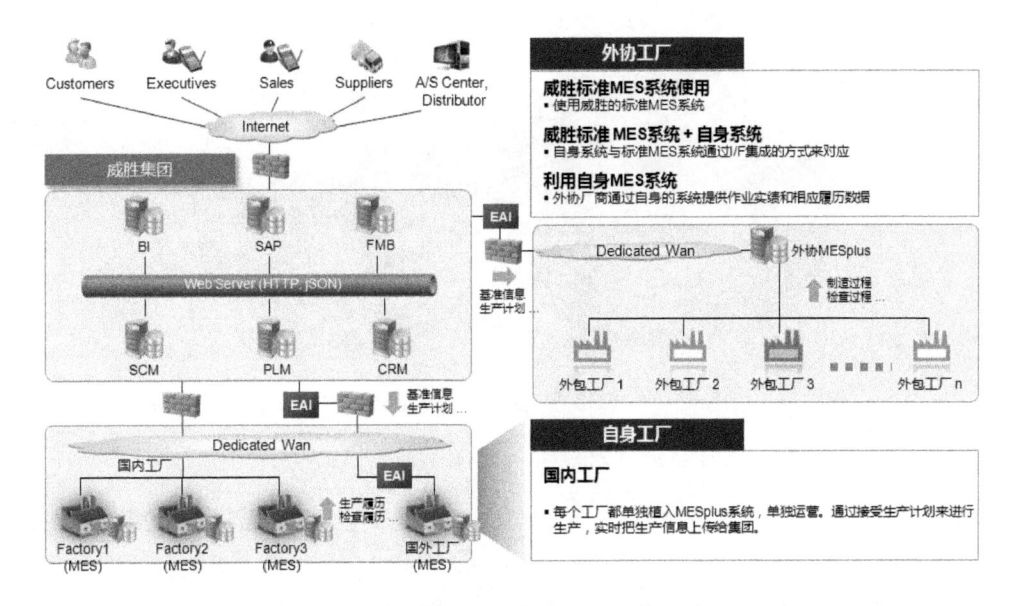

图 13-1 总体布置

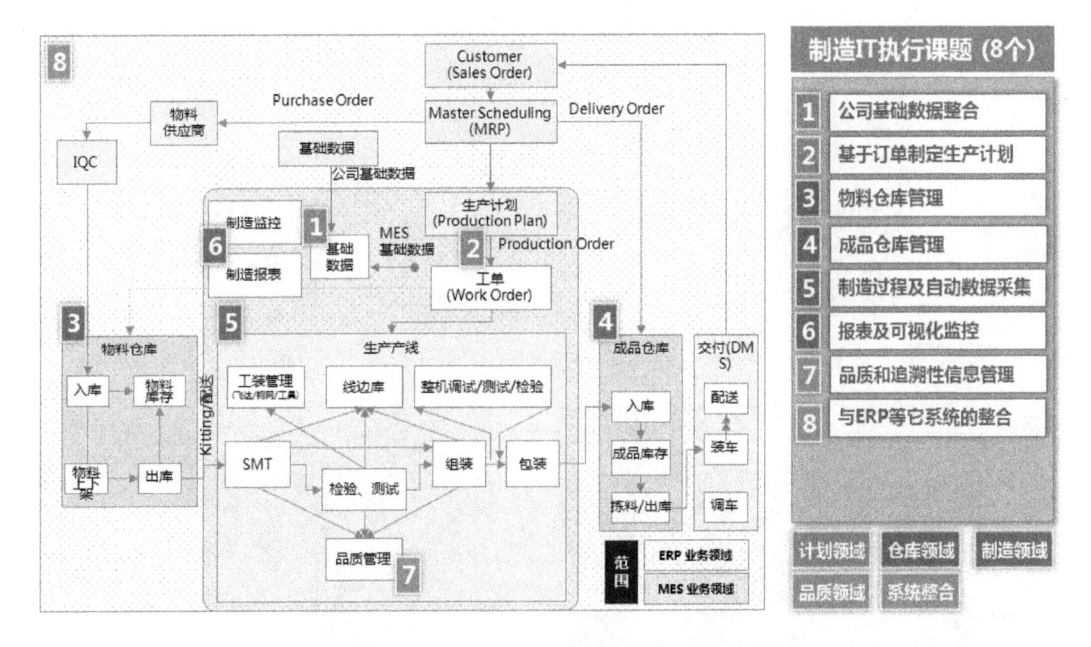

图 13-2 数字化车间 MES 系统功能架构

采取的主要措施如下。

1. 工厂仿真

根据总体工厂布置方案，采用 DELMIA 仿真软件进行工厂仿真，优化生产线工艺布置，如图 13-3 所示。

· 073 ·

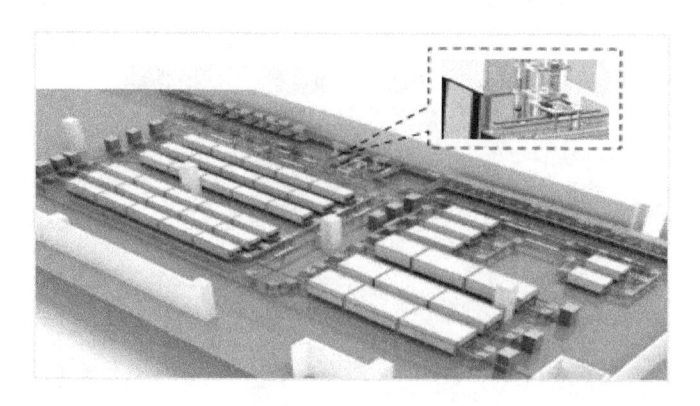

图 13-3 生产过程仿真

2. 已建设智能车间及自动化生产线

(1) 出口智能电能表智能生产车间(见图 13-4)、智能协作机器人自动组装线(见图 13-5)和工业机器人自动上下料系统(见图 13-6)。

图 13-4 智能电能表智能生产车间

图 13-5 智能协作机器人自动组装线 　　图 13-6 工业机器人自动上下料系统

此智能检定车间是目前国内电表生产企业中检测工序最多、兼容产品类型最广、自动化程度最高的生产线之一。

(2) 国内产品智能表智能检定线(见图 13-7)。10 余个工位自动化制作,满足国网智能电能表规模化生产，中央服务器监控与数据管控 MES 无缝对接，单线日产出 20 000 只。

（3）单相智能电表 QA 自动检定线。10 余种通信方式自动兼容在线测试，实现 18 个工位的自动化集成，整线满足国内智能电能表多品种、多批次、多协议共线生产，单线日产出 2 000 只。

（4）三相智能电表 QA 自动检定线（见图 13-8）。实现 19 个工位的自动化集成，整线满足国内智能电能表多品种、多批次、多协议共线生产，优于万分之五的计量准确度，满足产品的出厂前质量自动监控把关，单线日产出 700 只。

图 13-7　国内产品智能表智能检定线　　　图 13-8　三相智能电表 QA 自动检定线

（5）高准确度关口表智能检定生产线（见图 13-9）。该智能检定生产线为国内第一条具备全功能的万分之二高准确度检定系统，满足 10 余种通信方式自动兼容在线测试，实现 20 余个工位的自动化集成，整线满足国内外高端智能电能表多品种、多批次、多协议共线生产，单线日产 350 只。

图 13-9　高准确度关口电能表智能检定生产线

三、实施成效

本项目基于现有园区 10 万平方米生产场地，进行智能制造升级，预计 3 年实施完成。建设完成后，可实现生产技术水平行业领先、自动化程度行业领先、信息化系统全覆盖、科技含量行业领先的数字化工厂。具体的成效通过以下典型案例说明。

出口智能电能表智能生产车间与传统生产线对比（见表13-1）：
（1）生产形式改变。

表13-1 生产形改变

改造前	改造后
传统周转容器周转，生产周期长，生产操作人员密集，自动化程度低，质量一致性把控难	工序间自动物流传递，减少工序断点，生产周期最优，少人化自动组装与检测，质量一致性佳

（2）人均产出效率提升。

基于同等产品数量产出，比较改造前传统生产线，改造后智能生产线在实现过程数据全追溯、质量一致性确保与管理透明化的前提下，人均效率提升5倍以上，见表13-2。

表13-2 人均产出效率提升情况

序号	主要工序	改造前传统生产线/人	改造后智能生产线/人
1	组装	22	2
2	耐压	1	自动化检测
3	校表设参	5	自动化检测
4	功能	8	自动化检测
5	验表	3	自动化检测
6	后加工	19	5
7	包装	7	4
8	设备维护	1	1
9	工序搬运	3	自动化检测
10	维修	2	2
	合计	71（人）	14（人）

本试点示范项目实施效果——"两提高、三降低"对比分析见表13-3。

表13-3 智能制造实施前后成效对比

	成效评价项目	实施前	实施后	变化情况
智能制造实施前后成效对比	运营成本	125元/台	93.75元/台	降低25%
	生产效率	65%	95%	提升46%
	产品研制周期	90天	58天	缩短35%
	产品不良率	0.20%	0.05%	降低75%
	能源利用率	1度/台	0.85度/台	提升15%

四、实施经验

（1）通过项目实施，实现生产过程少人化，同步结合信息化技术嵌入，实现智能管理。计划通过3～5年完成智能工厂建设工作，相关技术与设备具备标准化设计与可复制性，同时具备可扩展性，可推进能源计量及控制产品制造行业自动化进程。

（2）项目使用柔性化设计，自动线体满足产品多品种、多批次同时上线的柔性化生产；满足市场快速交付需求，在行业内有较好的推广作用。

（3）本项目所应用的智能工厂模式及将大规模机器人组装产品应用在所属电力装备行业内尚属首例，具有很好的示范和推广作用。行业内各生产企业可参考复制，市场前景广阔。

编委会：李 茂　　编写组：刘 勇

14 土方机械智能制造综合试点示范

——广西柳工机械股份有限公司

一、项目实施背景与状况

近年来,中国工程机械下游行业需求持续低迷,矿山、基建、房地产等行业开工率不足,同时由于过去工程机械行业销量旺盛积攒了巨大的设备保有量,导致近年工程机械行业销量大幅下滑,行业处于深度调整期。然而,物联网、云计算、大数据和移动应用等新一代信息技术的不断成熟和普及,为制造业转型升级、创新发展迎来了重大机遇。

面对挑战和机遇,广西柳工机械股份有限公司(以下简称"柳工")管理层提出从以产品为中心到以客户为中心的转变,实施全面智能运营管理的"十三五"战略。按照公司战略,柳工提出开展"以远程运维服务为核心的土方机械智能制造试点示范项目",通过提高产品智能化水平、提升智能制造能力,加强协同制造水平,增强客户服务能力,提升公司核心竞争力。

二、项目主要实施内容

本项目是在柳工集成的全球供应链信息系统基础上,利用新一代信息技术,通过建设数字化车间打通供应链协,推动数字化设计及产品智能化;全方位打造智能云服务平台,实现以远程运维服务为核心的土方机械智能制造试点示范项目。项目整体框架如图14-1所示。

(一)远程运维服务

1. 智能产品

柳工自主研发的智能控制系统主要由以下部分组成:控制器、显示器和GPS(卫星定位系统)。其主要功能包括液压系统智能控制功能、发动机油门控制功能、传感器检测功能、总线数据交互功能、远程数据传输功能和故障诊断功能,如图14-2所示。

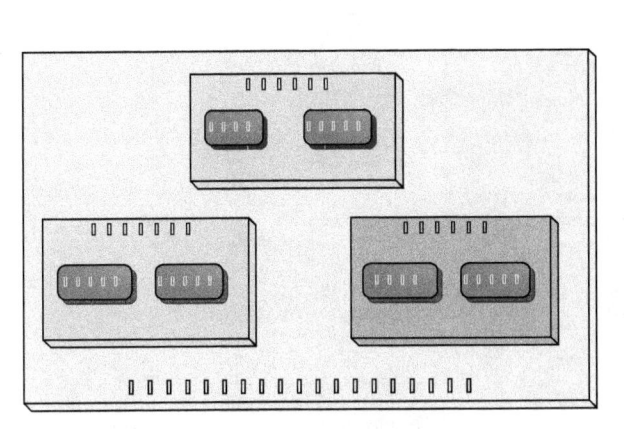

图 14-1　项目整体框架

图 14-2　智能控制系统结构示意

2．智能云服务平台

通过利用物联网、卫星定位、云计算、大数据、移动应用等新一代技术，利用车载智能控制器采集数据并上传到"柳工智能管家云服务平台"。同时，集成公司原有的 SAP、DMS 等系统，实现对工程机械产品的智能化管理、机群管理、远程服务管理，提高设备利用率，降低油耗及使用成本，进行智能管理及云服务平台建设，为客户实现价值最大化。

柳工智能云服务平台全景如图 14-3 所示。

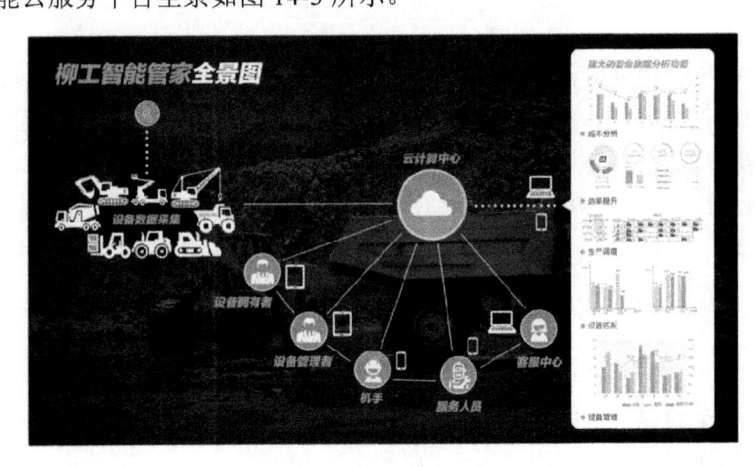

图 14-3　柳工智能云服务平台全景

（二）离散型智能制造

1. 数字化设计

通过产品全生命周期管理 PLM 为核心，集成 CAD/CAE/CAPP 等工具，并与企业资源计划系统（ERP）紧密集成，实现研发、工艺及制造流程的系统集成。数字化设计平台架构如图 14-4 所示。

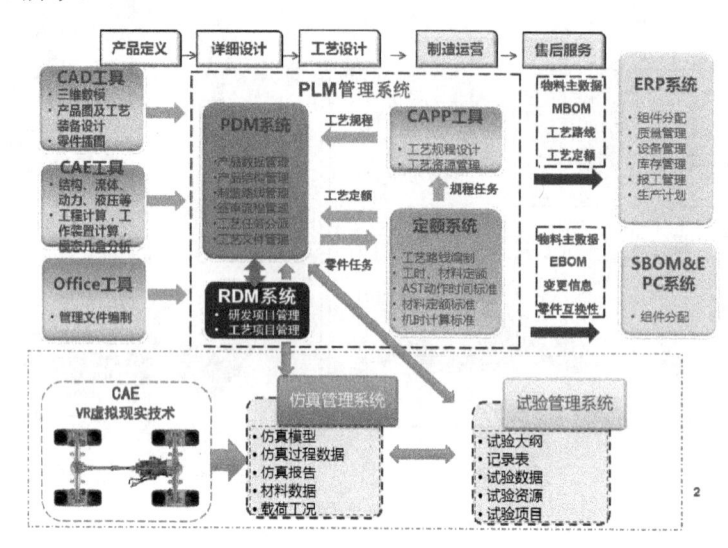

图 14-4 数字化设计平台架构

产品全生命周期 PLM 平台架构包含产品数据管理、项目管理、设计变更管理和零部件分类管理。基于该平台，建立 PLM 系统下的 CAPP 集成平台，实现研发流程和工艺流程的系统集成，有效支持设计与工艺的协同。该平台通过分布式站点部署，应用到柳工 22 个产品研究所的 14 条产品线上，包括海外波兰及印度研发中心，实现全球协同研发设计。

基于全三维环境计算机辅助设计 CAD 软件，实现产品 Top-down（自顶向下）设计，推进 CAE 仿真工具的应用。目前，仿真分析应用于结构力学仿真、机构运动仿真、流体液压仿真、传动匹配仿真等方面，可减少实物验证，优化产品设计。

实施产品模块化设计方法，通过加减或替代模块设计各种变型产品，提高产品开发效率，缩短产品的上市时间。在产品模块化设计的基础上，选装和选配功能模块，实现产品可配置设计，可配置销售。

2. 数字化车间建设

柳工数字化车间建设包括建立柳工制造管理系统、应用智能装备、实施信息系统三大部分内容，具体实施内容如下：

1）建设柳工制造管理系统（LPS）

（1）建设 LPS 系统架构。参照丰田生产系统 TPS，建立柳工整体的制造管理体系，形成 LPS 体系整体框架，如图 14-5 所示。

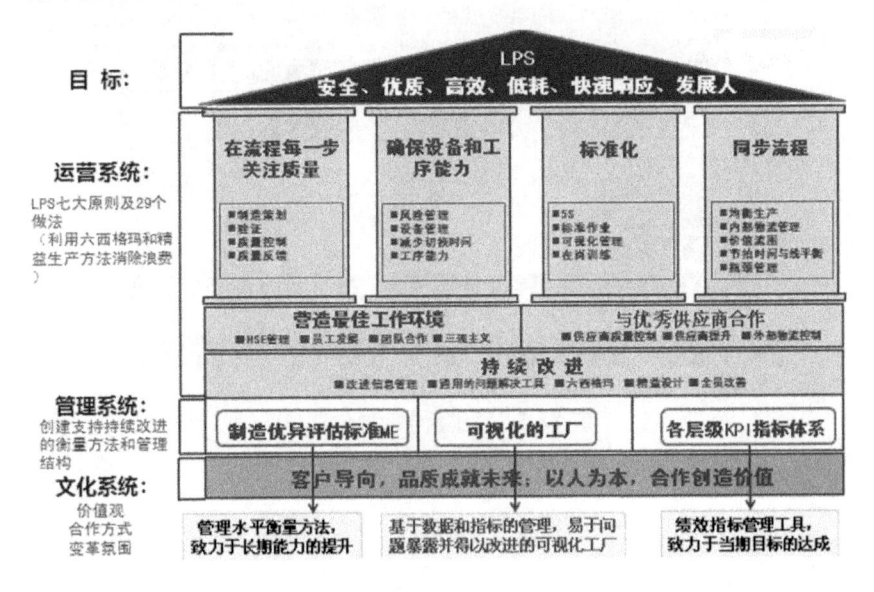

图 14-5 柳工制造管理系统 LPS 框架

（2）推进 LPS 精益物流改造。通过推行价值流图（VSM）和工作结构分解（WDS）等工具，实施制造单元精益化改造。

2）应用智能装备

在智能装备方面，采用以下技术，提升智能制造能力：

（1）采用工厂物流机器人（AGV/RGV）进行物料配送，实现智能化生产物流管理。

（2）应用焊接机器人、高精数控机床，配合物料搬运机械人和组合式起重机，实现焊接机加流水线的自动化、智能化和柔性化。对工业焊接、物料搬运机器人和高精数控机床，能够根据预定程序进行多维度作业，既能解决人力成本上升的问题，也可以保证产品质量和制造效率，同时降低安全风险，实现多品种、少批量的制造。

（3）应用自动化定扭矩装配流水线、在线检测系统，配合物料搬运机器人和组合式起重机，实现装配流水线的自动化、智能化和柔性化。自动化定扭矩装配流水线、在线检测系统的使用能够从装配和检测方面保证产品质量，实现产品质量的符合性和一致性，还能实现多品种、少批量的装配。

3）实施信息系统

在企业层级，实施集团企业级的 ERP 系统。在多事业部参与交易的业务环境下，实现销售、生产、采购与库存系统同财会系统紧密关联。柳工数字化车间框架如图 14-6 所示。

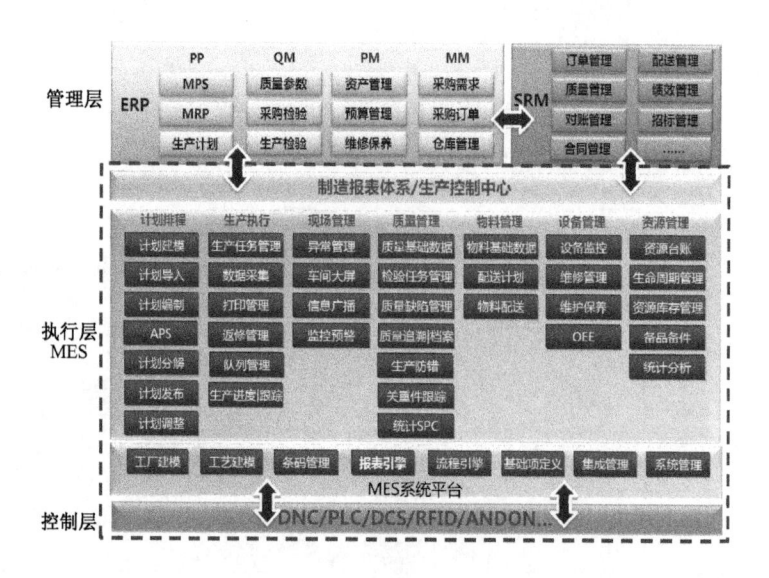

图 14-6 柳工数字化车间框架

(二)网络协同制造

1. 协同设计

柳工与国际知名零部件供应商组成联合研发平台,主要包括四大国际联合研发平台,如图 14-7 所示。

(1)柳工-美国康明斯发动机研发平台。

(2)柳工-波兰 HSW 公司推土机研发平台。

(3)柳工-德国采埃孚传动件研发平台。

(4)柳工-日本川崎高端液压元件研发平台。

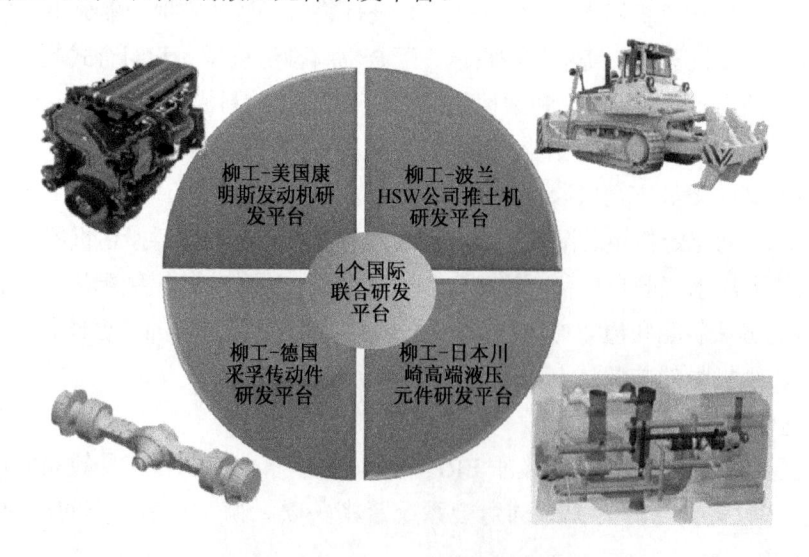

图 14-7 与供方联合研发的四大平台

多个产品线协同研发如图 14-8 所示。

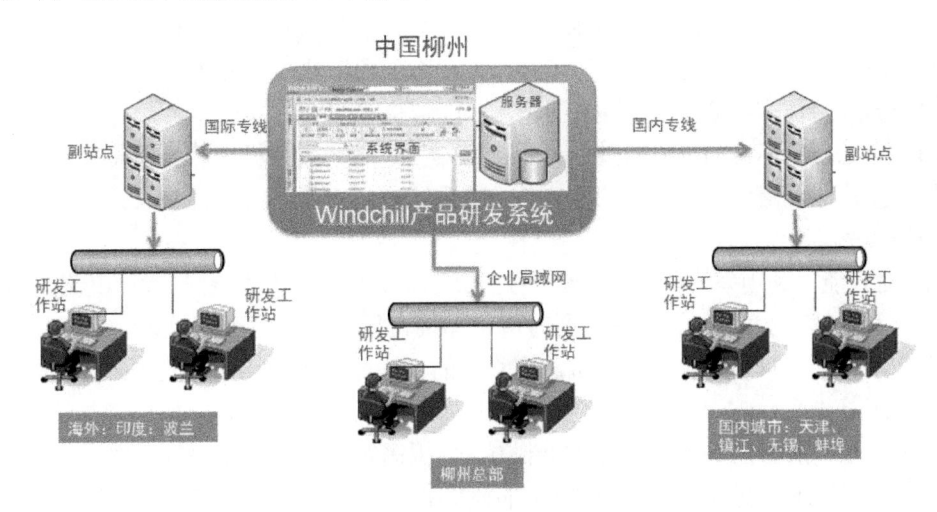

图 14-8　多个产品线协同研发

2．供应链协同

通过将供应商管理系统（SRM）、经销商管理系统与企业资源管理系统 ERP 紧密集成，围绕客户需求，将柳工与经销商、供应商在供应链上高效协同，如图 14-9 所示。

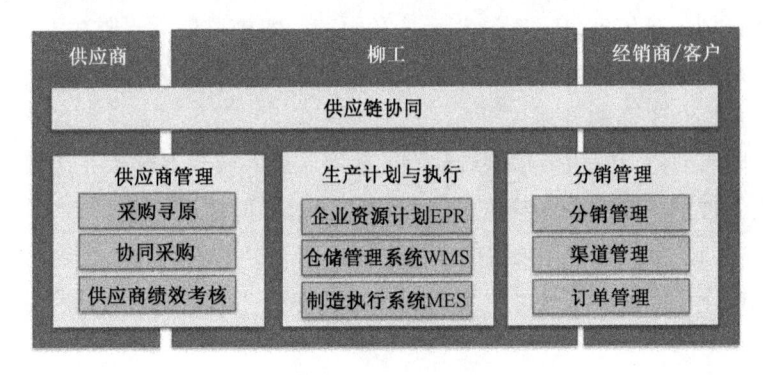

图 14-9　供应链协同

三、实施成效

（1）提升运营成本。通过实施远程服务管理，以及智能调度、故障初步评定，加快服务速度，使服务运营成本降低 20%。

（2）提高生产效率。通过推行精益物流改造，实施制造单元精益化及数字化车间建设，对现有工艺装备进行自动化、智能化升级改造；实施 ERP、MES 等制造信息系统，使生产制造过程透明化，使各生产制造单元有序协同，提高了制造柔性化水平和产品质量，提高生产效率 40%。

（3）缩短产品研制周期。通过实施数字化设计，采用基于产品全生命周期管理（PLM）全球协同设计平台，应用国际一流水平的整机、部件开发流程和技术研究管理流程，有效应用CAD/CAE/CAPP等数字化设计工具，大大增强数字化设计能力，形成3年开发一代产品的能力，整体产品研发周期缩短30%。

（4）降低产品不良品率。通过应用焊接机器人、高精数控机床等智能装备，以及应用自动化定扭矩装配流水线、在线检测系统，提升了产品质量的符合性和一致性，产品不良品率降低30%。

（5）提升能源利用率。在制造方面，通过推进LPS精益物流改造，推行价值流图（VSM）和工作结构分解（WDS）等工具，同时应用焊接机器人、高精数控机床，配合物料搬运机械人和组合式起重机，实现焊接机加流水线的自动化、智能化和柔性化，使单位工业增加值能耗下降10%。

另外，在产品方面，通过全功率控制方法，提高发动机输出功率利用率，消除整机动作冲击，使整机工况适应能力大幅提升。同时，极大改善液压挖掘机工作效率和能源利用率。通过智能控制器和发动机的载荷匹配，国III产品降低10%～15%的油耗。

四、实施经验

柳工通过实施智能制造，初步积累了一些经验教训供参考：

（1）整体规划，分步实施。智能制造涉及面广，实施难度大。首先要明确建设目标、规划实施路线、制定分步实施策略、落实保障措施。两化融合管理体系是很好的方法论，可以指导和规范整个工作的开展。

（2）业务模式创新，向服务型制造转型。智能制造不仅仅是将人工用机器人代替，更重要的是利用新技术，实现业务模式创新，实现向服务型制造转型。

（3）加强培训，全员参与。项目的实施，需要有充分的培训与之配合。这种培训不仅仅是指计算机操作，更重要的是针对现实业务管理中存在的问题，培训所有相关人员，实现全员参与。

编委会：罗 维　　编写组：黎 旻

15 微小惯性器件智能制造试点示范

——中航工业西安飞行自动控制研究所

一、项目实施背景与状况

我国惯性器件的研发主要依靠个人经验，整体上缺乏系统性认识，几何尺寸与性能之间的内在关系很难建立。产品本身设计成熟度不高、技术状态不稳定，在多因素影响下的制造过程难以开展工艺验证，例如产品微小变量难以测量，工艺验证只能依靠成品性能测试，而产品的性能结果离散，很难用工程化的技术手段固化制造过程。"经验式设计、筛选式加工、试错式装调"已成为微小惯性器件研发制造的典型特点。

本项目通过构建"虚实"结合的平行智能制造系统，将研发制造过程结构化和参数化，并以此为基础开展制造全流程大数据采集、分析、挖掘与应用，形成产品的智能化分析及决策模型；打破"设计－制造－评价"和"实物验证"这一传统模式，推动我国微小惯性器件离散型制造企业的生产模式，从现有基于"宏观定义、模糊经验与离散信息"的半人工半自动模式，向具有"状态感知、实时分析、自主决策、精准控制"的高端制造方式转变。

二、项目主要实施内容

（一）形成的项目模式

本项目通过装备的智能化升级、人机物的制造过程全物联、制造过程数字化建模、搭建基于模型的数字化设计与仿真平台和基于模型的制造执行与管理系统，形成"虚实"结合的平行智能制造系统，实现虚拟平台与现实系统之间数据信息的实时交互。现实系统在运行过程中不断修正虚拟制造环境，使仿真条件与现实制造条件一致，实现真正意义上的仿真对制造过程的指导。同时，结合大数据的挖掘与分析，建立智能化分析与决策模型，为产品设计提供清晰的数据支撑，为工艺设计提供准确的参数控制条件，提高产品设计、工艺、加工、装配的质量和效率。图15-1为基于模型的平行智能制造系统运行模式。

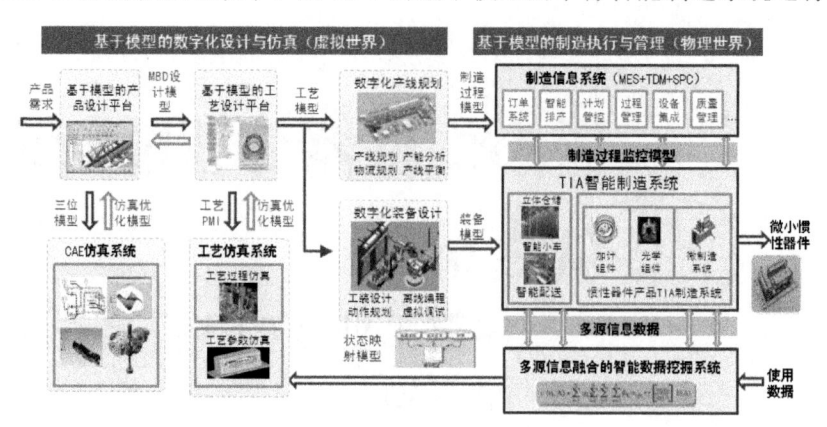

图 15-1 基于模型的平行智能制造系统运行模式

（二）实施措施及做法

1. 可快速重构的柔性化装配线建设

本项目面向微小惯性器件产品的精密装调，通过突破微小复杂特征零件的精确识别及位置姿态的检测、微小零件的微应力/无损伤操作及装配接触力的精确控制、微小易变形零件的无损柔性锁紧、微小零件的低应力微蠕变胶结工艺、核心组件的装调质量检测等技术、模块化装配技术和作业工具换接技术等，使装备具有了视觉识别、对准、姿态调整等感知、分析、决策、控制等智能功能；通过可视化交互终端、数字化工装工具的使用，实现人工工位的数字化改造。

通过自动、手动两类工位的改造，按照装配功能对装配工艺技术进行模块化开发，建立了系列化的装配模块，使得装配制造线可根据生产需求进行灵活地快速重构。同时，应用物料标志与综合管控技术，建立了人机物的制造过程全物联的微小可重构智能制造线（见图15-2）。

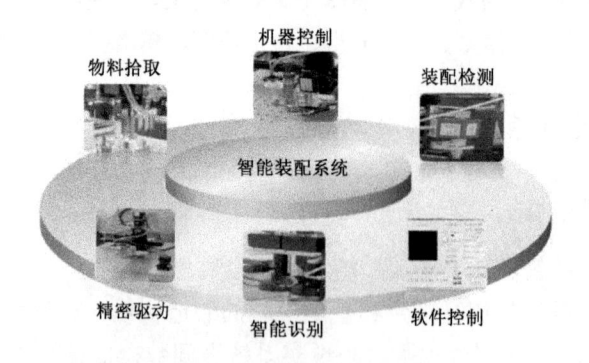

图 15-2 智能制造线功能模块组成

2. 研发制造过程数字化建模

研发制造过程数字化建模包括对产品设计、工艺设计、制造过程、制造装备的全数字化建模，构建与实际研发制造过程相对应的数据模型，使整个制造过程结构化、参数化，为数据信息全程传递、共享、分析建立基础平台。

在产品设计方面，建立全三维数字化模型，统一数据源。在工艺设计方面，建立基于三维模型的结构化工艺设计平台，工艺设计过程中可以直接调用模块化的工艺资源，形成现场可执行的结构化工艺数据；建立加工装配仿真平台，通过与现场实际的加工、装配、测试数据进行比对与修正，构建与现实条件一致的仿真环境。在制造过程方面，建立与现场生产布局完全一致的虚拟制造系统，包括现场生产布局、具体设备模型等，通过实时数据交互，监测现场制造条件与制造状态，为进行产品装配参数优化、性能预测及质量追溯奠定基础。

通过研发制造过程数字化建模，结合信息化系统的二次开发，将制造全过程的各环节进行深度融合，实现数据在设计、制造、检测之间，以及与实际制造系统之间的无失真传输。

3. 制造过程的大数据挖掘与应用

结合实际制造系统产品装配参数、测试数据，利用云模型等方式进行大数据挖掘、寻找潜在规律，对制造模型不断修正、优化，并反馈相应的工艺数据，利用该数据可进一步研究制造过程中的性能域问题、耦合机理，并构建几何-物理映射模型。

通过模型仿真和系统分析建立包含机、电、光、磁等物理场间的信息、能量转换模型，多尺度形性协同和性能的模型，进而建立产品理论模型。借助虚拟制造平台，模拟复杂真实系统的运行，实现对真实系统的仿真分析与模拟，并可按照一定规则或人为设定或自动交互式生成仿真分析与模拟的入口参数，进行动态的仿真分析与模拟，"主动"产生被试系统的各种行为与特性，从而实现根据不同目的设计各种试验方案，探索被试系统的运行机制和演化规则。根据产品或试验方案及其所对应的装配参数-结果形成"形-性"数据库，指导产品设计制造，进行产品装配参数优化、性能预测及质量追溯。大数据挖掘与应用运行逻辑如图15-3所示。

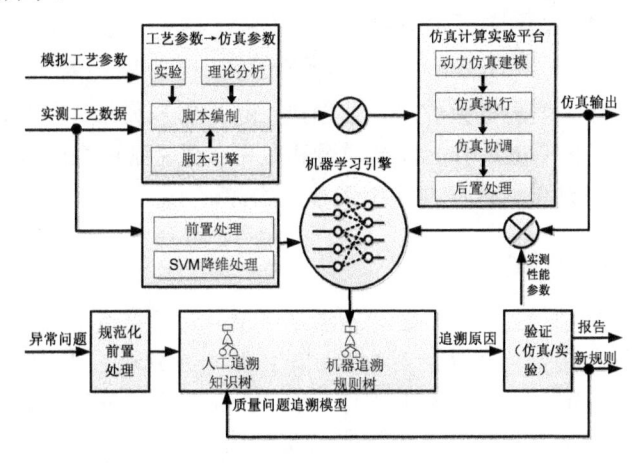

图15-3 大数据挖掘与应用运行逻辑

三、实施成效

本试点示范项目实施后,可使复杂微小惯性器件产品研发周期缩短 50%,复杂系统一次综合成功率提高 50%,产品全生产周期成本降低 30%;典型产品一次装调成活率提升 80%;典型产品可靠性提高 50%,达到国外先进水平。

四、实施经验

(一)工艺大数据的应用是核心

智能制造的核心是应用工业大数据,围绕工业大数据,结合统一知识模型、云平台服务等,可以使传统的、以人工经验为主的研发制造过程结构化、参数化,使产品技术需求的识别转换效率更快,对人工的依赖程度更低。智能制造中物理信息系统的融合,也是围绕工业大数据开展建设,这样才能逐步实现研发工艺、生产过程、管理经营、设备设施、供应链物流和物料零部件的智能化,以满足用户多样化和个性化需求,保证企业管理运行高效,产品高质量按时交付。图 15-4 所示为智能制造内涵逻辑关系。

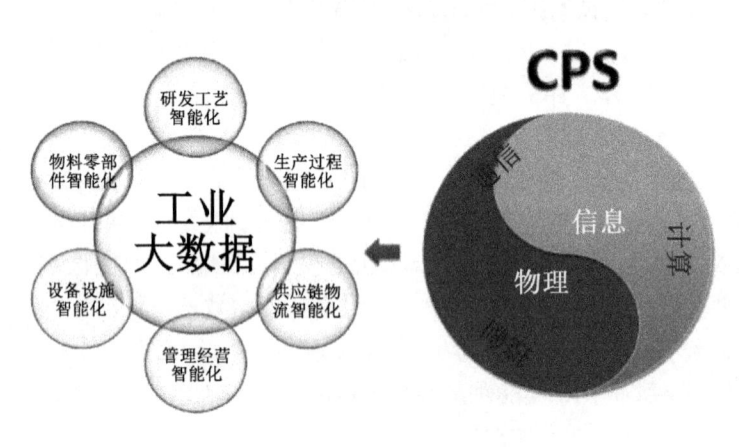

图 15-4 智能制造内涵逻辑关系

(二)人机的有效融合是关键

在智能制造模式的建设过程中,不能过分强求设备生产线的自动化。生产线的完全自动化升级对生产现场冲击大、资金投入多,并且柔性不足,一般取得的效果不大。特别是对人工经验要求非常高的精密装调环节,人作为信息的接收者,处理执行起来更加灵活。因此,应在信息知识自动化基础上,通过人机的有效协作,提高质量和效率。智能制造生产线可以由各类智能化自动单元、智能化半自动单元或智能化手动单元构成。

(三)精益单元持续改进是基础

在智能制造示范线建设过程中,要对精益生产单元进行持续的梳理和改善,使制造过程全面细化、结构化、参数化,从而对整个制造过程进行建模,为物流配送、调度排产、虚拟仿真、计划运营等提供全面的数据支撑,使物理信息系统有效融合。同时,结构化和模块化的精益单元,可以自动重构,根据需求实时调整并形成智能制造生产线。

编委会:滕霖　　编写组:叶坤

16 节能重卡变速器智能制造试点示范

——陕西法士特齿轮有限责任公司

一、项目实施背景与状况

项目围绕节能与新能源重卡变速器产业化发展不断变化的需求，重点围绕四个核心能力的提升：建立基于仿真的协同研发平台，缩短研发周期；建立基于物联网的智能化、数字化生产车间，提升生产效率；建立基于信息化的精益生产模式，提高资源控制能力；建立基于互联化的远程运维服务模式，提升用户、产品状态实时反馈能力，形成闭环的企业价值链。

二、项目主要实施内容

（一）三维仿真建模技术的示范应用

针对产品系列化发展需求，项目设计采用三维仿真建模技术，从整体上对装配线体平面及空间布局进行三维模拟仿真，以构建模块化、标准化设备单位为目标的智能装配车间，并针对装配中关键工序点，进行动态仿真（见图16-1）、真实模拟，再结合多学科设计优化方案对装配线体进行综合优化，从而得到切实可行的最优化方案，为后期方案的顺利实施提供了保证，极大地压缩了设计周期及成本。该技术在陕西法士特齿轮有限责任公司（以下简称"法士特"的）中间轴弹性销及四方键自动上料压装、中间轴前后轴承自动在线压装及上盖总装与后盖总装机器人柔性自动拧紧单元均有应用，并将进一步应用在其他生产单元的改进设计。

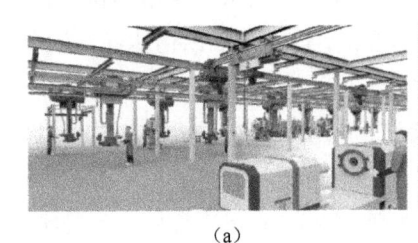

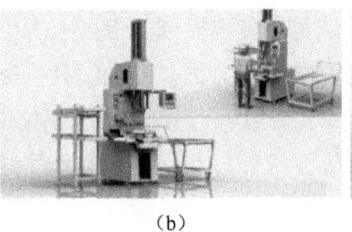

(a)　　　　　　　　(b)　　　　　　　　(c)

图 16-1　三维设计仿真

（二）智能装配技术的示范应用

法士特与中科院沈阳自动化研究所联合研制建设的一条设备自动化、控制智能化、管理信息化的变速器装配线顺利投入使用，极大地提高了变速器的产品装配效率和质量。该装配线首次采用智能化 J-HOOK 悬挂式机械臂系统，智能机械臂采用三轴联动高精度控制，可满足装配中多种装配姿态需要且保证物流通畅，实现了全程自动作业。装配控制系统通过 DECA 总线和 PROFIBUS DP 总线进行上位机控制及与输送小车的数据通信，每台 J-HOOK 机械手均使用独立可编程控制器及相应的扩展模块，实现对其运行的精准控制与信号采集；该系统轨道全程铺设编码尺，每台小车装有射频读写头，读写头通过对绝对位置条码的扫描，保证小车的精确走位。该项技术填补了国内空白，在变速箱行业内实属首次应用，系统自动化水平已达到国际先进、国内领先水平。本项目智能装配系统如图 16-2 所示。

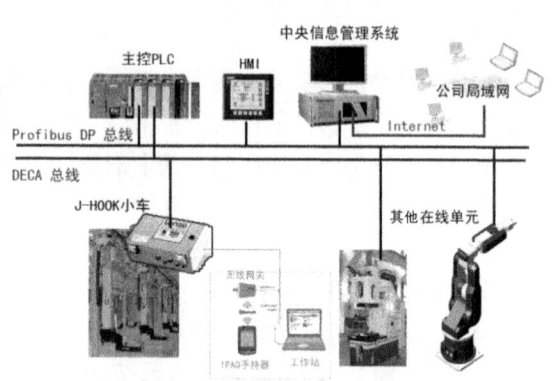

图 16-2 本项目智能装配系统

（三）机器人与其他多学科技术的高度集成示范应用

关于机器人在零件机加工的应用方面，项目已对 11 条生产线进行了自动化、智能化改造，并广泛采用了在线检测及 SPC（统计过程控制）技术对齿轮跨棒距和跳动、壳体孔径和位置度等关键尺寸的测量、统计分析及数据采集。同时，还采用了零件自动装夹、自动输送技术，并对已有机床进行硬件改造及电气改造，以满足与机器人的集成要求。机器人与数控机床集成主要采用了 CC-Link（控制与通信链路系统）集成系统（通信协议）、I/O 总线系统，通信交互系统可以实现机床与机器人的信号互通，能够准确的传达各种指令。

关于机器人在装配过程的应用方面，装配线首次配备多台六自由度机器人，将机器人技术与其他多学科技术相结合，实现了多方面的应用突破，如图 16-3 所示。其中，机器人与拧紧机集成应用形成柔性智能拧紧单元，实现了多品种智能柔性拧紧，快速换产，达到 0 秒切换，极大提高了装配效率及拧紧精度，是重卡变速器领域的首次应用；项目实现了机器人多工位的转线搬运和精准装配集成功能，各自动装配单元的机器人动作均可实现与 J-HOOK 机械手总线的实时通信。通过智能传感与控制定位，J-HOOK 机械手负责变速器壳体的精确定位，机器人负责轨迹控制，直至将工件完全放入指定位置，提高了装配的准确性，使无人化工位占有率达 30% 以上，极大节约了人力资源。

图 16-3 项目机器人的集成应用

（四）智能检测技术的示范应用

零件机加工过程实施了在线快速检测 SPC 项目，通过采用最前沿的技术，对照国际汽车零部件企业的标准，实现对公司生产的壳体、齿轮等零件的在线快速检测和存储、实时分析及与公司内部整个数据联网等功能。通过对产品质量过程进行检测和调整，使全过程处于受控状态，以保证质量。总成下线也采用智能化测试台，具有测试程序配方功能、变速器速比检测功能、功能开关检测及报警功能、里程表传感器检测功能、条码扫描自动选择型号功能、试验台测试数据报表功能、远程控制功能等。通过信息系统的调度，试车输送线自动完成与试验台的信息交互及工件交换。加载下线试验台首次采用强制试车功能，保证产品质量的提升。

（五）智能物流与仓储装备的示范应用

为节约厂房资源，物流输送采用空中立体配送的模式，零件可通过空中输送线自动抵达各装配工位，全线实现单台配送，从根源上规避了错配漏配的风险，并且大幅节约了人力和空间资源。同时，物料配送采用 WMS（仓储管理系统）与 SPS（车间物流配送系统）相结合的精益拉动系统，使自动化仓库作业效率得到最大限度发挥，降低库存量，提高物料周转率，推进精益化生产水平。

（六）装配车间的数字化升级的示范应用

基于数字化车间建设需求，已在装配车间搭建智能化网络管理平台，实现了数控设备、数据存储系统和生产制造业务流程的系统管理；基于智能化、信息化技术，整个生产制造和物流管理过程实现可视化，使公司内各部门、各个环节更加紧密联系，能够科学地编排生产计划，保障新产品能够高效率高质量交付，提升生产率和信息沟通的及时性。法士特参与的"支持批量定制生产数字化车间动态管控平台及装备研发与应用技术项目"，荣获国家科学技术进步二等奖。同时，围绕装配过程数字化，项目将进一步拓展机加工车间的数字化改造。

（七）信息系统规划和实施的示范应用

法士特 2016 年主题年为"两化推进年"，聘请了知名信息化研究院对公司制定了系统的信息化规划，为本项目的实施提供了智力保障。以先进制造方式为主线，以打造价值链整体竞争力、提升企业职能业务能力为目标，通过强化基础管理、优化业务流程，深化信息技术应用和数据资源开发利用等全要素互动创新和持续改进，打通企业生产全过程信息通道，实现数据集成、业务协同，推进业务管理能力和集团管控能力的提升。通过 PLM、ERP、MES、WMS 等系统平台的搭建及数据的互联互通，消除了信息孤岛，实现了核心模块的数据共享和准确传递。以此为基础，进一步拓展计划系统、智能执行系统、CPS 物理信息系统的集成。

三、实施成效

（一）项目相关指标统计

（1）通过以上新技术的应用，项目产品一次装箱合格率由原来的 96%提高至 99.5%，售后 PPM 值同比下降 30%～40%。

（2）多工位采用智能无人装配，节约人力资源。该项目与同类项目比较，操作工由 60 人减少至 40 人，无人化工位占有率达到 30%以上。

（3）首创空中物流模式，采用立体配送及空中机械手装配等精益化、集约化方案，占地面积减少 50%。

项目当前实施成效的其他主要指标情况见表 16-1。

表 16-1　项目指标变化统计

	成效评价项目	实施前	实施后	变化情况
智能制造实施前后成效对比	运营成本（万元产值可控成本）	383 元/万元	348 元/万元	降低 9%
	生产效率（每日人均产出）	3.4 台	4 台	提高 20%
	产品研发周期	12 个月	9 个月	缩短 25%
	产品不良率（PPM）	2680	1876	降低 30%
	能源利用率（万元产值能耗）	0.0437 吨标准煤	0.0428 吨标准煤	降低 2%

（二）项目社会及经济效益

项目通过智能化改造升级，在盘活存量能力的同时，也产生较大的社会效益与经济效益，主要体现在以下四个方面：

（1）项目采用科技前沿技术，坚持安全、环保的设计理念，使用的新技术、新材料、新工艺，均符合国家安全环保法律法规。首次采用中间轴卧式自动压装，解决了传统立式压装过程中潜在的安全风险，将工人操作安全隐患降为零，体现了以人为本的设计理念。

（2）自主研发智能全自动机械手、斜齿对齿等技术填补国内空白，智能装配线总装效率高，降低了工人劳动强度。

（3）由于制造装备的先进性，项目下线产品质量一致性好，产品故障率及售后维修保养成本降低了30%～40%，备受顾客青睐，进一步提升了企业的品牌价值，订单量不断加大。智能装配线的投入使用至今已累计为企业生产变速器总成36万台，累计实现产值54亿元。

（4）项目智能化水平与质量保证能力的提升，也使企业顺利通过世界一流主机厂家的质量审核（如戴姆勒、沃尔沃等），产品远销欧美市场，企业国际化竞争力进一步增强。

四、实施经验

（1）引入了信息系统顶层设计方法。"顶层设计"源于自然科学或大型工程技术领域的一种设计理念，项目针对具体的设计对象，运用系统论的方式，注重规划设计与实际需求的紧密结合；强调设计对象定位上的准确、结构上的优化、功能上的协调、资源上的整合，确保设计目标的实现。

（2）采用先进的柔性化、智能化集成化的生产方式。该项目以智能化与精益生产思想相结合的生产方式取代了传统的大批量制造模式，广泛采用自动化、智能化手段，基于快速检测、夹具标准化、装配工艺数字化、工艺仿真、自动编程、生产线精益布局和精益物流等核心技术的集成应用，使得生产组织方式、设备运行更加适合多品种、小批量的柔性生产需求。

（3）实现研发、工艺、制造、物流及销售服务的信息化集成。制造企业信息化建设是一项庞大的系统工程，包含的信息及数据资源非常广泛。项目以应用集成为核心，符合面向服务架构（SOA）理念，以企业服务总线（ESB）、业务流程管理（BPM）、数据服务总线（DSB）为核心组件的应用集成平台，从数据层面、应用层面、流程层面进行全面的应用集成，整合企业信息的应用及服务，促进公司核心价值链的协同高效运作。

编委会：赵艳文　　编写组：周　娟

17 智能控制阀数字化工厂试点示范

——吴忠仪表有限责任公司

一、项目实施背景与状况

我国装备制造业在推进智能化、数字化的过程中，还没有形成规范及标准，不同企业采用不同模式，效果参差不齐。吴忠仪表有限责任公司（以下简称"吴忠仪表"）属于装备制造业典型离散制造企业，公司的生产模式及成长经历在一定程度上体现了我国制造业发展的缩影，可以代表我国几千家类似企业的发展及生产模式。特别是在当前市场出现个性化定制、单件小批量订货模式的变化时，制造企业如何提高效率，达到智能化组织生产很有必要。吴忠仪表在推进信息化与工业化深度融合过程中，积累了具有特色的生产管理模式，生产效率大幅提高，质量持续提高，新产品研发周期缩短，产品创新明显，企业规模及市场占有率扩大明显。

二、项目主要实施内容

（一）主要工作

借新厂区建设契机，进行了企业设备布局优化及工艺流程再造，推进公司具有自主知识产权 ERP（企业资源计划）的深入应用，以及 MES 在吴忠仪表生产中的实践应用。

（二）采取的主要措施及做法

（1）采用无人化加工线、矩阵加工岛、数字化物流结合的工艺布局。关节机器人与桁架机器人并用，空间悬挂与 AGV 穿梭车并行有序地运行。

（2）先进设计制造一体化。针对产品生命周期的管理优化工作，成功应用了"4CP"（CAD/CAPP/CAM/CAE/PLM）一体化式的解决方案。PLM（产品生命周期管理）系统的实施应用，实现了将公司二维图样、三维模型、工艺过程卡、工艺卡片、数控程序、检测规程、执行标准、会议纪要、铸件模具图、铸件工艺图、粗加工图样、工装设计图、外观尺寸图、技术通知单等涉及产品技术、生产工艺、生产装备、标准化和生产装备的技术文档全部纳入 PLM 平台进行管理的目标，并且实现了数据间的结构化和相互集成，从而达到了产品设计数字化。实现了 PLM/MES/DNC 的无缝集成，达到了产品设计制造一体化。

（3）数字化加工。无人化轴杆加工中心（见图 17-1），生产 15 种规格的轴杆类零件，关节臂机器人、自动上下料、二维码和自动化检测等技术的综合集成应用，实现了关键零件的自动化加工。

（a）　　　　　　　　　　　　（b）

图 17-1　无人化轴杆加工中心

（4）自动化仓储及物流（见图 17-2）。立体仓库加穿梭车的自动化物流，仓库面积达 980 平方米，货位数 6 312 个；是国内制造业第一条数字化配餐线，日配餐能力从 100 台（套）提高到 500 台，实现了单件小批产品的精准配餐。通过 AGV 和配餐车配餐工作在夜间全自动化工作，将第二天需要的零部件配送到各工位。

图 17-2　自动化仓储及物流

（5）生产过程数据采集和分析，企业工业云及企业大数据运用。离散制造业生产过程数据采集包括对物料级、设备级、数据级、执行级和管理级的数据进行采集。吴忠仪表数字化车间的数据采集项示意如图 17-3 所示。

（6）制造执行系统与企业资源计划系统，实现了 MES+ERP+PLM 系统的无缝集成，如图 17-4 所示。

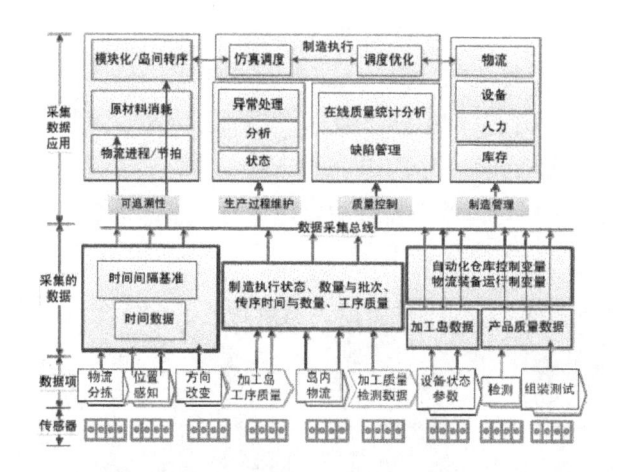

图 17-3 数字化车间的数据采集项示意

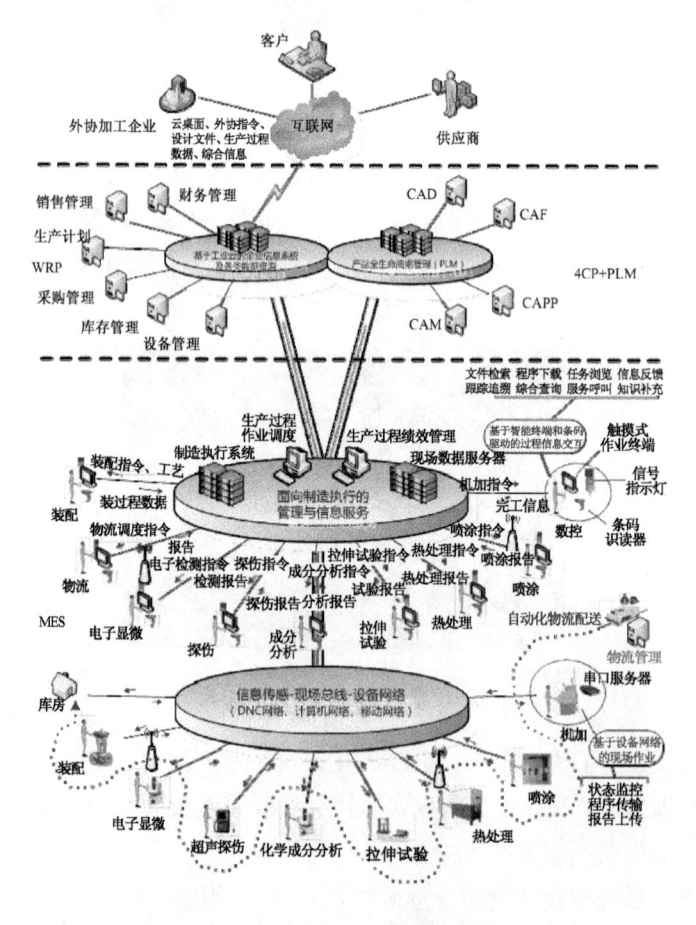

图 17-4 MES+ERP+PLM 集成应用信息流示意

三、实施成效

项目的实施取得了实效，主要表现如下：智能制造数字化车间示范实现了通过数字化设计、高级排程、生产过程仿真、过程可视化等信息技术和现场管理实践的融合创新，实现了生产管理的智能化建立了重要尺寸自检、关键尺寸送检、过程抽检"三位一体"的数字化质量管理体系，从而使生产过程质量的可管控、可追溯、可统计、可分析、可优化。通过数字化组装工位、数字化检测设备、数字化喷涂、RFID（射频识别）、自动化悬挂输送线等多种自动化技术和信息技术的集成应用，实现了单件小批数字化总装。吴忠仪表是国内首家将高级排程与仿真应用于离散制造的企业，目前企业持续进行智能制造的软硬件优化，以达到高效率，高质量灵活生产的目的。

（1）在质量保障方面，吴忠仪表是国内第一家建立了重要尺寸工位自检、关键尺寸送检、过程抽检三位一体数字化检测体系的公司。

（2）在生产组织方面，吴忠仪表是国内第一家将仿真技术应用于离散制造生产环节的企业。与德国 Siemens 和 SimPlan 紧密合作，研发了 APS（高级计划与排程系统）、仿真和 MES 系统，实现了车间作业分钟级调度与执行。

（3）在生产管理方面，通过国际领先的三维可视化管理系统，实现了人、机、数据互联互通，形成虚拟与现实生产的实时互动。

（4）在产品研发方面，正在建设国际上最先进、规模最大的控制阀产业实验中心为企业科技研发提供坚实保障。

（5）在生产物流方面，采用了空中与地面相互协作的创新性物流体系，实现了多品种小批量个别定制产品的全自动精准配送。

实施成效见表 17-1。

表 17-1 智能制造实施前后成效对比

	成效评价项目	实施前	实施后	变化情况
智能制造实施前后成效对比	运营成本	4860 万元/月	4200 万元/月	降低 14%
	生产效率	2300 台/月	3000 台/月	提高 30%
	产品研制周期	10 个月	6 个月	缩短 4 月
	产品不良率	0.2%	0.05%	降低到 0.05%
	能源利用率			降低 10%

相关指标如下：

（1）车间作业完工准时率提高 10%。

（2）车间在制与去年同期相比下降 20%。

（3）生产过程质量控制数据采集覆盖率达到 90%。

（4）产品交货期由 2 个月缩短至 40 天。

（5）实现全员劳动生产率 2013 年 80 万元/人，2014 年 110 万元/人，2015 年提高到 120 万元/人。

（6）库存周转率：2013 年 3 次，2014 年 6.22 次，截至 2015 年 11 月底 6.15 次。

（7）库存：2013 年 11 000 万台，2014 年 10 350 万台，2013 年为 9 291 万台。

（8）在制品：2013 年 3 000 万台，2014 年 2 600 万台，2015 年为 1 200 万台。

（9）按期交货率：从 94%提高到 99.8%。

四、实施经验

吴忠仪表智能制造实施方案整体上概括为"2158"：两个中心，一个基础，五个维度，八化并举，即以"质量-成本"、"效率-效益"为中心；以数据为基础；从覆盖产品全生命周期的智能选型、PLM、ERP、"4CP+"仿真、APS+MES 等勿给维度进行开展，最终形成设计制造一体化、检测数字化、物流自动化、管理精益化、制造柔性化、生产过程智能化、软件国产化、投资低成本化的项目方案。特点表现为"示范强、代表广、学得来、投得起"。

具体的实施经验归纳如下。

（1）不求高大上，不求全自动，但求实用高效。一切需求来自车间实际生产。实施自上而下、自下而上的模式，持续改进提高升级。数字化车间的建设不可能从零开始，一定是通过对既有车间实施数字化改造而实现的。

（2）"一把手"是保证。企业的发展需要远见卓识的领头人，实施生产模式的再造及数字化改造，得不到企业最高领导的支持甚至深入指导，效果肯定大打折扣。

（3）基础数据是根本。实施智能制造，丰富而坚实的企业资源及产品资源数据库的完善度，是智能化工厂的根本。否则，智能化就会变得傻瓜化，会不切合实际。工业云运用的普及率及大数据分析的客观性，同样需要庞大数据的支撑。

（4）人员观念及技能的提高必不可少。数据入口的规范、业务流程的高效、不同任务的协调及协同，均需要高素质人员的配合。否则，也会出现短期的"堵车"或"阻塞"。

（5）外部供应链的规范化管理。所有企业不可能生产所有零件，外部协作及外部配套是必需的，但没有可靠的合格供应商及协作方，同样也会阻碍效率的提高。让外部协作与公司的智能化制造流程得到无缝对接，做到步调一致很重要。

编委会：马玉山　　编写组：贾　华

18 风电设备远程运维服务试点示范

——新疆金风科技股份有限公司

一、项目实施背景与状况

传统的风电场运维模式特点如下。
（1）风电场级运维模式：人多、投入大、质量参差不齐。
（2）风电场级的信息系统：信息化侧重场级，信息共享难以实现。
（3）集团业务之间难以形成协同效应，重复建设多，收益小。
老的运维模式使风电运营面临的五大挑战：
（1）弃风限电给风电收益带来巨大影响，对风电场成本控制和精益化运营提出更高要求。
（2）快速准确解析电量损失构成，并对症下药，成为风电经营面临的重大难题。
（3）风电场分散运维模式下，技术能力、运维质量参差不齐，运维成本居高不下。人员数量多，人均产出低，风电场运维更多依赖个人能力，质量和效率难以保证，现场条件艰苦，人员流动大，后勤配套投入高。
（4）难以预知的重大事故，带来巨大的潜在经济损失和人身安全隐患。
（5）更加合理的评价风电场和风机绩效，进行行业多维度对标，是提升风电场全周期运营水平的关键挑战。

风电运营势必要通过颠覆性的模式创新应对挑战，其未来将向集中化、共享化、智能化转型。

集中化：由分散式运营向集中运营转变。
共享化：平台化资源共享，降低对前端运维人员的数量和能力要求；经验共享，发挥协同效应。
智能化：应用先进的技术手段（移动互联、人工智能等），洞察风场玄机，预测潜在风险，自动优化解决，持续提升精益化管控能力。

二、项目主要实施内容

1. 风电智能运营 2.0 平台

风电设备远程运维服务试点项目主要是搭建风电智能运营 2.0 平台，平台架构如图 18-1 所示。

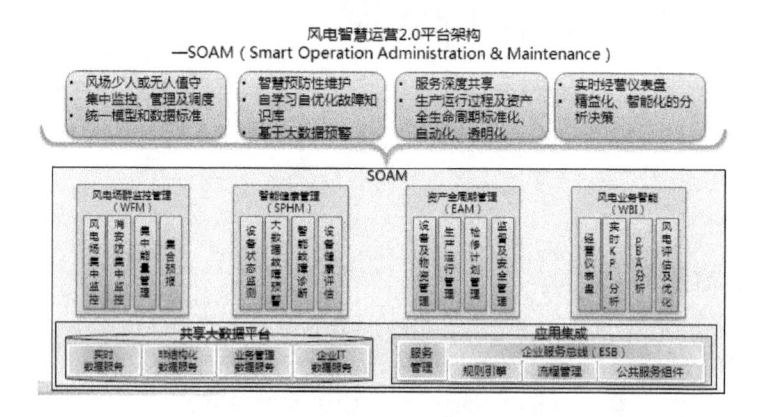

图 18-1 风电智能运营 2.0 平台架构

2. 数据采集

数据采集（见图 18-2）主要是把各个专业系统的数据经过抽取、转换、加载到智慧运营平台的共享大数据平台中，根据数据生成的频率制定同步策略。

与大数据领域成熟的企业合作，引进先进的大数据相关的基础技术（如云存储、高性能计算等）、硬件及软件应用平台；需要整合金风所拥有的风电行业的数据资源、信息资源，进行数据标准化，并结合引进的技术及软硬件平台将数据信息资源集成到一起，进行数据提供，此部分为智慧运营平台的基础。

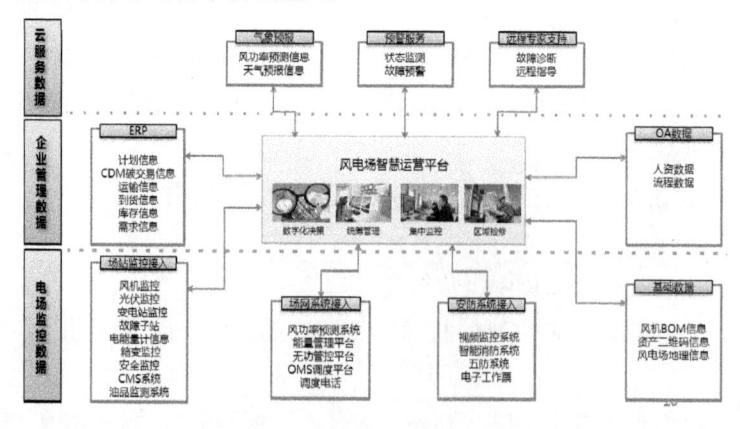

图 18-2 数据采集

3. 风电场群监控（WFM）

风电场群监控（见图 18-3）的建设分为场站子站侧、运维场群监控中心两部分，其中，在场站子站侧部署数据采集装置，实现对风电场（光伏电站）、升压站、箱变等设备的数据采集，在运维场群监控中心侧实现风电场集中监视与控制、风电场消安防集中监视与控制、集中的能量管理以及功率预测的集中预报。此外，还有集中报警、统计分析、查询和报表及其他高级功能。

4. 智能健康管理（PHM）

智能健康管理的实施主要包括三个子系统：故障预警、状态检测、故障诊断，如图 18-4 所示。

（1）故障预测：基于共享大数据平台，采用统计、挖掘等技术，实现对设备隐形故障的提前发现，服务于设备趋势预测、设备故障预测、风机大部件预警。

（2）状态监测：采用可视化技术围绕组织结构或自定义方式全面监测掌握设备运行情况、运行参数情况、指标情况（性能、可靠性、关键绩效指标）、报警情况、故障情况。

（3）故障诊断：对风机整体状态进行评价，细分为健康评价、可靠性评价、风险评价。由配置管理工具管理相关导则信息。

图 18-3　风电场群监控

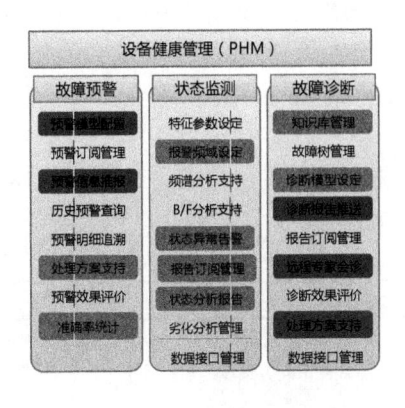

图 18-4　智能健康管理

5. 资产全周期管理（EAM）

资产全周期管理（见图 18-5）通过对设备的维修跟踪记录，充分掌握设备的运行状况，并结合业务生产计划，有针对性地制订大小修、预防维修等检维修计划，降低设备的故障率，还可以有效地掌握设备的各种状态，防止"过维修"和"欠维修"，大大降低设备维修维护成本。实现管理透明化、流程可追溯主要的核心功能模块主要包含以下内容：设备管理功能模块能够记录设备的基本信息，从各个不同的管理角度实现对企业资产所有业务的管理，EAM 系统业务范围涵盖了生产设备、IT 设备、办公用品、劳保用品等，对管理范围内的设备进行评级管理、可靠性管理和统计分析。工单管理模块以工单为中心载体，以设备及维修管理为目标，实现设备技术信息、安全信息、维修物资、维修人力、维修成本等信息关联。工单管理能够设置维修任务时间、分配作业任务、预留和准备维修材料、分配外包服务商、检查资源和材料的可用性、执行安全许可、办理工作票和操作票、完工报告和确认、统计核算成本、设备维修历史分析等。能够对单位产能维修费用、设备可利用率、设备故障停机率、故障停机损失、主要生产设备完好率、维修费用，以及主要生产设备事故率等进行绩效评价管理。

图 18-5　资产全周期管理

核心问题是解决风电场业务的各类信息标准化、规范化和记录标准化。实现标准化现场作业流程、减轻项目人员工作负担、提高项目维护质量、降低维护成本，为以后机组质量改进、优化备件库存结构等提供依据。

6. 风电智能分析系统

WBI 是数据价值的集成。WBI 监控重点 KPI 指标，开展详尽的 PBA 分析，客观评价风电场运行情况及明确绩效提升方向；客观评价风电场运行情况，透彻解析能量可利用率及损失，明确提升重点和方向。

三、实施成效

实施智能制造后的成效对比见表 18-1。

表 18-1　实施智能制造后的成效对比

实施前风电运维服务行业面临问题	实施后风电智能运维服务特征及成效
• 如何科学、高效地完成风电场日常运行维护，以最低的备件消耗、最少的运行维护成本，达到风电场发电收益的最大化； • 如何确保整个风电场风电机组、箱变、集电线路和升压站等关键设施设备健康持久稳定运行； • 国内风电场的运行维修仍处于主要依靠人力堆积、维修人员个体经验等较低水平现状； • 市场上有相关的监控、预警等软件，但是在精准度及智能化与市场的需求任有一定的差距，仍存在风电场运行质量不高、安全事故频出的现状	• 基于物联网、大数据、云技术组建风电智能服务体系，对已有的寿命监测系统、故障专家系统、预警系统、集控系统等进行优化升级，使已有的监控、监测、预警、评估等功能更加的精准和个性化； • 同时提升预测模型精度和提前量，支持更多种分析方式，使分析结果智能化和多样化； • 通过终端发布数据分析结果或处理结果，进行自动化或人为的事务处理，实现风电场运营服务智能化，为能源分布式发展以及"无人值守"模式战略目标发展奠定基础。 • 实现比传统方法维护成本减少 20%～25%； • 运行小时数在原基础上提高 5%； • 风电场故障平均间隔时间提升 5% 以上； • 故障预警准确率 90% 以上； • 平均故障预警及时性 10 天以内； • 将发电效益提高 3%～6%。

四、实施经验

项目针对风力发电机装备网络化运维服务应用需求，完成风电大数据平台开发和风电行业智能应用服务体系构建，促进风电行业服务升级。主要实施经验归纳如下。

（1）开发风电大数据平台，建立风电运维大数据标准，研究大数据采集存储技术、整合技术以及大数据分析/挖掘技术，通过研究大数据预测技术，建立风电故障预警模型、部件消耗模型等；研究大数据 BI 展示技术，把数据分析、挖掘的成果以仪表盘、驾驶舱等形式呈现出来。

大数据标准化是大数据平台成功建设的技术保障，对于异构系统数据，可能存在不同的结构和模式，如文件、XML 树、关系表等表现为数据的异构性。对多个异构的数据集，需要做进一步集成处理或整合处理，将来自不同数据集的数据收集、整理、清洗、转换后，生成一个新的数据集，为后续查询和分析处理提供统一的数据视图。大数据其来源是多源的，其形式是多模态的。数据的多源和多模态的不确定性和多样性，必然导致数据的质量存在差异，进一步影响到数据的可用性。通过构建大数据质量管理相关规范，明确大数据检测、评价、修复规则，在大数据平台进行数据质量检查，再通过管理手段促进大数据质量在源系统的提升。

（2）构建风机智能运维云服务应用系统，研发风机数据质量检测、混合云部署方案等，实现风电运行状态监控、运营绩效预测分析等增值服务。

项目积极推行基于大数据的智能运维服务模式，切实推动风电产业结构调整升级。作为新风电运维服务制造业的重点发展方向和信息化与工业化深度融合的重要体现，项目的实施可以加快风电设备制造业转型升级，提升生产效率、技术水平和产品质量，降低能源资源消耗，对实现制造过程的智能化和绿色化发展具有重要意义。同时，项目基于互联网技术和信息物理融合系统在风电设备制造过程中的创新应用，对国内外产业链具有示范引导意义。

（3）在大型风电场进行示范应用。通过风电场工业云服务平台示范应用，制定大型风电场运行维护体系方案、运行维护技术标准与技术规范；利用本项目的示范效果整合国内现有风电场运行维护经验和维护方案，推动国内大型风电场向智能化运行维护系统升级改造，提升全行业风电场运行维护技术水平。项目有助于建立现代化、智能化大型风电场运维服务体系，实现运行小时数提升和预警算法等关键技术创新突破，促进风电场的大规模集约型发展及风电服务产业技术水平及创新能力的提升，为能源互联、能源分布式发展以及"无人值守"模式战略目标发展奠定基础。

编委会：张新文　　编写组：周调调

19 新能源汽车动力电池智能制造试点示范

——孚能科技（赣州）有限公司

一、项目实施背景与状况

（一）项目实施的背景

发展的潮流不可逆，人类即将迎来以信息物理融合系统（CPS）为基础，以生产高度数字化、网络化、自动化为标志的第四次工业革命，世界汽车强国德国正在推进"工业4.0"，制造强国美国提出了"工业互联网"。在此次新的工业革命的潮流中，《中国制造2025》行动纲领出炉，其中涉及十个重点领域，节能与新能源汽车便是其中重要的组成部分之一。新能源汽车是指采用非常规的车用燃料作为动力来源（或使用常规的车用燃料，采用新型车载动力装置综合车辆动力控制和驱动方面的先进技术形成的具有新技术、新结构的汽车。锂离子动力电池是新能源汽车产业链中最关键和最具价值的环节之一，其技术与制造的创新和突破将带动整个新能源汽车行业的发展。

（二）企业实施初衷和基础

2017年是我国"十三五"期间制造业提质增效、由大变强的关键之年。智能转型是建设制造强国的关键，实现"数字化、网络化、智能化"制造是制造业发展的必然趋势，也是新一轮科技革命和产业变革的核心所在。孚能科技（赣州）有限公司（以下简称"孚能科技"），作为中国智能制造的先行者，积极响应党的十九大"加快建设制造强国，加快发展先进制造业，推动互联网、大数据、人工智能和实体经济深度融合"的号召，面对工业4.0契机，以开发新能源汽车高能量密度锂离子动力电池为背景，战略布局国内外新能源汽车市场，引领中国锂离子动力电池行业智能制造发展趋势。

孚能科技成立于2009年，立足于新能源汽车锂离子电池的研究、开发和生产。公司目前已实现240瓦时/公斤锂离子动力电池技术的产业化，该能量密度是目前国际竞争对手韩国LG、Samsung及日本NEC生产的新能源汽车锂离子动力电池能量密度的1.5倍，循环寿命超过 2000 次，其配套的北汽新能源 EU400 车型的实际续航里程已达 460 千米，为国内领先、国际先进水平，并力争在 2020 年实现 300 瓦时/公斤的锂离子电芯产业化。

公司目前已与北汽新能源、江铃、长安、吉利、宝马、奔驰、通用等整车企业建立了长期的合作伙伴关系。2017 年第三季度，研究机构 EVTank 在北京发布了《2017 年 Q1 中国锂动力电池研究机构报告》，报告统计数据显示，孚能科技动力电池装机量为 743.35 兆瓦时，排名第三，仅次于宁德时代新能源科技有限公司和比亚迪股份有限公司，占出货量的 17.4%。

目前，公司技术团队拥有"千人计划"专家 2 人、海归博士 7 人、硕士工程师 28 人、本科工程师 230 人；拥有 30 多项发明专利；2016 年通过了国家工信部第三批《汽车动力蓄电池行业规范条件》企业目录，同年被认定为"江西省新能源汽车锂离子动力电池企业技术中心"和"江西省新能源汽车动力电池工程技术研究中心"；在 2017 年被评为"国家技术创新示范企业"、"国家智能制造试点示范企业"及"省级智能制造试点示范企业"；2017 年 5 月 15 日，孚能科技作为世界领先的高性能新能源汽车锂离子动力电池企业，在摩纳哥电动方程式欧洲赛季技术支持了 Venturi 车队参赛，帮助 Venturi 创造了纯电车 576 千米/小时的全球最快纪录。

（三）项目实施的目标

本项目通过智能制造和智能管理系统化建设后实施的目标如下。

（1）生产效率显著提高。智能化制造装备和智能化管理系统应用，提高了生产自动化程度，减少了人工，使产品单位产出能力和生产效率提高。

（2）运营成本大幅降低。智能工厂的投入使用，提高了产品的生产效率和产品合格率，降低了产品成本和能源耗用，整体运营成本大幅降低。

（3）产品研制周期缩短。智能仿真软件的应用和产品数据库的建立，可以进行关键工艺模拟和可视化仿真，通过软件模拟来优化实验方案，从而缩短产品的研制周期。

（4）产品不良品率降低。智能化制造装备的应用，提高了生产自动化程度，减少了人工干预，产品不良品率降低，产品的一致性和稳定性提高。

（5）单位产值能耗降低。智能化装备的应用，采用最新型的回馈式充放电柜，电池充放电过程电能能够循环利用，使单位产值能耗降低。

二、项目主要实施内容

孚能科技智能工厂的建设聚焦于"产品研发、生产制造、软件集成、网络集成、信息管理"五个领域，实现具有"自动化、数字化、可视化、模块化、集成化"特征的智能化应用。

(一)智能工厂车间/工厂的建设

孚能科技是一家国际领先的新材料、新型储能系统及新能源汽车电控系统开发的高科技企业。厂区设计致力于开发、生产及销售新能源汽车动力电池、模块及系统和储能系统相关产品。如图19-1所示为孚能科技的工厂布局效果。

图 19-1 孚能科技的工厂布局效果

(二)智能工厂智能管理系统建成投用

项目建立了产品全生产周期管理(PLM)系统、企业资源计划(ERP)系统、生产制造执行(MES)系统的建设、实施与协同,涵盖了采购、销售、生产、仓储、质量控制、追溯等诸多环节,帮组企业实现产品可视化、数据结构化等整个业务运营的全面数字化,为建设动力电池智能化工厂夯实了基础。

(1)智能化产品研发方面。通过基于孚能科技的PLM系统的产品开发流程和项目管理对产品数据进行全生命周期的集成式管理,形成全生命周期产品信息统一平台。产品设计结点与客户进行数据交互后,利用CAD和SolidWorks进行数字化产品设计,之后通过应用集合接口实现CAD/SolidWorks与PLM的集成应用,再通过CAE系统对设计的产品结构进行机械强度等分析优化,最后通过仿真系统进行模拟生产过程并最终确认生产工艺,生成对应产品的BOM清单及报表,进入智能化生产环节。如图19-2所示为孚能科技的全生命周期产品信息统一平台架构图。

(2)智能化产品制造方面。孚能科技计划建立了一套业内先进的车用锂离子动力电池MES和ERP高效协同和集成系统,用于公司的采购、销售、生产、库存、仓储、质量控制、追溯等各个方面,实现高效率、低成本、精细化的智能化生产线流程管理。通过生产与制造管理平台接受客户订单,自动导入ERP系统,通过MRP的运行生成产品生产计划需求、采购需求,并利用SAP系统自动接口传输给MES系统进行生产调度,组织生产并对产品全过程进行管理。通过MES对生产全生命周期进行实时的质量控制、追溯和改善,实现对产品生产设备的运行进行有效、实时的监控,保证各个生产工序间的自动流转和正常运行。如图19-3所示为孚能科技的 MES 与 ERP 信息集成技术。

图 19-2 孚能科技的全生命周期产品信息统一平台架构

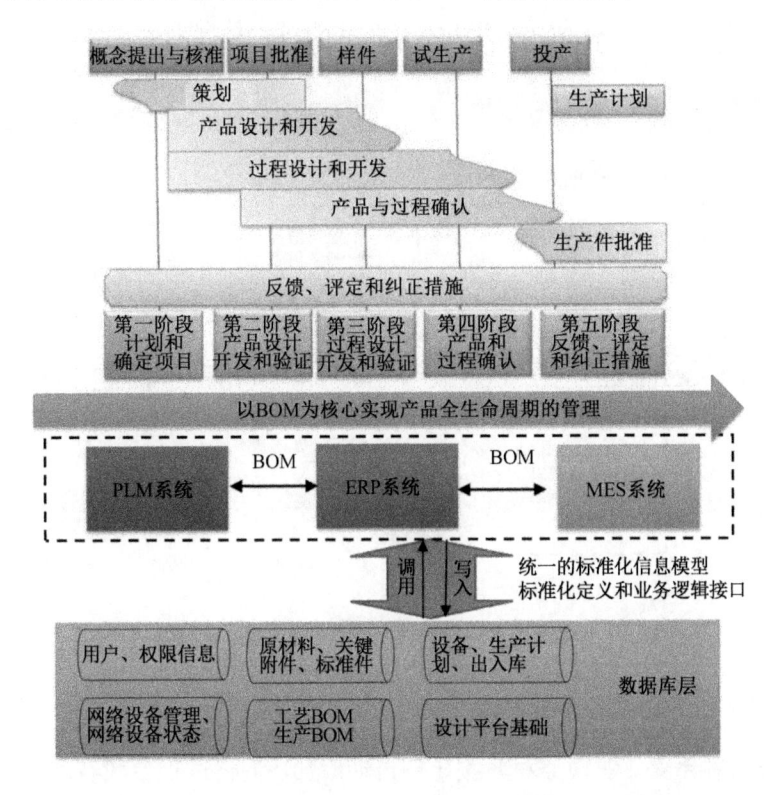

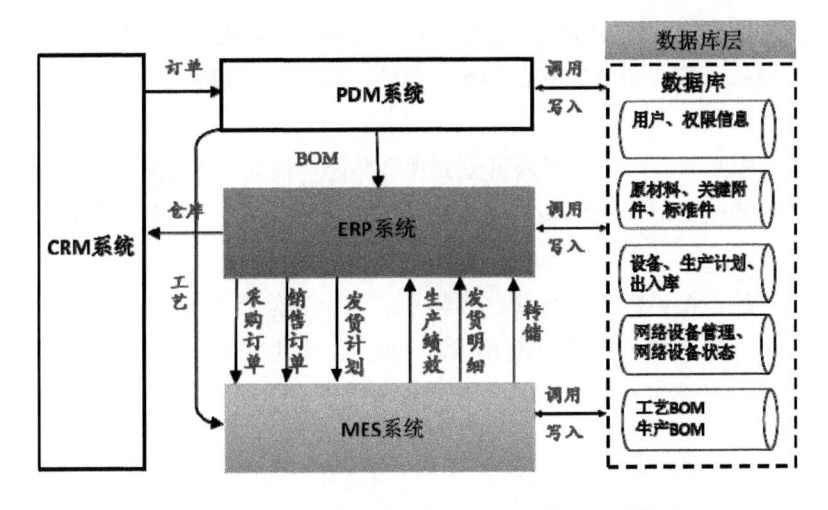

图 19-3 孚能科技的 MES 与 ERP 信息集成技术

(3)智能化数据采集及监控。通过广泛使用的在线自动检测等技术,建立基于 RFID 的生产过程数据采集和分析系统,实现对生产工艺数据的自动采集并录入 MES 系统,包括工序数据采集与管控、工序生产的设备运行、检验记录信息等。结合条码应用加强仓库出入库作业和实物管控，通过 MES 系统与生产设备进行集成，实现公司产品精确的质量控制和质量追溯。如图 19-4 所示为孚能科技的生产过程数据采集与分析系统技术方法。

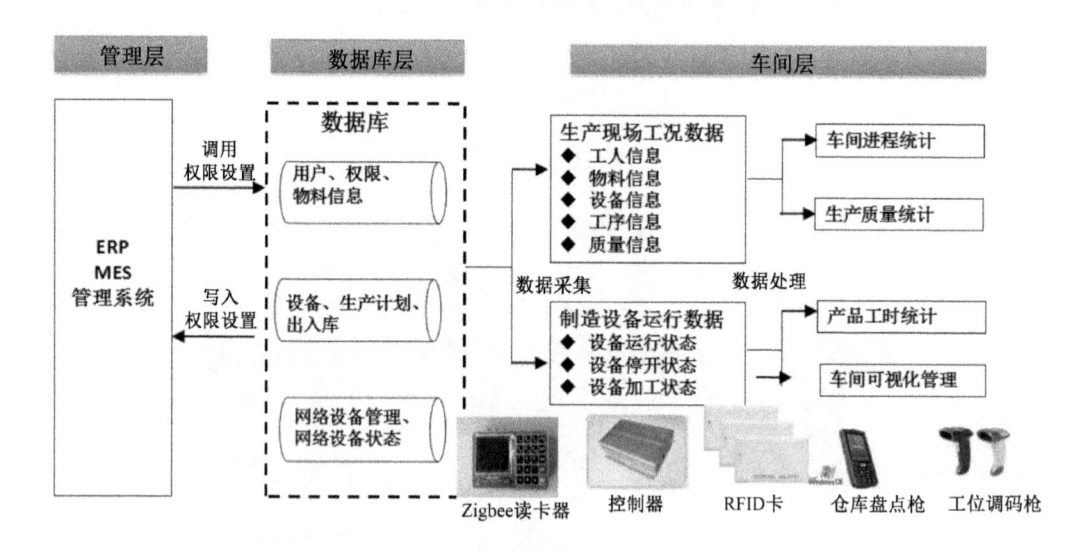

图 19-4　孚能科技的生产过程数据采集与分析系统技术方法

（三）智能工厂关键核心智能制造装备的投产应用

（1）智能投料系统。实现原材料按比例自动添加、混料过程参数智能监控、涂布结果自动测量、过程参数反馈控制。

（2）智能在线监测系统。对生产过程中的半成品和成品进行在线时时监测。对于有缺陷的半成品和成品，智能系统能够自动识别判断，机械手根据判断命令自动挑出不良品，防止流入下一个环节。

（3）智能装配系统。对电芯采用可见光视觉传感控制对位及 X-ray 在线无损检测，智能控制电芯的对齐度；对于完成装配的电芯绝缘性进行 Hi-Pot 可靠性测试，确保电芯不会发生短路。

（4）智能物流系统。由立体仓储、传输系统、化成分容系统、Scara 机器人、高速码垛机器人、在线检测专机、WMS（仓储管理系统）、调度系统等构成。通过信息系统、智能物流系统、机器人等使各个生产单元在信息和物理层面实现无缝衔接。

（四）智能化网络的搭建

建立了工厂内部互联互通网络，采用"万兆双核心、千兆的三层汇聚，千兆二层到桌面"的快速传输网络体系，为公司生产作业流水线提供强有力的网络传输平台。

三、实施成效

（1）生产过程的自动管控。

（2）产品的一致性和产品品质大幅提升。

（3）少人化生产，节约人员成本，降低劳动强度，提高生产效率。

（4）对关键工艺过程实施系统自动检测、自动控制，避免人为错误发生。

（5）实现生产过程及数据自动收集，满足汽车行业相关产品的追溯要求；为今后产品改进和生产效率提升收集大量基础数据。

（6）通过智能制造项目的实施，运营成本降低了64%，产品研发周期缩短了40%，生产效率提高了80%，产品不良率降低了56%，单位产能能耗降低了15%。

四、实施经验

（1）新能源锂电企业建设智能工厂，要明确建设目标，规划实施路线，制定实施策略，落实保障措施；要注重顶层设计、全员参与、积极培育IT文明。

（2）促进新能源行业向高精度、高速度、高可靠性、无人化、可视化和信息化方向发展。

（3）要以业务需求为导向，立足于解决生产经营、发展建设和企业管理实际问题，在统一的智能工厂平台及架构的基础上，推进各信息子系统建设，避免形成新的信息"孤岛"。

（4）要下大力气推进装备国产化和软件国产化，逐步摆脱对国外软硬件的依赖，努力形成自主知识产权，带动新能源汽车上下游的产业链升级。

编委会：江俊伟　　编写组：刘大明

20 环卫装备远程运维服务试点示范

——劲旅环境科技有限公司

一、项目实施背景与状况

劲旅环境科技有限公司（以下简称"劲旅"）成立于1996年，公司位于安徽省合肥市新站区，是国家高新技术企业和省级企业技术中心，获全国顾客满意行业十大品牌、农村建设突出贡献证书、5年农村清洁工程贡献证书、农村清洁工程培训证书、安徽省名牌产品、中国清洁清洗行业国家一级、市政环境清洁维护服务企业、企业名称代号、五星服务认证、创新团队、守合同重信用、管理示范、管理达标企业、安徽省著名商标、安徽省卓越绩效奖、标准化良好行为、科学技术奖、AAAAA级质量、服务诚信单位、安徽省质量奖等荣誉。

公司2016年度总资产23 792万元，销售收入13 007万元，实现利润1 118万元。截至2017年9月底，合同金额达到70亿元人民币，2017年1~8月份国地税共缴税1576万元。规模和实力在安徽省排名第一，全国排名第六，是全国首家非国企、非上市公司，也是全国率先从事农村生活垃圾治理全覆盖模式的环卫企业。与政府合作的PPP项目也不断地增加。公司截至2017年2月总服务乡镇100多个，人口500多万，服务面积达到12 000多平方公里。

二、项目主要实施内容

劲旅远程运维新模式综合应用物联网、互联网、云计算、大数据等新一代信息技术，构建了全自动化收集转运收运管理基础平台、视频管理系统、车辆监控管理系统、台账报表系统、平台指挥中心以及收运数字监控系统等，实时监控垃圾的产生、投放、转运和终端处理的全过程，实现对垃圾来源、种类、重量以及用户信息，分类箱的种类、位置及垃圾量，环卫车的信息、位置、装载量、路线规划等数据的实时采集、存储和分析，并实现桶满自动匹配信息、分配车辆、路线收集，以及环保数字化深埋桶和多功能清运车的在线监控、信息实时上传、清运指令下达等智能化功能。在技术上，采用"平台化、组件化"的设计思路，集成并综合利用 3S（GIS、GPS、RS）、智能手机嵌入式开发、无线视频监控、多源数据交换、物联网、传感网、SCADA 等关键技术，形成集多媒体展示、动态交互、无线数据采集、可视化管理、远程监控、智能引导、应急指挥调度、统计查询、决策分析等诸多功能于一体的收运数字监控系统。

三、实施成效

本项目的实施促进了工业互联网、云计算、大数据等技术在环卫装备管理和环卫服务的集成应用，构建覆盖环卫装备全生命周期的工业云平台，形成智能化的运维服务体系，实现环卫装备运行效率的提高、服务质量的提升以及运维成本的降低，为客户和企业创造更多的经济价值（见表20-1和表20-2）。

表20-1 经济效益指标成效

指 标	指标解释	2016 年	2017 年	2018 年
降低成本	油耗降低	10%	20%	30%
服务效率	客户满意度	20%	25%	30%
资源节约	无纸化、智能化办公	10%	27%	35%
生产计划完成率	规定时间内实际完成的生产批次/计划应完生产批次×100%	93%	95%	99%
销售毛利率	（销售收入－销售成本）/销售收入×100%	25%	28%	30%
生产数据自动上传率	系统中非手工上传数据比例	30%	50%	70%

表20-2 远程运维绩效指标成效

绩效指标	产品名称	吊装车	垃圾压缩设备	地埋桶
运营成本（下将20%）	油耗	降低 19%		
	设备使用率	提高 21%	提高 32%	提高 34%
产品合格率（提高20%）		提高 18%	提高 25%	提高 31%
产品研制周期（缩短30%）		缩短 24%	缩短 28%	缩短 40%
产品生命周期（延长20%）	客户满意度	提高 30%	提高 20%	提高 30%
	生命周期	延长 27%	延长 35%	延长 45%

四、实施经验

1. 环卫云平台的示范性

劲旅环卫云平台建立在"互联网+"和大数据的基础上，综合应用计算机技术、无线网络技术、GIS 地理信息技术、视频监控技术，通过建立统一管理系统，实现对环卫作业效果、环卫作业车辆、环卫设施、废弃物终端处置的监管，以及对卫生环境的全程监控，使环卫作业问题能够及早发现、快速解决。

管理人员可以全面、实时、透明地掌握全市的环卫作业情况，随时掌握可能出现的问题，统筹调配作业资源，多级协同处理。针对突发事件快速反应，监理管理部门与作业人员的实时互动，最大限度提高应急处理能力。

2. 人工智能创新应用

"吊装式垃圾车+深埋式垃圾桶"成套方案专为解决农村垃圾收运而研发，本方案包括用于垃圾存储、减容的深埋式垃圾桶和用于垃圾收集、转运的吊装式垃圾车（见图 20-1）。

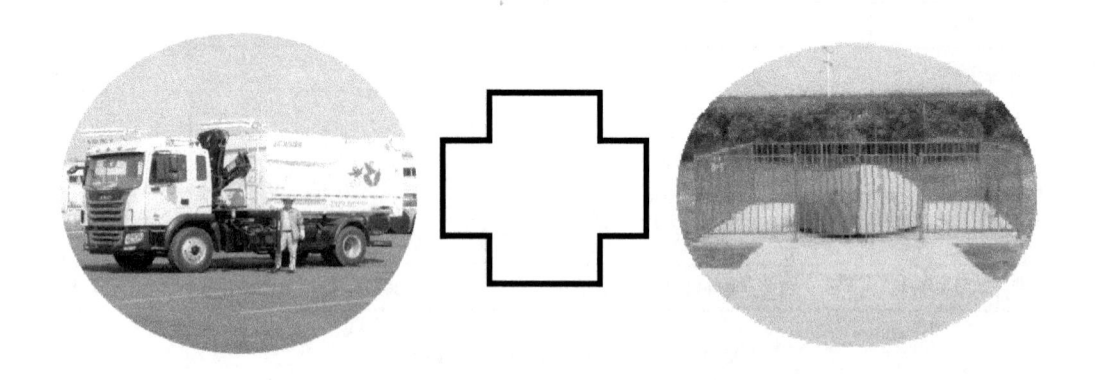

图 20-1 吊装式垃圾车+深埋式垃圾桶

产品结合传感器采集产品的各种数据，通过车载控制器初步整合后经 GPRS 无线通信模块传送至管理平台，管理平台通过对采集数据的筛选、梳理和分析后生成相应指令下达至各终端或用户（见图 20-2）。

（1）满箱报警系统。满箱报警系统发送满箱报警信号后，管理平台结合百度地图计算出合理的垃圾收运路线并下达至作业车辆，避免吊装式垃圾车的空跑，提高了作业效率，降低能源消耗。

（2）烟雾报警系统。管理平台接收到烟雾报警信息，结合百度地图，定位发生烟雾报警的深埋式垃圾桶位置，然后生成紧急作业指令下达至附近的工作人员第一时间处理火情，避免垃圾桶的损坏及引起二次灾害。

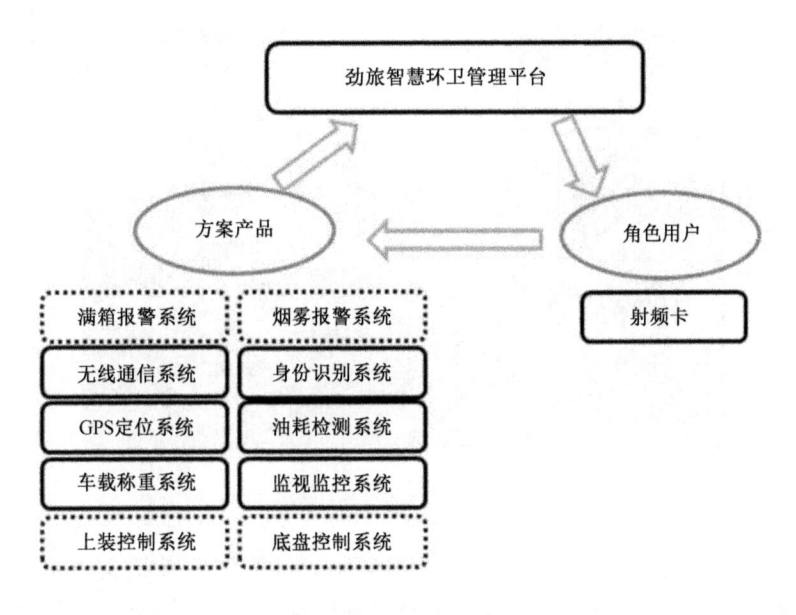

图 20-2　人工智能平台

（3）无线通信系统。GPRS 无线通信系统安装于所有需要数据传输的终端，以达到所有采集数据及信息指令的实时传送。本系统的投入使用，极大地方便了管理者实时查看各终端状态以及指令的有效传达。

（4）身份识别系统。身份识别系统的引入有效降低了人员管理的劳动强度，结合底盘电控系统，有效将车辆与作业人员进行匹配和绑定，便于后续查询及报表生成。

（5）GPS 定位系统。GPS 定位系统是本方案产品人工智能化的基础，为管理平台实现智能调度、协同工作等服务提供保障。

①车辆定位追踪，监控车辆的准确位置及车辆实时状态。

②车辆行驶记录，每辆车的行驶记录随时在管理平台电子地图上回放。

③车辆状态及路径规划。

（6）油耗检测系统。实时监控车辆燃油剩余量，结合 GPS 定位系统展现过去某一时间段的平均油耗。同时可以评价车辆的自然状况及司机在车辆驾驶中的节能水平；做到实时监控，实时指挥，杜绝违章作业；统一车辆信息管理，提高管理信息化水平。

（7）车载称重系统。提高车辆行驶的安全性，避免出现超载运输现象；结合深埋式垃圾桶满箱报警系统、GPS 定位系统合理规划垃圾收运路线，避免出现垃圾过量无法有效转运，以统筹调配作业资源；而且通过历史数据的梳理、分析，帮助管理者提高人员、车辆和作业工作的综合管理。

（8）车辆监控系统（见图 20-3）。辅助运营方的精细化管理，后台人员通过监控发现问题可快速响应，最大限度提高应急处理能力；结合 GPS 定位系统可定时定点查询各监控点的画面，为相关责任的认定提供有效依据。

图 20-3 车辆监控系统

（9）上装控制系统。车辆上装控制系统接入综合管理平台，实时调取上装控制系统的相关数据（液压系统、电控系统），综合评价车辆作业装置的工作状态，通过对数据的智能分析实现故障预测、作业提示、危险警告等功能。

（10）底盘控制系统。底盘控制系统接入综合管理平台，实时调取底盘控制系统的相关数据，提前预警相关故障，提示维修保养信息，后台管理人员可实时掌握车辆状态。一旦作业时出现故障，可快速响应，有效避免因设施设备原因影响垃圾清运作业。

编委会：付玉霞　　编写组：于晓娟

21 8档自动变速器智能制造试点示范

——盛瑞传动股份有限公司

一、项目实施背景与状况

（一）项目实施背景

自动变速器是集机、电、液控于一体的汽车基础和核心部件，是汽车核心竞争力的关键部分，也是节能与新能源汽车发展不可缺少的关键部件，自动变速器技术突破是国家重大战略需求。2016年，中国汽车产销2811.88万辆和2802.82万辆，同比增长14.46%和13.65%。其中乘用车产销2442.07万辆和2437.69万辆，同比增长15.50%和14.93%，连续多年蝉联全球第一。乘用车中自动挡汽车约占总销量的50%，自动挡汽车越来越多，但我国一直未能在自动变速箱自主研发生产和市场应用上取得质的突破。国内每年新售出的1000多万辆自动挡汽车中，约有95%配备洋品牌自动变速箱，自主品牌自动变速箱不足5%，自动变速箱无疑是当下中国汽车工业最大的"痛处"。面对巨大的市场需求和国内自动变速器的技术空白，盛瑞传动股份有限公司（以下简称盛瑞）历经10年，累计投入10亿元，完成了世界首款前置前驱8挡自动变速器的研发，成功实现搭载汽车上市销售。2016年，"前置前驱8挡自动变速器研发及产业化"项目荣获国家科技进步一等奖。该项目的研制成功，提升了我国自主品牌汽车高端自动变速器的产业化水平，打破了国外自动变速器的技术垄断，提高了我国汽车的核心竞争力。截至目前，8AT产品产销约13万台，实现销售收入约14亿元。已与奇瑞汽车、众泰汽车、力帆汽车、北京汽车、陆风汽车、野马汽车、华晨汽车、汉腾汽车等8家整车厂18款车型完成匹配签约。

（二）项目实施主要目标

随着后续8AT匹配多款车型陆续上市，针对现有自动变速器制造装配过程中存在的一机多用、一线多用、工装模块频繁更换、客户个性化需求增多、能源利用率低、企业运营成本居高不下等突出问题，借鉴"德国工业4.0"和按照《中国制造2025》纲领依托已投入运用的现有年产 10 万台 8 挡自动变速器生产线，进行年产 15 万台产能提升及智能柔性化生产技术改造。运用现有的车间制造执行系统（MES）、产品数据管理（PDM）、企业资源计划（ERP）等信息化系统，结合国内外关键核心技术设备，最终实现年产 25 万台的产能，使 8 挡自动变速器的生产装配具备智能化、柔性化生产能力。实现信息化系统高度集成以及对生产过程数据采集自动化、管理自动化，引导生产，优化生产。实现工人、装备和产品之间的互联互通。提高自动变速器的装配质量，提升生产效率，达到降低产品研制周期、满足客户个性化需求、提高能源利用率、降低企业运营成本的目的。

二、项目主要实施内容

（一）项目实施的主要内容

基于现有的年产 10 万台 8 挡自动变速器生产线，运用企业资源计划（ERP）系统、产品数据管理（PDM）系统、工艺管理（CAPP）系统、仓储管理系统（WMS）、制造执行系统（MES）、质量管理系统（QMS）、设备管理系统（EMS）、能源管理系统，以及国内外自动化柔性装配设备、搬运机器人、智能条码采集设备、高效准确在线检测设备、智能化高强度自动变速器综合性能测试试验设备等核心智能设备，进行新增年产 15 万台产能提升与智能化技术改造，形成年产 25 万台 8 挡自动变速器智能车间。

项目实施的具体内容如下：

➢ 新增年产 15 万台 8 挡自动变速器生产能力，完成对装配装备和检测装备智能化、自动化的升级改造。

➢ 建设完善企业资源计划系统、制造执行系统、数据管理系统、生产排程系统、工艺管理系统、质量管理系统、仓储管理系统、能耗监控和环境监控系统，实现供应链、物流经营管理功能及生产现场数据采集与可视化管理。

➢ 运用车间中生产线网络化协同制造控制与管理系统，实现关键技术装备系统与信息化系统集成应用、互联互通。

➢ 围绕产品全生命周期管理，建设数字化设计、仿真、工艺和试验验证数据，搭建产业链协同研发平台。

➢ 建立智能管理与决策分析平台，对主要的生产过程进行系统模拟仿真分析。

➢ 基于信息技术和自动化物流装备，实现生产现场仓储物流的自动化。

➢ 建立工业信息安全管理制度和技术防护体系，具备网络防护、应急响应等信息安全保障能力。

（二）采取的主要措施

1．先进设计技术的应用

1）三维计算机辅助设计软件 Pro/E 的应用

盛瑞将三维计算机辅助设计软件 Pro/E 3.0 作为基础的设计工具，支撑快速协同研发及产品设计需求的实现。提升企业三维设计数据的管理效率和协同设计的水平，并提升产品的质量，严把质量关。借助 Pro/E 的模块功能（例如高级组件、高级建模、自由曲面设计、管理设计与运动设计等）实现模型参数化设计和模块化设计。采用统一的三维辅助工具（三维辅助设计系统、模型验证系统）与 Pro/E 进行集成，实现对企业设计通用规范的管理及对模型质量的检查，从而实现了产品建模阶段、应用阶段的设计协同，提高了自动变速器设计效率、模型的质量和准确性。

2）可视化仿真工具的应用

运用可视化仿真工具，自动变速器机械和液压系统工程化主要通过以下技术方法和流程来实现：

目标分析——针对不同车型和发动机进行目标车型的性能分析、布置分析。

传动分析——各个旋转部件的转速、转矩、效率、传动路线分析。

性能匹配——搭建整车动力学模型，对其经济型、动力性进行分析，对发动机和液力变矩器进行性能匹配，以及进行变速器传动比与整车的匹配等。

试验验证——搭建机械系统、液压系统静动态仿真模型进行试验验证，分析在各种工况下的系统及关键零部件的动静态特性；搭建 FEA 模型，对系统和关键零部件进行疲劳寿命试验验证等分析。

失效分析——通过 D-FMEA 分析减少设计过程中的设计失误，并增加整个系统的可靠性。

工程绘图——通过和有设计能力的供应商进行技术上的交流，实现工程化图样的完成。图 21-1～图 21-4 为与机械系统和液压系统相关的开发技术路线图。

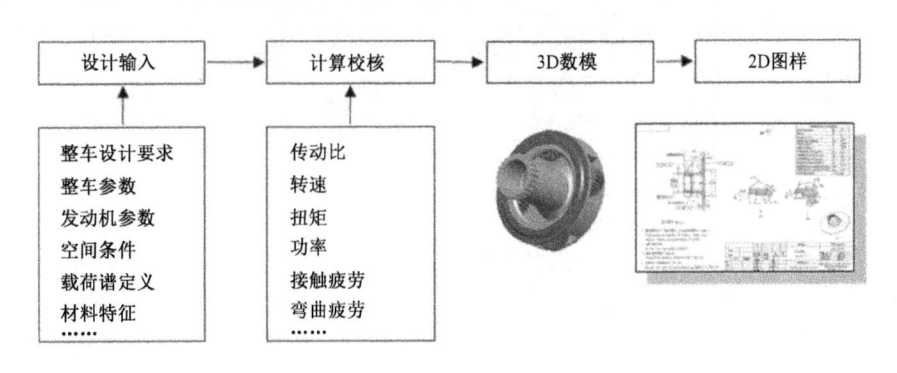

图 21-1 机械系统齿轮开发技术路线

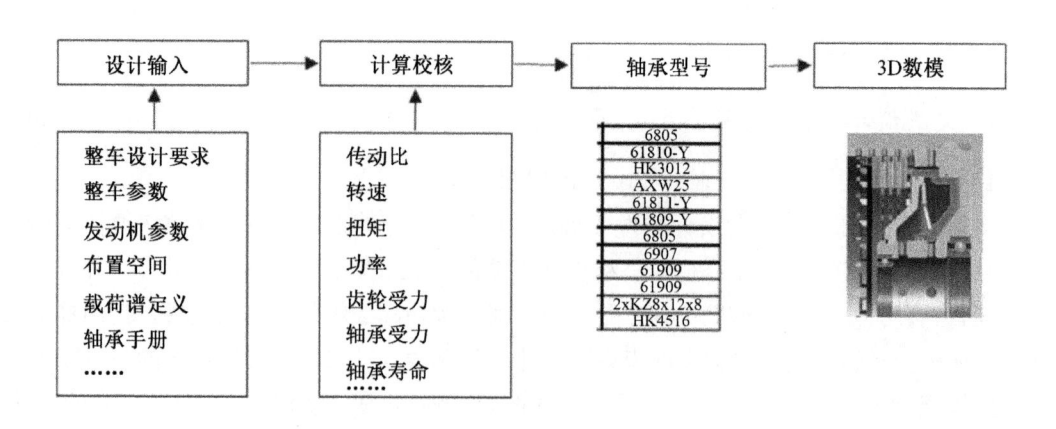

图 21-2 机械系统轴承开发技术路线

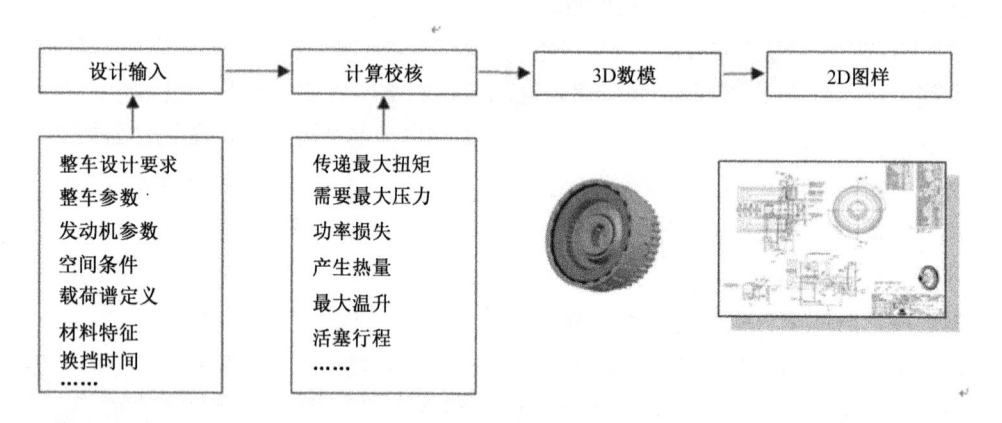

图 21-3 机械系统换挡元件开发技术路线

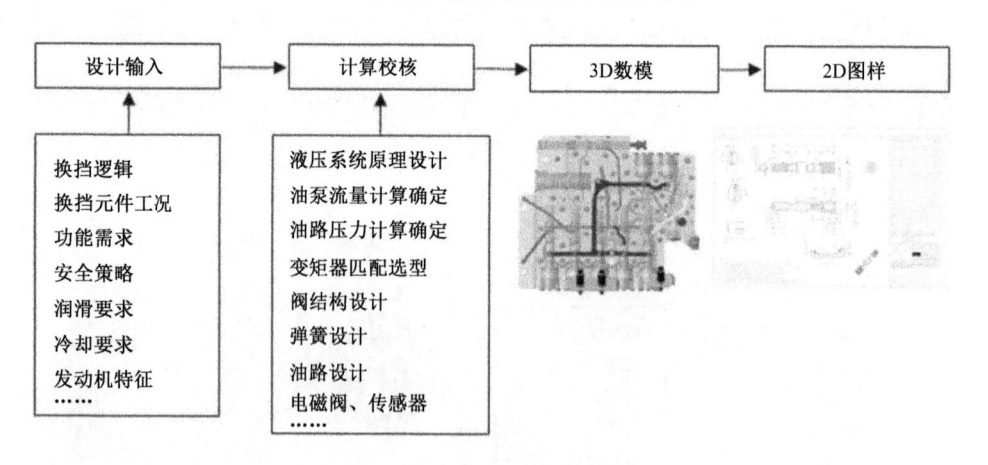

图 21-4 液压系统开发技术路线

2. 关键技术装备的应用

变速器在检测标定过程中需要运用 TCU 应用软件，目前盛瑞独立开发的 TCU 应用软件通过了国际最高等级 CMMI L3 国际质量管理体系认证，结合公司自主制定的自动检测规范、测试方法和测试节拍，形成了一套完整的自动变速器下线检测流程。自动变速器下线检测时，由于变速器的不一致性，需要通过 EOL（End of Line）终端下线检测标定，学习电磁阀、离合器特性，供 TCU 应用软件调用。目前，EOL 数据存储方式包括三种：TCU 与变速器一对一绑定，标定数据直接存储在 TCU 中；采用 Sub-ROM 芯片存储标定数据；采用条形码（或二维码）存储标定数据。

EOL 下线检测标定原理如图 21-5 所示。主机计算机通过 EOL 试验台控制柜，控制试验台驱动及负载电机，建立下线检测环境并设定测试工况。同时，基于 CCP 标定通信协议，通过上位机标定工具，按照预先设定的测试节拍，发送控制指令到 TCU 控制器，驱动电磁阀动作，使变速器在 EOL 试验台完成定义的终端下线标定。传感器实时采集 EOL 标定变量，基于 Micro-Wire Bus 串行通信协议，写到 Sub-ROM 指定内存地址。

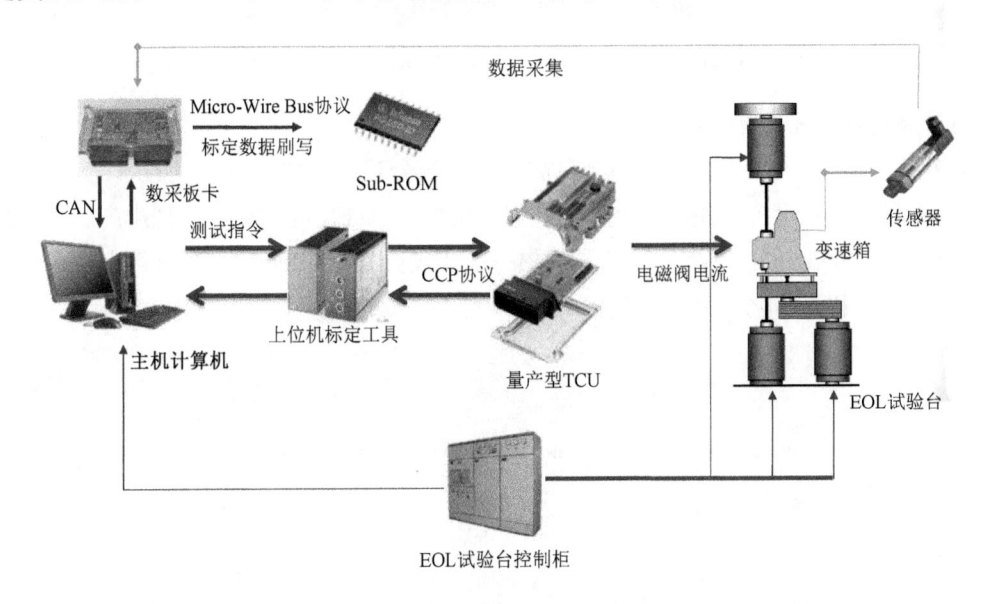

图 21-5　EOL 下线检测标定原理

3. 生产过程数据采集与分析系统的建设

如图 21-6 所示，生产过程数据采集与分析系统主要以 MES 系统中的产品履历模块、关键件扫描追溯模块为主实现自动变速器从装配、检测、流程的数据记录和采集。同时，以 MES 集成了电动扳手数据采集系统、加工设备采集系统、EAM 设备管理系统等底层智能设备信息采集系统，并以按灯系统实现了生产过程异常信息采集、管理和目视化展示。整个系统在变速器生产过程中，可以采集整条生产线约 120 个工位生产过程的产品履历及

360多种装机零件的相关数据信息。

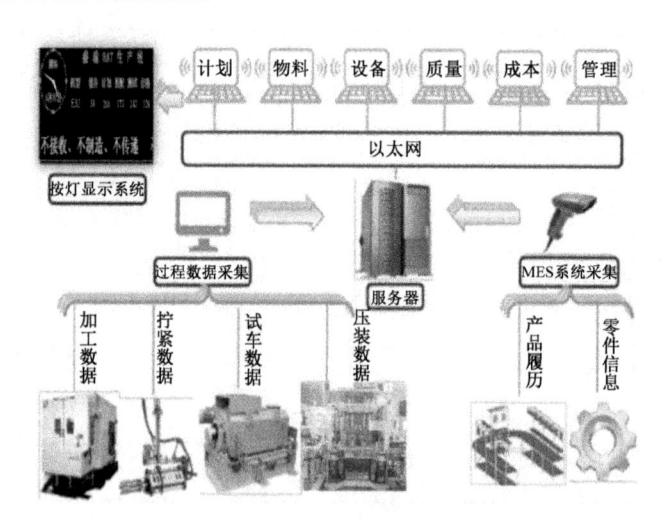

图 21-6　生产过程数据采集与分析系统

4．制造执行系统（MES）与企业资源计划（ERP）系统的建设应用

1）制造执行系统建设应用

盛瑞实施的生产制造执行系统，目前已完成部分建设。如图 21-7 所示，实现了与周边系统和现场控制设备的集成。生产管理人员借助于 MES 可以实现计划排产、质量数据查询与追溯、SPC 分析、报交发送等主要业务，构建了车间制造管理的框架，实现了车间制造的数字化和透明化。盛瑞的 MES 部分功能如图 21-8 所示。

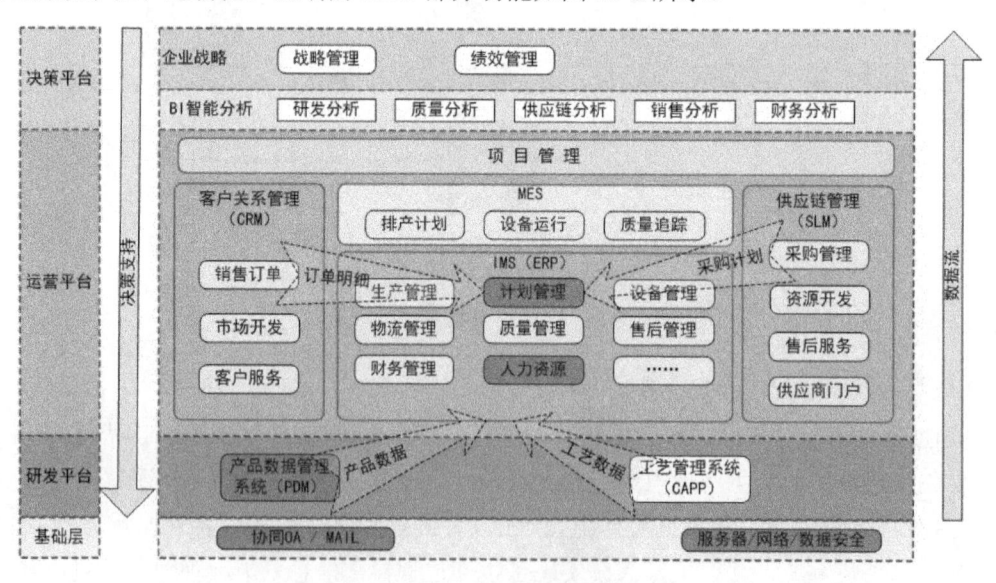

图 21-7　MES 功能结构

图21-8 盛瑞MES部分功能

2）企业资源计划系统建设应用

盛瑞自2007年起进行了ERP系统实施，建立了基于ERP的信息集成与业务协同平台，以信息系统集成为手段，打造企业高效精益供应链，提高企业竞争水平。

如图21-9所示，盛瑞借助ERP系统搭建了贯穿客户需求、制造过程、物料供应的全过程生产制造管理模式，打通了客户与需求计划、供应商与供应链计划之间的壁垒，做到了需求计划与供应链计划的有效匹配，实现了需求到计划、计划到生产、生产到物料需求供应的精益化和敏捷化运营，部分功能如图21-10所示。

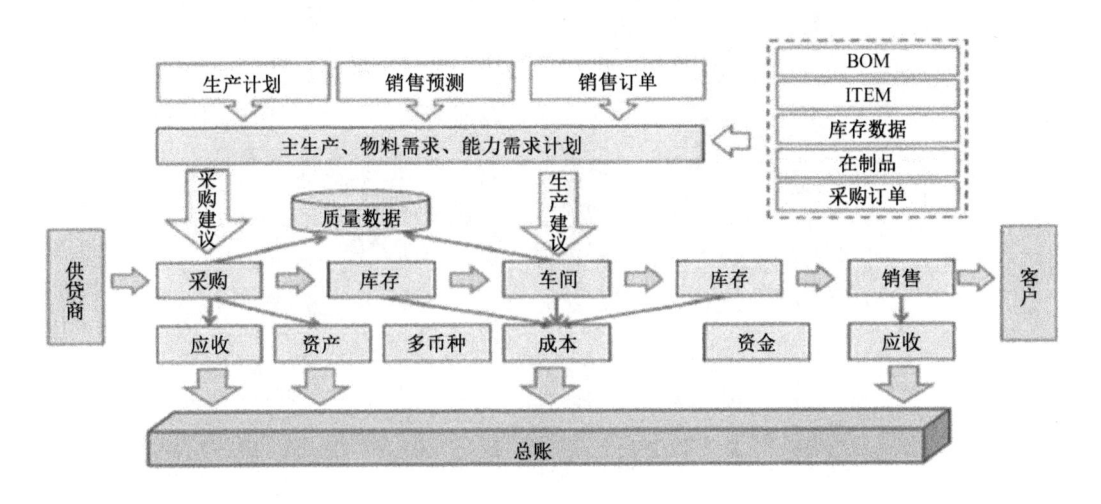

图21-9 ERP系统功能架构

图 21-10　盛瑞 ERP 平台部分功能

5．工厂内部网络架构建设及信息集成

目前，盛瑞的车间通信网络主要是以有线网络为基础，以无线网络作为补充。以生产区域的形式进行划分，采用独立的核心设备为板块汇聚，实现板块内部的业务互联，以及与上层设备之间的信息交互。下联多个接入交换机，完成板块内部及生产终端设备的网络接入，并部署无线 AP 设备，为生产车间的无线终端提供网络服务，实现灵活、无区域限制的信息采集和局部数据共享（见图 21-11）。

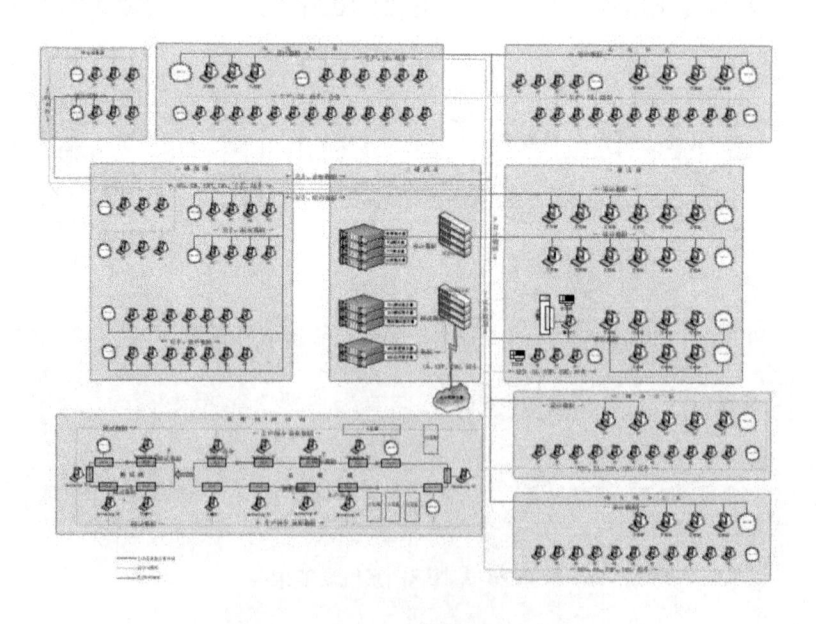

图 21-11　盛瑞车间通信网络架构

三、实施成效

1．企业运营成本

通过本项目对现有车间中的数据管理、工艺管理、制造执行、质量管理、设备远程维护、能耗监测、环境监控和供应链合作关系（SCP）等无缝集成与优化，以及设备网络化、智能化。使车间的不同设备、不同生产线和不同应用系统协同工作和集中管控。2015—2016年，公司运营总成本分别为 91080 万元、112433 万元，公司营业收入分别为 81058 万元、129 660 万元（见审计报告）。通过该项目的实施降低企业设计、工艺、制造、管理、监测、物流等环节的运营成本，使运营成本占营业收入比例由 112% 下降至 87%，降低 25%。

2．产品研制周期

通过本项目构建智能车间的智能管理与决策分析统一平台，极大缩短产品研制周期，加快新产品研发速度和旧产品的更新换代。以研发 1.5 代和 2 代自动变速器为例，研发周期由原来的 18 个月缩减至 12 个月，整体研发缩短 33%。

3．企业生产效率

通过本项目对车间的设备智能化升级改造和生产线网络协作制造，以及 ERP、MES 应用系统无缝集成和数据统一管理，使智能装备与智能控制系统紧密联动，实现生产计划的智能排产、生产过程的动态优化、企业运营的安全管理，将使企业的订单交付率由 95% 提升至 100%；计划排产时间由 T+2 升级至 T+4，提升 100%；产品在线时间由 3 小时缩短至 2 小时，缩短 33.3%。通过提升以上指标从而使企业生产效率提升 30% 以上。

4．产品不良品率

通过本项目对车间现有产品虚拟仿真的失效模式不良分析、工艺布局优化、制造执行系统的在线防错、质量管理系统的实时在线检测等智能化升级改造，实现生产全流程的实时监测和生产装备的精确控制，将返工率由 5% 降至 2%，零公里故障率由 1‰ 降低至 0.5‰，使产品不良品率降低 50% 以上。

5．能源利用率

通过本项目中设备智能化升级改造，生产线网络协作制造以及基于模型分析的计划排产及生产过程动态控制，构建车间的能耗监测、优化与分析系统，实现能耗动态控制与调配。使公司每年节约电能 20% 左右，节约自动变速器用油消耗成本约 1 000 万元，从而使能源利用率提高 10% 以上。

四、实施经验

（1）自动变速器行业需要培育自主产业链。国内要培育自动变速器核心零部件配套企业，推进转型升级，提升产业技术水平。该项目覆盖范围约为 95 家规模以上企业，将逐渐形成以新型装备制造为主体，物联网、新材料和新能源共同协调发展的产业生态体系。

（2）强化智能制造、互联网技术及其配套技术的应用。要将信息化网络技术不断应用到自动变速器生产过程，以及供应链管理和节能减排中的每个环节，从而突破智能机器、工业云计算与大数据、工业应用软件等方面的关键技术，推动变速器精益制造、供应链服务和装备制造服务融合发展，全面提升企业核心竞争力。

（3）建设以装备制造工厂模式和互联网模型相融合的产业链为纽带、资源要素集聚的产业集聚地。以盛瑞智能车间模式为主要载体，培育关联度大、带动性强的龙头企业，完善产业链协作配套体系，提高区域专业化分工和协作，引导区域高端装备制造业产业协调发展。

编委会：刘祥伍　　编写组：郭明忠

22 铝合金汽车轮毂智能制造试点示范

——浙江今飞凯达轮毂股份有限公司

一、项目实施背景与状况

（一）企业实施初衷

随着全球经济一体化的加强，车轮制造业作为我国汽车零部件制造业的优势项目，已经占据了全球80%的市场份额，但我国的车轮生产线存在自动化程度不高、车间生产环境较差、劳动强度较大等弊端，产品一直处于中低端。国外车轮制造业把握着30%的高端产品的市场份额，却占有了70%的市场利润。我国的车轮生产企业面临着如何提高产品品质、提升生产效率、降低生产成本的迫切需求，如果没有信息化、智能化的手段作为支撑，企业将无法适应发展需要。浙江今飞凯达轮毂股份有限公司（以下简称"今飞凯达"）积极响应《中国制造2025》纲领，建设铝合金轮毂智能制造工厂，发挥企业优势，实现快速升级转型，实现铝合金汽车轮毂生产的智能化、网络化、数字化，为国内车轮制造水平的升级提供技术支撑。

（二）实施目标

项目整体技术达到国内领先水平，设备国产化率及数控化率均达到70%以上，能源利用率、生产运营成本、产品研发周期与产品质量指标等均达到国际同类企业领先或先进水平，生产现场的劳动生产率提高20%左右。通过该项目的实施实现以下目标。

（1）实现企业数据跨领域的全面整合和覆盖不同层级的贯通。针对铝合金轮毂产品设计开发与制造过程的需求，实现产品设计数字化、企业管理信息化和制造执行敏捷化，形成企业统一的数据平台。优化配置互联互通的产品数据管理（PDM）系统、企业资源计划（ERP）系统和制造执行系统（MES），达成系统与系统之间的资源共享和信息集成。

（2）实现对生产执行过程中的效率、成本、质量、计划、设备、人员、库存的全面过程管理。包括生产计划智能辅助管理、动态物料流量管理、产品全生命周期管理、质量反馈控制、供应链和仓储管理、生产节拍管理、成本管理、人员绩效、生产维护管理、知识管理和工装工具管理等方面。

（3）实现对设备、车间等生产单元中的各基本元素的数据采集和控制，并通过信息系统的各种机制保障数据采集的准确性和及时性。实现对生产指令的传递，通过物联网平台实现信息传递的高效性和准确性。

二、项目主要实施内容

（一）形成项目模式

本项目基于工厂物联网技术和机器换人自动化生产技术，建设铝合金轮毂智能制造生产线。通过构建车间工业互联网络，建设关键工艺实现的智能制造装备，建立生产过程生产与设备运行数据、加工工艺参数、检测数据的自动采集和自动预警控制系统；建设产品数据管理（PDM）系统，实现MES与PDM及ERP集成，建立集中的生产运行数据平台，进行质量和工艺、成本与质量等大数据关联分析，实现快速、高效和自动的运行指挥和决策，实现每个轮毂从原料到成品、直至客户使用的全过程的数字化、智能化。

智能工厂及车间总体设计、工艺流程及布局采用数字化建模进行仿真优化，在数字化车间设计阶段模拟生产全流程，建设按照制造工艺主线布局，从材料进货、加工、装配等到入库的整个流程以自动化、数字化、智能化为方向进行设计。项目实施后实现100%的产品数字化设计，达到国内领先水平。

在智能装备建设方面，建立产品自动化加工生产线，并与MES、ERP、PDM等应用软件深度融合，并通过智能传感技术及遍布全厂的工业互联网络，实时采集生产过程、环境、能源、设备等信息，实现人、机、设备的互联和集成，打造工业物联智能化工厂的精益协同制造过程，为终端用户提供实时的订单生产、物流信息。

在软件系统建设及集成方面，基于MES、ERP、PDM等信息化系统构建协同平台，实现计划、生产、检验的全过程信息化、智能化。建设车间制造执行系统（MES），实现计划、生产、检验全过程管理，并与产品数据管理（PDM）系统企业资源计划（ERP）系统高效集成，基于车间级的工业互联网，在不同装备之间实现信息互联互通和有效集成。以MES系统为核心，建设数据集成平台及智能信息指挥中心，整体统一指挥与调度生产过程、环境、能源、设备等信息，实现计划精准执行，物料配送、制造状态透明显示，质量全流程追踪，能源有效利用。实现销售模式、制造模式、服务模式的转型升级，达到国内领先水平。

（二）实施措施与做法

本项目利用工厂物联网技术和机器换人自动化生产技术，对现有汽车铝合金轮毂生产线的铸造、热处理、金加工、涂装等各生产工序和生产物流进行改造升级，实现智能制造生产线，带动整个行业智能制造的发展。其中，在设计阶段，基于工艺流程优化及数字化仿真与建模运用CATIA等软件进行数字化设计，同时设计数据储存在公司数据库。由低压铸造机自动泡水系统、连续热处理系统、柔性机加生产线、轮毂气密检测系统等子系统，通过辊道输送线形成一个智能制造生产线，生产线设备采用数控系统/PLC控制为主，设备国产化率及数控化率均达到70%以上。结合工厂物联网系统，建设产品数据管理系统，实现70%以上的生产、设备运行和工艺参数等数据自动采集、汇总，实现加工程序的集中储存、在线输送，建设制造执行系统等系统，并与企业资源计划管理系统互联，实现数据共享、管理同步，可实现对生产计划和进度的监控，以及加工工艺参数的在线设定和设备故障自动预警。关键环节实现自动检测和设备的自动控制，生产物流系统的产品分拣，节拍控制，并结合工厂视频监控系统，实现生产流程的可视化管理。通过以上改造，可实现铝合金汽车轮毂生产全过程的智能化、网络化、数字化，进而提高设备利用率和整体生产效率，提高产品品质，降低报废率，达到减员增效、提高企业经济效益的技改目标，对本行业的转型升级和技术提升、装备制造技术的输出，提供一个较好的示范作用。

三、实施成效

1. 管理成效方面

通过对物联网系统的应用，明确和规范了生产计划和统计流程、生产异常响应流程、生产和产品质量追溯和报表流程、工艺控制和预警控制流程；规范了各部门的职责，使产品质量、生产效率问题责任追溯到责任人。

（1）减少了计划层级，减少了计划员和统计员的工作量，减少辅助人员。

（2）各职能部门职责明确，责任清楚，提高了生产的响应速度。

（3）对工艺参数实时采集和预警，通过对工艺参数的分析，提高了产品品质。

（4）对各项生产数据自动采集，自动形成统计报表，减少了管理人员的烦琐工作量，管理效率提升50%以上。

2. 社会成效方面

（1）通过物联网技术，实现汽车铝合金轮毂的智能制造：将物联网技术覆盖整个工厂，实时监控和预报警、自动采集生产原始数据，使企业快速决策，提高管理效率，大幅度降低生产成本。

（2）企业实现行为节能：通过设备利用率的提升，以及生产总效率的提升，使生产计划的安排更加合理，减少了等待的浪费，实现了公司行为节能，为国家和地区的节能降耗、生产资源最大化利用做出贡献。

（3）提高制造水平，缓解用工压力：生产自动化的应用及生产数据自动采集和发送，减少了一线操作人员和辅助搬运人员，取消人工统计，提高了管理效率，降低了企业的人力成本和用工压力。

四、实施经验

（1）智能制造更加关注业务流程整合。在智能制造项目实施过程中，需要不断将现有业务流程以及组织机构进行整合、优化，做到从"复杂烦琐"到"简单方便"的智能化转变，这也意味着需要每一位员工、管理者亲自参与。

（2）智能制造更加关注数据分析与挖掘。智能工厂建设整合企业ERP、PLM、MES等信息化系统及自动化柔性生产线，不仅要在信息化系统整合集成上下工夫，更要实现与设备之间的通信，实现人与人、人与物、物与物之间互联互通。通过互联方式采集数据并进行深度挖掘、分析数据，确保信息流高效、畅通的同时更好地为生产经营提供预警及决策支持。

（3）更加关注信息安全。智能工厂建设为信息安全工作提出了新的课题，既要保证内部网的整体信息安全，又要保证必需的性能和管理的方便性。要从网络的整体性能和信息系统的整体安全出发，充分发挥信息系统的整体效能，要按照信息化建设和应用的要求，坚持统一规划、通盘考虑、统一标准、统一管理。

（4）智能制造实施，需要现场生产、管理、技术、质量、工艺等实际业务分工配合，从工厂业务现状出发，通过智能制造，改善现场管理，提高产品品质，提升设备利用率，从而达到增加产能、节约生产成本的目的。

编委会：葛炳灶　　编写组：王　炯

23 高压开关数字化车间试点示范

——西安西电开关电气有限公司

一、项目实施背景与状况

（一）项目实施背景

高压开关设备是输配电系统中起控制和保护作用的最重要的电力设备，电力客户要求产品具有很高的安全性和可靠性，若产品质量不合格或者出现缺陷，会影响供电安全及设备安全，造成严重后果，因此电力客户对产品性能、质量、研发技术水平和应用服务水平提出极高的要求。随着市场竞争加剧，技术更新换代周期缩短，新技术的应用与新产品的开发成为本行业生产企业的核心竞争力，只有保持持续的创新能力、不断提高技术水平的企业才能在激烈竞争的市场中占有一席之地。

西安西电开关电气有限公司（以下简称"西开电气"）作为我国高压开关行业的领军企业，承担着促进我国输配电装备技术进步和为国家重点工程项目提供关键设备的重任。西开电气积极推进智能制造，将精益生产作为智能制造的基础，积极开展两化深度融合及"互联网+"行动，坚持自主创新，提升产品生产效率、提高产品质量，实现科学发展，促进企业转型升级。

（二）项目实施的主要思路和目标

西开电气以西电集团"西电 2025"发展战略为指引，瞄准精益理念与智能制造、两化融合的未来蓝图，基于精益管理的实施成果，大力推进数字化设计、数字化制造、数字化管理的深度和广度应用，为建成数字化工厂，实现制造技术领先地位奠定基础。现阶段通过建设"高压开关数字化车间"，达到以下目标：

（1）开展高压、特高压开关各部件生产线工艺流程改造、车间制造网络改建升级、智能装备研制和应用，实现生产线上数字化设计与制造的贯通。

（2）构建以制造执行系统为核心驱动的网络化的企业集成应用开发平台，实现 ERP

（企业资源计划）、SRM（供应商关系管理）、PLM（产品全生命周期管理）等深度融合集成，全面实现高压开关产品设计、加工、装配、检测、质控、物流、服务全数字化贯通。

（3）构建西开电气高效、精益、柔性的生产服务模式，推动公司从"自动化生产"向"数字化生产、智能化生产、网络化生产"转变；通过项目实践，探索高压开关行业智能制造新模式，推动行业整体、系统发展。

二、项目主要实施内容

（一）项目实施的主要内容

将生产企业管理技术运用到生产过程的控制管理之中，在数字化的企业集成应用开发平台上将ERP、PLM、MES、WMS等软件应用于高压开关生产制造的实践上，推动制造装备、产线、车间、工厂的数字化信息快速流动和广泛应用，使企业在成本控制、快速交付、灵活响应、质量控制四个方面的能力有效最大提升。

（1）开展生产流程的优化，智能制造装备（如搬运机器人、数字化铸造无模成形机、绝缘件自动装脱膜机、智能AGV小车等）的研制与应用，以及智能系统及检测装置（如：电子成像辅助装配装置、数控机床联网管理系统、智能制造信息跟踪系统、工业信息安全系统等）的开发，实现高压开关产品制造过程的数字化。

（2）构建以制造执行系统（MES）为核心驱动的数字化、网络化的企业集成应用开发平台，达到企业经营业务管理数字化（包含构建ERP、SRM与PLM等）深度融合集成。

（二）采取的主要措施

1. 以三维设计拓展PLM平台应用，提高企业研发能力

把产品研发设计智能化作为智能制造的重要切入点，在我国第一条750kV超高压交流输电工程、第一条±800kV特高压直流输电工程、世界电压等级最高的交流1100kV特高压产品研发设计中，全面应用三维设计、三维工艺、仿真分析、产品全生命周期管理等智能化设计工具。

（1）构建高压开关虚拟产品设计平台，在产品研发和工程项目中全面使用，所建立的三维CAD模型能够被下游工作，如CAE、CAPP、CAM、三维可视化等利用、共享（见图23-1）。

在虚拟的数字环境里并行地、协同地实现产品的全数字化设计，进行结构、性能、功能的模拟与仿真优化，极大地提高了产品设计质量和一次研发成功率。实现产品电场仿真、强度仿真、运动仿真、电磁兼容及液压仿真分析，在产品研制和产品改进过程中，使设计方案对比更直观、设计结果更可信。

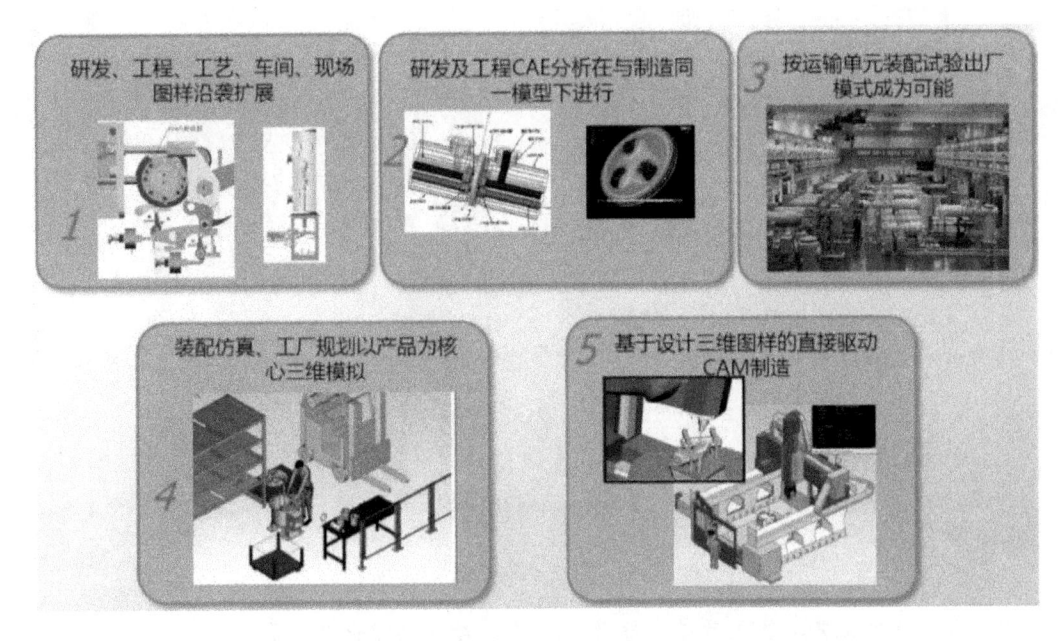

图 23-1　高压开关虚拟产品设计平台

（2）在已有三维可视立体设计的基础上，建立了以 PLM 系统为核心的 CAD/CAE/CAPP/CAM 一体化集成应用系统，实现了多企业主体数字化设计平台建设及应用。通过 PLM 系统，随之建立了涵盖各类产品的完整数据模型，打通了设计到制造环节的鸿沟，形成了生产全过程数据的无缝连接，为计划排产、车间生产和物料供应提供准确数据。该应用系统上线运行以来，为 ERP 系统和装配车间 MES 提供了大量的数据，有力地支持了精益生产。

（3）西开电气已全面推行三维工艺应用，产品设计、工艺与制造的过程控制实现一体化。CAD/CAE/CAPP/CAM 与 PDM 无缝集成，使设计与工艺业务顺畅衔接、同步工作，大大缩短了产品制造技术准备时间。充分利用产品的 3D 设计模型数据，完成产品可视化装配工艺设计，通过集成 MES 和 ERP 系统，准确传递工程项目 BOM 和工艺信息到车间，使生产部门能按工程装配 BOM 制定合理的投料计划，减少车间在制品库存（见图 23-2）。

（4）构建三维仿真分析平台，并投入工程应用，实现开关装备装配工艺、工厂布局的仿真验证，显著降低装配差错率，实现三维可视化作业指导在场内及现场装配中全面应用，并通过 MES 传输到装配工位，形象直观地指导装配作业，提高装配效率和质量。

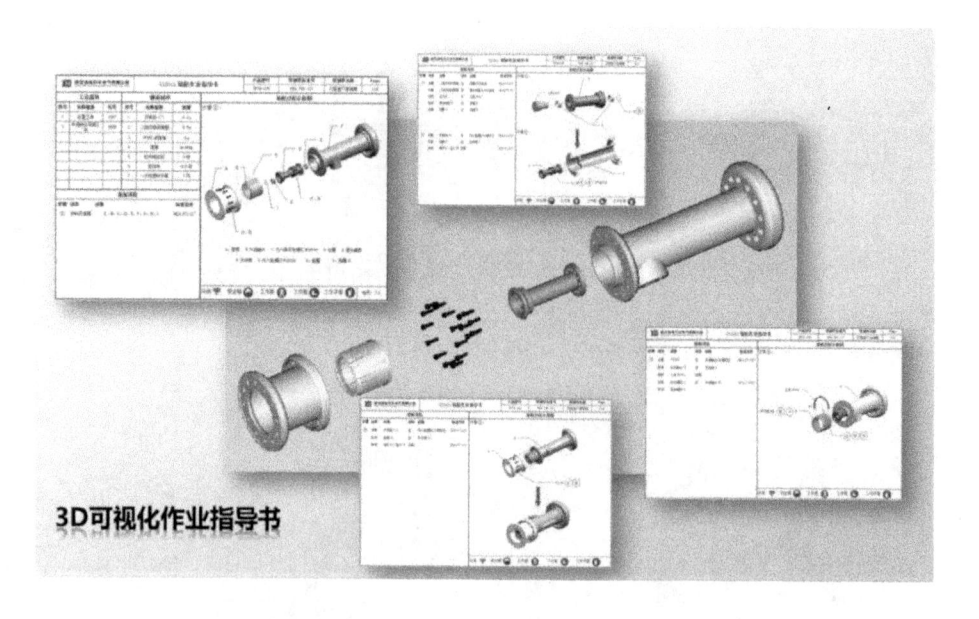

图 23-2 3D 可视化作业指导书

2. 通过关键工艺智能化改造，提升制造装备数字化智能化水平

通过对关键制造工艺的智能化改造，西开电气实施柔性生产线/复合生产线、自动装配线、智能物流系统、自动立体仓库等智能技术与设备，大幅提升了产品生产制造过程的工作效率和质量的一致性，降低了企业人工成本。

（1）建成国际开关行业第一条集产品装配、试验检测和质量追踪等功能为一体的 252kV GIS DS/ES 隔离开关自动化装配生产线（见图 23-3），实现了隔离开关由手工固定式装配到自动化移动式装配的转变，提高了装配过程的一致性、高效性，保证了装配过程的安全性和成本控制，提升了装配过程的监控和诊断能力。

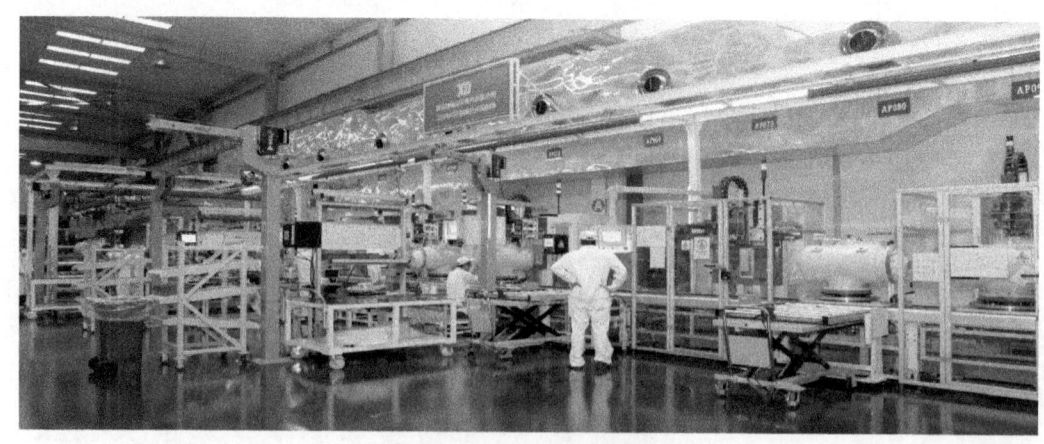

图 23-3 隔离开关自动化装配生产线

（2）建成自动化仓储与物流系统，货位达 5 600 多个，通过 WCS（仓储控制系统）进行设备调度监控。WMS（仓储管理系统）对物料仓储信息的管理与跟踪，实现了真正意义的出入库自动化、仓储立体化、型材搬运无人化、仓储账目管理智能化、库存信息共享网络化（见图 23-4）。

(a)　　　　　　　　　　　　　　(b)

图 23-4　自动化仓库

（3）建成绝缘件自动装脱模生产线，根据装脱模工艺要求和给定生产节拍，在工作站内完成绝缘体模具的吊装、外表面清理、拆解、分模、清理、合模、搬运等工序，安全、方便、快捷地完成盆式绝缘子的自动装脱模作业，实现装模、脱模过程自动化。

（4）在高压开关行业首次应用了数字化无模铸造精密成形机，满足新品、试品铸件的单件、小批量生产要求，实现零件 CAD 模型向实体零件的转化，提高设计和生产效率。该装备直接用于模具开发制造，试制周期由 60 天缩短至 40 天，并大大简化了试制过程。

3. 以车间级数字化应用为试点，强化车间现场生产管控能力

机加车间建成了数控机床联网集成系统、制造过程在线监测系统、在线刀具管理系统，实现了数控设备实时监测、NC 代码管理与传输、刀具智能选配、刀具寿命预测等功能，全面提升了车间掌控现场生产的能力和管理水平，取得制造柔性化、生产过程少人化和透明化的效果。

（1）在机加车间构建分布式异构数控设备的 DNC/MDC 系统，实现计划输入、任务分配、数控程序管理、工艺信息文件处理、机床生产数据监控。

（2）构建了制造过程在线监测系统，对制造系统中的状态信息进行监测、评估与预测。通过对车间机床状态、刀具在线状态、制造加工过程信息的实时监测、及时反馈，实现车间精益管理和快速决策，提高车间管理水平。

（3）在线刀具管理系统实现对车间刀具库房的刀具、普通机床的刀具、加工中心的刀具，以及车间缓存区的刀具状态进行全面管理（见图 23-5）。

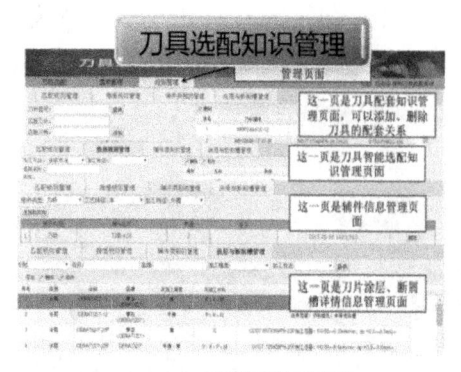

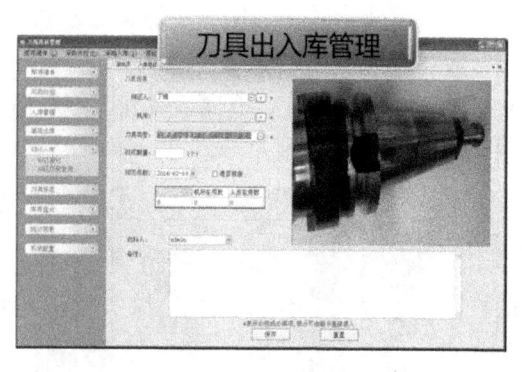

(a) 刀具选配知识管理　　　　　　　　　(b) 刀具出入库管理

图 23-5　在线刀具管理系统

4．以 ERP 系统为核心搭建信息管理平台，提升企业管理水平

以 ERP 系统为核心，与 PLM、MES、WMS 等系统高度融合，搭建了财务、业务一体化的信息管理平台，能够支撑输配电设备产品线，贯穿销售、设计、采购、生产、售后服务全过程的信息化平台，优化业务流程，实现物流、资金流、信息流的全面一体化管理，达到数据统一、业务可视、流程规范、管理可控、实施集成、流程高效的目标，提高管理效率和效益。

（1）开关平台 ERP 项目的运行和不断地深化应用，标志着财务业务一体化的信息管理平台已具备规模。同时随着业务不断深入，实现业务信息的高度集成和共享。确保经营信息的及时、准确和真实，实现物流、资金流、信息流的"三流合一"，为经营决策提供技术保障。

（2）构建了 MES，有效支撑了机加车间、装配车间按节拍准时配送、质量精益生产管理、生产过程实时监控、在制品动态跟踪等生产需求，提升了机加工、装配车间管控能力。

（3）按照制度流程化、流程表单化、表单信息化的管理要求，公司建立 BPM 系统，实现了跨部门、跨系统的业务流程集成。通过 BPM 业务流程管理系统应用，有效地规范了业务，提升了管理效率。

（4）外部供应链管理平台（SRM）以建设高效、精确、柔性、强壮的外部供应链管理系统为目标，实现供应链上的横向延伸和纵深应用。系统通过流程的信息化、流程化、数据化、自动化，加强采购过程的内部协作与外部协作，提高供应链业务效率，缩短周期，加强敏捷性，减轻长尾效应；建立质量管理及追溯体系，将管控延伸至供应商端；打造简洁易用的采购工作平台，推动采购业务人员由操作性事务向策略性事务的转变；深化提升供应商评估体系，改善供应商履约表现，持续优化供方队伍，改善供应关系，合作共赢。

5. 以产品远程在线监测诊断为契机，从生产型制造向服务型制造转变

研制基于数据融合的新一代智能化开关在线监测和远程诊断系统（见图 23-6），提供了断路器机械特性、六氟化硫气体状态、避雷器状态、断路器电寿命和高压开关局部放电监测等功能。该系统在三峡向家坝工程中应用，可通过 VPN 网络对智能化开关的运行状态进行远程监控和诊断。产品远程诊断技术的应用达到了国内领先、国际先进的技术水平。

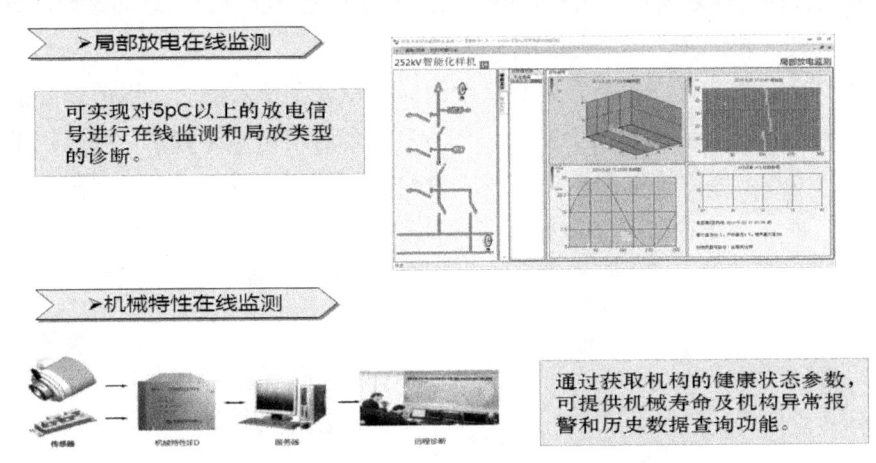

图 23-6 智能化开关在线监测和远程诊断系统

西开电气正在探索由产品的设计、制造、安装，到后期的运营、维修、报废于一体的电站代管工作。目前，西开电气已经与三峡电站签订协议，打通了向家坝产品远程诊断服务。西开电气由传统制造业走向制造服务业迈出了最重要的一步。

三、实施成效

（1）通过高压开关数字化车间的实践，探索电力装备行业智能制造新模式，推动行业生产模式由"自动化生产"向"数字化生产、智能化生产、网络化生产"转变。项目形成了自动化仓储和物流系统、自动化装配生产线等智能装备，对推动电力装备行业的智能生产设备升级具有重要意义。项目构建了虚拟设计和装配仿真平台、PLM、MES、ERP、WMS 等信息管理系统，并实现了异构系统之间的高度融合。

（2）通过自主研制的产品远程监控与诊断系统在智能化高压开关产品的应用，实现设备的远程无人操控、运行状态监测、故障诊断与修复，初步构建了高压开关智能产品远程运维服务新模式。

（3）西开电气的精益管理和智能制造实践显著提升了公司生产效率、产品质量和成本控制，全方位提升高压开关产品的研发、制造、服务能力，人均劳动生产率提升 20%，制造周期缩短 30%，在制品降低 30%，市场竞争力和营利能力大幅度提升。

四、实施经验

（1）推进精益管理，夯实智能制造基础。将精益管理作为智能制造的基石，并以体系化方式递进开展精益管理工作。

（2）推进智能制造是一项需要多方力量共同努力的复杂系统工程，企业在顶层设计的基础上，制定标准，规划路径，做好方案；坚持智能制造不能一蹴而就的思想，通过试点先行、稳步推进，并建立、健全持续改善体系。

（3）凭借企业智能化产品研发优势，全面提高设计和服务能力。以国家智能电网建设为契机，大力开展智能化产品研发，在产品中综合运用微电子技术、网络技术、感测技术、控制技术等，把传统电力设备改造成为智能化的电力设备，在此过程中提升了产品研发设计智能化水平，建立了远程在线监测诊断系统，现代服务能力不断增强。

编委会：王廷方　　编写组：郭庆红

24 汽车焊装数字化车间试点示范

——奇瑞汽车股份有限公司

一、项目实施背景与状况

（一）项目实施背景

当前全球制造业发展越来越呈现数字化、网络化和智能化的新特征，美国提出"工业互联网"战略、德国提出"工业4.0"战略，我国也提出了《中国制造2025》纲领。

汽车企业生产过程具有典型的标准化、柔性化、智能化、数字化、网络化等特点。基于上述背景，奇瑞汽车股份有限公司通过对瑞虎系列乘用车白车身焊装生产线进行柔性化设计及增加智能设备，建设柔性化智能焊装生产线。该生产线可实现多款车型混线生产，生产组合方式为任意两款车型批量1:1，通过项目实施提升自动化率，提高生产能力。

（二）项目实施的主要思路和目标

奇瑞汽车股份有限公司（以下简称"奇瑞"）依托现有规模、成本、质量、技术、流程等优势和基础，学习理解德国提出的"工业4.0"及我国的《中国制造2025》，并结合公司战略和现状，梳理出"奇瑞汽车智能制造2015—2025初步规划"。焊装柔性化生产线建设主要思路和目标体现在：通过采用智能设备、自动识别技术及智能控制等先进技术，实现提高产品质量、提高效率、降低成本、快速反应等目标。为后续建设高度自动化、数字化、可视化、模型化和集成化的智能工厂奠定基础。

二、项目主要实施内容

（一）项目实施的主要内容

为保证产品质量，提高作业效率，降低员工劳动强度和提高职业健康水平，奇瑞汽车股份有限公司在新工厂规划建设或已建工厂技术改造中大力采用自动化装备和智能制造技术，不断提高汽车制造的自动化、智能化水平。

（1）自动化装备的大范围使用。在白车身制造中广泛应用工业机器人；智能物料输送系统、AGV 小车、自动化输送线、高速滚床、自动化检测设备、EMS 小车。

（2）生产线总体设计模型，工艺架构按三级、二级、一级结构进行划分，进行柔性化布置。通过数字化模拟进行生产线布局设计，建立离线程序减少现场实际调试工作周期，增加准确性。

（3）建立了工艺信息化库，逐步实现工艺管理业务全面信息化、网络化；工艺设计自动化、智能化、无纸化；各个系统间信息融合，形成大数据库。

（4）建立新的标准规范，用以规范机器人及附属设施的功能建立，便于打造标准化、柔性化、智能化焊装生产线，从而可以规范流程，减少变化，降低成本，减少项目实施周期。

（5）应用智能制造技术。生产线规划仿真技术、自动控制技术、自动识别技术和设备的广泛应用。

（二）采取的主要措施

1. 生产运行智能化

生产线搭建云平台，实现了云平台基本框架的搭建，基本数据采集处理，手机 APP、邮件推送信息和网页报表的开发应用。公司整个生产任务通过 MES 进行下发。车间生产管理 MES 主机配置双网卡，一块网卡接入信息层网络，另一块网卡接入办公网络与工厂 MES 通信。

（1）生产管理智能化。系统完整覆盖全公司生产业务调度指令流转体系，将日计划转化为调度指令进行发送。系统网络与车间已有主线生产管理系统网络连接，实现与现有生产管理系统网络数据通信，如可将包边机的故障集中后发送到现有主线生产管理系统，也可接收现有生产管理系统实时发送的产量数据及生产计划。为了保持系统的柔性化，系统必须具备柔性配置功能，柔性配置功能包含拉绳时间配置、拉绳信息配置等。拉绳信息配置包含显示到哪个指示灯上、显示到哪个 LED 屏上、显示信息内容配置。生产监控系统示意如图 24-1 所示。

（2）制造执行系统智能化。通过信息化、互联网、数据库，形成 CAPP 系统，将系统间信息进行融合，实现真正意义上的数据管理。

2. 设备管理智能化

整体网络分为信息层和设备层，信息层用于数据收集、设备监控、生产管理，网络协议采用以太网；设备层是实时系统，传输 I/O 信号，连接现场的传感器和执行器，网络协议采用工业以太网（PROFINET）。

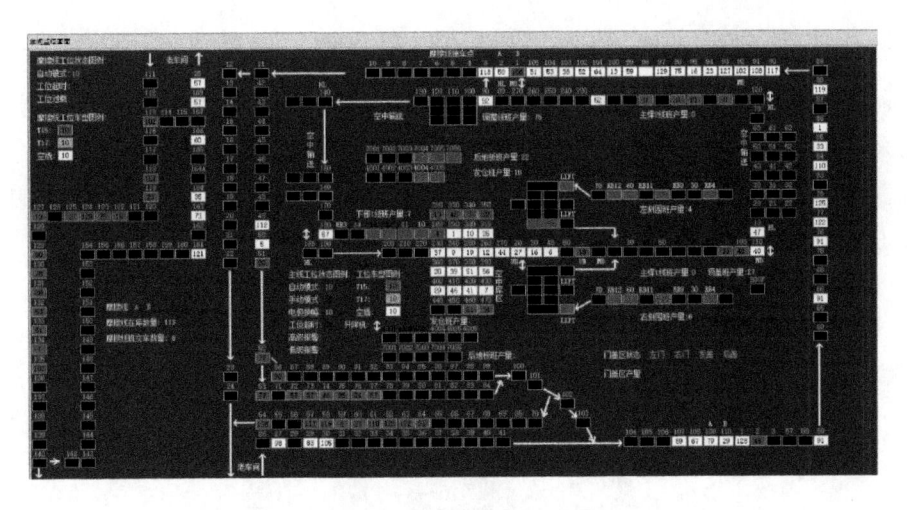

图 24-1　生产监控系统示意

PLC 与 PLC 之间的数据交换通过 PN/PN Couple，通过 PN/PN Couple 网关连接两个 PLC 网络，PLC 之间通过 I/O 通信；

考虑到同已有系统的兼容性，原有的 PROFIBUS 网络通过 IE/PB Link 网络集成到 PROFINET 网络上。

机器人同时作为"Controller"和"Device"。在 PLC 作为"Controller"的网络中，机器人是"Device"；同时机器人作为"Controller"，控制其附属的焊接控制器、焊枪模块等。

交换机之间通过环网构成冗余结构。PLC 选用故障安全型，构成 PROFI Safe 网络。

设备管理智能化业务架构如图 24-2 所示。

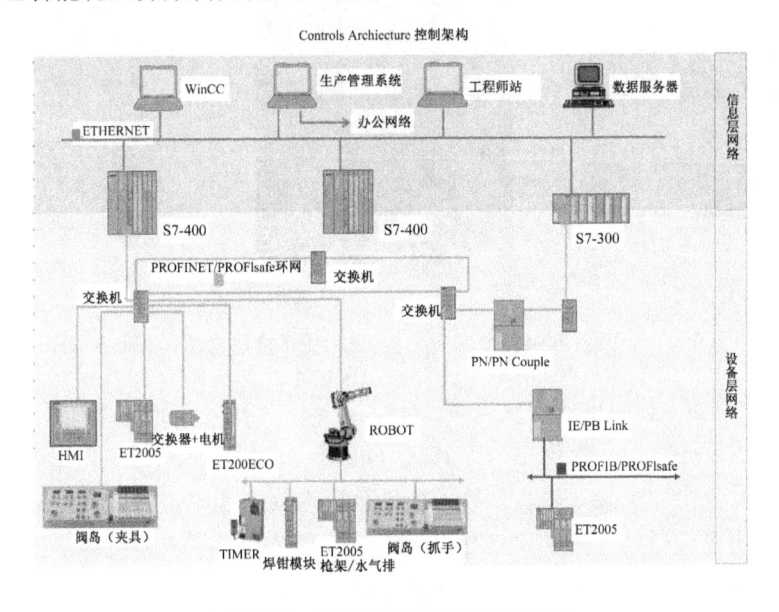

图 24-2　设备管理智能化业务架构

（1）内部网络架构建设及信息集成。搭建云平台，实现了云平台基本框架的搭建，基本数据采集处理，以及手机 APP、邮件推送信息和网页报表的开发应用。设备通过 OPC 和数据采集计算机连接，计算机通过无线传输模块或有线传输到云端。用户无论身在何处都可以无缝融入整个企业的数据流，形成企业运营的高度协同。奇瑞云数据的来源如图 24-3 所示，奇瑞云平台手机 APP 推送界面如图 24-4 所示。

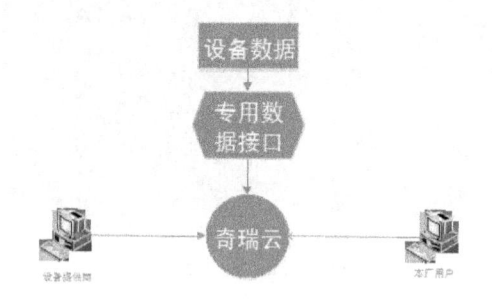

图 24-3　奇瑞云数据的来源

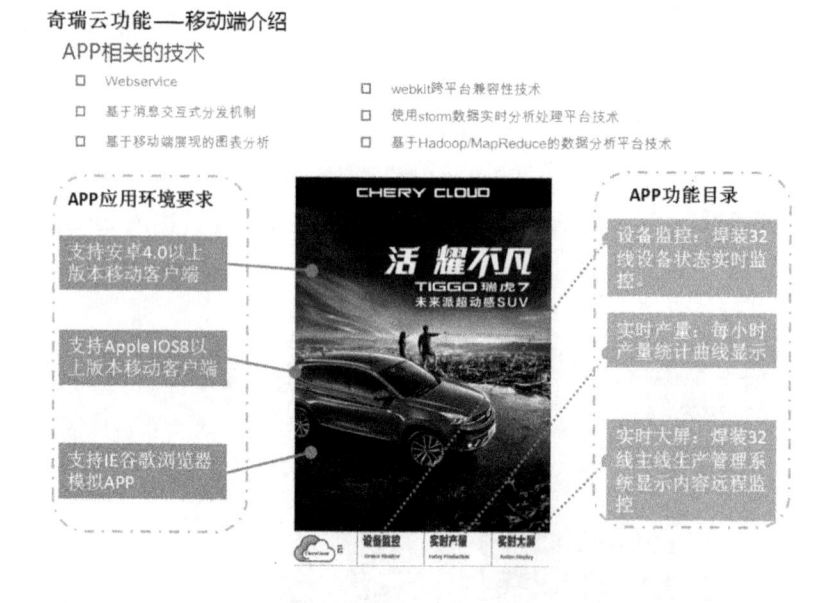

图 24-4　奇瑞云平台手机 APP 推送界面

（2）数字化建设。利用正逆向建模、三维虚拟现实等仿真技术对作为实物存在的设备、工装、其他附属设施等用三维模型的方式进行展现。通过"虚拟工厂"与"现实工厂"之间的交互，使设备特性参数、工艺参数可视化有机地联系起来，为设备、生产、安全环保的业务三维应用提供数据支撑和可视化环境，使方案全景模拟成为可能，极大地推动了设备管理向现代化管理模式迈进。同时也可为生产管理、安全管理、培训管理提供最方便、简洁的工具与方法，极大地提高了装置管理水平。

三、实施成效

（1）建立智能工厂示范车间。自 2014 年以来，建立奇瑞汽车智能制造战略目标和计划，并以更高的目标来促进自己、提高自己、要求自己，不断总结智能化建设、应用及管理经验，探索行业内各个企业业务智能化、标准化、信息化的发展趋势。通过自动化、信息化融合，提升生产效率 37.5%，产品不良品率降低 13.7%，提高自动化率 13.7%，提高生产线开动率 18%，实现快速反应。

（2）研制开发了试用版云平台软件系统。在整个软件平台开发过程中，非常注重利用现有成熟技术，以及对标并学习行业内领先的智能云平台研发应用软件系统。2015 年，软件开发初步成功，并经过现场测试及试用，通过云平台数据共享生产服务及管理信息，提升管理效率及可视化。此套软件可再进行二次及深层开发，适用各个工况及车间。

（3）进一步提升企业竞争力。智能工厂的建设对企业的发展和经济效益具有良好的持续推动作用，可以充分发挥供应链-产业链-价值链协同优化的效果，不仅可以提高后续对新技术、新工艺、新设备的引入竞争力，也促进了智能制造的快速发展，将制造业向智能化转型，成为推动普通工厂向智能工厂产业转型的引擎。

四、实施经验

（1）重点关注数据资源及数据库的建立。智能工厂及生产线建设需要大量的数据资源，搭建云平台服务，设备通过 OPC（一种通信协议）和数据采集计算机连接，通过无线传输模块或有线传输到云端。实现业务全自动化流转，确保信息流高效、畅通和共享，更好地为生产经营提供预警及决策支持。通过云平台服务，实现数据采集处理，以及手机 APP、邮件推送信息和网页报表的开发应用。

（2）重点关注业务模块化、标准化。本项目实施过程中，针对原有标准规范进行修订及完善，同时根据项目实际调试的情况，建立新的标准规范，用以规范机器人及附属设施的功能建立，便于打造标准化、柔性化、智能化焊装生产线，从而可以规范流程，减少变化，降低成本，减少项目实施周期。

（3）重点关注行业对标信息。实施前及实施过程中，同步对标合资企业、自主企业，实施过程中深度对标捷豹路虎项目，对于捷豹项目过程中实施的 12 步骤进行深入研究和学习，同时结合自身项目特点进行标准转化及借鉴，整理出本项目实施对标方案。

（4）重点数据统计及处理。通过数据透视分析，建立相应的故障问题库，库内对问题进行分类汇总，产生相应的曲线，根据汇总后故障分类及时间的统计数据，结合公式进行开动率分析，识别出瓶颈点及关键问题所在之处，便于数据和问题的处理分析。

编委会：许立国　　编写组：贲　伟

25 农业精量灌溉装备智能制造试点示范

——大禹节水集团股份有限公司

大禹节水集团股份有限公司（以下简称"大禹节水"）创建于1999年，是中国最早从事精量灌溉装备制造与工程设计施工服务的民营科技型企业，并于2009年在创业板成功上市。经过十几年的发展，公司已成为集精量灌溉装备研发制造、工程设计施工、技术咨询服务于一体的大型综合性现代上市企业集团，是国内精量灌溉行业龙头企业，国际知名灌溉公司。2017年，通过国际灌排委员会（ICID）第68届国际执行理事会决议，大禹节水有幸成为国际灌排委员会第一家中国企业成员。

一、项目实施背景与状况

（一）实施初衷

在水资源日趋匮乏和农业日趋现代化的大背景下，2030年我国人口将达到16亿。在保持现行农业用水量不增长的前提下，为实现年产7亿吨粮食的安全底线目标，迫切需要农业精量灌溉装备的支撑保障，而"十三五"计划新增高效节水灌溉1亿亩，农业精量灌溉装备的市场前景也十分广阔。

农机灌溉装备在节水农业中具有举足轻重的地位和发展潜力，虽然国内企业生产规模基本能够满足市场需求，但是在精量灌溉装备制造方面与发达国家相比存在较大差距，问题主要体现在以下几方面。

（1）关键装备数控化率低，生产效益低，成本能耗高。

（2）产品研制周期长，低端过剩、高端依赖进口。

（3）难以满足用户区域化、个性化、多样化需求。

因此，打造农业精量灌溉装备智能工厂，提高精量灌溉装备智能制造水平迫在眉睫！

（二）实施目标

通过项目的实施，大幅提升农业精量灌溉装备的生产效率、产品质量和服务能力，带动产业向高端化迈进，形成人/机/物有机合一、联动同步、快速响应、安全稳定的智能制造系统，建成数字化、可视化、集成化智能工厂，形成行业和区域内智能制造技术应用的示范标杆，全面提升我国农业精量灌溉装备的竞争力。

二、项目主要实施内容

根据行业特点和企业生产现状，以注塑、挤出两大基础工艺优化为主线，创新应用核心/关键智能装备，进行工厂/车间智能化、网络化改造，纵、横向集成1个统一的智能工厂网络，搭建"6层级"智能制造系统，构成大数据和云服务两大平台，形成人/机/物信息智能化管控，实现生产加工、物料配送、质量检测自动化、柔性化，最终形成农业精量灌溉装备智能制造"2-1-6-2"模式。具体做法如下。

（1）智能装备控制：针对大宗产品工艺装备存在的混料、质检、物流等工序短路、程序不规范等共性问题，以关键短板装备突破为重点创制了原辅料混配、部件加工选配、产品加工输送、仓储等7个智能工作站，并以车间工业网络搭建起了在线检测（见图25-1）、智能管控、工作站操作、物料输送4套智能优化系统。

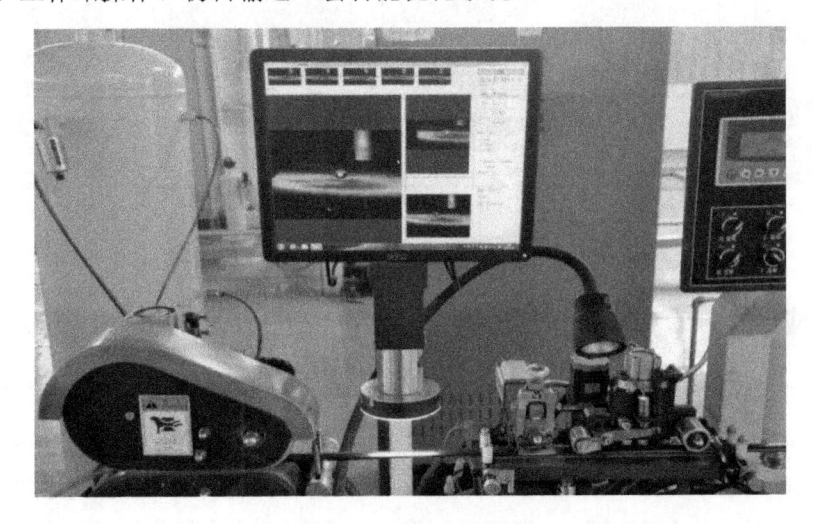

图 25-1　在线智能检测系统

（2）智能生产执行：建起了制造执行、生产智能调度、全过程质量管控、智能物流调度4大系统。

（3）智能协同研发：在企业已有 CAD 软件/测绘软件/工程管理软件/高效节水灌溉设计软件等基础上，构建了产品全生命周期管理系统、数字化三维设计仿真系统，集成了产品设计、工艺、制造、使用、维护、报废等全生命期数据管控模式和三维仿真工艺验证模式，进一步提高了产品使用寿命和工艺设计效率。

（4）智能协同管理：通过已有基础升级改造和集成联通，建成了企业 ERP 系统、个性化营销系统、远程运维服务系统、企业门户等，实现以销售订单为主线的全流程信息化、集成化、精益化管控。

（5）智能决策管理：构建了工业大数据平台，集成产品、运营、价值链和企业外部数据，建立智能分析决策系统，提升企业管理决策层快速反应能力和决策效率。

大禹节水集团农业精量灌溉装备智能工厂的管理架构如图25-2所示。

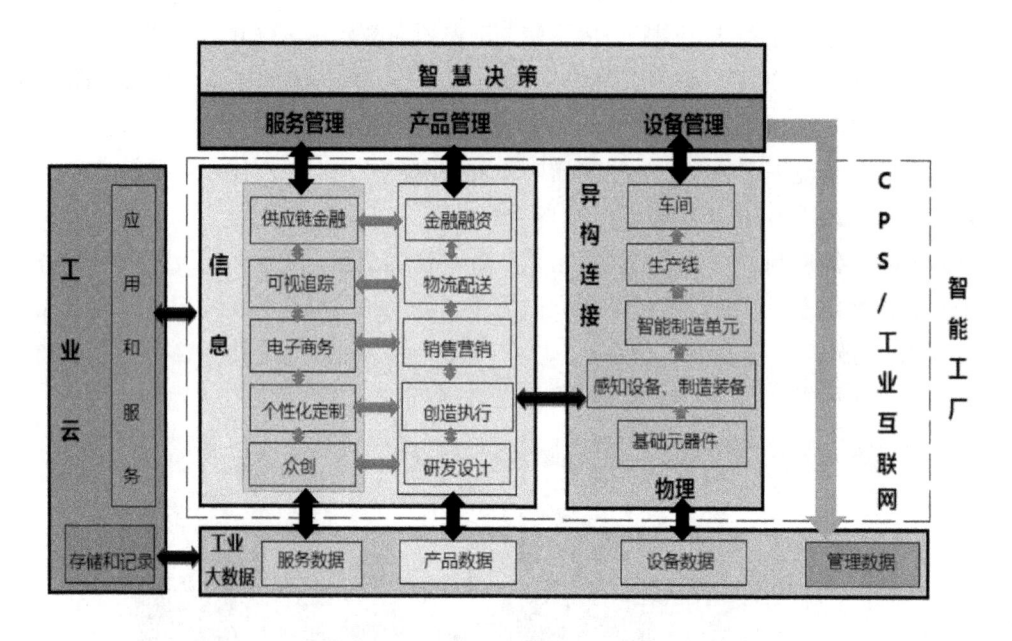

图 25-2 农业精量灌溉装备智能工厂的管理架构

三、实施成效

（1）实现"四提高、四降低"：即生产效率提高23%以上、产品研制周期降低41%以上、运营成本降低21%以上、生产速率提高31%以上、产品不良品率降低35%以上、单位产值能耗降低23%以上、土地利用率提高68%以上、关键装备数控化率提高达98.8%。

（2）实现4种工业互联网、7种工业软件、13种核心技术装备创新集成应用，突破5项关键短板装备，建设2个工业云服务平台，申请专利3项、软件著作权5项、标准草案4项。

（3）创建国内首创、国际领先农业精量灌溉装备智能化生产线，首次实现精量灌溉装备生产全过程的实时在线质量检测预警控制，构建滴头3D仿真验证试验创新应用模式等，填补多项国内国际空白。大禹节水精量灌溉技术产品荣获2015年国家科技进步二等奖。

四、实施经验

1. 推动智能制造关键技术装备与精量灌溉装备制造工艺的深度集成

紧扣关键工序智能化、关键岗位机器人替代、生产过程智能化控制、供应链协同优化等重点环节，加快高档数控机床、工业机器人、增材制造装备、智能传感与控制装备、智能检测与装配装备等智能制造关键技术装备与精量灌溉装备制造工艺的深度融合，自主研发精量灌溉装备专用焊接、装配、传输、检测等高精度复合型数控专用智能生产设备、智能测控装置及智能控制系统，稳步提升企业智能制造水平，实现强筋健骨、提质增效，形成较为完善的灌溉装备及关键零部件智能制造产业链。

2. 建立基于物联网技术的制造现场"智能感知"系统

将制造生产过程中的关键部件、制造资源结合物联网技术进行"智能感知"，使其在每个生产环节上能够实时主动告知其位置、生产状态、工艺参数等信息，并将数据传递至上层的决策系统，实现"物物相联"的制造现场"智能决策"。

3. 构建面向精益生产的生产管控平台

以国家企业两化融合管理体系为指导，加快推进企业信息化智能化管理，提升两化融合水平，通过建立研发平台、智能化生产控制系统、ERP管理平台、营销信息平台、电子商务平台、企业管理平台等，形成企业决策层、管理层及操作层全方位信息化、智能化营运管理系统，实现现场生产、设备、产品质量、物流、仓储等环节的实时监控和透明化集中管控及信息系统与产业链的全覆盖，提升内部运行效率和主动适应外部环境变化及市场竞争新要求。

4. 打造精量灌溉装备远程运维服务平台

大力推动制造业与服务业融合发展，构建远程运维服务平台、专家支持系统、装备运行优化模型、装备健康监控与自愈化系统等，促进企业从工业产品生产供应型转向系统集成、产品和服务整体解决方案提供商，推动制造业向生产服务型转变。大力提升现代服务业发展层次和能级，全面提升服务业的质量和水平。发展移动电子商务、在线定制、线上线下联动等创新模式，实现与制造业企业的无缝对接。培育"互联网+"经济，引导业态创新和商业模式创新。

编委会：王 冲　编写组：薛瑞清

高端流体控制与执行元件智能制造试点示范

——徐州徐工液压件有限公司

一、项目实施背景与状况

为了解决我国高端流体控制与执行元件制造行业整体创新能力不强、智能化程度低、制造过程资源浪费、能源消耗大、制造服务比重低等问题，公司选取"液压缸和液压阀加工、电镀、装配、涂装"生产线，利用信息物理融合（CPS）系统、工业互联网、人工智能等新一代信息技术，建立以工业通信网络为基础、装备智能化为核心的智能工厂，研发以智能液压系统为核心的系列智能产品，建设协同制造云平台、智能管理与决策分析平台，完善离散型智能制造新模式，探索智能制造新业态，以"低成本、高效率、高质量"满足企业及客户需求。

通过本项目实施，依托"液压阀、液压油缸"智能制造产业链，选择江苏徐州装备制造（工程机械）新型工业化示范基地，以智能工厂模式为主要载体，探索全业务链综合集成的智能制造方法和标准，开展智能制造示范实验区建设，引导区域高端智能制造产业协调发展，带动行业智能制造水平提升，满足我国对高端流体控制与执行元件的需求，打破国外产品垄断。

二、项目主要实施内容

1. 建设产品全球协同研发平台

建立徐工液压件协同研发平台，包括产品数据管理（PDM）系统、模块化设计 Ci-CDS 系统、仿真数据管理系统、数字化三维发布物系统等各大数据管理平台（见图 26-1），实现各研发平台统一规划、统筹管理、并行推进。根据徐工液压件发展规划，融合海外研发中心，在全球范围内建立统一的业务流程和标准体系，实现实时的信息共享和最优的资源分配，提高设计效率，缩短研发周期。

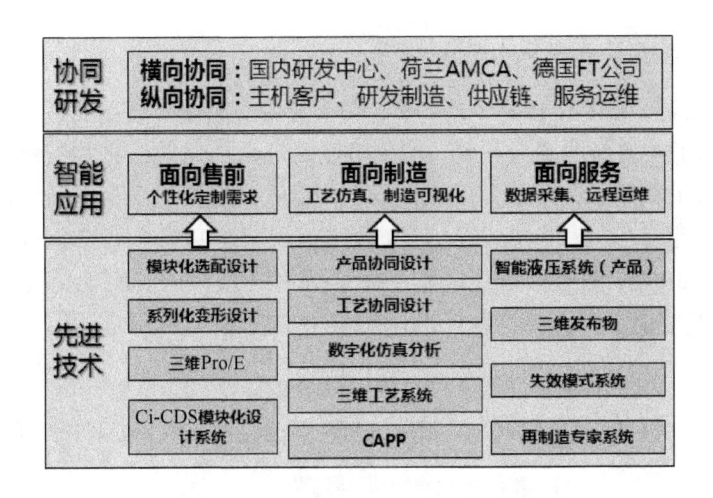

图 26-1　公司协同研发设计平台架构

依托徐工液压件协同研发共同体，建立和优化供应商管理平台，实现企业间协同研发及网络化制造，实现研发和生产制造供方资源的有效管理和调配，进一步加强研发和制造的关系，从而提升研发和制造效率。主要包括：建设徐工工业互联网平台，研究企业云应用技术，对现有企业数据管理（PDM）系统、计算机辅助工艺设计（CAPP）系统、制造执行系统（MES）、供应链管理（SRM）系统、质量过程统计分析（SPC）等工业软件进行升级改造及与供方的集成优化，提高灵活性。

2．核心设备及生产线智能化升级

全面打造液压阀智能化生产线、液压缸智能化生产线、智能化涂装生产线、智能化电镀生产线等四条智能化产线，对现有数控装备进行智能化改造，采用智能机械手与传送模块实现自动上下料；物流采用 AGV 小车、积放链等方式，实现产品加工、装配、试验、涂装等工序之间自动传输；通过 SPC 系统对产品质量数据进行实时数据采集；采用二维码、RFID 技术对物料进行识别，实现现场数据的有效追溯及分析；采用视频、数据驱动、语音控制、综合集成等手段，实时监控生产现场异常情况；通过现场传感器的数据采集实现生产、质量、设备、工艺过程的参数集中分析及应用。同时建设 PCC 生产过程管控中心，实现生产过程的可视化管理。工厂的智能化生产装配设备如图 26-2 所示。

图 26-2　工厂智能化生产装配设备

3. 搭建智能工厂工业互联网平台

智能工厂内部整套装备系统、生产线、设施与移动操作终端泛在互联，车间互联，保障信息安全。以工业通信网络为基础，构建智能工厂全周期的信息数据链，通过软件控制应用和软件定义机器的紧密联动，促进机器之间、机器与控制平台之间、企业上下游之间的实时连接和智能交互，最终形成以信息数据链为驱动，以模型和高级分析为核心，以开放和智能为特征的徐工液压件智能制造工业互联网平台。徐工工业互联网的总体架构如图 26-3 所示，其智能工厂工业互联网的网络架构如图 26-4 所示。

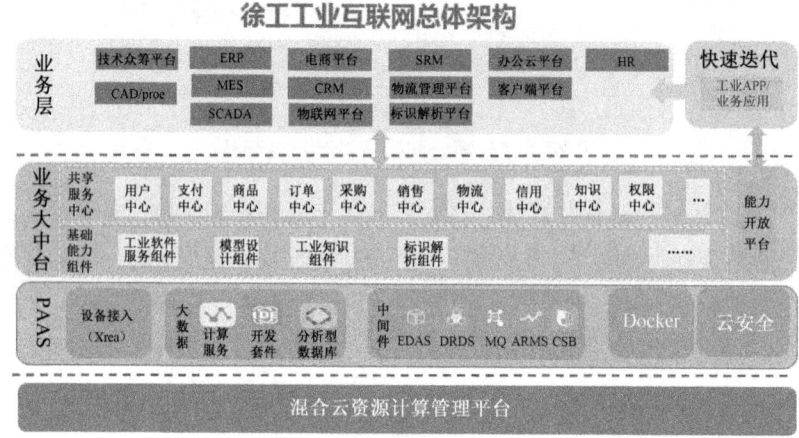

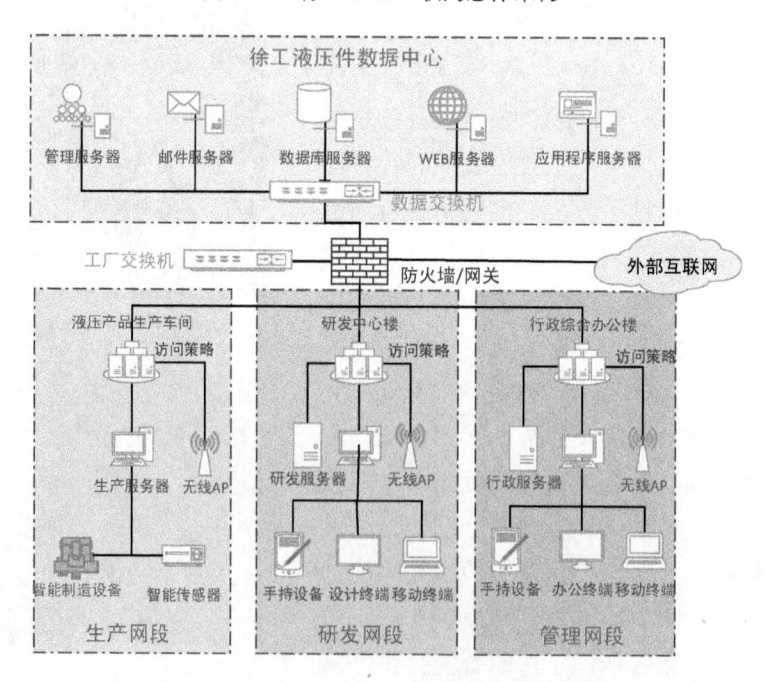

图 26-3 徐工工业互联网总体架构

图 26-4 智能工厂工业互联网网络架构

通过建设工业互联网平台，实现工厂内部、工厂之间设备互联互通、人机互联，支撑协同制造，如图26-5所示。

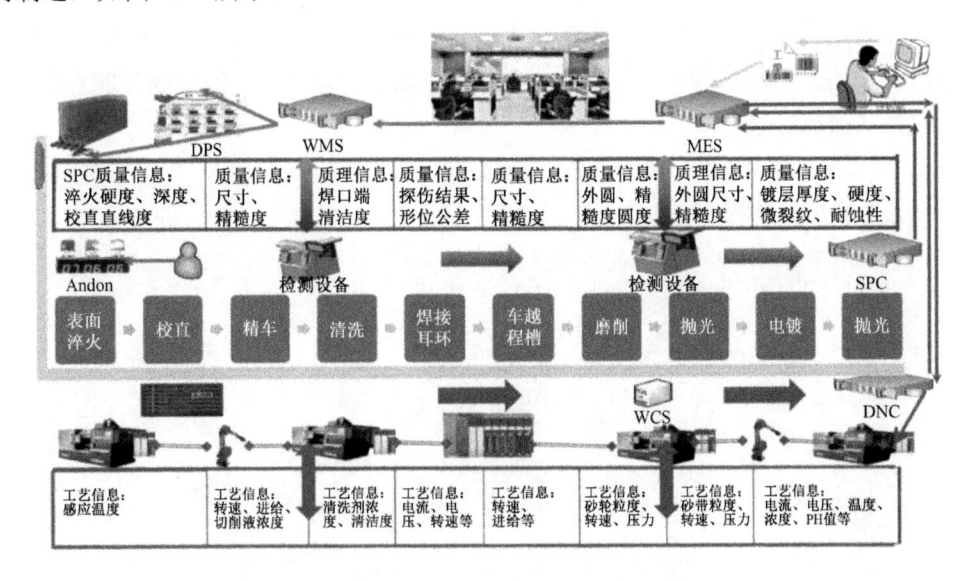

图 26-5　液压阀车间设备互联互通及数据交互

4．基于大数据的智能远程运维平台建设

面向液压系统制造服务领域，研究基于制造服务业大数据的智能故障诊断和数据挖掘等关键技术，通过对产品全生命周期数据进行分析，建立产品故障指标体系和故障诊断知识库——失效模式系统（见图26-6），实现智能化故障检测和基于优化资源调度的维修与服务，开发故障诊断与服务系统，并面向装备制造行业进行应用示范。

图 26-6　失效模式系统

5．智能管理与决策分析平台

以现有工厂的信息化系统为基础，逐步将专家知识不断融入制造过程控制软件系统及平台中，对数据信息深度挖掘分析，构建统一智能管理与决策分析平台（见图26-7），以实现制造全过程智能化，使制造过程具有更完善的判断与适应能力，提高产品质量、生产效率，并显著减少制造过程物耗、能耗和排放。主要包括研制智能工厂设备集成总线，以及对现有工厂中的数据管理系统、制造执行系统、质量管理系统、供应链管理系统、能源管理系统进行升级改造。

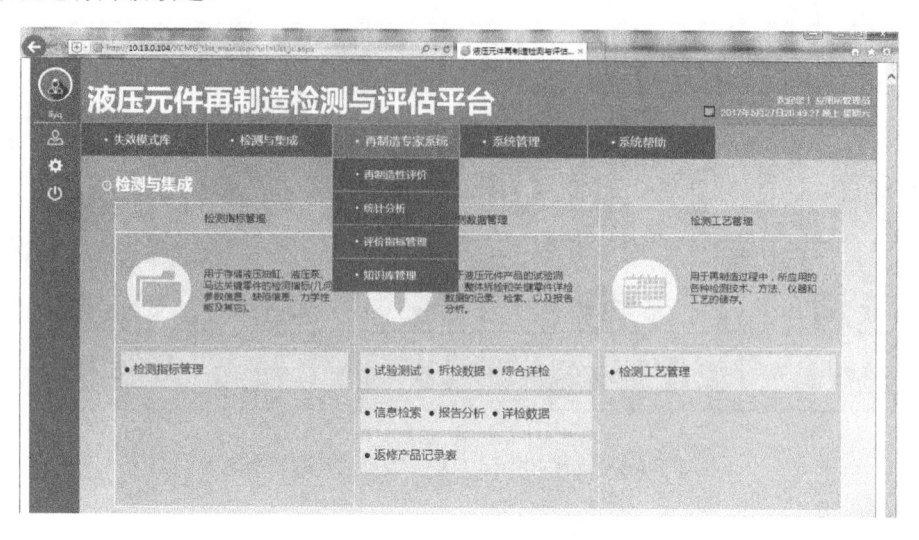

图26-7 再制造专家决策系统

6. 研发国内领先的智能液压系统及元件

以现有液压系统全生命周期智能管理平台为基础，依托移动互联网、大数据、云计算、人工智能等相关技术，研发移动化、平台化、网络化、智能化液压产品。通过智能产品对自身状态、工作环境的自感知，从而达到自适应的目的；通过产品具有的网络通信功能，实现产品的远程故障诊断、环境自动感知及自适应，并实现产品、用户、供应商和服务商的信息互通，推进徐工液压件售后服务整体水平的提升，全面缩短客户产品使用问题的响应周期，提高客户满意度。主要包括：智能故障诊断管理系统升级，智能补偿及自适应控制技术研究及实现，以客户体验为核心的售后服务平台搭建，客户大数据分析及处理机制。徐工液压智能管理系统的界面如图26-8所示。

7. 开展智能制造体系研究

针对制造业小批量、定制多样化的发展趋势，结合公司智能制造的实际需求，对智能制造过程中研发设计、生产管理、物流仓储、供应链等关键因素进行研究。研究面向定制化的离散型智能制造模式；研究智能制造标准体系并提出液压行业智能制造标准规范；结合基于Top-Down理念的全球协同研发平台、基于工业大数据的决策支持系统，以及产品全生命周期信息集成管理平台，通过对智能制造标准、创新设计、大数据决策支持、产品全生命周期信息集成管理及其他关键服务的集成应用，形成企业智能制造方法体系，支撑企业产业链的资源优化配置、创新及业务协同，缩短从订单到产品交付周期，提高产品附加值，增强企业全球竞争能力。

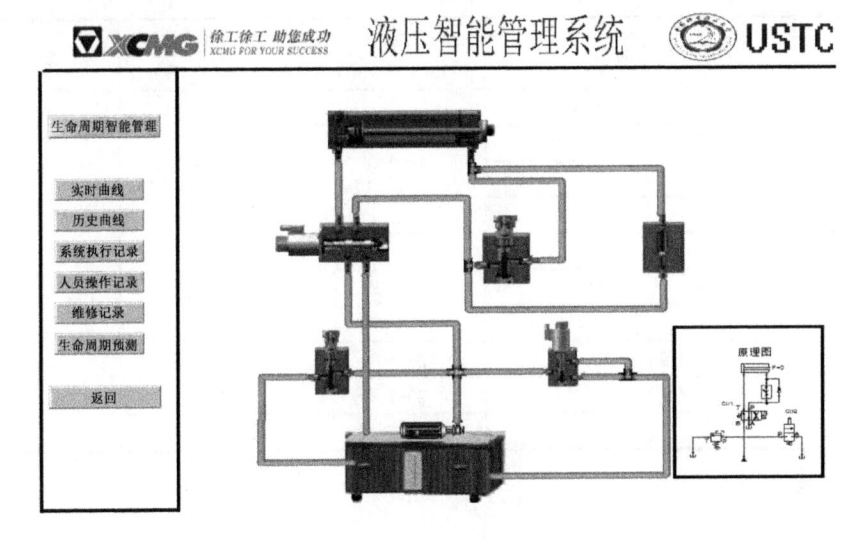

图 26-8 液压智能管理系统

8．开展液压系统智能工厂的试点示范

通过本项目实施，依托"液压阀-液压油缸"智能制造产业链，选择江苏徐州装备制造（工程机械）新型工业化示范基地，以智能工厂模式为主要载体，探索全业务链综合集成的智能制造方法和标准，开展智能制造示范实验区建设，引导区域高端智能制造业产业协调发展，带动行业智能制造水平提升，满足我国对高端流体控制与执行元件的需求，打破了国外产品垄断。

三、实施成效

1．企业运营成本变化情况

实施前后企业运营成本对比见表 26-1。

表 26-1 实施前后企业运营成本对比

	项目实施前（万元）	项目实施后（万元）
人工费	9 056	8 751
费用消耗	15 102	14 594
运营成本小计	24 158	23 345
营业收入	69 135	100 000
万元产值成本	0.35 万/万元收入	0.23 万/万元收入
运营成本降低	34.3%	

2．产品研制周期效率提升

实施前后产品研制周期对比见表 26-2。

表 26-2　实施前后产品研制周期对比

序号	产品研制周期		实施前（2015 年 8 月）	实施后（预计）（2018 年 8 月）	效率提升
1	开发策划	规划	1～3 周	0.5～2 周	47.5%
		可行性分析			
		立项			
		研发策划			
2	设计开发	方案	1～9 周	0.5～6 周	
		评审			
		详细设计			
3	产品试制验证		2～5 周	1～1.5 周	
4	改进定型		2～3 周	1 周	
	合计		6～20 周	3～10.5 周	

3．企业生产效率提升

实施前后企业生产效率对比见表 26-3。

表 26-3　实施前后企业生产效率对比

	产品分类	实施前（台（套）/年）（2015 年 8 月）	实施后（台（套）/年）（2018 年 8 月）	实施前（件/年）（2015 年 8 月）	实施前（件/年）（2018 年 8 月）
液压缸	起重机	12 000	17 000	125 000	175 100
	挖掘机	14 000	28 000	56 000	112 000
	泵车	1 000	1 800	19 000	34 200
	装载机	27 000	35 000	135 000	175 000
	自卸车	3 000	5 000	3 000	5 000
	旋挖钻	600	1 000	3 000	5 000
	随车吊	5 000	10 000	20 000	40 000
	平地机	2 200	3 500	7 500	14 000
	其他	4 000	6 000	42 000	60 000
	小计	68 800	107 300	410 500	620 300
液压阀	起重机多路阀、集成阀	4 045	8 281	20 000	40 000
	挖掘机先导阀、集成阀、主阀	3 000	6 000	3 000	6 000
	泵车泵送主阀、多路阀、集成阀	1 663	2 007	7 000	8 000
	装载机多路阀、先导阀	12 000	20 000	24 000	40 000
	自卸车换向阀、先导阀、限位阀	1 000	5 000	1 500	6 000
	旋挖钻多路阀、集成阀	300	400	2 700	3 600
	随车吊多路阀	1 000	5 000	1 000	5 000
	平地机多路阀、集成阀	500	2 000	400	2 000
	其他多路阀、集成阀	2 000	6 000	2 000	6 000
	小计	25 408	54 688	61 600	116 600

4. 产品不良率指标改进情况

实施前后产品不良率指标对比见表 26-4。

表 26-4 实施前后产品不良率指标对比

序号	指标名称	实施前 （2015 年 8 月）	实施后（预计） （2018 年 8 月）
1	成品抽查合格率	100%	100%
2	关键零部件抽查合格率	99%	100%
3	顾客满意度	≥94 分，无集团级顾客投诉	≥96.5 分，无集团级顾客投诉
4	液压缸三包反馈率 液压阀三包反馈率	9700PPM 12000PPM	3500 PPM 3000 PPM
5	质量损失率	1.51%	0.3%

5. 能源利用率变化情况

实施前后能源利用率对比见表 26-5。

表 26-5 实施前后能源利用率对比

项目内容	实施前 （2015 年 8 月）	实施后（预计） （2018 年 8 月）
总能耗（吨标准煤）	2 286.2	3 890
工业总产值（万元）	45 724	100 000
万元产值能耗	0.05	0.038 9
能源利用率提高		22.2%

注：万元产值能耗降低率=(0.05−0.0389)÷0.05=22.2%

项目完成后，柔性化、智能化设备投入实现少人化，生产效率不断提升，产品质量稳定性和一致性得到很好保证，产品品质不断提升，资源利用效率不断提高，企业成本竞争力不断提高。

专有生产工艺技术在项目实施过程中不断得到研究，专用设备研发能力等也不断提升，精益制造工厂的功能会持续完善和提升，同时在项目实施过程中也可为企业培养一批创新能力强的技术骨干和智能化管理人才，企业创新能力不断增强。

该项目的成功实施不仅优化企业内部流程，提升工作效率和质量，提升徐工产品的智能化水平，而且也推进供应链的各供应商的制造管理水平和成本竞争能力不断提升。

同时，徐工液压件公司作为液气密行业领军企业，项目成功后也对国内其他液气密企业具有很好的借鉴价值，将大大提高我国液气密行业的制造智能化水平，提升整体国产高端流体控制与执行元件在国际市场上的竞争能力。

四、实施经验

本项目的实施在下列方面具有行业示范经验。

1. 项目系统模型建立与运行示范经验

依据流体控制与执行元件质量特性分级要求及工艺要素,建立数字化三维车间、工艺模型,依据精益生产理念,实现模拟仿真及规划生产运营的数字化管理。

2. 先进设计技术应用示范经验

建立基于 Ci-CDS 系统的国内外研发中心横向协同、产品全生命周期纵向协同的研发平台,实现面向售前的个性化定制需求、面向制造的工艺仿真与制造可视化、面向服务的数据采集与远程运维三大智能应用,缩短了研发周期 30% 以上。

3. 人工智能方面的示范经验

公司率先研发智能液压系统、智能液压缸,通过工业云平台实时监测控制与执行元件的工作状态及失效模式,实现了主机快速掌握装备运行状态及故障处置,为主机装备与零部件性能匹配研究提供了数据支持。

4. 制造执行系统（MES）的示范经验

公司作为徐工零部件企业,通过 MES 的互联互通,主机计划排产直接生成公司的主计划、物料需求计划、车间排产计划,生产周期缩短了 30%,实现了与客户的生产计划协同。

5. 数据分析及智能决策示范经验

公司开发的专家系统形成了一套产品再制造研究体系,为再制造产品的性能判定、监测及修复提供一套解决方法及实现路径。

以上示范经验通过"产、学、研"平台的搭建,整合各方资源,着力突破智能工厂建设关键技术,将成为行业智能工厂建设的典范,具有很强的可复制性,为整个离散制造行业提供智能制造的重要范本。

编委会：陆　川　　编写组：付思敏

27 混凝土车辆远程运维服务试点示范
——河南森源重工有限公司

一、项目实施背景与状况

（一）项目实施背景

自 2012 年以来，工程机械市场需求不足，主要经济指标下滑，使企业的经营风险加剧。同时传统商砼站投资运营风险较大，商砼运输车辆来源复杂不统一、人员不统一、管理不规范、不专业、事故频发等问题，迫切需要转变投资运营模式，降低风险。河南森源重工有限公司（以下简称"森源重工"）积极响应《中国制造2025》及国务院发布的《关于积极推进"互联网+"行动的指导意见》通知，提出"互联网+、服务型制造"等战略指导方针，对混凝土车辆进行远程运维服务型制造，并大胆探索新型商业模式，在业界率先推出混凝土车辆远程运维服务模式，借助工业互联网平台逐步实现规模化、专业化、现代化运营新模式，在工程机械行业率先走出了一条依托工业互联网发展新经济，实现工程机械行业车辆制造与物流运营共生发展、相互促进的新兴业态。

（二）项目实施的主要思路和目标

森源重工始终坚持"依靠机制创新引进高素质人才、依靠高素质人才开发高科技产品、依靠高科技产品抢占市场制高点"的发展战略，早在 2012 年，公司就提出了"销售+金融、产品+芯片"的发展思路，对包括混凝土搅拌车等工程机械产品系列进行全面智能化升级。率先在国内试行基于车联网和互联网的混凝土第三方物流服务模式，针对混凝土物流运输现状及问题组建专业团队公司化运营，为搅拌站提供混凝土物流运输服务，并提出三步走发展战略。

第一步：由传统产品向智能产品转变、由传统制造向智能制造转变。通过"产品+芯片"实现由传统产品升级为智能化产品及建立工程机械车联网平台。

第二步：为智能化的产品提供智能化的服务和体验，开展混凝土车辆远程运维服务。通过车联网平台，为客户提供增值服务，为研发提供数据依据，为"销售+金融"模式提供技术支撑。

第三步：由智能制造向深度服务型制造转型，实现二产推动三产、三产拉动二产、二三产融合发展。

通过先进的远程运维服务平台实现由纯粹的装备制造升级为更深层次的服务型制造，建立第三方物流运营公司为商砼站提供商砼配送服务，开创商砼物流服务新模式。

二、项目主要实施内容

森源重工基于传统工程车辆全新研发具有数据采集、通信和远程控制等功能配置的智能混凝土搅拌车、混凝土泵车及汽车起重机等，并基于智能化工程车辆建立基于物联网的融合人、车监控、管理调度、安全与故障预警及报警等功能于一体的智慧物流管理调度平台，能够对智能工程车辆上传的数据进行有效筛选、梳理、存储与管理，为用户的智能工程车辆提供日常运行维护、在线检测、预测性维护、故障预警、诊断与修复、运行优化、远程升级等服务。基于平台实现与设备制造商产品的全生命周期管理（PLM）系统、客户关系管理（CRM）系统、产品研发管理系统实现信息共享。同时，建立专家库和专家咨询系统，通过远程诊断向客户提供智能决策。森源重工借助开展混凝土远程运维服务逐步形成专业化、规模化、现代化的混凝土物流运输新模式，准确地切中市场痛点，短短几年来实现爆发式增长，成为河南省乃至全国影响力最大的混凝土远程运维服务品牌企业。

（一）运营模式简介

混凝土车辆远程运维服务项目旨在通过为客户提供专业的混凝土运输、混凝土泵送，以及相应的增值服务，包括人、车、管理等在内的一体化混凝土物流解决方案，帮助客户优化其混凝土供应链，为客户降低投入成本，让客户摆脱管理的烦恼，给客户降低运营的风险，提高市场竞争力与运营效率。

公司运营专业、规范、高效，是国内入网车队规模最大、人员数最多、服务网络最广、营业产值最大的专业智慧物流调度管理平台企业。公司以河南为总部，覆盖周边省市，辐射全国。目前公司已与国内外众多的中大型混凝土企业及建筑商形成了战略合作关系，对几百个商砼站项目开展远程运维服务。森源泥凝土物流解决方案如图27-1所示。

（二）采取的主要措施

1. 建立智慧物流调度管理平台

利用森源重工车辆制造的先天优势，在车辆上标准化前装智能化车载终端，从而实现与车辆深度集成，实现车辆远程定位、远程数据采集、通信和远程控制功能，建立高效智慧物流管理平台并实现规模化发展，包括"一个中心、四个平台"，分别为总部监控调度指挥中心、车辆远程监控平台、管理运营信息平台、智能化调度指挥平台、移动应用服务平台。

图 27-1　森源混凝土物流解决方案

（1）总部监控调度指挥中心：在公司原有办公场地开辟专属空间用以总部对各地分公司及站点进行总体异常监控和垂直调度指挥。包括会议室配套办公设施、高规格监控电视墙、LED屏、精密空调、配电柜。

（2）车辆远程监控平台：用以对车辆位置、轨迹、速度、油耗、正反转、作业趟次、里程等进行监控，及时发现异常并进行处理，保证运营安全及掌握车辆作业真实动态。

（3）管理运营信息平台：用以对公司物流业务进行运营管理，包括合同管理、车辆管理、人员管理、维修保养、统计分析等。

（4）智能化调度指挥平台：用以对车辆在搅拌车的运输进行调度管理，实时了解车辆压车、卸料、运输、等待、距离等状态并进行合理化调度指挥。

（5）移动应用服务平台：用以物流业务运用移动化应用，包括人员监控、车辆监控、作业数据上报、异常报警、统计分析及公告信息等。

智慧物流信息管理服务平台的详细系统架构如图 27-2 所示。

2．开展远程运维服务

基于智能化车辆建立高效智慧物流管理运营平台，通过车辆上安装的 GPS 作业记录仪以及油耗传感器、正反转传感器等，并结合物流运营管理实际让管理者实时掌握人车动态，解决传统混凝土物流运输监管与调度难题。其具体做法如下。

（1）与各个地方的商砼站合作，通过投入公司制造生产的混凝土搅拌车、混凝土泵车等产品，为合作伙伴降低投资成本，同时提供车辆设备采购、维修、保险、司机培训、运行监控、工程核算等一体化服务，在合作伙伴业务扩大时可以迅速提供全流程的服务，实现了公司与客户、制造与服务的双赢。

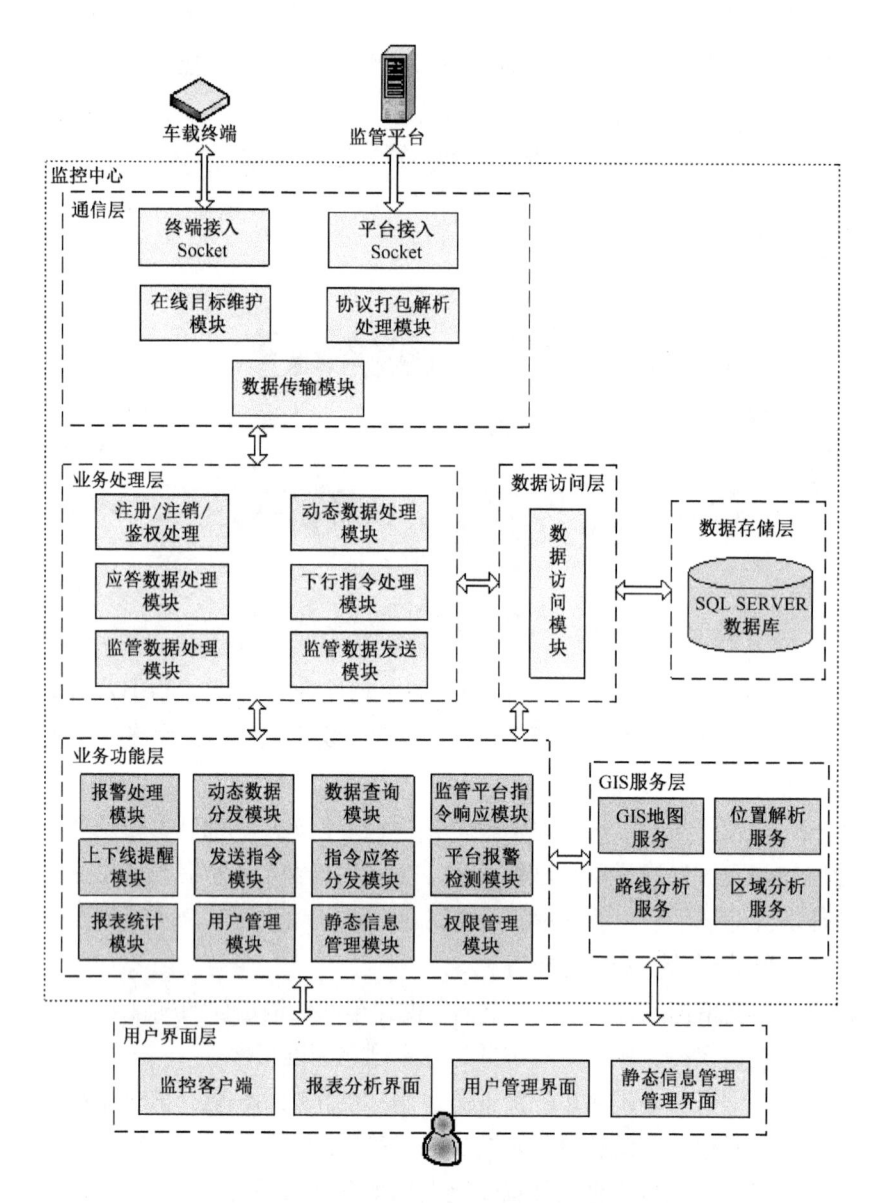

图 27-2 智慧物流信息管理服务平台的详细系统架构

（2）为合作伙伴提供高质量的人车队伍及专业规范的物流运营管理，通过建立统一的车辆运行管理制度、物流服务运营制度、车辆信息网络监控维护平台等系统化工具，让客户摆脱繁杂的人车管理及调度，从而更专注主业的投资运营。同时，公司的销售人员辗转全国各地，搜集大量用户信息，从散户到系统用户进行结构性分析、分类，从产品采购到销售，到渠道对接，到物流，再到技术培训，给出定制的服务规划方案。这样，形成了严密到位且高效流畅的服务保障措施。其中，执行标准细化为"1 小时之内提供故障处理方法""2 小时之内抵达故障设备现场""1 天之内全力解决问题""每隔 2 个月服务上门"等多个方面。

（3）为客户提供统一的服装和车辆，高效专业的服务质量，严格的团队纪律，解决传统商砼人员构成复杂、纪律性不足的问题，让合作伙伴赢得了客户赞扬，提升了合作伙伴市场满意度和美誉度，为合作伙伴赢得更多市场机会提供支撑。

（4）为合作伙伴提供安全环保的物流服务，降低安全运营及环保风险。建立了严格的安全运营体系和环保控制体系，对作业员工进行安全运营及环保法律法规培训，以及严格的上岗培训考核。建立物流运营之家服务网络体系，聚焦以客户为中心，"全身心"服务而倾力打造的涵盖整机选择、二手机交易、备件交易、施工工艺咨询等功能模块的"互联网+"信息平台，是河南省工程机械行业第一个专业化的具备全价值链整合能力的信息平台，也是河南省第一家品牌化的工程机械一站式解决方案门户网站，将在工程机械养护、运营和施工领域为客户不断创造价值。

通过智慧物流管理平台，采用先进的安全技术手段保证，实现智能化识别、定位、跟踪、监控等功能，对设备进行全天候远程监控、动态管理。即使对远在千里之外的工地，当设备工况参数超出正常范围时，物联网系统也会自动发出警报，技术专家通过数据分析，快速判断原因，提供解决方案，及时向客户反馈。很多时候，客户尚未发现问题，服务工程师就已经将解决方案送到客户面前，将故障消除在萌芽状态。

三、实施成效

勇于打破传统的搅拌站混凝土运输模式，森源重工率先在国内试行基于车联网和互联网的混凝土车辆远程运维服务模式，并取得显著成效。

（1）利用森源重工制造企业的优势，采用混凝土车辆远程运维服务的形式，为搅拌站直接降低硬件投入和司机队伍等约占搅拌站总投入的60%，拉动工程车辆销售实现逆势而上连年增长30%以上。

（2）运营服务效率明显增强。统一的森源重工车辆，统一的森源重工企业形象，统一的运输管理规范，高效的车联网监控管理调度平台，高效的公司化运作管理，在解决搅拌站投入及管理难题的同时，提升运营服务效率达30%以上。

（3）努力为搅拌站降低安全运营及环保风险。森源重工通过监控管理平台对疲劳驾驶、违规操作、超速、超重、正反转、油耗等进行实时监控和报警纠察，随时随地保证车辆安全运营及环保运营。据保险公司提供的数据，森源重工混凝土第三方物流模式比市场上传统混凝土运输模式事故率降低75%以上，保护了人民生命财产安全，实现了巨大的社会价值。

（4）企业竞争力进一步增强。混凝土车辆远程运维服务模式的开展，极大地拉动了森源重工工程机械产品在行业低迷期的正常生产经营和销售运营，运维业务爆发式增长契合了市场专业化分工需求，并连年获得80%以上的增速，在短短三年内发展成为河南省乃至全国规模最大的混凝土物流运输的品牌企业。

智慧物流调度管理平台承载了森源重工混凝土车辆远程运维服务的管理实现，从管理制度的落实到安全运输再到成本降低、快速的站点扩张和管理复制，智慧物流调度管理平台就是承接制造业到服务业、制造商到客户之间的桥梁和服务型制造的指挥神经中枢。

四、实施经验

智能制造是实现创新发展的一种先进制造模式，以制造为基础，以服务为导向，使制造业由提供"产品"向提供"产品+服务"转变，结合公司智能制造的发展路径，我们主要有以下经验。

（1）智能制造需要一把手总体规划、分步落实，并指导企业整体发展规划。在需求管理、能力管理、企业网络、风险管理上树立服务核心理念。在战略落实的过程中，必须要对人才组成、组织结构、流程制度等方面做相匹配的调整变化。

（2）加强信息技术力量的建立，重视信息技术对智能制造的引领和支撑作用。必须要依靠信息技术推动产品的智能化升级，打造智能化运营平台，支撑市场化运营服务。重视通过物联网应用，驱动预防性维修维护，带动备品备件销售。利用智能检测技术、传感技术并融合物联网技术实现预防性维修和维护，带动备品备件的销售。通过物联网技术、大修维护管理和服务生命周期管理技术的综合应用，确保用户购买的设备正常服役，通过建立设备管理服务网络，承接设备的预防性维修维护，利用物联网实现远程诊断，精准维护，提高维护效率。

（3）从生产制造产品和卖产品到卖服务，基于车辆强大的传感与物联网技术对用户进行实时的动态服务，通过车辆运行可靠性检测根据服务绩效收费；通过面向用户的 APP 提供个性化服务，以公司产品的智能化改造为契机，对产品进行智能化硬件升级，提供丰富的服务内容，也可以促使产品的交叉营销。

（4）基于互联网和模块化的设计思路，实现产品的个性化定制，从结构款式、功能特性、作业环境等进行个性化定制服务。通过互联网承接生产制造的外包和服务的外包，建立工程车辆运营服务平台和环卫车辆运营服务平台，结合 PPP（政府和社会资本合作）运营模式，进行社会化服务创新。

编委会：李 宁　　编写组：王 宁

28 航空航天复杂零部件智能制造试点示范

——上海上飞飞机装备制造有限公司

一、项目实施背景与状况

(一)项目实施背景

近年来,航空航天产业发展受到高度重视和广泛关注,军民融合上升为国家战略,各项扶持政策和规划陆续出台,民参军门槛逐步降低,军民深度融合不断推进。在此背景下,越来越多的企业进入航空航天零部件制造领域。国家已将航空装备列入战略性新兴产业的重点方向,正在实施大型飞机重大专项,将推动我国民用航空工业实现快速发展。同时,国防现代化建设为民用航空工业发展提供广阔的市场空间,尤其是空域管理改革和低空空域开放步伐的加快,为通用飞机的发展带来了新的市场机遇。航空零部件产业将是我国未来工业发展的又一个新的增长亮点。

航空航天产品具有多品种、小批量、结构复杂的特点,对制造工艺、装备和系统综合性能提出挑战。航空航天装备批量小、品种多、材料多样,对快速、高效制造提出挑战,精密加工零件数量占总数量的90%。零件项数多,单项零件数量少,此时生产组织属于典型的多品种、小批量离散型生产;零件种类多、外形结构复杂,薄壁件多,材料切削性能差,易变形,装配的孔、轴和外形加工要求精度高,零件加工难度系数大。

现有传统生产模式已无法有效满足航空航天零部件自主交付能力的高端需求,国内很多企业为提升自身的竞争力和制造水平,引进了国外高端设备,但效果并不显著,"一流的机床做二流甚至三流的产品"的现象时常可见。显然,单纯靠引进高端设备无法解决行业问题。此外,生产制造过程中产品质量受到技能人员技术水平和状态影响很大,质量一致性较差;生产过程中过程数据、质量数据存在大量的缺项或信息孤岛,以至于过程控制及质量追溯存在问题;原有的大批量模式组织生产与航空产品以装配关系按组套需求的矛盾极为严重,生产计划及调度基本采用集中推送的模式,过程基本依靠人工来监测实施调度,存在大量产非所需的生产浪费。

因此,迫切需要发展复杂零部件智能制造技术,提升精密柔性加工、快速交付能力,满足航空航天产业快速发展需求,发展航空航天复杂零部件智能制造新模式,从系统层改变现有的落后局面。解决工艺落后、数据源不统一、设备不兼容、信号阻隔或干扰、设备性能得不到充分发挥等问题。

(二)项目实施的主要思路和目标

本项目面向航空航天典型精密零部件的生产制造的需求,以建设高柔性、高质量、高效能的高精密零件智能化制造车间为目标,以应用智能化加工技术、智能化生产物流技术、智能化管控技术为手段,以研发基于智能总线的飞机零件生产车间 CPS 系统、基于实时检测的自适应加工系统、基于 RFID(射频识别)和自动化仓库的智能物流系统、基于移动作业机器人的协同作业系统,以及基于 MES 的零件生产智能化和集成化管控系统为核心,重点建设面向航空高精密零件的具有标准化、柔性化、自动化、一体化、智能化特点的智能生产线和智能制造车间,构建生产、物流、质量三位一体化的集成化智能管控平台。在提高效率、提高质量、降低成本的同时,通过智能化技术提升企业的核心竞争力。

项目技术实施路线,先开展智能工厂顶层规划,再通过工艺标准、智能装备、智能产线、智能车间、智能工厂(下一步规划)五个环节的分步实施,实现复杂零部件精密柔性加工价值链的网络化和智能化。其智能工厂的功能架构如图 28-1 所示。

二、项目主要实施内容

1. 构建标准化工艺平台

研制和应用高精度可重构的新工艺平台,统一设计、工艺、加工、检测基准,大幅提升高精度零件加工的精度一致性与生产效率,并为自动化生产提供保障。

2. 开展装备智能化改造和互联互通

对数控加工中心、机器人、非接触测量仪器等装备开展智能化改造,如安装可重构加工平台、加装力矩/位置/触觉等传感器、统一通信接口等智能化改造,使得装备可以监控自身运转状态,自动补偿加工误差,提高加工精度,并进行自主反馈(见图 28-2)。同时,采用开放数据接口,支持设备联网,将以往单独的设备能力组合成设备集群。

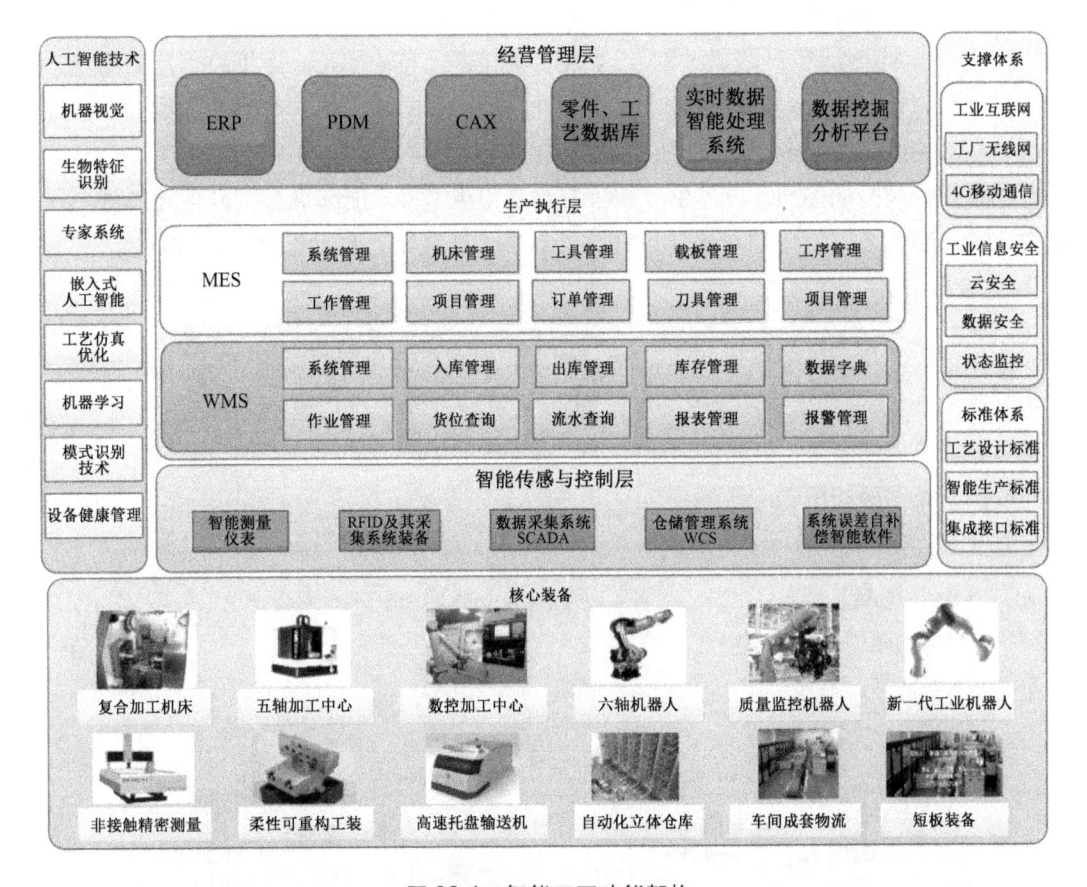

图 28-1 智能工厂功能架构

图 28-2 经改造的测量设备对工件进行测量

3. 建设柔性智能产线

构建数控加工中心、非接触式测量装备、六轴关节型机器人、线边仓等组成的柔性智能生产线。以 MES 为生产线"大脑",实现自动排产、自动加工、上下料、智能测量、误差自补偿等作业全过程的闭环控制,支持不同材料、不同结构形式产品的混线生产,自动灵活调整工艺,适应小批量、多品种的生产模式。

具备柔性调配的能力,一旦生产线上有设备出现故障,能够调整到其他设备生产;打通生产线与装备之间物料的双向转运链路,具备生产线物料自动配送与回收功能。

4. 构建智能车间

在工艺标准化、管理组织化、信息一体化、生产自动化的基础上,以 MES 为核心,打造可靠的 24 小时无人值守智能车间,实现生产全过程作业自动化,质量可追溯;构建车间智能物流成套装置,实现自动化立体仓库与智能生产线之间物料的自动转运。智能车间的数据采集框架如图 28-3 所示。

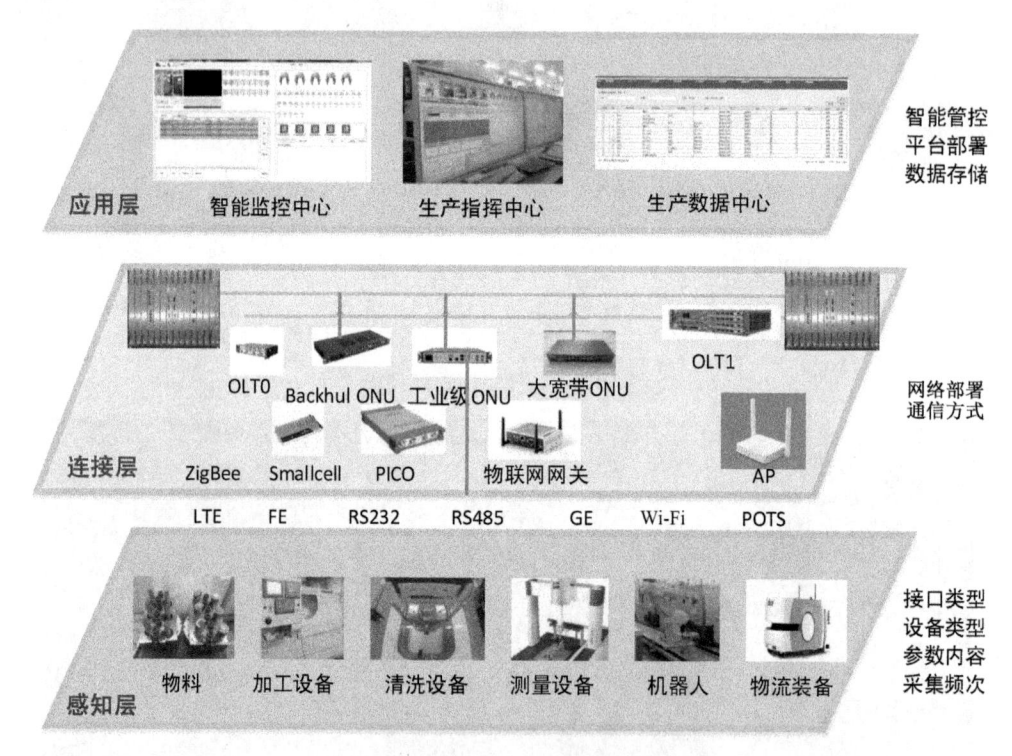

图 28-3 智能车间数据采集框架

5. 建立智能工厂

在生产过程实现自动化、透明化、可视化、精益化的基础上,产品检测、质量检验和分析、生产物流也与生产过程实现闭环集成。工厂充分利用 ERP、PDM 和 MES 的信息无缝对接,对整个工厂进行指挥和调度,实现信息共享、配送及时、作业协同。

三、实施成效

项目建立了一个包括加工、测量、清洗、烘干设备及工业机器人的智能制造生产加工单元；一个包括 AGV 小车、智能立体货柜、自动抓取机构和生产准备站组成的智能仓储单元；四个智能系统，包括面向车间实施生产数据采集的零件生产车间 CPS 系统、基于实时检测的自适应加工系统、基于 RFID 的在线跟踪系统、面向加工生产线的机器人协同作业系统，以及一套智能管控平台。以 MES 为核心，实现从三维数模、工艺工序、关键特性要求、刀具需求等的产品加工要求输入，到基于订单、批次等信息的生产任务的分配，到集成位置信息、尺寸信息、刀具补偿、自动检测等生产要素全过程的透明化管理。

整个生产线作业从接受生产订单开始，到物料准备、生产、检测、入库等 20 多个主要环节，其中粗加工和精加工过程涉及不同设备之间的物料转移和交互，全过程基本无人化、全自动作业（见图 28-4）。

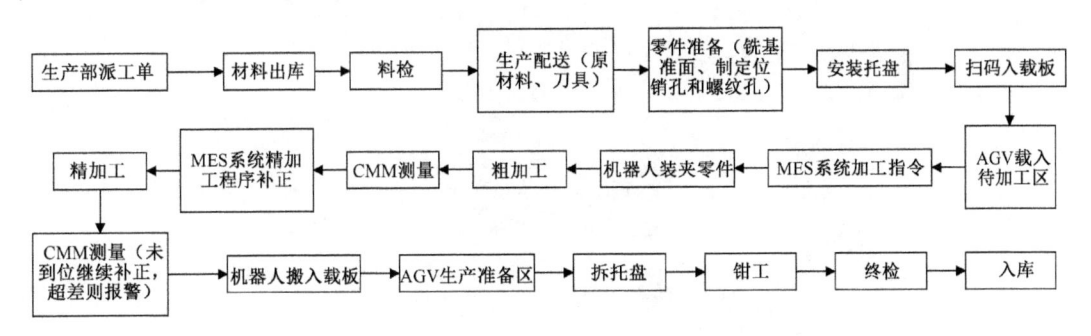

图 28-4 作业流程

使工厂的生产方式由原来的单向排产模式，向多品种、小批量、柔性化的生产模式转变，实现了面向航空航天领域的柔性智能制造新模式。

通过对工装的技术革新，设计制造出具有完全自主知识产权的零点定位系统，解决了零件与装备之间快速定位的难题。工装具有超高的重复定位精度，重复定位精度小于 2 微米。在此基础上，将设计、加工和检测基准进行统一，实现柔性加工工艺技术的革新。通过数字信息的全流程贯通，实现了物理世界与虚拟世界的实时互动。通过 RFID 芯片与工业互联网技术的应用，实现了控制、检测、物流，以及工艺装备之间、装备与软件之间、软件与软件之间的高度集成。通过自主开发的误差自补偿技术和 AI 技术，将人工智能引入实际生产运行过程中，实现了装备的智能化、生产线的智能化和整个制造系统的智能化。形成了以存储、分析、判断、决策为特征的智能制造新模式。在制造过程的各个环节，采用人机交互、柔性制造与高度集成的方式，通过计算机对生产运行的各个环节进行分析、判断和决策，对工程师的制造理念智能地进行收集、存储、分配和优化。以网络互联为支撑，通过智能制造装备、智能物流和智能品质管控等手段，达到了有效缩短产品研制周期、降低运营成本、提高生产效率、提升产品质量的目的。车间运行监控系统架构如图 28-5 所示。

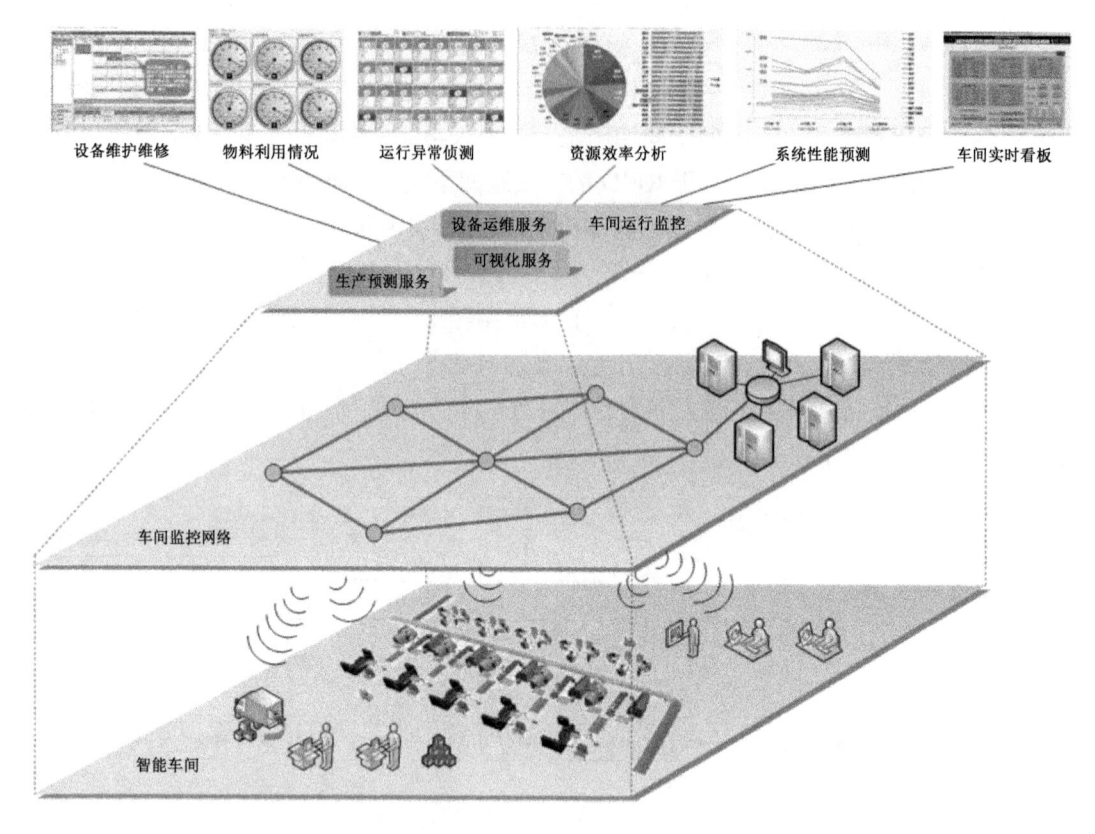

图 28-5 车间运行监控系统架构

项目实施至今已形成连续 24 小时无人值守的生产能力，完成软件著作专利 3 项，完成专利设计 3 项，完成各类飞机零件项目 138 项，人员需求减少了 80%。生产线的生产效率相较于传统生产方式提升近 200%，能源利用率提升 30%，运营成本降低了 25%，产品研制周期缩短 50%，产品不良品率降低 80%。

四、实施经验

（1）智能制造是方法，工艺技术是核心。如何通过工艺技术的革新来适配智能化的制造方法，是制造企业，尤其是航空航天制造企业应该重点思索的问题，航空航天产品品种多、批量小，结构形式复杂，尤其航空产品，多为多曲率带形面结构，薄壁件多，对变形控制要求高，对零件的互换性要求需要解决产品质量一致性……这些特点都需要革新的工艺技术结合智能化的制造方法来实现。

（2）不同层次的人才需求是未来一定阶段的企业要务。随着智能制造的推广应用，不论是智能车间研发实施的人才，还是工厂现场的操作者，或是具有复合型知识技能的设备及生产线维修维护工程师，都是未来一定时期企业紧缺的人才，这需要提前规划，尽早布局，才能缓解即将到来的巨大的人才缺口。

（3）数据及信息安全方面的工作。航空航天产品因应用的特殊性，公司对产品全生命周期的数据及信息安全都非常重视。随着智能制造的应用，生产检验过程中信息化手段的增加，对数据安全和信息保密提出了新的要求。

编委会：刘汉涛　　编写组：王尚原

29 核电系统远程运维服务试点示范
——中广核工程有限公司

一、项目实施背景与状况

（一）项目实施背景

随着核电站信息化规模的不断提高，越来越多的新建核电站都采用了DCS（数字化控制系统），从核电站数据采集和控制技术、计算机及网络技术的发展水平来看，使得自动控制系统和管理信息系统之间实时数据的传输成为可能。

在"十二五"期间，我国核电站建设逐步进入高峰期，新建核电站不断投入运营，迫切需要尽快充分利用和优化生产管理经验，集成在线数据技术管理平台，以此为依托进行核电站运行、维修、技术支持等各个领域技术问题的深层次分析，同步提高各核电站的运行管理水平，提升核电站的安全性、可靠性和经济性。越来越多的国内核电业主已经充分意识到实时信息系统将为核电站的后续安全生产运营发挥重要而不可替代的作用。

建设核电站数字化示范工程，提高核电的运行管理水平，提升核电站的安全性、可靠性和经济性已经越来越显示出其必要性。而加快核电站信息化进程，将新一代核电站建成真正数字化、信息化、知识化和智能化核电站，也将是未来核电站建设的一个发展方向和必由之路。

（二）项目实施的主要思路和目标

核电系统远程运维服务试点示范项目是基于中广核工程公司建成的世界上首个集团级核电厂工业实时数据云中心，该中心实现了中广核集团群堆远程运维服务的专业化管理。为核电厂建设阶段调试人员提供同类型机组数据支撑服务，通过对在役核电厂进行运行实时监测、智能故障诊断及预测来提高系统和设备在正常使用期间的可靠性、安全性和易维护性。全面提升中国核电工程设计、调试和电站运营的管理效率和水平，减少机组联调期间的人因事件，保障核电机组瞬态运行试验安全和缩短调试工期，并对中国自主知识产权华龙一号核电的技术研究提供有力支持。

二、项目主要实施内容

（一）项目实施的主要内容

中广核核电系统远程运维服务中心，以中广核集团级实时数据平台为核心，在各电厂部署了核电厂实时信息监控系统（KNS）、调试辅助支持系统、仪控设备预测与趋势分析系统（PFU）。同时在后方的远程监控中心也部署了核电厂实时信息监控系统、调试辅助支持系统、仪控设备预测与趋势分析系统、多参数专家预警系统。形成了多渠道，全方位的安全监控体系。为了保证数据的安全，在核电远程运维服务中心研制与部署了远程运维入侵检测管理系统。

（二）采取的主要措施

1. 集团级实时数据平台

集团级实时数据平台建设的目的是为了整合集团内各电站生产实时数据监视和分析应用方面的各种需求，形成集团统一的实时数据大仓库及信息共享中心，保证数据的唯一性，避免各成员单位需求分散、重复建设造成的资金、人力浪费。规划和建设集团级的包括集团下属所有核电、风电、水电、太阳能等电厂的生产实时数据存储共享平台，对生产数据进行统一规范管理，形成集团实时数据平台，为集团在役电站提供支持；为集团的安全生产监管，经验反馈等提供更多的专家支持，为提升集团电站安全生产监管、经验实时反馈和经营管理监测的整体能力奠定信息化基础。作为集团窗口，形成统一的集团应用及展现方式，体现集团数字化、信息化、知识化的建设能力。

2. 核电厂实时信息监控系统

核电厂实时信息监控系统作为核电厂仪控 Level 3 系统，建立全厂生产过程实时和历史数据库平台、全面采集 DCS 等控制系统的实时数据、历史数据、日志等信息及重要手工试验数据，并提供了丰富的应用功能模块如过程监视、数据查询、日志查询、趋势分析、历史回放、设备参数、设备管理、运行辅助、化学管理、手工录入、短信中心、报表管理、工具箱、轮值轮班等，为运行、维修、技术支持等生产监管人员进行全厂生产过程综合优化服务。此系统无控制功能，"控"主要指为核电厂信息资源的管控一体化服务。

核电厂实时信息监控系统的功能按照模块化定制，分基本功能与用户定制功能。用户可根据自己的需求从已有的核电厂实时信息监控系统中进行菜单式功能配置。

3. 调试辅助支持系统

在多项目多基地的情况下，随着各核电基地机组调试进入高峰期，公司优质调试人力资源不断被稀释，新进调试人员面临如何快速培养成才的问题，传统的培训方法需要有先进的数字化工具辅助支持。

核电厂调试过程中，调试人员动态监视、监控调试过程数据的手段有限。调试中心需要进一步加强对核电厂调试过程重大设备状态监控、故障预警、远程调试支持等关键技术研究，通过本项目开发和推广应用，将相关经验进行总结和专业水平提升，打造基于生产实时数据的核电厂数字化调试辅助监视系统，提高核电厂调试效率和质量，降低试验的风险，提高对机组调试中异常突发事件的响应能力。

4．仪控设备预测与趋势分析系统

随着核电运行与维修活动的不断深入，以及群堆管理的要求，一方面我们把设备运行维修的历史数据进行统一管理与分析，另一方面要求我们对运行设备的未来状态进行监督，加强设备的运行趋势分析，做好预测性维修工作。仪控设备预测与趋势分析系统（PFU）就是用于核电厂仪控设备的预测性维修和趋势分析的计算机数据处理系统，该系统的主要用户是核电厂仪控设备维修与管理人员，用于增强核电厂仪控设备老化趋势的识别和管理能力，为仪控设备的维修和更换提供强有力的数据依据。

1）系统功能

核电厂 PFU 系统主要实现的功能如下：
- 试验规程管理。
- 试验准则管理。
- 试验数据录入与存储。
- 试验结果判断。
- 历史数据查询分析。

2）系统组成

核电厂 PFU 系统包括四个子功能模块：
- 传感器验证模块。
- RCP114 模块。
- RPN 模块。
- RGL 模块。

5．多参数专家预警系统

系统结构如图 29-1 所示，系统原理介绍如下。

多参数专家预警系统的设计思想是运用涵盖设备所有测点和所有正常工况的海量历史数据建立模型，并利用相似性原理计算测点预估值，以预估值为中心建立测点动态预警带，当实际值与预估值偏差过大，超出预警带时，说明数据异常，产生预警。

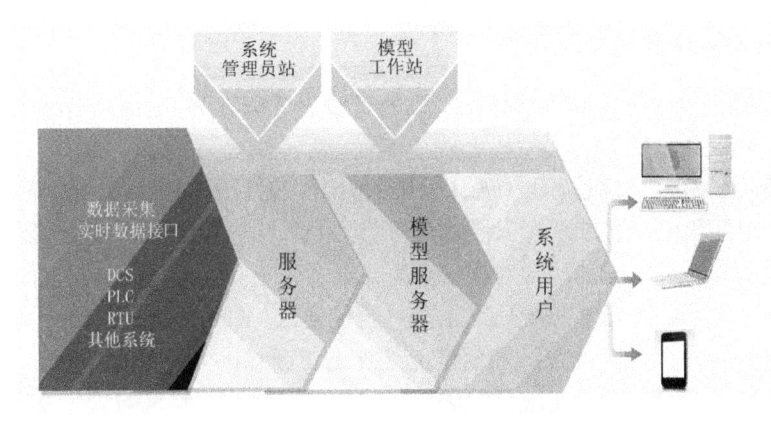

图 29-1 多参数专家预警系统结构

1）工况预判

随着传感技术与计算机技术的发展，电力设备的测点状态监测方法向着自动化、智能化的方向发展，工业设备测点日趋完善。通过测点参数可以较全面地反应设备的运行状态。同属同一设备的所有测点，具有物理相关意义，相互之间具有很强的相关性。测点参数的取值代表了设备的一个工况，当所有测点数据取值在正常范围时，此工况即为该设备的正常运行工况。通过采集设备的历史数据，对设备所有正常工况进行了积累。用实时工况与模型中所有正常工况进行对比计算，分析实时工况是否正常。

2）权值计算

运用核心算法将知识库中的所有正常工况同实时工况进行计算，得出所有正常工况对应实时工况的权重值。权重值显示了正常工况与实际工况的相似性程度，从而进一步确定当前设备状态。

3）相似预估

根据相似性原理和每个正常工况的权重值，通过综合计算所有正常工况与实时工况的相似度，计算生成实时工况的预估值。因为工况包含所有测点参数，所以预警系统针对设备每个测点的预估值不仅取决于该测点长期的历史运行规律。同时，也取决于该测点和其他测点之间的关联相似度，屏蔽了干扰信号对预测值的影响，大大增强了预测值的精确度和可靠性。

4）动态预警

预警系统通过模型计算产生预估值，对预估值设定阈值，以预估值为核心，阈值为振幅，时间为横坐标，形成动态报警带。可以根据该设备过去的运行情况，通过多变量模式识别，发现设备异常的早期征兆。

动态报警同时兼顾过去的设备行为，多种运行状态，多种系统状态，多种变量之间的关系，通过为每个传感器实时创造一个动态带，并同其他传感器的值相关联。根据实时工况绘制一个动态的报警带，实际工况是根据该设备当时的相关参数确定的。

6. 远程运维入侵检测管理系统

为了更好地防御对核电系统远程运维服务中心可能的数据入侵行为，中广核研发了远程运维入侵检测管理系统。

该系统集合了两台入侵检测系统硬件设备和一台硬件防火墙，利用多个IDS（入侵检测系统）进行相互印证。通过现有入侵检测（防御）系统提供的数据接口对报警数据进行进一步融合关联，利用先进的理念对报警数据进行处理，尽可能地还原攻击的场景，并对报警进行友好的展示；而且本系统采用了多种响应方式，并与其他设备进行联动，尽可能地提高核电数据的安全性。本系统的创新点是提出了新颖的异常检测方法（基于SVM），有针对性的报警融合和关联，实现了检测范围广、适应性强、响应方式丰富，同时与防火墙进行联动以实现一个误报率低、关联度高、实用性广、响应及时的入侵检测机管理系统。

三、实施成效

目标市场前景性分析如下。

（1）本项目提供的跨项目多机组调试支持功能，为提高调试试验效率、降低试验风险起到了重要作用。根据现场实践的经验，保守估计此类联调试验每项可节约主线窗口0.5个小时，单个机组约有80余项此类主线活动，因此单台机组可节约工期80×0.5=40小时，折合机组发电量约合40h×1000MWe/1000W=4000万千瓦，约合人民币4000万×0.3=1200万元，经济效益相当可观。

（2）电厂运行之后，根据运行规定，主控室同时进入的操纵人员不可超过8人。本项目提供的在线核电厂数据监视、历史回放等功能，可将数据实时推送至所有人的办公桌面，极大提高了核电厂人员的工作效率，经济效益巨大。

（3）生产数据云中心的建立，极大地促进了中广核集团各公司数据应用研究的技术发展，带动了一批新技术应用、新课题的研发，成为中广核技术创新的发动机。

（4）该项目在中广核的成功应用，也极大地促进了国内核电行业的发展，中核、国核也纷纷效仿，在各自所属核电厂逐步策划与实施。中广核已将该项目作为在建核电厂的标配系统进行推广，即将登陆英伦的华龙一号也配置有该项目应用功能。

四、实施经验

（1）核电系统远程运维项目形成了中广核集团统一的实时数据大仓库及信息共享中心，保证数据的唯一性，对核电厂调试、运行、维修、在役改造有重要意义。

（2）核电厂生产实时大数据的应用，为核电厂安全生产监管、经验实时反馈和经营管理监测的整体能力奠定信息化基础，大大提高了核电生产、调试、设计后台的工作效率，极大地降低了管理成本风险，为后续知识化、智能化核电厂管理提供了有效技术手段，对促进整个核电行业的信息化建设起到了积极的推动作用。

编委会：刘高俊　　编写组：谭珂

电力装备智能制造试点示范
——南京国电南自电网自动化有限公司

一、项目实施背景与状况

南京国电南自电网自动化有限公司是中国华电集团全资子公司——国电南京自动化股份有限公司控股的子公司。公司致力于为客户提供电网自动化和配电自动化产品的研发、制造、销售和服务,以满足包括电网、工业等应用领域在内的快速发展的市场需求。公司致力于为国内外客户提供国际一流电网建设运营设备,为各类发电企业以及工业智能制造领域提供自动化控制系统、产品及整体解决方案。

国内业务惠及 9 亿人口,设备最长运行时间达 20 年,运行设备金额超 200 亿元,共涉及 28 592 座变电站,覆盖全国 110kV 及以上 26 034 座变电站中的 18 224 座,达 70%以上。

随着我国国民经济快速发展,电力需求也不断增大,国家对电源、电网的建设投入不断增大,未来我国电网投资依旧将保持快速增长态势。智能制造是全球产业发展的新趋势,是企业实现深度两化融合的主攻方向,是公司做大做强的需要,是公司实现转型升级的重要举措。

"电力装备智能制造项目"总投资 8156 万元。项目资金使用在智能制造生产设备,信息化系统(TFS、ERP、MES、Here),工程远程服务中心,车间的温湿度监控系统,防静电系统等建设方面。建设周期从 2015 年 1 月到 2017 年 4 月,项目已完成投入正常运行。

本项目主要任务是实现公司全生命周期主要业务领域数字化、信息化、网络化、自动化和智能化,从设备、控制、车间、公司和内外协同五个层级,建设智能化设备、智能化控制系统、智能化车间、企业内部各领域业务系统之间,以及企业与相关外部企业的智能化协同管理系统,实现产品从研发设计到客户服务的系统智能集成和信息高度共享。

二、项目主要实施内容

目前，项目已投入运行，并取得了显著成效，实现从产品设计到销售与服务、从设备控制到企业资源管理所有环节的信息快速交换、传递、存储、处理的无缝智能化集成。具体完成情况如下：

（1）在产品研发方面，全面实现产品结构设计、电子电路设计、软件设计、产品工艺设计、产品测试设计的数字化，建立了应用于产品全生命周期的数字化模型，完成产品研发设计管理（PDM）系统，实现了研发设计集成化、网络化，并与ERP、MES等高度集成。

（2）完善了ERP系统，自主开发了适合企业需求的生产制造执行系统（MES），实现了ERP、MES高度集成，实现了MES与自动化、智能化制造装备（或生产线）的集成，实现双向数据采集与指令执行。

（3）完成10条自动化、智能化生产线建设。拥有自动化、智能化的生产、试验、检测等设备245台套，这些智能化制造装备本身具有高度自动化、智能化特性，智能化制造装备占全部制造装备总数的92.05%。采用工业以太网、物联网和分布式控制系统等信息技术和控制系统，建立车间级工业互联网络，232台套自动化、智能化装备实现网络互联，占自动化、智能化装备总数的93.53%。

（4）基本实现了外部物流控制信息化、网络化、集成化和智能化。

（5）建设了远程服务支持系统，在大幅度提升服务质量和客户满意度的同时，将过去客户服务作为成本中心向利润中心转型，初步实现了"产品制造"向"产品智能制造+产品智能服务"转型升级。

（6）完成了公司内部管理信息网络、车间网络、现场服务网络系统建设，采用标准以太网、工业以太网和现场总线的集成互联，初步构建了公司工业互联网络。

（7）完成了公司公共支撑服务软件平台、数据中心大数据系统建设，不仅为本项目提供信息共享、软件系统集成提供了支持，同时也为今后企业信息化、网络化、集成化和智能化打下了坚实基础。

（8）完成了综合信息管理（HERE）系统建设，HERE系统一方面实现了产品设计、生产、物流、销售和服务全生命周期主要业务领域的信息集成共享，一方面也为决策支持提供了工具和手段。

三、实施成效

智能工厂实施后，总体生产效率提高42.48%，减少当前的人力资源成本32%，质量一次通过率提高13.25%，能耗减少8%，新品平台研发周期缩短26%，达到装置年设计产能12万台、单板120万枚的目标。公司作为电力设备行业的领军企业，智能化制造是发生革命性变化的核心技术，高度集成了产品研发设计域、生产制造域、产品销售域、外部物流域和产品服务域的域内信息和系统，在国内电力装备制造行业具有较强的示范与引领作用。

1．生产效率（见表30-1）

计算公式：效率=当前工序工时/工序人数。

表30-1 生产效率（单位：s）

比较内容	2014年效率	2016年效率	效率提升
插装	0.41	0.21	49.00%
焊接	0.56	0.29	48.57%
测试	14.12	8.18	42.05%
效率合计	15.08	8.68	42.48%

2．人工成本（见表30-2）

计算公式：年人工成本=年平均人工费用。

表30-2 年人工成本（单位：万元）

比较内容	2014年人工成本	2016年人工成本	人力成本节省
插装	1387.20	816.00	571.2
焊接	734.40	571.20	163.2
测试	1224.00	897.60	326.4
总计	3345.60	2284.80	1060.8

3．质量成本经济分析

由于质量一次直通率的提高，故相应维修的人力成本降低（见表30-3）。

表30-3 质量成本

比较内容	2014年	2016年	质量成本节省
一次直通率	84.75%	98%	163.20万元
维修人数	4	2	
质量成本	326.40万元	163.20万元	

四、实施经验

1. 建设适应多品种、小批量、高效柔性的智能车间

整个车间按洁净厂房设计，建立温湿度自动控制系统，配备有 11 个传感器节点和 4 个屏幕实时显示厂房温湿度，并且由计算机控制进行自动加湿调节。以 ERP 为核心的财务核算系统，以 MES 为核心的生产制造管理系统（与南京航空航天大学合作），以 TFS 为支撑的产品生命周期管理系统，以 HERE 综合信息管理平台为支撑的业务流程集成管理系统，通过信息整合实现互联互通、流程优化、工作协同、实时响应。

智能车间通过 MES，实现了从计划排产、生产过程控制、质量追踪、库房管理等全方位的生产过程控制（见图 30-1）。

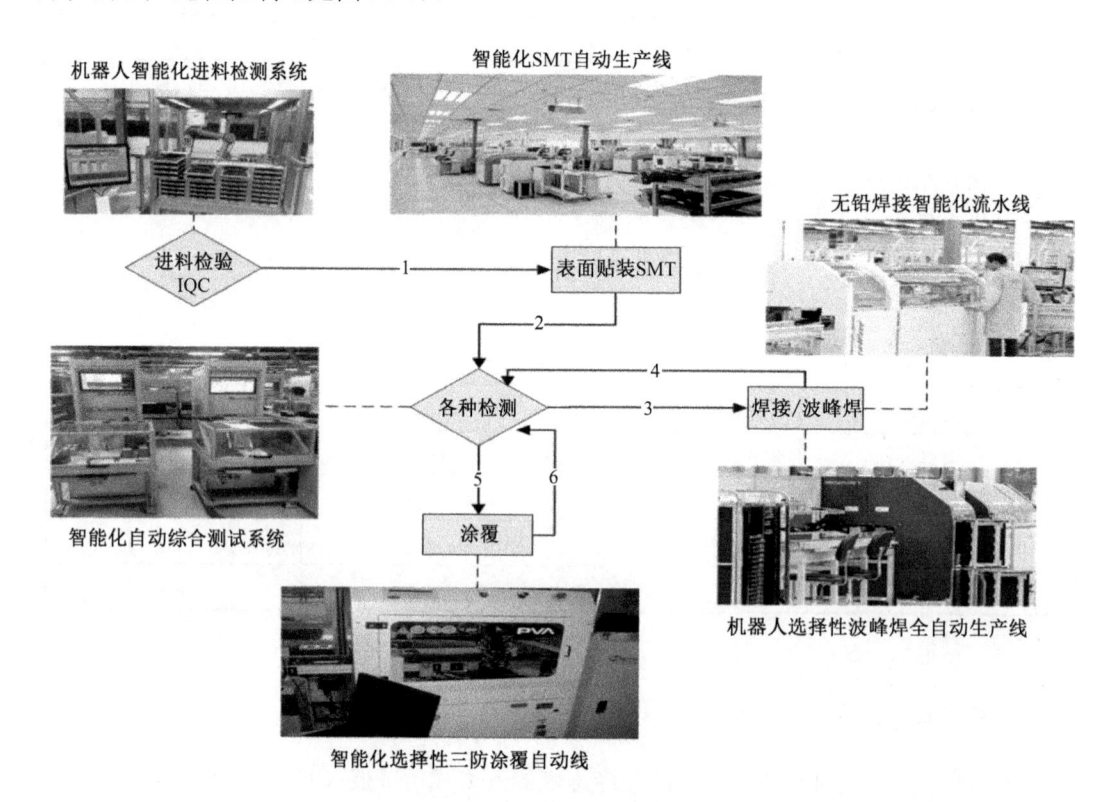

图 30-1 智能化生产过程控制

2. 先进设计技术应用和产品数据管理系统

全面采用设计、工艺仿真软件，包括计算机辅助类软件、基于数据驱动的三维设计与建模软件、数值分析与可视化仿真软件、模块化设计工具，以及专用知识、模型、零件、工艺和标准数据库。智能化产品开发流程与相关系统软件的应用关系如图 30-2 所示。

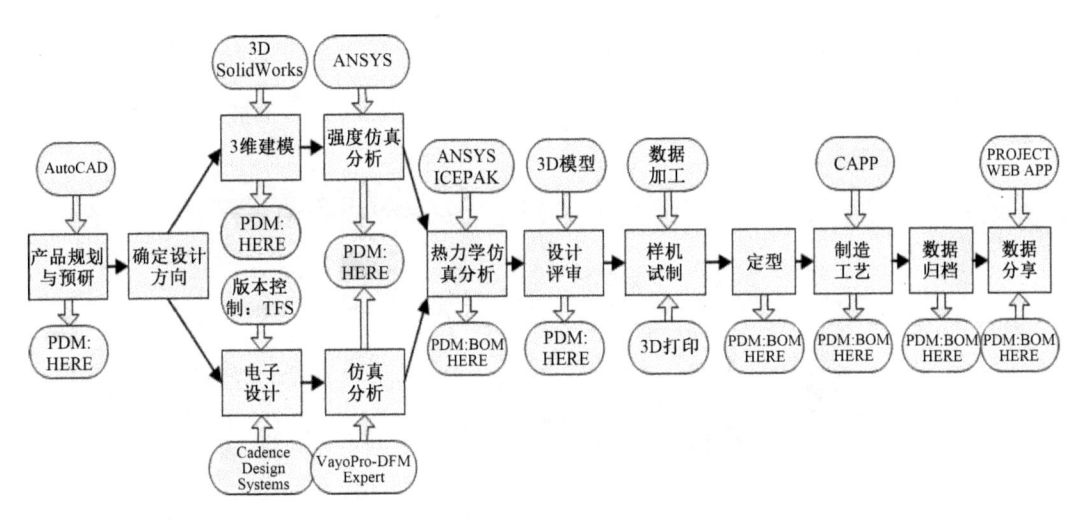

图 30-2 智能化产品开发流程与相关系统软件的应用关系

3．推动自主研发的提升，提高了装备、系统及软件的国产化水平

近年来，从技术方面进行多层次、全方位的装备智能改造创新，提高生产效率和减少用工，技术创新提升了智能化水平。项目自主研发制造了产品自动测试系统、机器人智能化进料检测系统、集成化远程工程服务支持软件及系统、综合信息管理（HERE）系统，项目建成了产品、物料可追述的生命周期管理系统。

例如主导设计的继电器来料筛选线，实现了应用机械手完成电压等级分类筛选的智能化系统，效率比以前手工操作提高 200%，节省人力成本每年约 30 万元，大大提高了检测的精度与速度（见图 30-3）。

4．绿色制造-无铅化生产线

公司不仅关注制造智能化，而且也关注绿色化的智能制造。公司自主设计、导入了国内电力制造首条无铅智能化生产流水线，产品已用于德国电力用户，为一带一路建设、产品进入欧盟市场创造了条件。同时对电力行业内无铅化生产贡献显著，积累了丰富的操作经验和无铅焊接工艺技术，增强了竞争力，创造了机会点。

5．基于"互联网+"的工程服务管控平台的应用

建立了工程远程服务支持系统，实现了工程服务的全过程精益化管控。通过基于地图的人员安全定位和优化调度、基于可视化的远程技术支持和安全管理、基于大数据的产品全生

图 30-3 机器人智能化进料检测系统

命周期管理等手段，创新了服务模式，降低了服务成本。将过去客户服务作为成本中心向利润中心转型，初步实现了"产品制造"向"产品智能制造+产品智能服务"转型升级（见图30-4）。

图 30-4 工程远程服务支持系统

编委会：仇士新　　编写组：金郁鑫

31 汽车零部件数字化车间试点示范

——吉林金洪汽车部件股份有限公司

一、项目实施背景与状况

(一)项目实施初衷

吉林金洪汽车部件股份有限公司在产供销管理、财务核算、材料成本核算、供应商的付款、顾客的回款、固定资产管理、资金的内控管理、财务报表等方面,全部由 ERP 进行管理核算,所有财务数据从 ERP 系统中提取。但实际操作中经常出现偏差,生产过程数据不准确,投入产出数据不能及时、准确地提供;新产品的项目管理没有纳入管理系统,项目跟踪不及时,项目核算不准确;财务系统的预算管理没有纳入;生产设备的停/开机时间不能准确统计,从管理上也没有与财务数据相链接,不能及时体现出数据……由于上述问题,给企业管理带来责任不清、管理数据不准确的问题,企业缺乏管理创新和竞争力。为推动公司信息化与工业化的融合,打造金洪自己的信息物理系统(CPS),就是在金洪集团内,将各种资源、信息、物品和人融合在一起,相互联网的众多的"信息物理系统"形成工业 4.0 的模式。从生产原材料采购到产品出厂,整个生产制造和物流管理过程,都基于信息技术实现数字化、可视化的智能制造。

通过实现智能化,企业能够根据市场波动不断对生产计划进行调整,能够准确地掌握生产中各个环节所产生的经济效益,跨领域进行团队的高效协作,有效地控制产品质量,使企业实现可持续、安全、环保及低碳的发展。

(二)项目实施的目标

公司通过将物联网和自动化技术融合于数字化制造行业中,通过升级 ERP、引进 MES、设计制造多工位和级进模等自动化工艺装备,并在自动化生产线安装了数据采集系统、扫描枪等实现生产数据及生产准备时间的自动采集,预期可实现以下目标:

（1）运营成本降低 20%，实现 ERP 与 MES 的链接和集成。
（2）生产效率提高 30%以上，实现生产状态监控、预警，以及生产订单的防错等。
（3）实时监控每台设备的运行情况，自动测算设备的综合效率（OEE）。
（4）能源利用率提高 5%。

二、项目主要实施内容

（一）项目实施的主要内容和措施

围绕汽车零部件制造行业提质增效，运用互联网、大数据、自动化等现代信息技术，建设以工业化和信息化深度融合，推动生产制造向自动化、智能化发展，经营管理先进化。

（1）引进云桌面和超融合服务器，实现服务器虚拟化 aSV，数据存储虚拟化 aSAN，基础架构有序增长，简化存储结构和网络结构。

（2）选择 ERP Tools 为系统开发平台，结合现有 ERP 功能，使用.Net 开发语言，进行集成功能开发，选择帆软报表开发平台，开发实现业务营运监控预警系统。

（3）实现 ERP 与 MES 的链接和集成，配备 AP，通过 AC 控制器模拟漫游功能，无线全覆盖，生产管理、物流管理、项目管理等规范运行，提供设备的实时数据和可视化的生产报告。

（4）搭建立体库房，实现物流库位与 ERP 链接管理，引进 AVG 小车及 WMS 库房管理系统，实现自动配货、智能化库房管理。

（二）采取的主要措施

根据公司的实际情况及未来发展趋势，以项目管理的模式整体设计公司"产供销"整个流程策划，具体如下。

1. 建立项目系统模型及运行

（1）工厂总体设计模型，如图 31-1 所示。

公司通过产品报价，利用 APQP 先期质量策划、UG 等软件进行工艺方案分析、设计、制造（过程控制引入 ERP、MES 等系统）、销售，实现产品生产过程智能化。

（2）车间工艺流程及布局模型。

实现自动化柔性生产线，数字化电子看板，自动化物流仓储系统，自动化 PCBA 生产线，自动化装配测试线，数字化制造车间制造执行系统（MES），企业资源计划（ERP），产品数据平台。

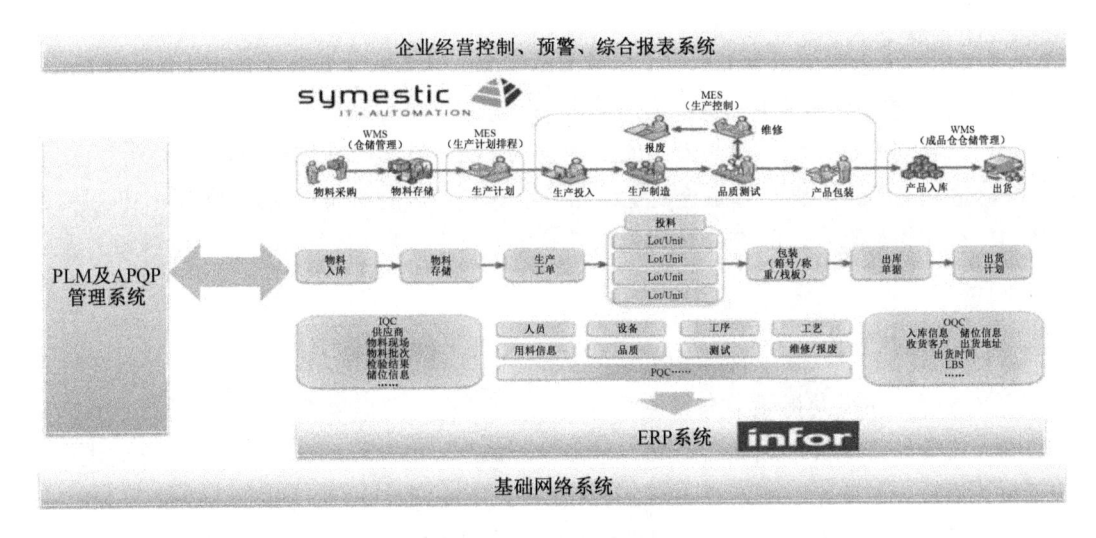

图 31-1　工厂总体设计模型

2. 建设先进设计技术应用和产品数据管理系统

（1）先进设计技术应用。利用电缆光纤、Wi-Fi、4G 等有线、无线高速信息网络实现多台设备之间的信息交换，实现生产设备的全面网络化和数字化；引进多工位和级进模等设计理念，采用数字化的生产作业管理系统；所有产品的工艺设计和模具设计全部采用 AutoCAD、UG、AutoForm、CATIA 等二维、三维计算机辅助设计软件，实现产品的数字化设计和仿真技术；制造过程可视化管控，数字化的设备监控、报警管理和预防性维护，及时发现制造过程存在的问题，消灭事故隐患，避免生产过程的意外中断；建立自动化模块实现产品检测、自动上下料与产品编码识别系统；建立生产过程数据采集和分析系统。

（2）建立产品数据管理（PDM）系统，如图 31-2 所示。采用 PCBA 智能检测系统，智能装配生产线。

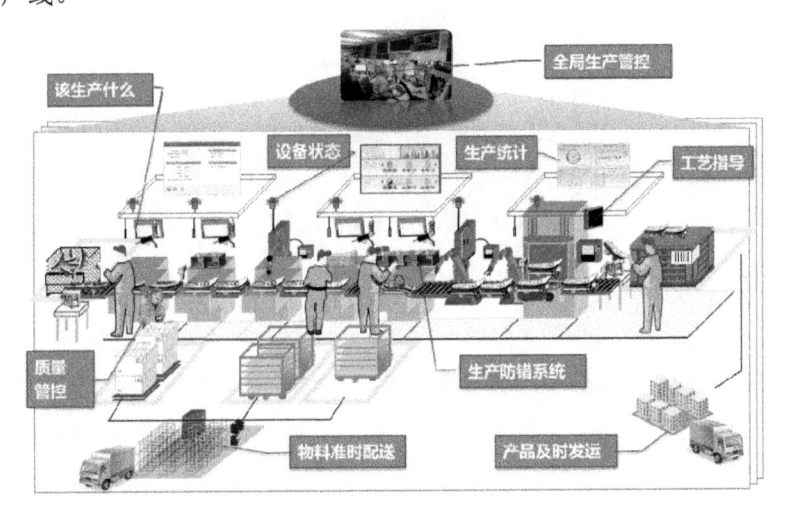

图 31-2　产品数据管理（PDM）系统

3. 关键技术装备的应用

公司在现有设备基础上，新购置焊接机器人、数控龙门加工中心、高速冲、多工位压务机、激光切割机等智能传感与控制的生产设备；限时升级改造原有设备，购置自动上料机、焊母输送机等；引进螺母螺栓视觉检测系统等自动检测装备；设计制造多工位及级进模等自动化工艺装备；同时产品从材料入库开始实行条码扫码，到最终出库，实现产品的可追溯性。

4. 生产过程数据采集与分析系统建设

生产数据采集系统提供了与数控设备 PLC 对话进行数据采集的接口，通过该接口生产数据采集系统能够读取设备运行状况性能参数数据，并将采集的数据实时存储到生产数据采集数据库中，用于分析管理设备运行性能。生产过程引用条码扫描，ERP 与 MES 的链接和集成，及时收集生产线的实时数据，建立车间监控管理系统，在系统中实时反馈任务进度，以降低生产成本、提高生产力，为企业精益生产管理提供可视化的生产报告。

5. 制造执行系统（MES）与企业资源计划（ERP）系统的建设

MES 能通过 ERP 的信息传递对从订单下达到产品完成的整个生产过程进行优化管理，通过企业的连续信息流来实现企业信息全集成（见图 31-3）。

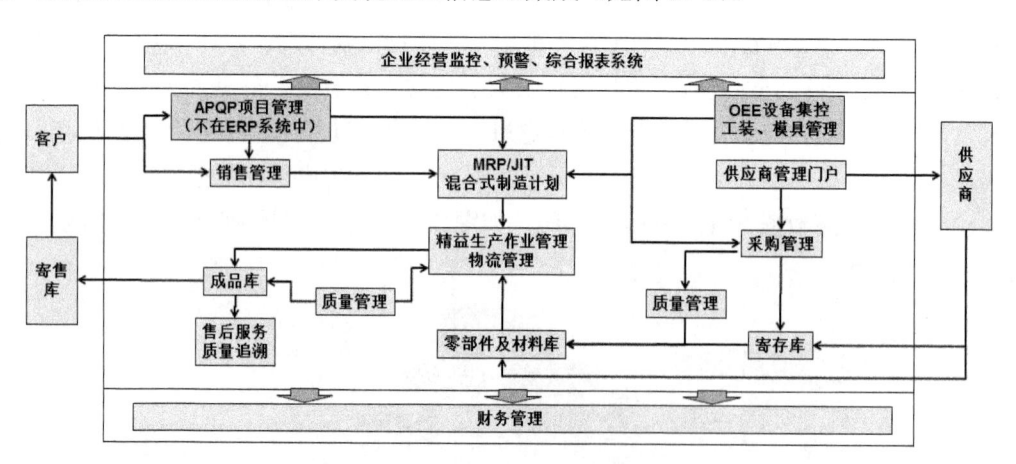

图 31-3 MES 与 ERP 系统的建设

6. 工厂内部网络架构建设及信息集成

本项目按照 CISCO（思科）的经典布局网络分为核心层、转发层和接入层。以现有的工业通信协议为基础，利用无线、有线通信技术来实现设备与设备间、工作站与工作站间快速、高效、稳定的通信，以保障设备能安全有效地运行（见图 31-4）。

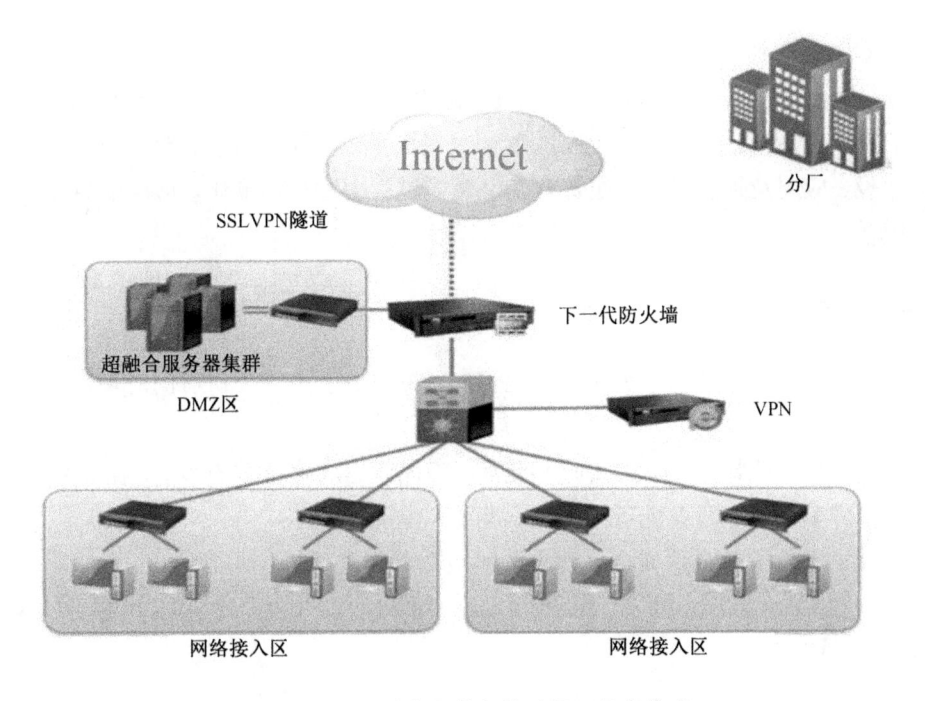

图 31-4　工厂内部网络架构建设及信息集成

7. 信息安全保障

通过技术防护体系和功能安全保护系统的建设，在第一时间获取业界最新的漏洞信息，保证漏洞特征库的时效性和先进性；通过信息安全管理制度，严格按制度要求执行，监督检查网络系统的安全性，做好系统的安全，以保证项目信息安全管理。

三、实施成效

（1）实现自动数据采集和处理自动化。从销售合同、项目开发、采购、生产到成品入库及发货，全部实现业务数据的自动采集和自动处理，尤其在自动化生产线的投入使用后，自动的数据采集系统消除人为录入和手工复杂大量数据处理。通过对生产计划与进度控制、质量控制、合同管理等功能，实现对销售管理、生产计划、排产、过程监控、成本计划与控制等全方位管理。设备管理系统将提高公司的物资管理、设备维修管理水平，提升和改造企业资产管理流程、物资采购流程，实现企业设备维修的系统管理，不断提高设备综合效率。

（2）全面提高质量管理水平。工艺流程设计、工序调配、质量控制等各个环节集成，记录整个生产过程中的质量信息，建立质量数据库和分析体系，降低废品损失，减少能源浪费，提升生产效率，并进行持续改进。

（3）为企业决策者和管理者提供决策支持。提供准确及时的数据，为企业决策者和管理者提供支持；建立企业的对外信息平台和交互渠道，通过企业间的在线合作，降低自身的经营成本,并增强市场竞争力。

(4)公司于2016年被评为省级"两化"融合示范企业,于2017年被评为国家"智能制造"试点示范企业。公司将以更高的目标来促进自己、提高自己、鞭策自己,不断总结智能化建设、应用及管理经验,在智能工厂建设过程中进行标准化,形成信息等智能工厂标准化模板。

四、实施经验

(1)通过项目的实施,可实现集团化管理,公司的全资子公司可同时使用,实现集团管理的统一。

(2)公司信息流畅通,数据实时、准确,确保数据准确及时的传递,给决策者提供改进的依据。尤其是对于设备的综合效率,可准确提供数据。

(3)保证了数据信息的安全,防止漏洞攻击和数据丢失。

编委会:张　红

32 航天器结构件智能制造试点示范
——上海航天设备制造总厂

一、项目实施背景与状况

（一）项目实施背景

航天产业发展关系到国家安全与战略，代表着国家自主进出空间的能力和科技水平。运载火箭、神舟飞船、空间站等航天器产品作为航天基础运输工具和空间载体，是所有"空天计划"得以实现的基础保障。

航天制造是国家安全与国民经济发展的重要基石。上海航天设备制造总厂承担我国军事、气象、海洋、地质、通信及国际商业发射任务，由于有效载荷、空间轨道等不同，每个航天器的结构件都会有所变化，显现出航天产品的个性化定制的特点。面对航天高密度发射和快速进入空间的新形势，多型号交叉并行生产、生产量不均衡等导致研制周期长、效率低、成本高、质量低等问题日益突出。同时，我国单位载荷发射价格已高于美国，降低制造成本已迫在眉睫。

就整体制造能力而言，在航天结构制造领域落后欧美五年左右，主要体现在制造模式方面。因此，将智能制造新模式在航天产品结构生产中进行应用验证，实现信息化与制造端深度融合，走向智能制造发展方向，保证产品生产计划进度，降低航天器制造成本，是航天制造企业竞争力的关键所在。推动航天制造及时赶上国际制造先进水平，同时也将为国内其他行业提供可供借鉴的技术途径并起到应用示范作用，进而引领国防企业、国家制造业的智能化改造升级。

（二）项目实施的主要思路和目标

项目面向航天器定制化制造、高强度研制、高密度发射的需求，结合航天制造"多品种、变批量、多工序、高频次不确定性应急生产、研制与批产并行"的普遍特点，针对航天器结构制造过程中存在的质量一致性不高、研制周期长、制造成本高、产能无法充分释放、制造竞争力可持续性差等问题，开展对航天器结构智能制造新模式的研究与工程应用。

以航天器结构件数控加工、成形、焊接、铆接、弯管、涂装、装配的制造全过程为对象，以航天器结构制造过程与数字化、智能化制造环境的深度融合建设为核心，建设并实现：

（1）构建自适应高效智能数控加工等 14 个与工艺紧密关联的智能制造单元或生产线；建设适应多种物料的智能仓储和物流系统，实现车间自动化、智能化的物流供应。

（2）依托航天器结构制造工艺特点，建成基于数字化建模与虚拟仿真的车间规划、知识驱动的智能工艺设计、动态混流精准管控的 MES、基于大数据的智能分析决策等为核心的智能研发、制造和管理平台，实现一体化的精准管控。

（3）建立生产过程中人、机、料、环、测的物联与信息实时采集，并与车间虚拟模型、MES 等实现数据集成和融合，实现基于虚拟信息和实时物理信息融合的航天器结构件智能车间 CPS 系统。

（4）突破国产高档数控机床、数控系统、关键部件、柔性生产线和生产单元的综合集成，建成虚拟制造与物理制造融合为主要特征的自主、安全、可控的航天器结构智能车间，提升我国航天器结构件的整体制造能力与制造水平，为实现从"航天大国"向"航天强国"转变奠定基础。

二、项目主要实施内容

航天制造为典型的离散型制造，航天器结构件智能制造项目面向航天器结构件单件定制、小批量、个性化、高可靠的典型特点，融合先进生产模式、先进组织管理方式、先进制造系统、先进信息技术，应用物联网、大数据、CPS 等智能制造手段，使分散的、独立的自主制造单元能够按个性化需求进行柔性聚集，建设自主安全可控核心智能装备及生产线，在全流程工艺和布局优化的基础上构建数字化车间，通过建设自主、安全、可控的物理互联信息系统和智能制造管理平台，实现各生产环节的互联互通，实现航天器结构件智能化制造。智能制造模式的应用改变了航天装备传统的设计方式、生产方式和管理方式，大幅提高制造系统的柔性和自动化水平，并使生产系统具有自组织与自适应能力，从而以较低的成本、较快的速度、较高的质量响应个性化定制需求，对航天装备制造业转型升级、跨越式发展具有广泛的带动性和示范意义。

项目面向众多航天器结构件，采用自主、安全、可控的核心智能制造装备构建 14 个智能制造物理单元和生产线；利用数据结构化、知识工程、大数据等技术构建全过程一体化管控软件平台；通过物联网等技术手段，建立生产过程数据采集和分析系统，并与车间制造执行系统实现数据集成和融合，实现基于实时加工状态的工艺参数优化、加工误差自适应补偿、虚实结合的智能监控等应用，实现面向虚拟信息和实时物理信息融合的航天器结构件智能车间 CPS 系统，并形成横向、纵向、端到端的数据集成、闭环管控和自适应反馈（见图 32-1）。

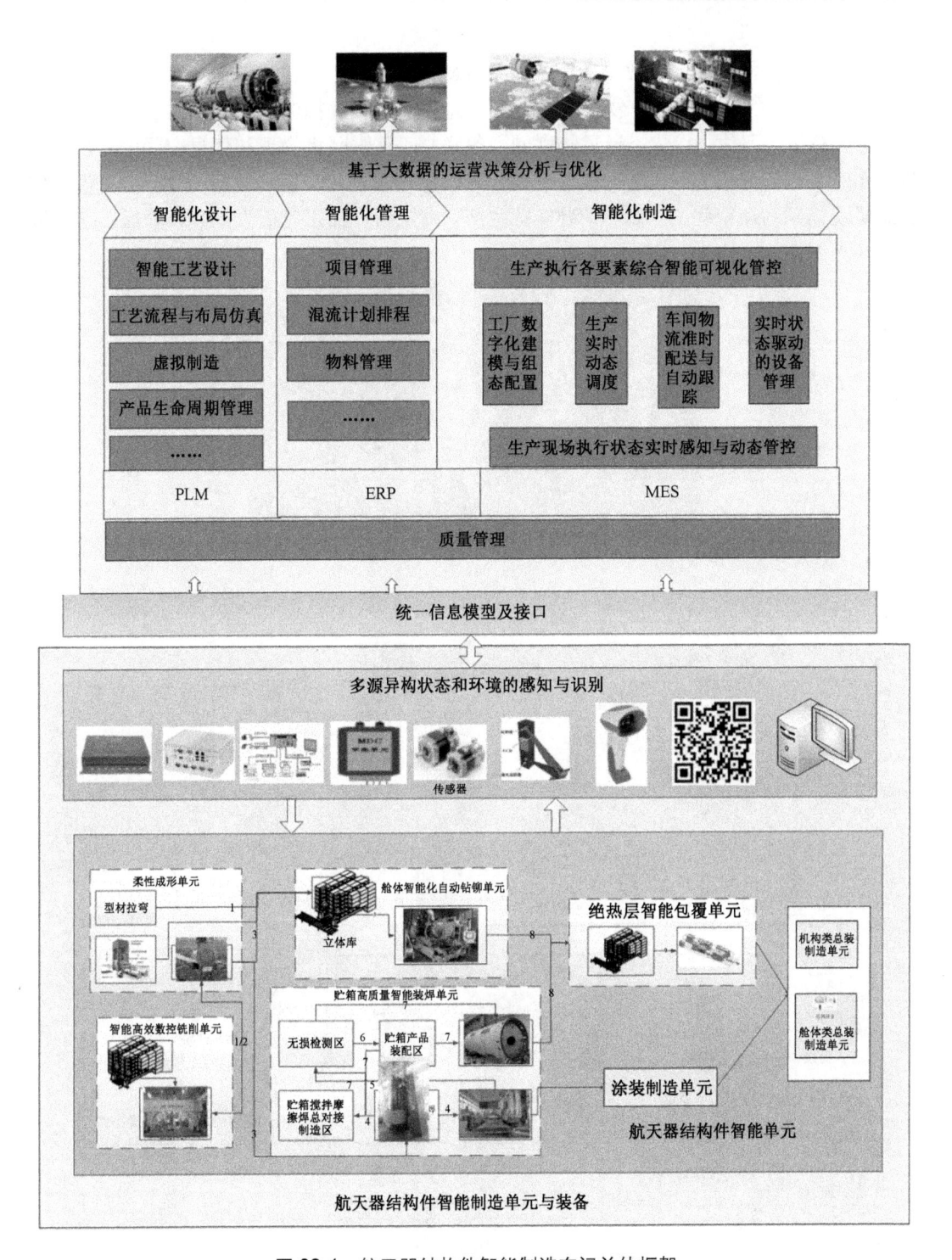

图 32-1 航天器结构件智能制造车间总体框架

（1）以 CPS 为代表的信息技术与虚拟仿真技术、制造技术、管理技术等融合技术创新，构建相互协调、交互、动态控制的一体化物理-信息融合制造空间。面向航天器结构件智能制造规划需求，运用数字建模、虚拟仿真技术，构建与规划方案一致的涵盖车间布局、工艺、物流规划到工艺、物流展示全业务流程的三维虚拟制造环境，对生产全过程进行规划、分析、评估、优化；通过物联网、务联网、互联网将物理和信息空间融合，物理生产实时映射到虚拟空间，通过虚拟空间针对新的需求优化工艺和物流方案，再将虚拟仿真结果反馈到物理空间，控制、指导实际生产，缩短新产品工艺研发周期，降低工艺验证成本（见图 32-2）。

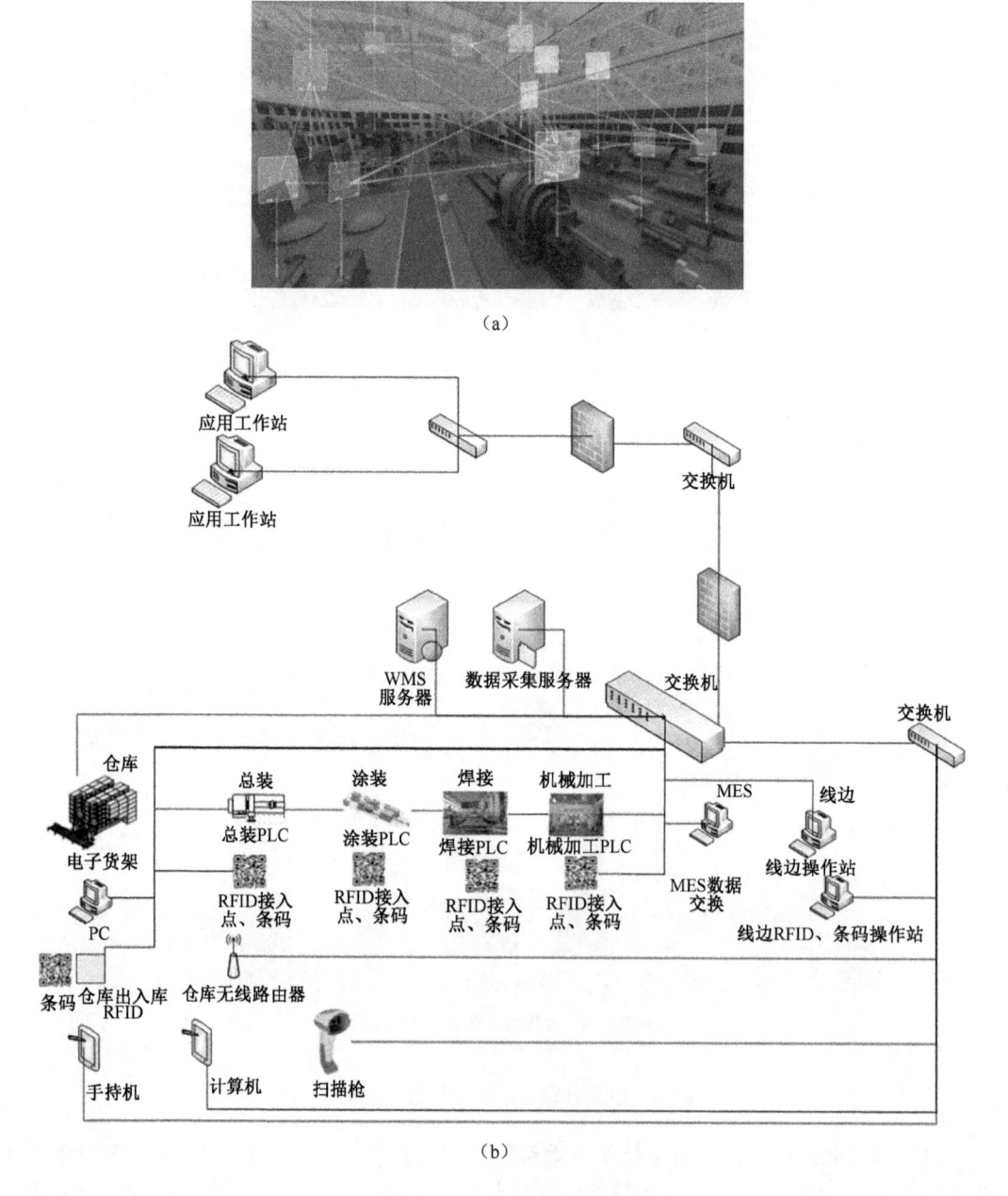

图 32-2 车间物联示意

（2）是国内航天制造行业首家拥有完全、自主、安全、可控的核心国产数控装备的企业。围绕航天器结构件的典型工艺，包括数控加工、增材制造、成形、铆接、焊接、管路加工、绝热包覆、涂装，以及总装等，通过系统集成、智能感知的改装、自主研发等方式，形成了系列自主知识产权、面向各专业加工制造的智能化装备和生产线，全面涵盖了高档数控机床与工业机器人、增材制造装备、智能传感与控制装备、智能检测与装配装备、智能物流与仓储装备等各类核心智能制造装备，实现了从信息互联到物物互联，实现了航天器结构件关键制造过程的状态感知智能分析、精准执行，有效提高生产效率和产品质量，提升我国航天器结构件的整体制造能力。例举其中的智能焊接生产线如图32-3所示。

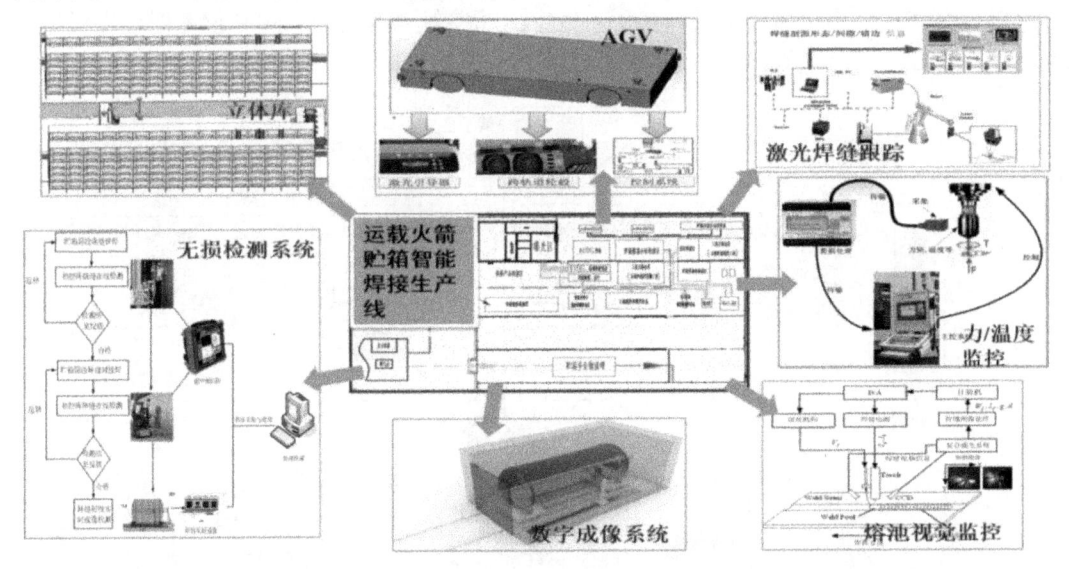

图 32-3 智能焊接生产线

（3）以智能制造、精益制造、全面质量管理为要素，构建实时反馈、快速决策的智能管控系统，实现了设计、工艺、制造、运营全流程贯通的安全可控的软件系统。采用工业互联网、实时数据采集、三维虚拟智能监控、大数据分析等先进技术，从纵向、横向、端到端多维度率先在航天装备制造领域建立贯通三维工艺设计、产品全生命周期数据管理、企业资源管理、精准化制造执行管理、异构环境下生产过程数据实时采集、制造全过程大数据分析、信息安全保障等各功能的协同智能管理系统，适应航天器结构件的多型号、多品种、小批量、短周期、高可靠、高安全的制造特点。实现产品质量预防控制和全闭环质量跟踪，不良品率降低25%；实现航天器结构件零件、部件、外购件的精准配送，缩短装配生产线待机待料时间，降低物料库存，大大缩短零件转运距离及等待时间，实现能源的利用率提高12%，同时打造环保、绿色、安全的制造环境。智能车间软件平台总体架构如图32-4所示。

三、实施成效

（1）项目建立航天器结构件智能制造车间示范基地，建成自适应高效智能数控铣削单元、航天器结构件智能成形单元、储箱高精度智能化焊装线、航天器管路生产线、舱体智能化自动钻铆系统、构件智能化喷涂线等14个智能单元/生产线，实现在线高精度检测、焊接工艺过程自适应控制、智能物流等功能，生产效率提高26.00%，运营成本降低25.95%，产品研制周期缩短34.00%，产品不良品率降低20.00%，能源利用率提高15.10%。

（2）采用包含高速高效精密五轴加工中心、激光焊接机器人、关节型喷涂机器人、激光高效选区熔化、数据采集系统、条码、数字化非接触精密测量、超高超重型堆垛机等在内的十种及以上核心智能制造装备。

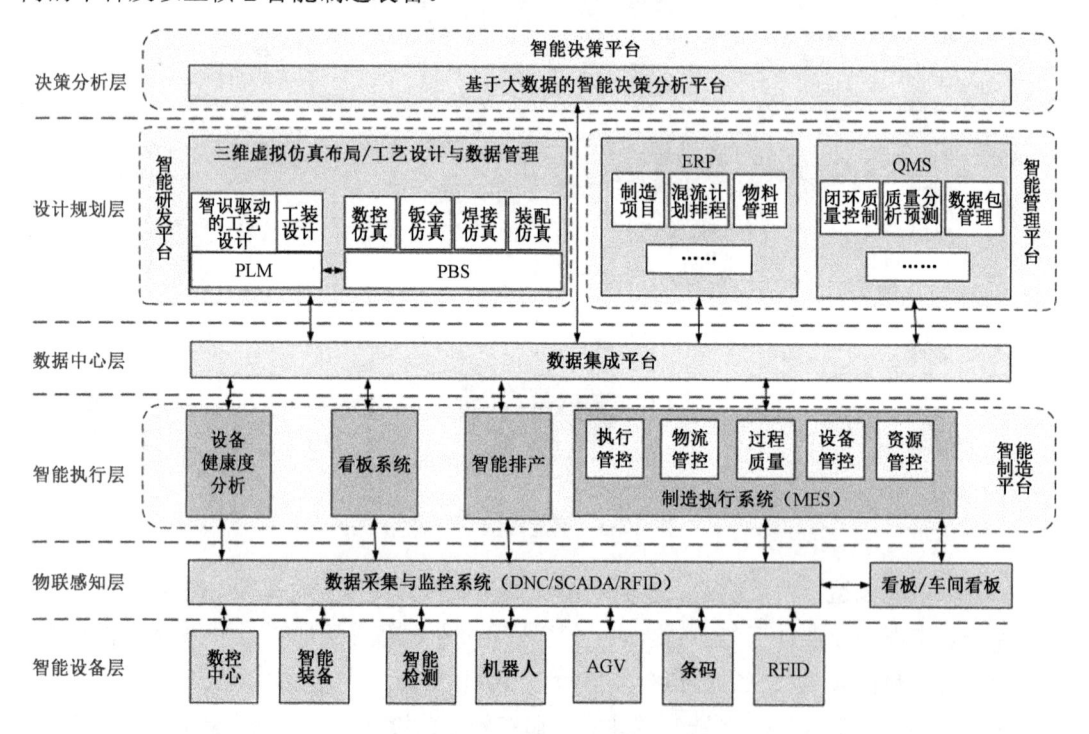

图32-4 智能车间软件平台总体架构

（3）建成智能车间智能生产管控平台，构建知识驱动的三维工艺设计与仿真平台、多品种精益协同的制造执行管理平台、大数据驱动的智能决策与优化管理平台等七套管理软件；实现车间设备之间、系统之间、设备与系统之间的互联互通；建成车间的数字化三维工艺设计平台，实现加工、钣金、焊接、总装等各专业工艺的数字化设计，建成工艺知识库、参数库；建立车间制造执行系统，实现车间/生产线的动态排产与调度、物流的智能配送等功能，并与我厂MES/ERP等系统实现无缝集成。

（4）提高航天器结构件智能车间的柔性加工能力，适用多种不同航天产品及民用产品结构件的制造。

四、实施经验

1. 促进信息化与工业化深度融合

加强信息技术在制造中的引领作用，将信息化的时代特征与航天制造紧密结合起来，把两化深度融合作为主线，加速发展数字化工厂建设，推进智能制造发展。智能制造与航天单件小批量生产特点的结合有助于解决航天工业快速发展给型号研制带来的挑战，突破仅依靠单纯增加规模、投入人员和设备等生产资源来提高生产效率的瓶颈；智能制造技术可以有效地集成航天器研制过程涉及的多个专业、多领域、多厂所、跨地域的信息、知识，有利于提升高效分析和重复利用大规模多源知识的能力，提高航天制造的智力水平；数字化制造、智能制造为推动航天制造转型升级注入新的动力，实现产业化转型和跨越式发展，构建新的航天制造模式，也才能在向航天强国迈进的过程中占得先机。

2. 数据导向，强化集成协同

企业信息化目前已经迈进了集成协同阶段，围绕"集成与协同"来促进业务深化应用，在开展"集成与协同"工作时，以"数据"为中心，体现"数据是稳定的，处理是多变的"思维方式，构建统一数据标准和稳定信息模型，坚持以数据为导向和依据，基于数据挖掘及分析为管理决策提供依据，让数据说话，从经验驱动变成数据导向，这就要求我们做好业务数据采集与积累，掌握数据的科学处理方法和工具，做好数据的应用与分析，才能确保信息化应用更广、更深地发展。

编委会：郭立杰　　编写组：程　辉

33 商用车辆智能制造试点示范
——北汽福田汽车股份有限公司

一、项目实施背景与状况

北汽福田汽车股份有限公司（以下简称"福田"）汽车智能制造的战略是积极响应《中国制造2025》纲领，根据国际制造业新一轮发展趋势，在基于自身现状及优劣势情况下，搭建福田汽车智能制造2025"一云、四互联、五智能"的顶层规划（见图33-1）。以车联网、大数据、云平台为基础，建立以客户为中心的生态系统；利用大数据驱动企业管理的智能化，通过商业智能、智能产品、智能工厂实现大规模的客户个性化定制，进行智能制造的探索和实践。

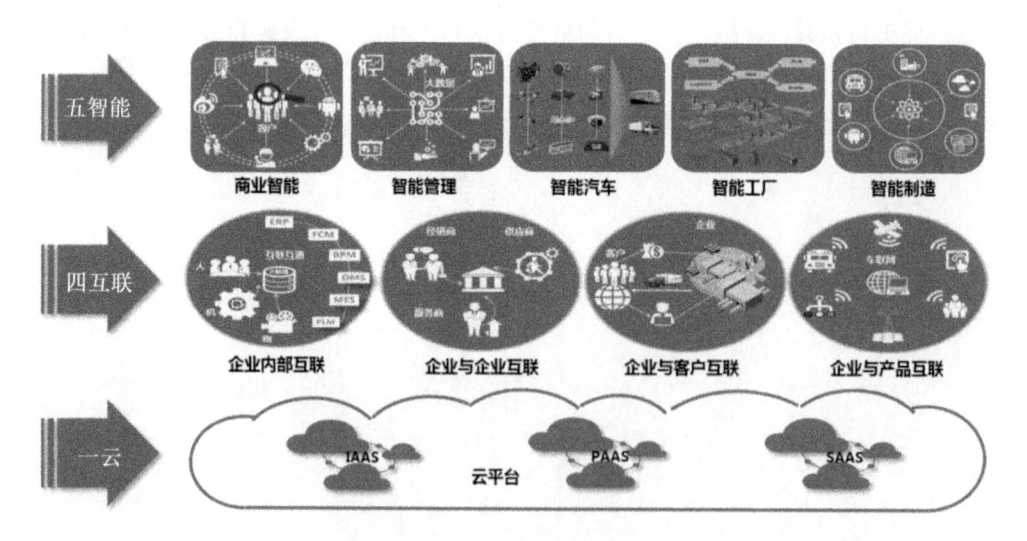

图 33-1 福田汽车智能制造 2025 "一云、四互联、五智能" 战略规划

二、项目主要实施内容

1. 商业智能

福田汽车在商业智能上的探索具有颠覆性和极强的创新性。福田汽车踏准时代发展的节拍，颠覆传统模式，进行商业模式变革，助推福田汽车从制造业向服务业转型。福田汽车商业智能包括互联网数字化营销、建立以配件电商为核心的汽车后市场生态系统、建立以车联网为核心的车生活增值服务生态系统、金融服务四大方面。以"互动"和"去中间层"的互联网思维去建立渠道及客户黏性，获取流量；通过搭建福田汽车云平台部署新媒体、全媒体客户互动中心、电商平台、手机 APP、车联网等互联网软件，颠覆以往的传统媒体、呼叫中心等服务模式，把目标受众从线下转到了线上，并对潜客数据进行整合、清洗、培育、下发管理，拓展增值业务，大幅提升销售管理及服务能力，实现了福田汽车商业模式的转型（见图 33-2）。

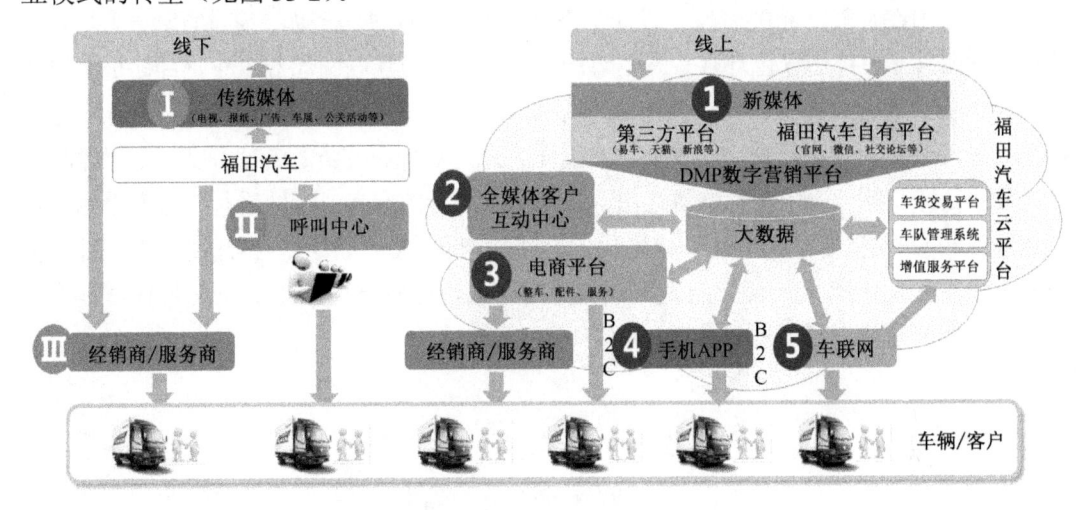

图 33-2 福田汽车商业智能规划

2. 智能管理

福田汽车智能管理平台是通过建立企业内外部业务系统数据总线 ESB 及大数据中心 HANA、Hadoop，实现福田汽车整个内部各业务系统之间的互联互通，打破信息孤岛，促进数据资源共享，驱动企业管理智能化。福田汽车智能管理平台整合互联网数据、企业系统数据、车联网数据、制造环节数据等，并通过大数据分析和挖掘技术，形成数据价值，支持各业务协同，简化业务流程，提高办公效率；在集团战略层面，为企业高层主管决策事项提供精准的数据分析。福田汽车智能管理平台可以基于车联网系统实现福田汽车产品和客户的互联互通，掌握车辆 GPS 动态数据及车辆运行动态数据，可进行宏观环境预测，对研发、市场、制造、服务、质量等各环节进行改进，并为客户制定差异化解决方案和最佳的产品体验（见图 33-3）。

图 33-3 福田汽车智能管理规划

3．智能产品

福田汽车在智能产品的研发和设计上充分整合了全球顶级资源，通过自动驾驶、新能源和车联网技术，打造绿色环保、高效节能、安全智能的互联网超级卡车，目标是实现油耗降低 30%，碳排放减少 30%，货运效率提升 70%，将产生极大的社会效益和经济效益。在产品研发设计的虚拟化数字仿真软件平台上，通过对标、分析、测试，以及工程经验判断、特性目标、各子项特性状态雷达图，对竞品中所处的状态、特性进行描述及总结（是否达成目标）；支持基于平台化和模块化的个性化产品分析，节约产品开发周期。目前福田汽车正在开发中国第一台智能无人驾驶商用卡车，对中国商用车的发展具有里程碑意义。福田汽车智能产品的规划如图 33-4 所示。

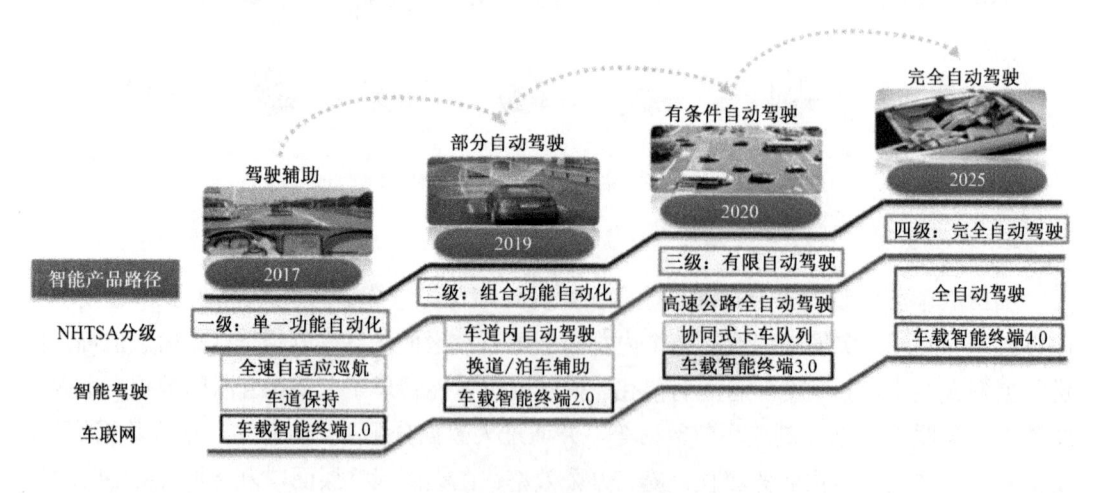

图 33-4 福田汽车智能产品规划

4．智能工厂

福田汽车对智能工厂探索有了一定的实践成果，通过部署 RFID、传感器、机器人、影像检测、AGV 物流等设备，实现数据的自动识别、采集、统计和传输，让生产车间具有高度自动化和柔性化的特质。通过工业级网络以 MES 为核心的制造数据管理平台连接研发 PLM、企业资源管理（ERP）、仓储物流系统（WMS）和设备管理 SCADA 系统进行生产数据的交互、集成等功能，实现企业产品研发、生产制造、设备维护、经营管理等信息的共享和业务协同。通过 MES 自动排产、过程控制与响应、质量防错与追踪、设备与打印控制、物料拉动与排查及制造过程数字化管理，极大提升生产效率、制造过程质量稳定性、一致性；通过 WMS/SRM，实现从订单发布至配送线边全过程的物流运作可视化，提升供应链响应速度与保障供应能力。福田汽车智能工厂的规划如图 33-5 所示。

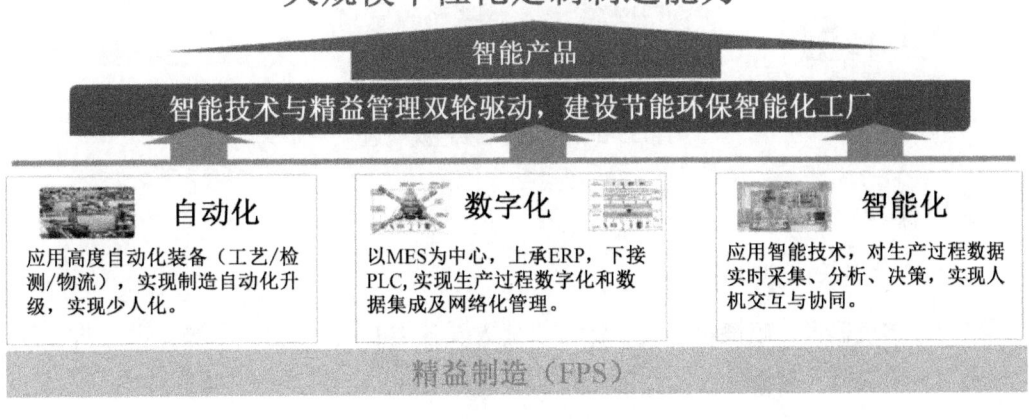

图 33-5 福田汽车智能工厂规划

5. 车联网平台

福田汽车一直致力于着重打造商用车领域的车联网业务能力，目前福田汽车已经在部分车型实现了车联网的前装标配，福田汽车车联网融合卫星定位技术、远程通信技术、汽车电子技术、传感技术及信息化技术，研发由终端主机（含 T-BOX）及外部设备（多媒体屏、摄像头、打印机、刷卡器等）组成的车辆定位监控管理系统车载终端，围绕车联网客户为福田汽车及行业客户提供车联网整体解决方案，打造领先的车联网平台，建立基于客户车生活的生态系统，开展金融、车队管理、服务救援、APP、新能源及大数据等方面的应用增值服务，并同时满足国家行业监管、金融服务、车队管理、车辆市场分析、车辆运营分析及售后服务等多用户管理需求，很好地支撑了商用车各业务发展。福田汽车的车联网规划如图 33-6 所示。

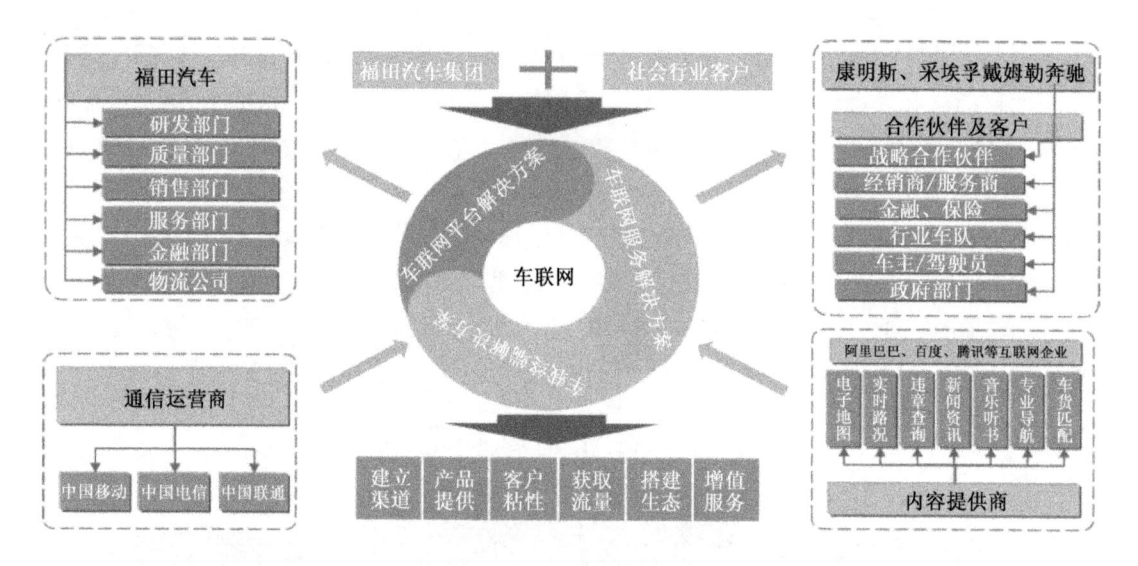

图 33-6 福田汽车车联网规划

三、实施成效

1. 生产效率提高 20%以上

采用焊接机器人、喷漆机器人、涂胶机器人及各类 EMS 动力小车等先进工艺装备，同时采用高效物流管理系统，智能制造投资占比超过 40%，生产效率提高 20%。

2. 运营成本降低 20%以上

其中制造成本通过工艺流程/方法改进、设计优化等改善降低 10%，人事成本降低 2%。通过加强智能制造投入，以信息化手段开展车辆跟踪、设备管理及物料打通，生产效率提高 10%。

3. 产品研制周期缩短 30%以上

在实物质量控制方面重点做好模块化质量改进、力矩控制、产品评价能力建设及 FOS 流程优异。同时通过"8D 改进"及集团级重大攻关项目推进重大质量问题的解决。通过零部件质量升级、主数据和大数据建设、统一数据标准，实现质量数据实施交互，逐步实现全生命周期质量评价，A 类零部件质量平均提升 30%。

4. 产品不良品率降低 20%以上

通过建立完善的模块化管理体系，参照国际先进实践目标规划和实际效果，持续推进平台规划、系统开发、模块供货，模块化总体效率达到 40%，项目开发周期缩短 20%，供应商体系减少 8%，供应商单家采购额提升 30%，新产品质量提升 20%。

5. 能源利用率提升 30% 以上

通过对新工艺、智能装备的投入使用，水、电、天然气、压缩空气等能源得到有效控制，降低能源消耗，能源利用率提升 30% 以上。

四、实施经验

（1）要充分学习《中国制造 2025》纲领、德国"工业 4.0"、美国工业互联网战略及研究国际工业 4.0 标杆发展战略。

（2）要有完善的智能制造管理推进体系和推进策略，自上而下并结合自身优势进行智能制造探索和智能制造实践。

（3）要积极参与相关智能制造会议，及时跟踪智能制造发展新动态。

编委会：宋术山　　编写组：付帮磊

34 船用柴油机核心部件数字化车间试点示范

——重庆红江机械有限责任公司

一、项目实施背景与状况

重庆红江机械有限责任公司（以下简称"重庆红江"）主营业务为大功率柴油机燃油喷射系统、调速器及轴瓦、气阀、凸轮轴等柴油机关键部件（见图34-1），并依据专业优势拓展了包括滑动轴承、高端液压部件及系统、移动电站/泥浆处理等相关业务领域。

图 34-1 燃油喷射系统和调速器部分产品

产品广泛应用于船舶、电站、机车、石油、风电、工程机械等各个行业并出口欧美、日韩、非洲及东南亚等国家和地区,其在国内市场的占有率达70%以上。重庆红江是MAN和WARTSILA的指定供应商、GE的优秀供应商、CATERPILLAR的战略合作伙伴,是中国两大船舶集团的滑动轴承专业研制企业,是国家国防科技工业局核定的唯一燃油喷射系统、轴瓦能力保留单位,是MAN和WARTSILA在国内唯一通过低速机白合金轴瓦认证的厂家,是CCS和BV船级社工厂认可企业。

重庆红江作为大功率船用柴油机核心部件的优质厂商,虽然经过多年的发展,国际影响力渐增,但由于高精度、多品种、小批量离散型企业的加工特点,使其在保证产品质量一致性、缩短生产周期、降低综合成本等方面与国外顶尖企业相比还存在差距,迫切需要数字化、网络化、信息化等手段进行转型升级。

"十二五"末期,重庆红江紧紧抓住厂区建设搬迁这个契机,按照集团公司的统一部署,与中国船舶重工集团公司第七一六研究所(以下简称"七一六研究所")联合打造船用柴油机核心部件数字化车间,提升企业核心竞争力。该数字化车间的建设,标志着重庆红江开启了智能制造的新篇章。

二、项目主要实施内容

(一)项目实施的主要措施

为规范有效地推进数字化车间项目,重庆红江成立了以董事长为组长的数字化车间推进工作领导小组,下设推进办公室,分别由综合组、企业管理优化组、技术管理优化组、信息化执行组、自动化执行组、物流与仓储执行组等构成,统筹规划、齐抓共管、多措并举地推进数字化车间建设。

1. 统筹规划,加强数字化车间顶层设计

为积极稳妥地推进公司数字化车间建设,重庆红江围绕生产流程再造,利用国产智能装备和核心工业软件系统,结合重庆红江的基础条件,构建了以数字化信息管控系统、自动化加工系统、自动仓储与物流系统为主要核心的数字化车间,其总体架构如图34-2所示。

2. 夯实基础,做好数字化车间实施准备

一方面优化业务流程。要实施数字化车间建设,必须得优化业务流程。重庆红江从流程梳理入手,将公司主价值链流程进行了显性化。并利用专业软件,通过建立业务场景模型,进行了流程的整改和优化。

另一方面是基础数据的收集整理。基础数据的收集整理是实施数字化车间的基础,重庆红江围绕编码体系的建立,按标准化建设要求,制定了代码管理、物料编码、数据描述与表达等规范和管理办法,如图34-3所示。在此基础上,通过大量收集整理基础数据,在编码系统内实现了上述标准、规范和管理办法的映射,从而实现了物、料、设备、人员等基础数据的规范管理。

上述两项工作,为后续数字化车间的建设打下了坚实的基础。

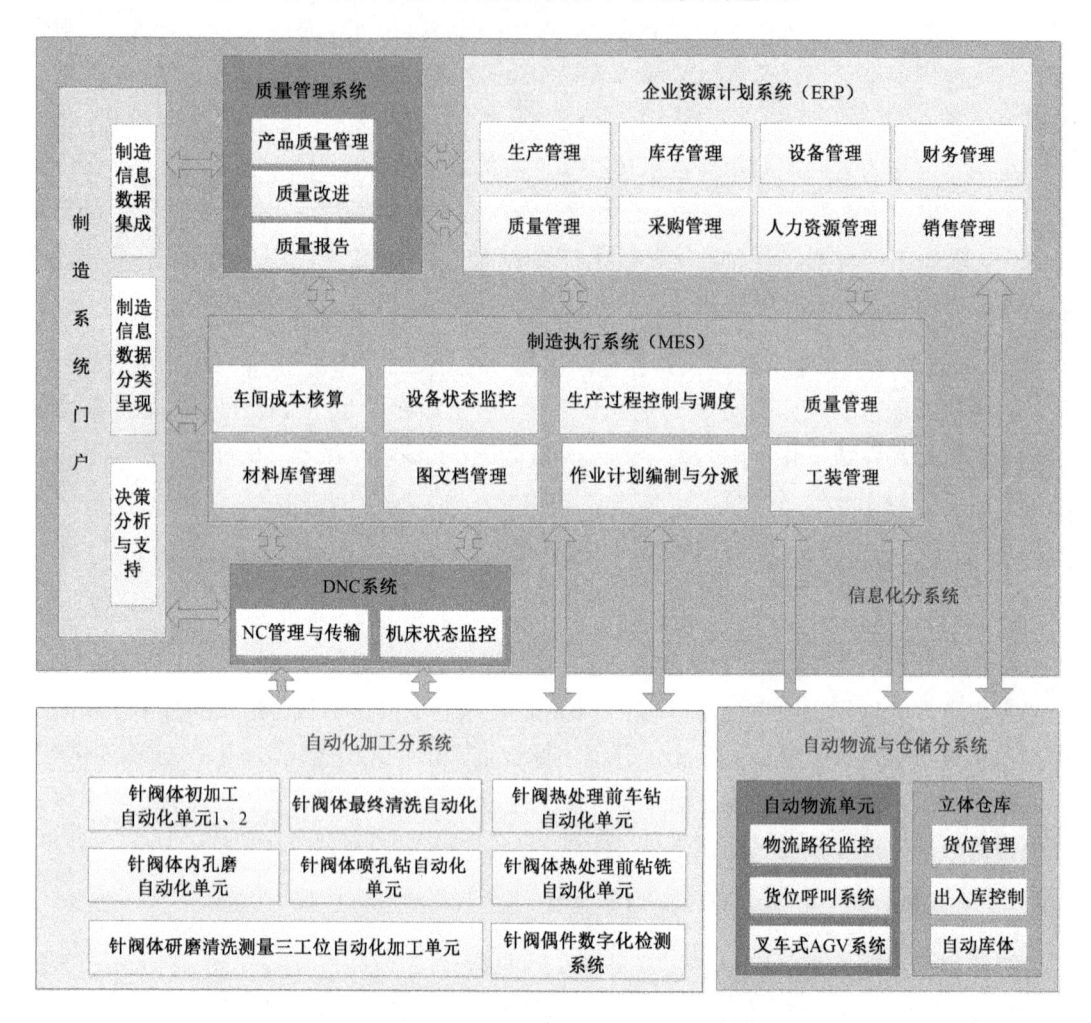

图 34-2 船用柴油机核心部件数字化车间总体架构

3. 双管齐下,建设数字化车间人才队伍

数字化车间的实施离不开懂业务、会管理、精通信息化与自动化等方面的相关人才队伍,重庆红江一方面通过引智活动,引进 3 名软件开发工程师,与公司内部懂技术和管理的人才一起,共同组建了 7 人团队,通过深入现场的调查研究,很好地实现了业务与信息化技术的融合。另一方面立足于公司国家级高技能人才培训基地(见图 34-4),搭建了机器人培训单元(见图 34-5),实施集安装、操作、编程、维护、系统集成为一体的技术人员培训工作。

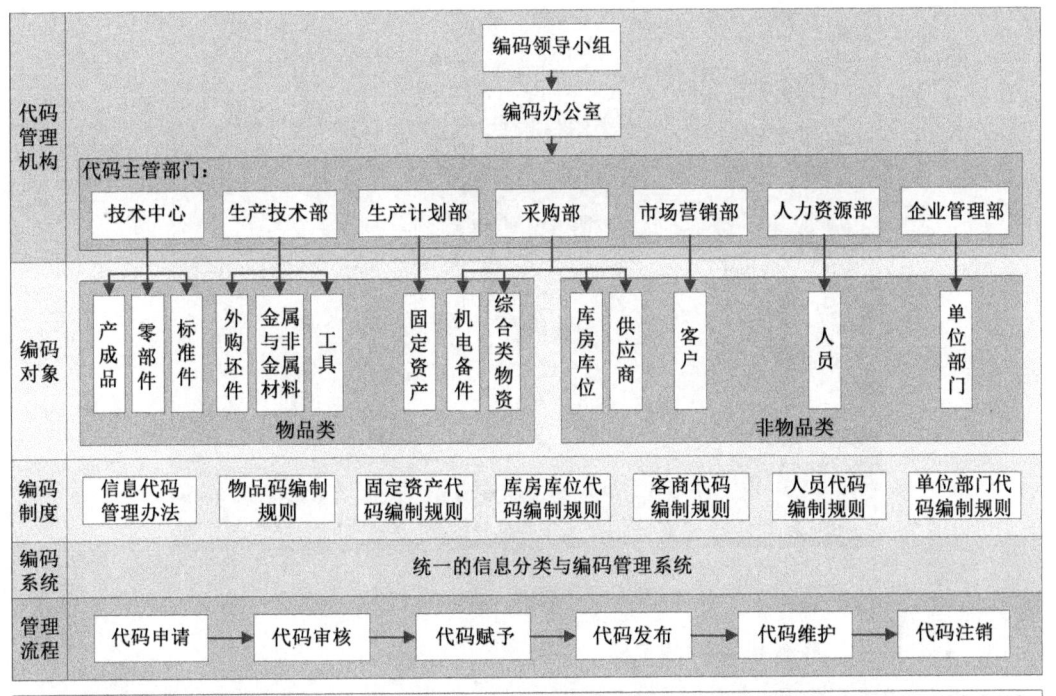

图 34-3 重庆红江编码体系建立框架

图 34-4 国家级机械加工制造培训基地

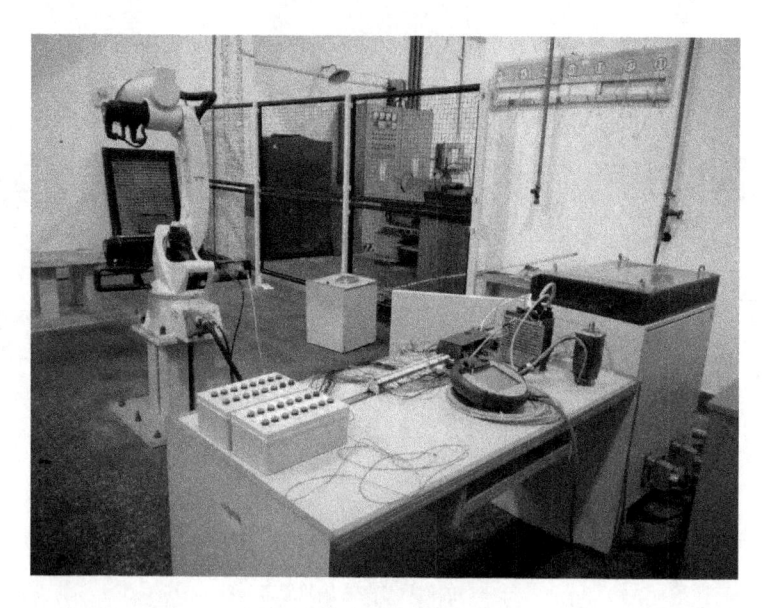

图 34-5　机器人培训单元

4．分步实施，降低项目实施风险和难度

重庆红江属于典型的多品种、小批量离散型制造模式，为了降低数字化车间实施风险，采用了点、线、面的实施策略，从产品的某一关键工序为切入点，进行自动化生产单元建设（点），待达到要求再向其他单元扩展（点），通过自动物流进行串接（线），组建自动化生产线（线），完成整个数字化车间的建设（面）。通过一个点一条线的建设，及时解决出现的问题和难点，再向下一步推进，从而大大降低了项目实施中可能因认识不足造成的投资弯路和风险，同时也降低了整体实施的难度。

5．多方合作，提升数字化车间水平

重庆红江数字化车间虽然是与七一六研究所联合研制为主，但依旧加强了与国内外智能制造领域先进企业、机构、高校间的合作，通过多方面、多层次的交流，并多次邀请这些机构分享他们在数字化设计和智能制造领域的经验教训和最新成果，旨在通过学习国际先进的管理理念，借力国内外领先厂商的技术优势，集成创新，提升公司数字化水平。

（二）项目实施主要内容

1．数字化车间基础设施

新建了 5 万平方米的联合厂房，厂房的平面布局如图 34-6 所示，水电气空调等配套设施齐全并实现了智能化监控；完成了数字化车间网络改造工程（千兆网络进车间），部署了网络异地容灾系统、服务器虚拟化系统（见图 34-7），消除了机房、设备系统单点故障，实现了故障设备在线迁移，保证了业务和系统的有效性和连续性，保障了数据的安全和有效恢复。

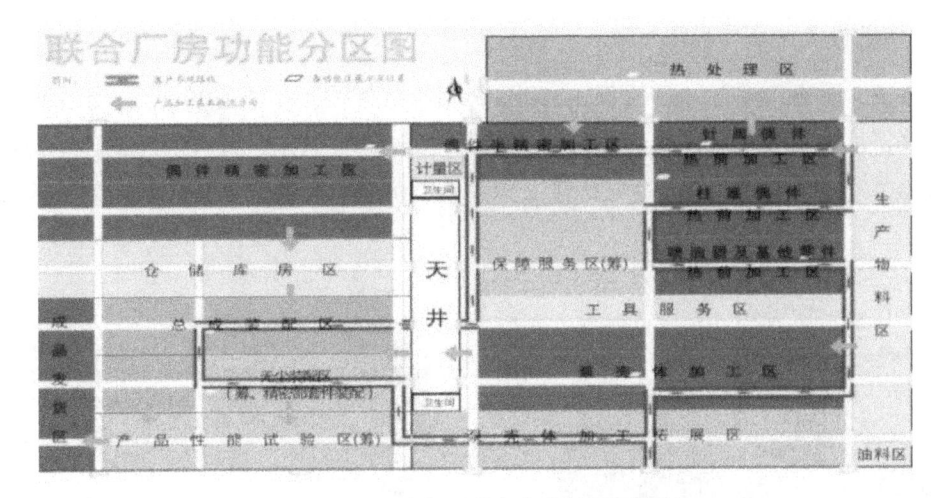

图 34-6 重庆红江数字化车间平面布局

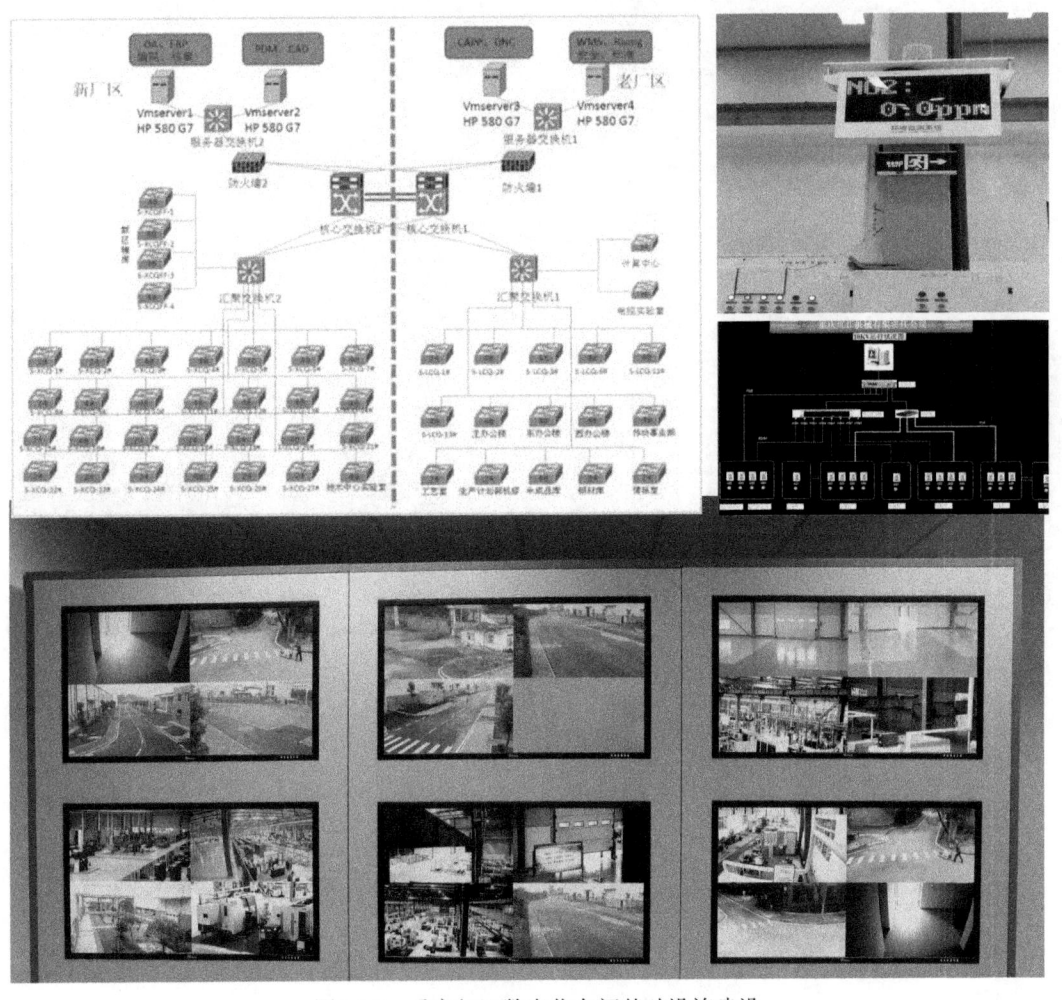

图 34-7 重庆红江数字化车间基础设施建设

2. 信息化管控系统系统

以 MES 系统为核心，结合 ERP、CAPP、DNC、制造系统门户等信息化系统，搭建了数字化协同制造平台（见图 34-8），并实施了全生命周期质量信息管理系统和系统办公自动化系统，实现了资源与共享，优化了生产资源配置，增强了车间精细化管理水平（见图 34-9）。

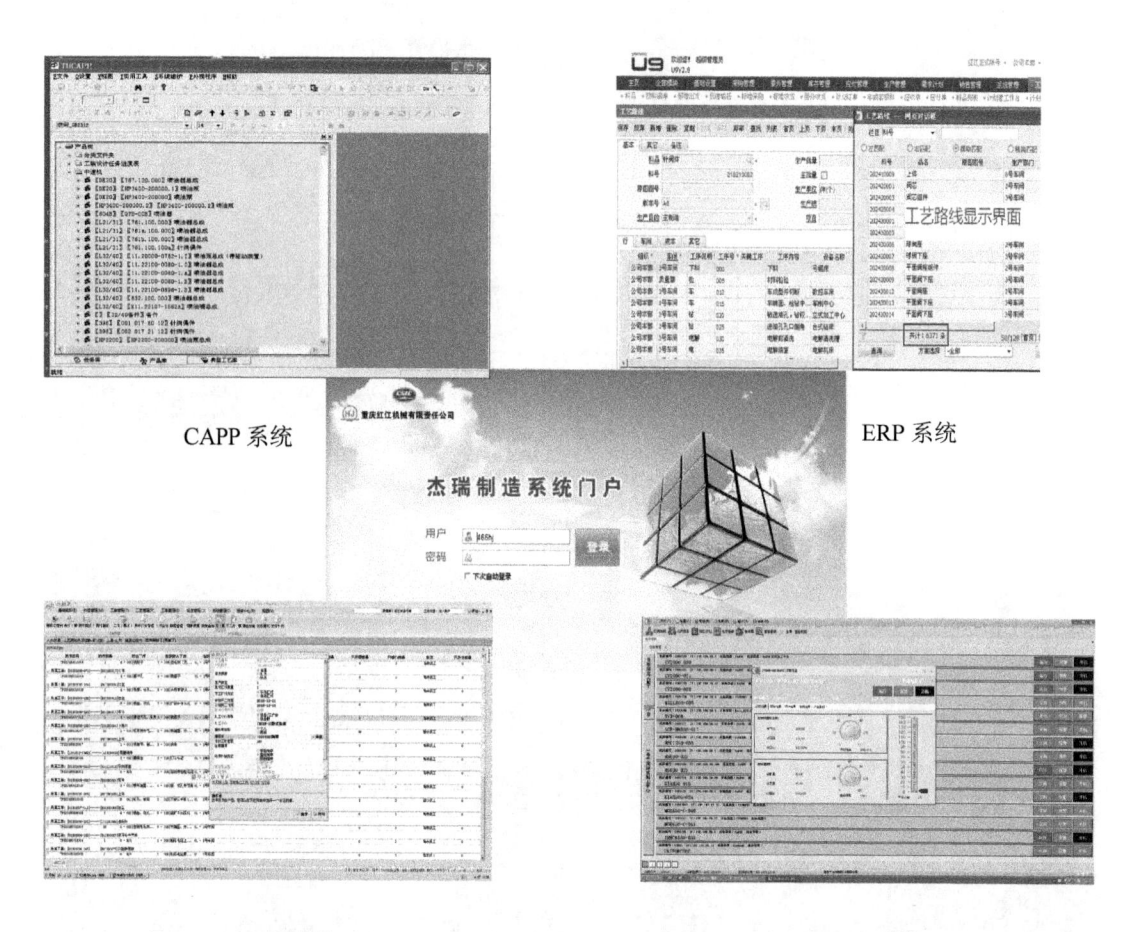

CAPP 系统　　　　　　　　　　　　　　　　ERP 系统

MES 系统　　　　　　　　　　　　　　　　DNC 系统

图 34-8　重庆红江数字化车间信息化管控系统

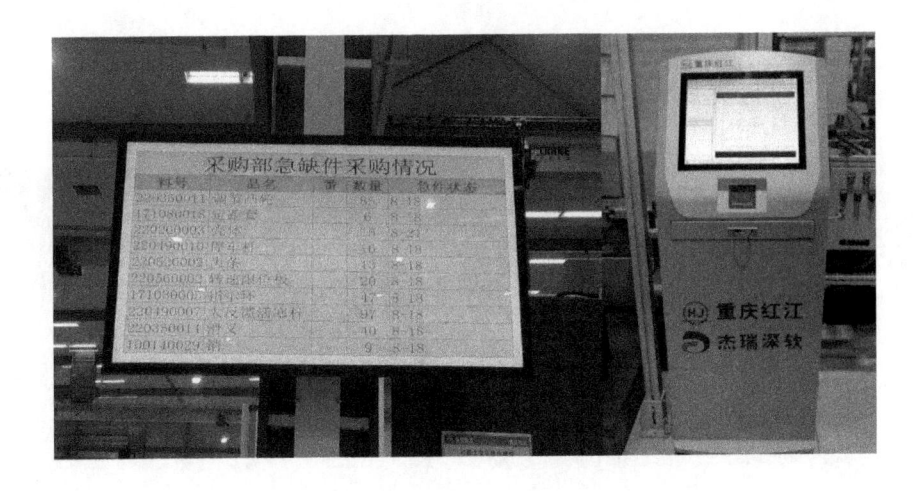

图34-9 重庆红江车间现场电子看板和现场终端计算机

3．自动化单元及生产线

实施了针阀体粗加工自动化生产线、针阀体精密内圆磨自动化单元、针阀体研磨清洗测量自动化单元、针阀体喷孔钻自动化加工单元等8个单元，如图34-10所示。通过快速换产和多种模式可供选择的柔性化生产，实现了针阀体关键工序无人化加工。

图34-10 重庆红江数字化车间自动化生产单元/线

4．自动物流与仓储

进行了自动化物流线探索，通过采用两套激光导引叉车式AGV系统实现各自动化加工单元间、自动化加工单元与立体仓库间物料的自动转运，如图 34-11 所示。实施了自动垂直提升库，实现了所有半成品的精细化管理，如图 34-12 所示。

图 34-11 重庆红江自动化物流单元

图 34-12 重庆红江立体仓储

5. 数字化车间综合集成

通过企业服务总线（ESB），实现了各个信息化系统之间的集成，消除了"信息孤岛"现象；通过统一机床通信协议，实现了各个底层设备单元之间的互联互通，消除了"设备孤岛"现象；通过智能装备集成平台的实施，实现了信息化系统和底层单元设备之间的集成。全面实现从接到销售订单到产品入库的全过程的自上而下的指令传递和自下而上的信息实时反馈。

三、实施成效

重庆红江数字化车间车间的实施,实现了信息技术、自动化智能装备和工艺流程三者在生产过程中的完美融合。通过关键工序的机器人加工、数字化检测、在线生产实时监控、产品均衡化混流生产、数字化物流跟踪等,实现了生产过程全方位的精细化、透明化、无纸化管理,完成了由传统的人工作业向计算机辅助作业、传统的串行作业模式向多人协同作业模式的转变,从而保证了产品质量的稳定、缩短了产品生产周期、降低了产品生产成本。以针阀偶件产品为对象,经统计分析后其变化情况见表34-1。

表 34-1 数字化车间建设前后相关指标对比

相关指标名称	数字化改造前	数字化实施后	变化比例
设备数字化率	60%	90%	33%
制造周期	6个月	3.6个月	-40%
生产产能	590套/月	1 180套/月	100%
典型产品成本	3 900元/套	2 535元/套	-35%
单件产品消耗资源	180元/套	102元/套	-40%
产品良品率	80%	95%	15%

四、实施经验

1. 数字化车间实施要以解决企业自身存在的问题为导向

数字化车间的建设对企业提高产品质量、缩短生产周期、降低制造成本有很好的促进作用。因此,企业推进数字化车间建设应以自身的内在需求为出发点,梳理出企业在产品质量、生产周期、综合成本等方面存在的迫切要解决的问题,如果需求梳理得比较深入、透彻,后续的推进实施就会简单很多。

2. 数字化车间实施要注重企业基础条件的建设和完善

企业自身的基础条件也是影响数字化车间实施成功与否的关键因素,这里的基础条件一方面是指厂房、设备、网络硬件等硬件设施,另一方面更为重要的是企业工艺标准化、管理标准化、基础数据收集等工作。只有上述基础条件达到一定水平以后,才能保证数字化车间的有效实施。

3. 数字化车间实施要注重企业自身人才队伍的培养

国内大多数企业,特别是中小型企业在推进数字化车间的建设过程中,基本上都采用寻求国内外供应商建设的模式,往往忽略了企业自身人才队伍的建设,特别是多功能集成复合型人才培养，导致数字化车间在实施后的深化应用效果欠缺。

4．数字化车间实施应为企业一把手工程

数字化车间建设涉及流程的优化与再造、工艺设备布局的调整、传统习惯的转变等内容，必须是企业的一把手工程，需要强有力的推进手段做后盾。

编委会：王勇智　　编写组：江晓虹　刘孝军

35 曲轴数字化车间试点示范
——桂林福达重工锻造有限公司

一、项目实施背景与状况

我国锻造行业是在20世纪60—70年代从引进、消化、吸收国外技术的基础上发展起来的，经过多年的技术发展与改造，行业中领先企业的技术水平，包括工艺设计、锻造技术、热处理技术、机械加工技术、产品检测等方面均有了较大提高。但是，与国外的锻造技术相比，国内的锻造生产大都还处于半机械、半人工生产状态，小锻件的中转搬运基本上由人工实现，大锻件的中转搬运由机械手或操作机实现。设备和机械手之间的信号传递采取点对点的方式，靠人工判断进行操作。生产效率低下、依赖工人经验等都造成了产品难以走向国际市场。

近年来，我国新建生产线逐步开始往全自动化方向发展，但数字化、智能化技术在锻造产业尚属空白。为了提升我国锻造产业的技术水平，提高锻造产品的质量和生产效率，实现锻造生产的节能减排，福达与北京机电研究所联合开展了"年产百万件曲轴数字化锻造车间系统的研制与应用示范"项目的研究，最终形成了完备的智能化锻造装备与锻造车间数字化体系，使我国的锻造业技术水平迈入国际先进行列。

该系统可面向国内所有锻造企业进行推广应用，包括新线建设和老线改造升级，可大幅提高企业的市场竞争力，促进企业的智能化发展，依靠智能化锻造技术保证生产，从而使我国的锻造产业从劳动密集型转变为技术密集型，显著改善锻造生产的劳动环境，体现以人为本的现代化制造理念和宗旨。

福达锻造智能化系统是一个脱离现有传统生产模式的新型系统。该系统依托典型产品的锻造生产线，采用智能化机器人作为物料传递和中转媒介，运用现场总线控制技术实现生产线的全自动化生产，利用智能感知传感器实现锻造生产在线监测功能，并通过数字化锻造网络构架和专家决策系统，构建一个可自动运行、参数优化、故障诊断和处理、安全网络，以及生产管理的锻造生产智能化系统。

二、项目主要实施内容

福达锻造厂房占地 32 000 平方米，是集 14 000 吨、12 500 吨、8 000 吨、6 300 吨和 4 000 吨锻造生产单元为一体，并集合下料区、加热区、锻造区、热处理区、表面处理区、原材料存储区、成品存储区、模具存放区、总控室、水泵房、配电室和气站等为一体的综合性车间。如图 35-1 所示为福达锻造生产线现场。

(a) 6 300 吨生产线　　(b) 8 000 吨生产线

(c) 12 500 吨生产线　　(d) 14 000 吨生产线

图 35-1　福达锻造生产线现场

福达锻造智能化系统由现代化锻造生产线及相关锻造成套技术与设备、锻造生产智能化感知与在线监测、数字化锻造智能控制系统集成及网络构架与锻造生产专家决策系统等四个系统集成。

（一）现代化锻造生产线及相关锻造成套技术与设备

与传统锻造不同的是，福达锻造生产线不再采用点对点的物流和信号传输模式，而是通过总线进行分区控制，并利用车间级管理系统对整个车间的生产进行管理。

福达智能化锻造生产线的物料传送均由多关节工业机器人实现，配置了数字化系统和在线监控装置。关键智能部件包括自动上下料、均衡化柔性生产、加工参数优化、生产过程实时监控、数字化物流跟踪、在线高精度监测、设备故障自动预警、MES 管理、安全冗余生产监控、远程诊断与维护系统以及专家决策系统。可在线进行温度检测、关键设备打击力、轧制力、输出能量、锻件位置检测等；在线进行典型曲轴产品锻造生产的故障诊断和智能处理。此外，还可实现典型曲轴产品锻造生产的管理监控，包括产能统计、物流管理、成本统计、生产进度、质量分析等。

如图 35-2 所示为福达的智能化生产区域，如图 35-3 所示为福达的自动化物流系统，如图 35-4 所示为模具自动冷却润滑系统。

图 35-2 福达智能化生产区域

(a) 上下料

(b) 悬挂

(c) 辊锻机和机器人对接

(d) 出飞边

图 35-3 福达自动化物流系统

图 35-4　福达模具自动冷却润滑系统

（二）锻造生产智能化感知与在线检测

1．位置精度在线检测系统

1）激光对射检测系统

激光对射检测系统采用激光对射式传感器，通过分析发射端和接收端的信号实现锻件位置的检测。系统所采集的信号数据特征经由工业网络反馈至上级专家智能层，通过所得数据分析在锻造自动化生产线上产生的曲轴锻件的粘模、跳模等问题，可建立基于智能技术的设备状态可靠性系统，使相关部门优化工艺参数、调整设备加工参数。如图 35-5 所示为福达的激光对射检测系统。

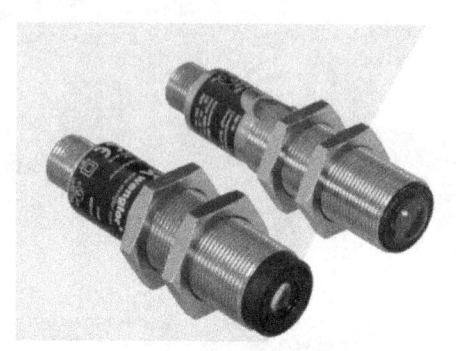

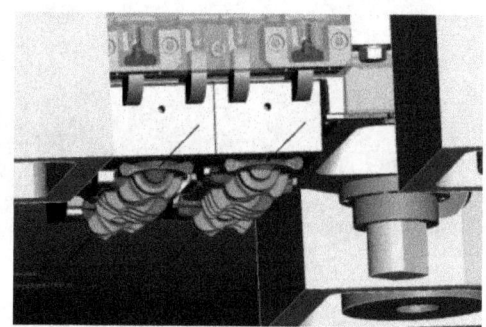

图 35-5　福达激光对射检测系统

2）视觉智能识别系统

视觉智能识别系统利用智能数码识别器与编程软件系统编辑锻件的特征曲线，通过软件由专家对多件样片分析、判断，剔除氧化皮、废渣等干扰物所产生的噪点，保留合适的特征曲线，以此作为分析判断锻件位置状态的标准图像。该系统可对工艺流程和状态进行监控，当工件发生粘模、跳模、定位不准时，向上级控制系统发出对应报警，上层专家智能感知系统会自动做出判断和处理，从而实现对热锻件工艺流程的智能识别与监控。如图 35-6 所示为福达的位置精度检测。

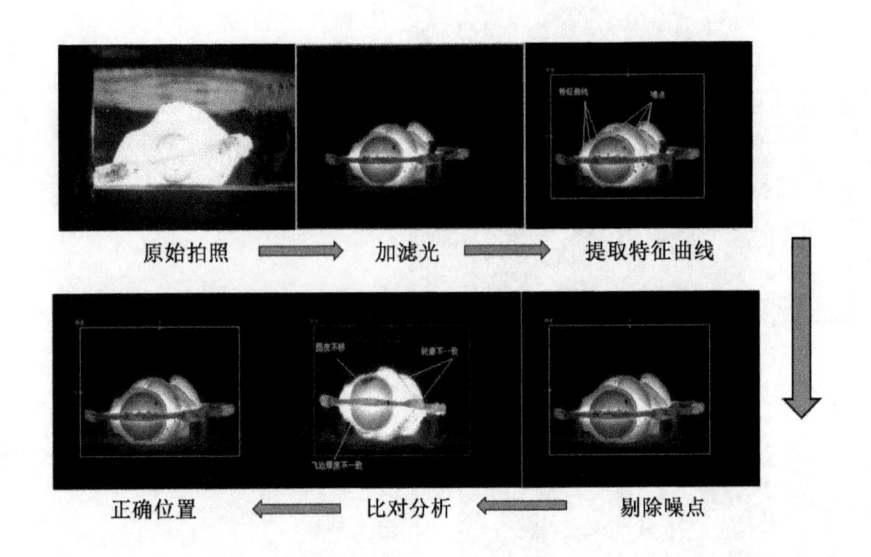

图 35-6　福达的位置精度检测

2. 模具磨损在线检测系统

模具磨损在线检测系统利用非接触测量技术重建磨损后模具的三维模型,将其与磨损前的模具数模进行比对,获取两者的三维形貌的差异,按照设定的阈值排除测量误差的影响,以数据和可视化的形式展示磨损部位、磨损程度,从而判断模具是否需要立刻修复或推测模具的剩余寿命。

3. 关键设备打击力、轧制力和输出能量实时测量

关键设备打击力、轧制力和输出能量实时测量通过对动能设备成形过程中主要传动系统轧制参数的检测与记录,优化设备控制系统的参数,为辊锻工艺合理性分析、辊锻道次的分配和辊锻机的系列设计提出具有参考价值的参考数据。如图 35-7 所示为福达的复杂型腔模具检测系统,如图 35-8 所示为福达的设备力能检测与监控。

4. 始锻温度、终锻温度、模具温度实时测量系统

始锻温度实时测量系统是通过温度传感器检测锻件的实时温度,由总线控制系统支配加热炉电源系统自动调整加热功率,并通知执行机器人完成相应搬运工作。

终锻结束时检测锻件实时温度,经专家系统分析和处理,由总线控制系统支配执行元件机器人将锻件送到不同的锻后热处理工艺通道。

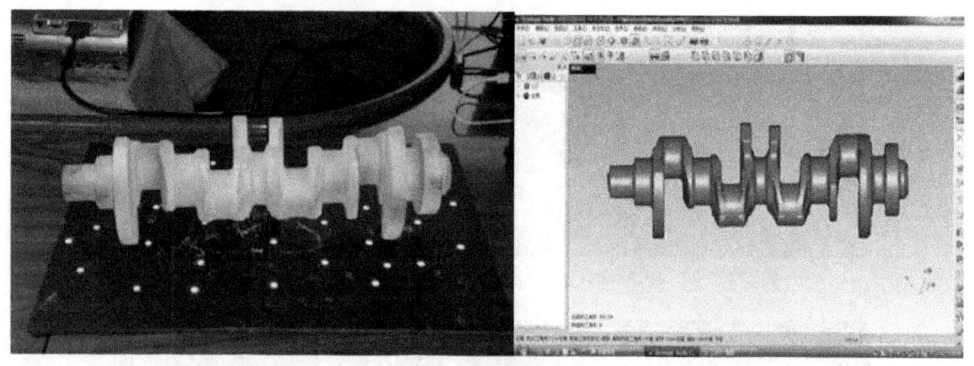

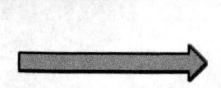

标记好的被测件　　　　　　　　重建的三维模型

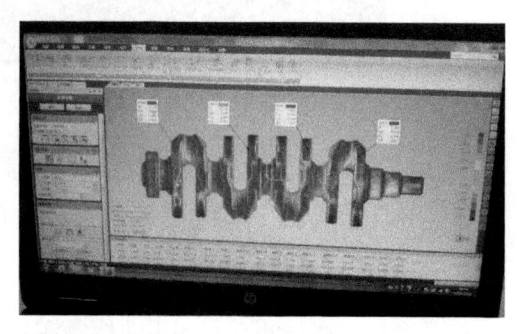

图 35-7　福达复杂型腔模具检测系统

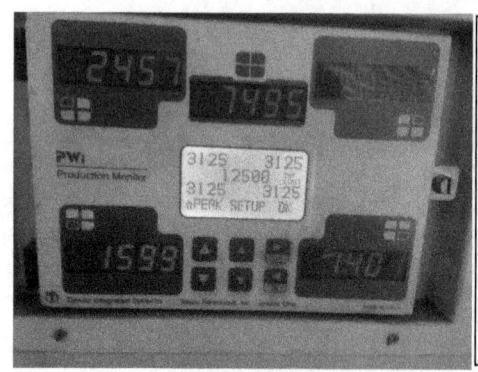

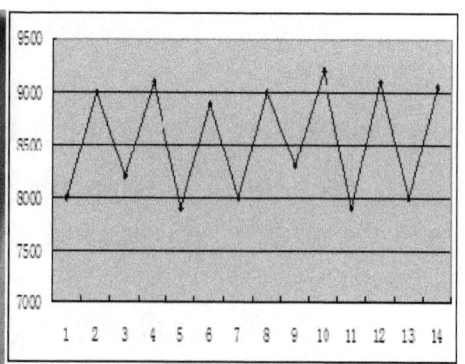

图 35-8　福达的设备力能检测及监控

通过监测温度传感器检测模具的实时温度，可以指导现场人员对模具进行人工降温、延长冷却润滑时间或减缓节拍，从而降低由模具温度过高而造成的故障率。

测温传感器实时采集的温度信号经由总控 PLC 控制系统处理分析，最终以图文形式在工控机中显示，实现温度问题的预警功能，同时利用上层专家智能层的反馈系统，建立快速反应机制，提高锻造自动线的精益化、智能化。如图 35-9 所示为福达的模具润滑前后的温度相比。

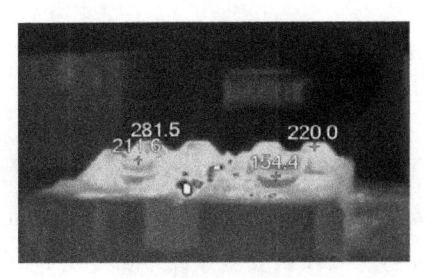

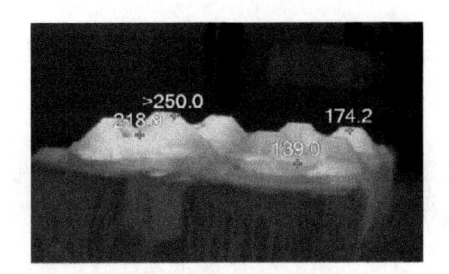

(a) 喷雾冷却润滑前　　　　　　　　　(b) 喷雾冷却润滑后

图 35-9　福达模具润滑前后的温度对比

5. 危险区域安全防护系统

危险区域安全防护系统是采用安全扫描雷达和安全光栅提高锻件危险区域设备与人身的安全防护。扫描雷达工作时，操作人员或设备进入到相应危险区域，产生不同级别的报警等级，基于此建立智能化的锻造自动线的安全防护区域的预报警系统。在自动生产时需人为干预或在停产检修维护设备时，可通过相应的操作设定实现操作人员的日常维护操作。如图 35-10 所示为福达的安全雷达防护布置，如图 35-11 所示为福达的安全光栅及应用。

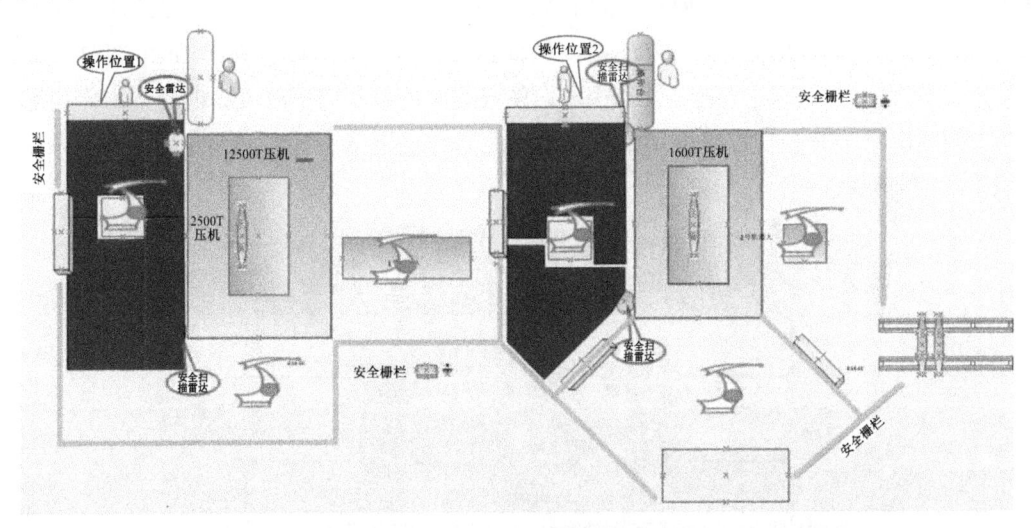

图 35-10　福达安全雷达防护布置

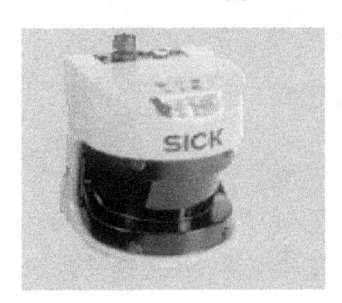

图 35-11　福达安全光栅及应用

（三）数字化锻造智能控制系统集成及网络构架

1. 数字化锻造智能控制系统

数字化锻造智能控制系统包含总线控制、冗余安全监测控制、制造执行、远程诊断与维护系统。系统能够实现以下功能：首先，联接生产线各单机设备、现场级感知元件与执行系统，智能决策后对各设备进行协调管理与监控；其次，安全系统能够更好地保护人员和设备；再次，联接多条车间级生产线，通过 MES 系统优化企业的信息化管理；最后，快速排查生产线故障的远程诊断系统能够实现对现场设备的状态监控、故障诊断和排除、远程协助等功能，减少设备停工给企业带来的损失。

2. 网络结构

网络构架分四层：现场总线 Profibus-DP 网络、现场级安全总线 Saftybus-p 网络、车间级 Profinet 工业以太网络和工厂级以太网。作为网络基础的 Profibus-DP 的通信速率设定为 1.5Mbps（最高可达到 12Mbps），可实时传递现场控制数据，通过总控 PLC 衔接各单机设备，指挥锻造线全自动化运行。系统采用 DP/DP 耦合器将单机设备控制器网络提升为主站级别，把总控-单机网络关系由"主从关系"变为"主主关系"。Saftybus-p 安全网络节点分布至各单机设备、各操作站，执行安全信号采集与保护。Profinet 实时传输数据信息，图形化人机界面可显示设备状态、关键动作信号、出炉温度、机打击力、故障报警等。四层网络层叠相交，组成了数字化锻造线融合式网络架构。如图 35-12 所示为福达智能总线控制系统。

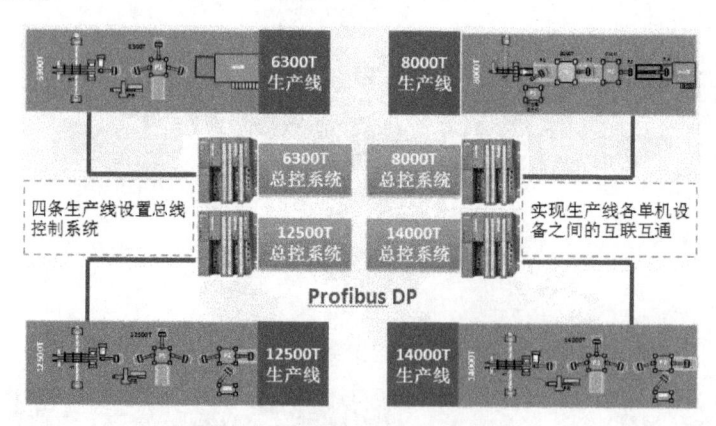

图 35-12 福达智能总线控制系统

（四）锻造生产专家决策系统

专家决策系统通过总线系统将各种及各处的传感器感知到的信息和数据上传给综合数据库，经由推理机和解释器分析出问题，再从知识库中索取由锻造工艺、设备及自动化专家所提供的问题解决方案。系统将所做决策经由现场总线发给执行机构，并将推理结果同时反馈给专家（见图35-13）。

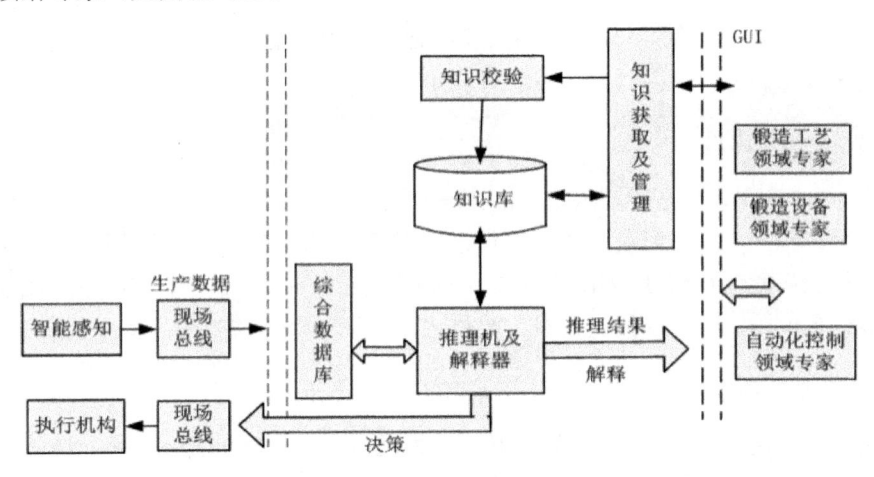

图 35-13 福达专家决策系统结构

三、实施成效

福达锻造智能化系统实施后，使得锻造生产不再是独立的生产孤岛，而是一个集制造、质量、经营于一体的综合体系。数字化锻造可实现无人化生产、零事故生产和清洁化锻造，提高开工率，达到节能减排、绿色锻造的目的，符合我国锻造业绿色化和智能化转型升级的趋势和目标。

由于福达锻造智能化系统对锻件生产工艺流程各环节的设备、装置进行智能感知与数字化控制，超越了传统锻造业依赖人工经验、人为判断与人员操作的特性，使锻造业实现从定性到定量、从艺术到科学的提升，对国内锻造产业老旧生产线的改造升级提供了良好的示范和引导作用。

通过福达锻造智能化系统的实施，实现了锻造车间的数字化建设和智能装备系统的集成化应用，提高了锻件生产的稳定性和生产节拍，提升了生产效率、降低了能耗；实现了对故障的快速诊断和恢复，提高了生产节拍，降低了生产成本。福达关键设备数控化率达到84.4%，生产效率提升了38.28%，能耗降低了31.08%，运营成本降低了20%。项目的实施给企业发展带来了显著的经济效益和社会效益。

四、实施经验

1. CAD/CAE/CAM 软件深化应用

对 CAD/CAE/CAM 软件进行深化应用：升级 CATIA 三维设计软件提升技术部门设计及研发能力；升级 FORGE 分析软件（新增热处理模拟功能、队列管理器功能）提升热处理、提高 CAE 模拟分析效率、CAM（PowerMill）软件升级增加"3+2"轴加工能力，提升模具加工效率。

2. PLM 产品全生命周期管理系统全面实施

结合前期的基础平台工作，扩展 PLM 的使用功能，主要应用图文档管理、产品设计管理及工艺管理。

3. MES 深化应用

深化 MES 应用，一是新增 APS 高级排程功能，实现由 SAP 的整体计划转至 MES 系统进行高级排程，实现按照实际约束条件进行灵活排程的功能；二是提升 OEE 管理过程中数据采集的科学性和精度，确保设备的实际运行效率和生产效率，实现生产线的精益布局；实现设备保养、维护提醒与记录，维修工单返回 SAP 系统形成闭环。

4. 专家系统的优化

优化专家系统：搜集、提炼、转化和汇总锻造生产专家库的问题和解决方案；建立灵活的推理机制和可靠的推理引擎；对知识库进行动态管理。

编委会：黄　斌　　编写组：彭旺生

大型精细破碎筛分成套装备远程运维服务试点示范

——上海云统创申智能科技有限公司

一、项目实施背景与状况

（一）项目实施背景

大型成套破碎筛分设备广泛地应用于关系国计民生的基础领域，然而，破碎筛分产线由于客观原因存在着产线分布广、运行数据远程不可知、效率低、成本高、工艺离散、维护不便、管理层级不明确等问题。为适应发展的需要，帮助传统行业实现产业升级，上海云统创申智能科技有限公司（以下简称"创申智能"），立足于物联网、大数据、人工智能技术，结合大型成套破碎筛分设备的自身特点，自主研发、设计具备远程智能化监控与生产综合管理能力的大型成套破碎筛分设备远程运维服务。通过对整条产线的关键节点加装各种传感探测装置，组成了大型成套破碎筛分设备产线的在线感知系统；通过丰富样本特征进行分析并输出样本特征，实现设备工艺自适应；基于设备智能化和云数据中心、云应用服务平台，实现了大型成套破碎筛分设备产线的精细化管理；通过知识服务提供协同维修和智能决策，整体上实现了大型成套破碎筛分设备远程智能监控与健康维护的需求。本项目的推广有助于设备制造厂家及用户提高生产效率、降低成本、精细化管控产线，为实践智能制造打下了坚实的基础。本项目设计产品已广泛应用于国内外多条使用大型成套破碎筛分设备的生产线中，协助客户获得了优良的社会效益与经济效益。

（二）项目实施的主要思路和目标

创申智能联合中国科学院上海高等研究院，依托物联网、大数据、人工智能等技术优势，结合大型成套筛分装备的自身特点，立足于行业的发展趋势，确立了大型机洗破碎筛分成套装备远程运维建设的主要思路及目标：将技术创新与机制创新相结合，设定项目总体规划与阶段规划，深度挖掘产业需求，不断采用机械、电子、信息等多学科交叉新技术，实现传统机械制造业的服务化转型。项目实施的第一步，构建云服务平台框架，集聚单机设备智能化基础上的信息采集、处理、呈现等，实现面向破碎筛分产线的成套服务能力；第二步，扩展云服务平台，结合运行数据智能分析，至2019年实现破碎筛分作业成套装备产线的能力升级与智慧化改造；第三步，基于面向成套破碎筛分装备的远程运维实践，到2025年实现面向其他重型机械工程装备的可复制拓展的服务化与智慧化运营。

本项目的整体技术可达到国际先进，部分功能、技术参数达到世界领先，装备与技术的国产化率达到90%以上，运营成本、生产效率、能耗水平等指标达到国际同类企业先进水平。通过本项目的应用推广，典型大型精细破碎筛分成套装备应用产线运营成本可降低20%以上，生产效率提升30%以上，单位能源利用率提升10%以上，提升水平居于国内领先。

二、项目主要实施内容

（一）项目实施的主要内容

项目紧密围绕我国破碎筛分行业结构调整、减员增效、运营管理的实际需求，运用工业互联网、物联网、大数据等现代信息技术，建设以服务为核心，以解决应用破碎筛分成套装备企业生产运营低效、高耗为主要目的的新型远程运维服务模式，打造行业、国际领先的新型破碎筛分成套设备远程运营、管理、维护系统。

（1）破碎筛分成套装备智能化创新与功能性突破。实现了物联网技术与破碎筛分设备的深度结合，针对工程机械形成了状态感知、特征融合、评估诊断、反馈控制等关键技术，提供智慧化工程机械单机设备及整体工艺链的智慧化优化升级规划设计、系统实施，覆盖破碎、筛分、仓储管理的全流程。

（2）远程智能化监控技术支撑实时监控云服务平台。建设纵贯破碎筛分生产全流程的远程运维服务平台，囊括产线设计、工艺评估仿真、生产执行、智能监管、客户服务等关键环节，提供生产监管、设备管理、故障分析、数据评估等云数据及云服务。

（3）基于开放式云服务平台专家架构实现精细化生产管控。专家库和专家咨询系统在大型精细破碎筛分成套装备远程运维服务平台中占据重要的地位。通过建设健康维护和远程智能优化专家库和专家咨询系统，实现大型精细破碎筛分成套装备远程运维服务平台的智能化管控，真正建立工业智能化的远程监控维修云服务平台。

（4）建立系统工况远程智能化分析及模糊控制反馈优化系统。对生产过程中产线设备进行实时采集分析，计算设备负荷状态和产线产能情况，按不同的时间段进行分析评估。引入工作性能状态监测与预警、特征信息提取、健康状态评估、自适应反馈控制等技术与算法，对成套设备的规模数据进行融合分析处理。

（5）上下游产业链方案横向迁移。基于本项目的实践推广，复制并拓展面向其他重型机械成套装备行业的远程运维解决方案，有效支撑面向不同行业的重型机械制造业的附加值提升、服务化转型与智慧化运营。

（二）采取的主要措施

1. 大型精细破碎筛分成套装备物理属性的智能化创新与功能性突破

在传统的大型精细破碎筛分成套装备运行过程中产生的参数少有公司采集，普遍都是人工操作，只有经验丰富的员工才能根据生产情况了解其工况及工作性能，缺少必要的预警、报警技术，因而无法避免效率低下、设备损坏甚至人员伤亡等情况出现。本项目依托大型成套破碎筛分装备组成的产线，基于物联网技术的设备状态感知和智能化技术，分析其运行过程中的关键参数，如物理设备的液压、动力来源、机械结构等功能组成部件的实时状态。通过研究，开发出一系列适用于大型破碎筛分装备产品的传感器，从而实时监测设备运行过程中的参数，如液压系统压力、易耗件的磨损程度、设备本体的振动幅度、设备的负荷率、转动部件的转速等，依托公司专家系统对数据的分析，建立一系列的状态模型，根据数据情况自动分析设备实时状态及下一步可能出现的问题。通过长时间的研究，本项目利用自研传感器、PLC和嵌入式模块，开发出独立匹配的智能数控服务器，针对单台设备的状态感知系统分析，并执行操作控制、实时预警、报警、联动等处理，实现了装备的能力升级与智慧化改造，从而打造出差异化、精细化、绿色化的智能设备，大大提升了现有大型精细破碎筛分设备的智能化和集约化水平，提升了产品的附加价值。

2. 智慧型生产综合管理系统实现全生命周期管控

（1）通过产线设计专家系统实现精准的成套设备柔性设计。在现代工业生产过程中，客户对生产厂商的生产制造工艺提出了不同的需求。经过专家长期研究，以客户所需产品的不同特性为基础，依据每种破碎筛分设备的工作能力和加工出的产品汇总出对应的数据库，同时形成相对应的适配破碎筛分设备及其工作性能参数指标，生成适应各种客户需求的生产工艺知识库，作为产线设计专家系统的数据基础。进而能在产线设计阶段，针对客户需求选择最适合的破碎筛分设备，科学合理搭配，实现针对客户需求的最佳产线设计方案。

（2）通过专业传感器搭建破碎筛分设备物联网信息模型，实现对大型成套破碎筛分的全方位状态监控。智能破碎筛分设备是在破碎筛分设备上加装信息采集系统，通过信息采集系统的设备状态和运行参数，达到设备本身的自动化感知目的。传统的成套破碎筛分设备因为缺乏必要的参数采集和运行状态分析，使得单台设备一旦发生紧急故障，容易造成整条产线的设备停机或损坏，甚至引发操作员工的伤亡，所以创申智能在每种破碎筛分设备上都加装有相应的信息采集系统，系统主要由加装在设备检测点上的传感器和加装在机体上的设备信息采集终端组成。加装在监测点上的传感器为自研的智能传感器，其作为现场总线的节点具有数据处理功能。加装在机体上的信息采集终端，在采集了传感器的信息后，通过现场总线传给智能数控服务器。通过多传感器信息融合技术，利用多种传感器对设备的振动、电流、油压、转速工作状态对数据进行实时采集，实现破碎筛分设备的实时在线监测，在信号的实时监测中，通过对时域和频域数据的处理，分析设备的工作状态，实现数据采集和数据处理的基础是二者之间的高速、实时的数据交换，需避免采用通用的一些数据通信接口，这类接口由于通信协议的限制导致影响通信速度，无法实现系统的实时性。

（3）通过大型成套破碎筛分设备及产线数据中心的大数据分析，实现对设备产线的智能化调控和优化升级。本项目将物联网技术应用于破碎筛分设备生产线过程检测、实时参数采集、生产设备与产品监控管理、材料消耗监测等，可以大幅度提高生产智能化水平。在机械制造行业，利用物联网技术，企业可以在生产过程中实时监控加工产品的性能参数、提高产品质量、优化生产流程。

智能化大型成套破碎筛分设备可以作为组件化集成的信息物理系统，组件模块的过程，将生产工艺、设备参数、管理流程的多种属性，映射成反映其内部特性的组件化，从而将处理复杂系统分解为更好的可管理组件的方式。组件化用来分割、组织和打包设备、控制软件、生产过程。每个组件完成一个特定的子功能，所有的组件按某种方法组装起来，成为一个整体，完成整个系统所要求的功能。具有接口、功能、逻辑、状态、功能、状态与接口反映组件的基本属性。在系统的结构中，组件是可组合、分解和更换的单元。

在产线运行状态监测数据分析中引入混合隐马尔科夫模型的自寻优方法，通过数据分析的软件工程方法、系统框架方法、建立契约式法、构造建模语言法等研究自寻优技术。混合隐马尔科夫模型算法可分解为在线学习算法和隐马尔科夫模型建模算法这两个子算法。在系统运行过程中，这两个算法相互获取对方的数据，并分析当前的系统状态，为实现自寻优系统奠定基础。

3. 远程运维服务平台

创申智能的平台软件系统架构如图36-1所示。

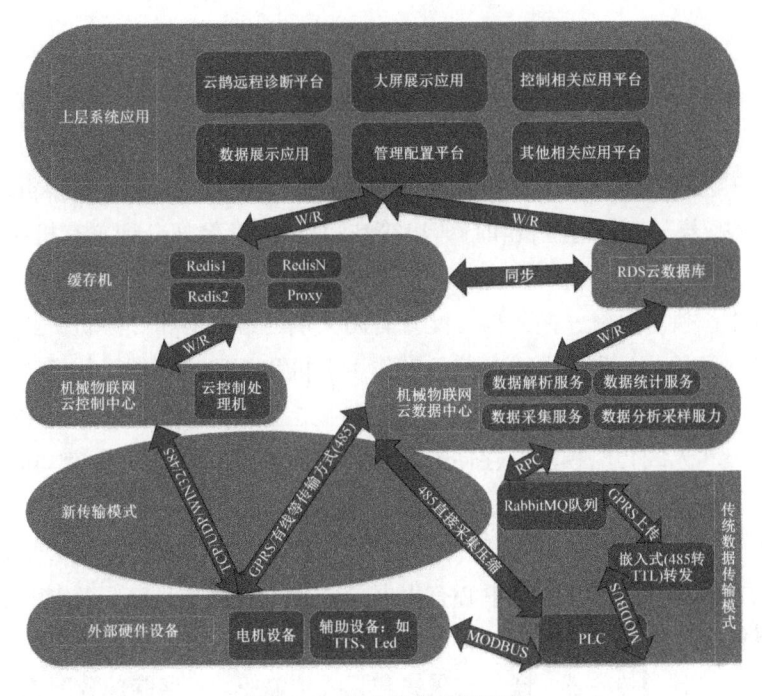

图 36-1　平台软件系统架构

创申智能的网络系统共分为五个子系统，系统拓扑图如图 36-2 所示。

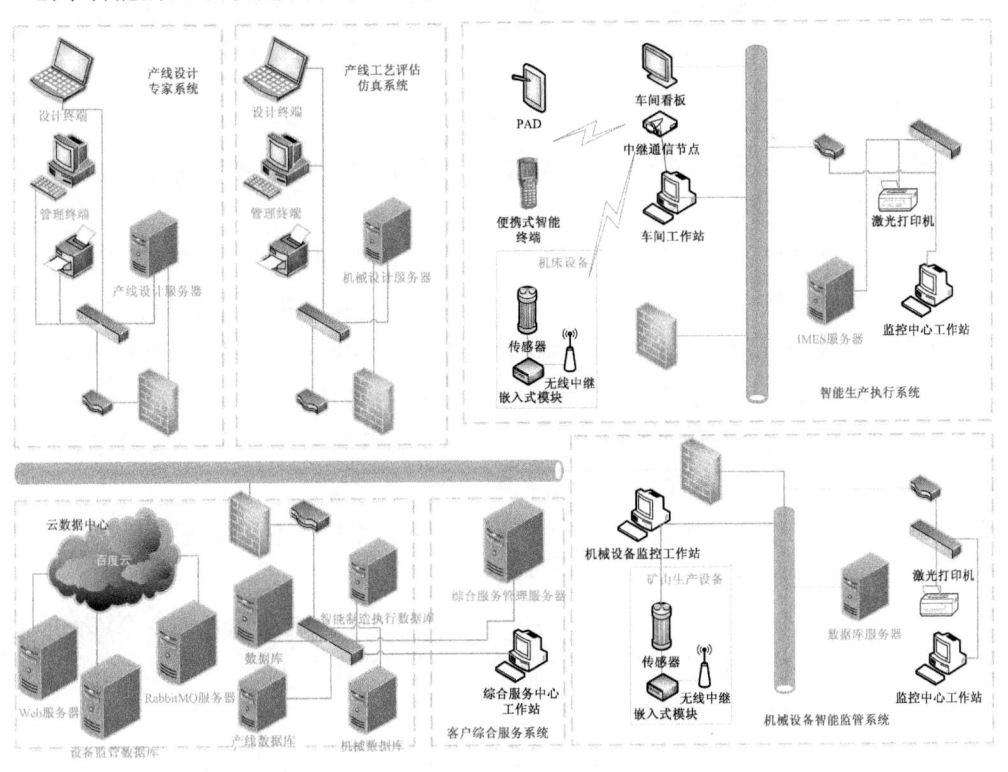

图 36-2　网络系统拓扑

（1）产线设计专家系统：接入部分配置有防火墙、路由器和交换机；业务部分配置有图形工作站、若干工作用主机和打印机等辅助设备；存储部分配置有产线设计服务器、数据库服务器。

（2）产线工艺评估仿真系统：接入部分配置有防火墙、路由器和交换机；业务部分配置有图形工作站、若干工作用主机和打印机等辅助设备；存储部分配置有机械设计服务器、数据库服务器。

（3）智能生产执行系统：接入部分配置有防火墙、路由器和交换机；业务部分由监控中心和产线工作站组成，监控中心有若干工作用主机和打印机等辅助设备；产线工作站配置有大屏幕业务展示板、若干产线工作站、无线中继节点、若干手持智能终端和掌上计算机、嵌入式采集和无线传输模块；存储部分配置有互动式制造执行系统（IMES）服务器、数据库服务器。

（4）机械智能监管系统：接入部分配置有防火墙、路由器和交换机；业务部分由监控中心和机械监控工作站组成，监控中心有大屏幕监控显示终端、若干工作用主机和打印机等辅助设备；机械监控工作站配置有控制机柜、若干产线工作站、若干手持智能终端、机械生产设备加装的各类传感器、嵌入式采集和无线传输模块；存储部分配置有机械设备监控服务器、数据库服务器。

（5）客户综合服务系统：接入部分配置有防火墙、路由器和交换机；业务部分配置有若干工作用主机和打印机等辅助设备；存储部分配置有机械设计服务器、数据库服务器。

4. 专家库和专家咨询系统

（1）专家库建设。故障诊断专家库系统主要包括解释机、模糊推理机、知识获取模块、实时数据库、知识库、人机界面。

利用大型精细破碎筛分成套装备远程运维服务平台的故障诊断专家库系统，通过特征样本计算与存储、典型故障谱图、知识库建立及维护、故障诊断、逻辑规则等手段，对设备进行状态识别与分析，提高故障诊断的快速性和诊断结果的可靠性，增强解决复杂问题的能力，降低对操作人员的要求。云数据和知识服务提供协同维修和智能决策，降低故障诊断和排除时间，降低维修和保修费用，同时支持远程诊断和远程服务。实现了大型精细破碎筛分成套装备远程智能监控与健康维护的需求。

（2）质量预测专家咨询库建设。质量预测专家咨询库系统主要包括智能装备或系统、传感器、信号处理系统、质量预测及诊断决策。

通过基于大型精细破碎筛分成套装备远程运维服务平台的质量预测专家咨询库系统运行状态，对大量动态、持续的设备数据进行及时准确的计算并分析各种技术指标，从而分析获取所有的运行状况，得到最优的解决方案并及时进行生产流程优化。与互联网技术相结合，实现移动生产管控模式，支持生产的现代化、智能化方式转换。运维服务平台不受地理区域限制，可随时随地对系统运行状况进行采集和反馈，通过实时监控和历史数据分析，定位设备运行工况及生产工艺参数。集合关键环节及数据，及时更新设备及产线运行状况，实时掌握生产现场情况，合理进行生产调度管控，实现规模化集约生产。形成数据中心存储积累设备和生产数据的数据样本，存储积累经验知识，进行共享复用。通过载荷统计评估、资产安全管理、数据样本与经验实现了大型成套精细破碎筛分成套装备的经济化、规模化和集约化生产。

5. 云数据中心与云服务平台

1）云数据中心建设

云数据中心是实现对采集数据进行统一分析处理的计算资源基础，并提供必要的数据分析能力支撑。因此，针对每个系统分别包括基础支撑平台（IaaS）、数据管理系统、数据分析平台与应用支撑库、服务支撑库等模块。其中，IaaS 采用租用云基础设施来实现，其余部分通过自研开发完成。

数据中心的数据对象主要包括产线设计专家系统中的产线设计知识库、产线数据库、产线信息库、单机设备运行仿真系统中的机械设备模型库、设备信息数据库、辅助设备库和加工原料资料库等。

2）云服务平台建设

通过云服务平台，可以不受地理区域限制，随时随地对系统的运行情况进行采集和反馈进行实时监控和历史分析，通过数据分析、定位设备运行工况和生产工艺参数问题。整体结构如图 36-3 所示。

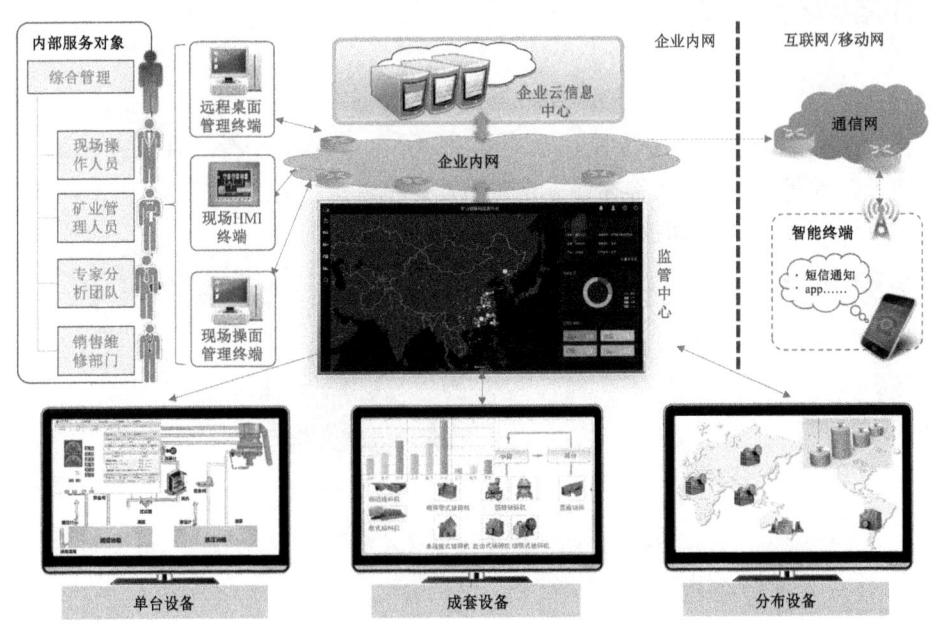

图 36-3 云服务平台架构示意

智能化监控生产管理系统平台软件界面如图36-4所示。

图 36-4　平台软件界面

同时，还提供手机APP和微信服务号，通过手机APP和微信随时随地了解当前及历史产线和设备的运行状况、设备负荷、实时数据、报警维护等状态信息，对产线和仓储输送进行全方位监测（见图36-5）。

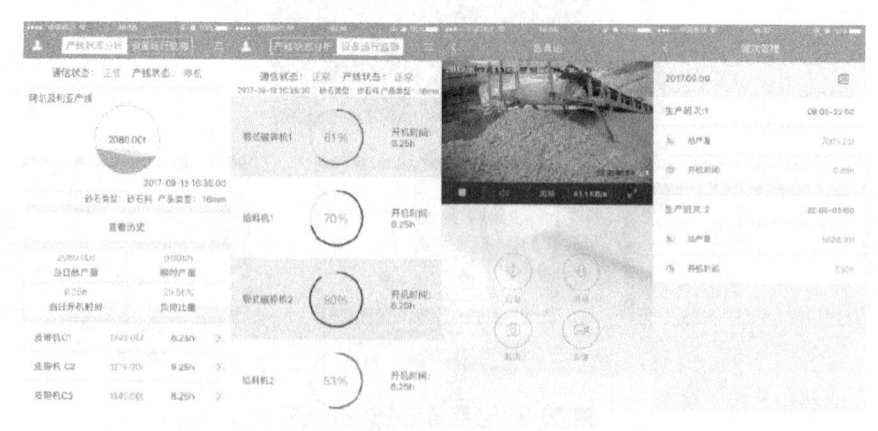

图 36-5　移动端服务软件界面

6．工业互联网应用创新

（1）生产数据的采集、流转和处理。本项目应用现场设备种类繁多，通信接口多样，生产过程中设备及产品信息数据主要采用有线方式进行采集，从而实现破碎筛分产线内部信息化等。网络层技术主要为 IPv4、IPv6、工业 PON（无源光网络）技术等。可以提供多种协议接口，适应各种工业设备智能信息传送及各种专用接入系统应用场合的要求。对产线、用户、设备等进行实时的数据采集和监测，为用户企业的数据分析、数据挖掘和支撑决策等提供数据支撑。

（2）支持服务化延伸应用。利用公众网络上的工业互联网平台，实现数据的集成、分析和挖掘。针对大型精细破碎筛分行业在整个价值链、生命周期中产生了大量的结构化和非结构化的数据。产品数据包括设计、建模、工艺、加工等环节产生的数据，运营数据包括组织结构、业务管理、生产设备、市场营销、质量控制、生产、采购等环节数据，价值链数据包括客户、供应商、合作伙伴等外部数据。在该企业的 ERP 系统内部对数据进行加工、处理，可以使用关系数据库进行数据运算，满足未来的信息社会对信息实时的刚性要求。

三、实施成效

1）运营成本降低 20%以上

典型大型精细破碎筛分成套装备产线用户单位在本项目实施前的人员成本为 3 250 元，制造成本（包含易损件、能耗、炸药、折旧等）为 6 350 元；实施后的人员成本为 2 150 元，制造成本为 5 350 元。根据测算公式：

运营成本=人员成本+制造成本；

运营成本降低（%）=（实施前单位产值的运营成本－实施后单位产值的运营成本）/实施前单位产值的运营成本；

可得出运营成本降低（%）=（9 600－7 500）/9 600=21.87%。

2）生产效率提高 30%以上

切实提高生产过程中的自动化、信息化水平，提高生产效率、降低人工数量，将生产从传统低效落后的方式，向高效智能的方式转变。以灰岩加工产线为例，原来单线日产能 8 500 吨，远程运维服务建成后，单线日产能提升至 11 000 吨，根据测算公式：

生产效率提高（%）=（实施后单位时间产能－实施前单位时间产能）/实施前单位时间产能；

生产效率提高（%）=（11 000－8 000）/8 000=37.5%；

可计算出整体提高生产效率 30%以上。

3）能源利用率提升 10%以上

以某破碎灰岩矿的大型精细破碎筛分成套装备产线为例，经计算，2016 年综合能耗为 876.652 吨标煤，产值 7 500 万元，万元产值能耗为 0.117 吨标煤，而经估算，本项目实施后年万元综合能耗为 0.102 吨标煤。根据如下测算公式：

能源利用率提升（%）=（实施前万元产值能耗成本 – 实施后万元产能能耗成本）/实施前万元产值能耗成本；

能源利用率提升（%）=（0.117 – 0.102）/0.117=12.8%

四、实施经验

（1）传统产业降本增效减排。本项目以工业互联网为基础，打通设备信息采集、产线集中管控系统、产品全生命周期追踪监控的全过程信息链，从根本上提高机械设备的成套运作效率与服务能力；通过远程运维系统结合所采集的生产数据，在生产过程中进行智能活动，诸如分析、推理、判断、构思和决策等，提升生产效率；通过对所采集数据的综合分析，结合当前生产需求，科学合理计划并调破碎机、输送机等生产设备的工作状态和时间，可大大减少产线设备对能源的需求，达到有效节约能源的目的。

（2）为大型精细破碎筛分及装备行业的信息化的提升形成具有推广性、示范性的典型经验和解决方案。基于大型破碎筛分成套装备物联网实现制造服务化探索，实现以产品为中心的制造业向服务增值延伸，将传统制造环节向两端延伸，提高产品附加值，拓展专业制造服务活动，成为制造业走向高级化的重要标志。

（3）本项目可为其他行业提供具有借鉴意义的工业化、信息化融合经验及解决思路。本项目通过采用信息化、智能化手段改造传统制造型企业，将创申智能转型升级为拥有自主知识产权及核心技术的高科技型智能制造企业。项目完成后不仅可以为包括冶金、矿山、建材在内的多种行业提供成套产线解决方案，还可以为其他行业提供具有借鉴意义的工业化、信息化融合经验及解决思路，还可能通过生产服务外包、大数据分析等模式拓展经营范围。

编委会：侯向保　　编写组：毛　嘉

37 电梯智能工厂试点示范
——杭州西奥电梯有限公司

一、项目实施背景与状况

(一)项目实施背景

中国电梯产业在城市基础设施和城镇化建设的推动下,正处于高速发展期。从2005年到2014年,年均销量增长超过20%。2015年与2016年的年销量均超过70万台(见图37-1)。截至2015年,我国的电梯保有量突破420万台(见图37-2),占全球保有量的30%以上,我国已经发展成为全球最大的电梯市场。

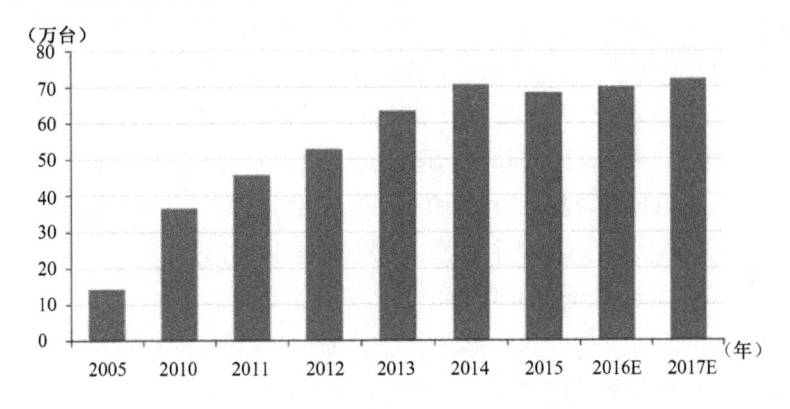

图37-1 2005—2016年我国电梯产销量

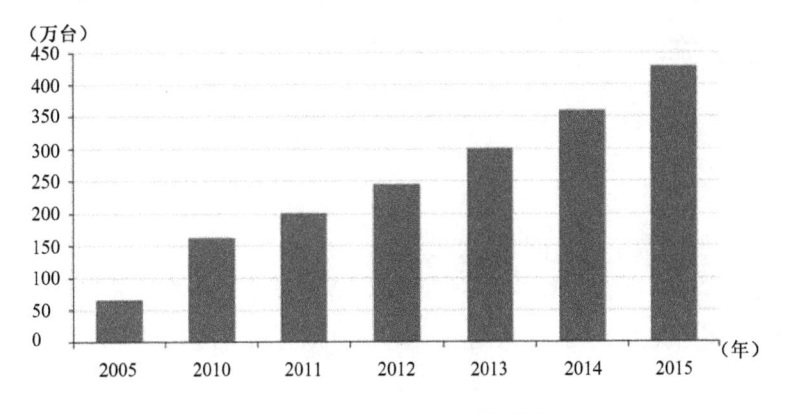

图37-2 2005—2015年我国电梯保有量

随着我国电梯需求量的飞速增长、电梯交付周期较长、生产效率低等问题日益凸显。究其原因，主要是电梯高度个性化定制的特征所导致的。由于每个建筑的设计各不相同，所以电梯井道尺寸也存在较大差异。另外，由于建筑物高度、用途的不同，也会导致对电梯的运行速度、载重等配制的差异。因此，几乎每台套电梯的总体尺寸、梯内装潢、运行速度、载重都是不同的，这就使得每台电梯都要经历设计、生产计划、制造、组装等环节才能交付到现场进行安装调试和服务。而传统的电梯生产制造环节并未实现设计、生产计划、制造等环节的端到端集成，即虽然在设计和制造环节具备数字化环境，但由于各环节之间的模型和数据接口尚未打通，仍然需要工程师对设计图样进行解读，人工转换成设备和控制系统的程序与参数，并根据各产线和设备的能力，人工分配生产任务，再由设备完成制造。这样，从设计到制造的周期难以减少，使得当前行业平均交付周期为 15 天，严重制约了电梯交付周期的缩短，难以满足我国电梯市场的需求。

（二）项目实施的主要思路和目标

杭州西奥电梯有限公司（以下简称"西奥"）的电梯智能工厂项目计划在现有的生产系统已经实现纵向集成的基础上，打通了电梯从设计、生产计划到制造的端到端集成，实现设计、制造一体化，减少人为参与，使系统根据用户需求自动生成产品设计图样、快速转换设备程序，并根据生产单元和生产线的能力，自动调度生产任务，从而将产品交付周期从行业平均 15 天减少为 6 天。此外，本项目计划实现电梯从设计、制造、安装到服务的全流程数据采集、分析、监测与诊断，通过对全生命周期数据的积累与分析，优化产品设计、控制参数，并通过对电梯运行过程的远程、实时监测，大幅缩短故障维修时间，并通过分析关键部件的健康状态和剩余寿命，预测性地对部件进行更换和维护，从而逐步减少电梯故障次数，提高电梯安全性和可靠性。

通过项目实施，充分发挥行业示范效应，带动整个电梯行业制造与服务的智能化水平的提升。在确保生产质量的前提下，大幅缩短产品交付周期，并提高电梯的安全性和可靠性，对于提升我国电梯行业自主品牌的竞争力具有重要作用。

二、项目主要实施内容

（一）主要实施内容

1. 项目系统模型建立与运行

1）电梯智能制造数字化车间总体设计与工艺建模

本项目将数字化设计、仿真与管理理念融入到产品生命周期的各个部分，通过建立工厂制造数字化模型（见图37-3），采用三维动态模拟对厂房进行设计规划。

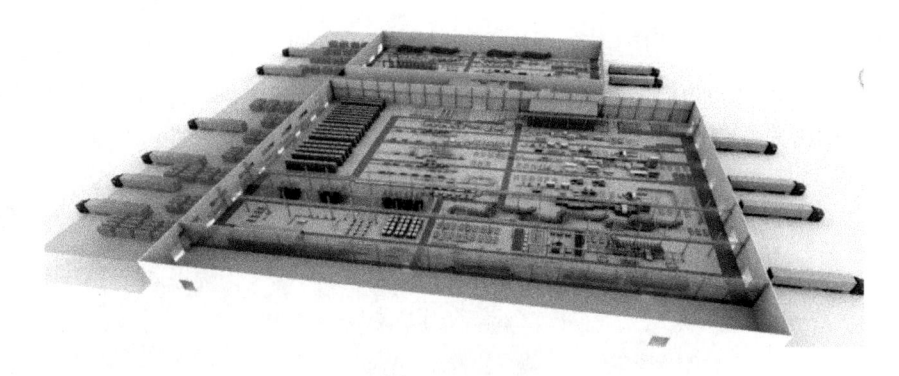

图 37-3　工厂 3D 建模

2）基于三维模型的电梯产品模块化设计与仿真

本项目提出全过程数字化设计，采用国际领先的三维数字化设计模式，使用产品全生命周期管理（PLM）平台，应用参数化配置设计系统，以数字化三维设计为手段，最大限度地避免电梯系统布置中的冲突，快速形成实例规格模型，并对初始设计意图进行验证。

2．先进设计技术和产品数据管理系统（PDM）建设情况

1）电梯生产的工艺流程和自动化生产系统

项目建立了自动化、智能化的生产、检验检测、装配、物料等系统，部分系统通过工业通信网络实现互联和集成，关键加工工序数控化率达到 70%，并实现与公司现有信息系统的全打通，实现智能制造。

2）产品全生命周期管理系统

产品全生命周期管理（PLM），就是指从人们对产品的需求开始，到产品淘汰报废的全部生命历程（见图 37-4）。

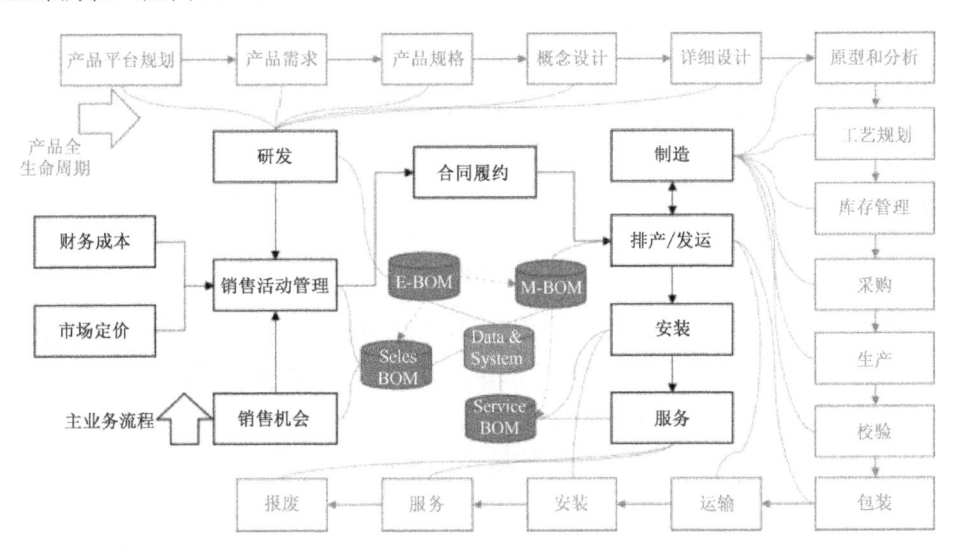

图 37-4　产品全生命周期管理系统体系

在系统实现方面，主要应用了 Windchill 的 PDMLink、MPMLink、PartsLink、Creo 集成、ProjectLink、Integrity、Arbortext 等模块，财务相关业务通过与 ERP 集成抓取数据实现，不进行相关数据的存储。如图 37-5 所示为西奥的 PLM 模式业务分布。

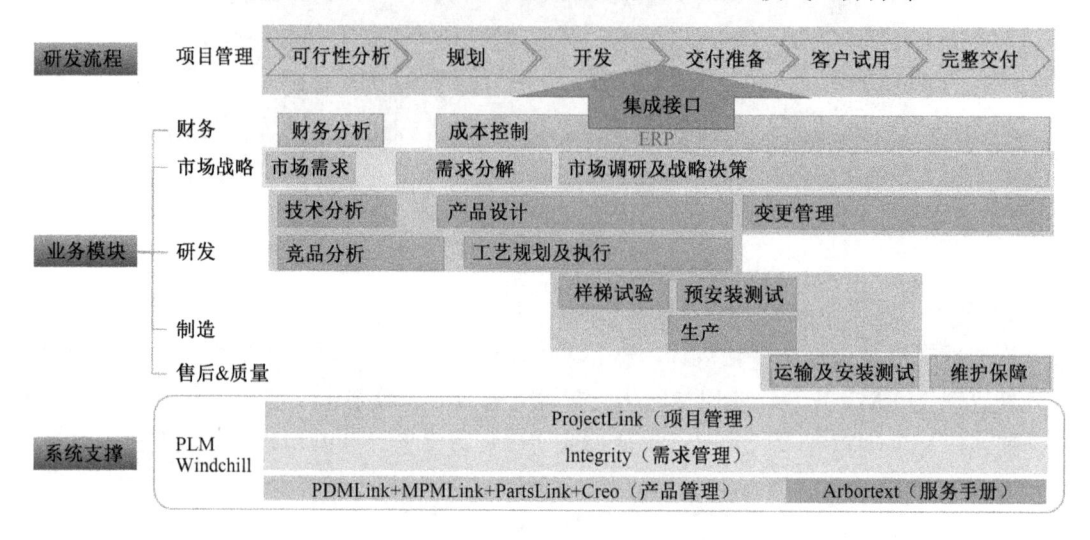

图 37-5　PLM 模块业务分布

3．关键技术装备应用情况

（1）机器人自动挂门板喷粉生产线。
（2）厅门专机生产线。
（3）轿壁专用自动钣金生产线。
（4）自动钣金柔性线。
（5）全自动光纤激光切割设备。
（6）电梯主机自动生产线。
（7）电梯厅门自动装箱装配线。
（8）电梯厅门自动折弯线。
（9）上坎自动装箱线。

4．生产过程数据采集与分析系统建设情况

项目建立了面向客户个性化定制的 CRM 系统（见图 37-6）。为了满足用户多样化、个性化需求，提高市场竞争力，利用相应的信息技术及互联网技术来协调企业与顾客间在销售、营销和服务上的交互，从而提升其管理方式。向客户提供创新式的个性化的客户交互和服务，也就是从传统销售模式向智能销售和智能用户交互与分析的方向发展。

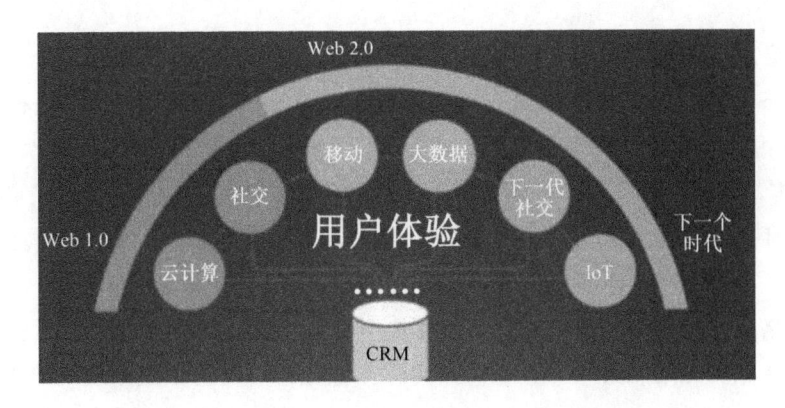

图 37-6　以用户体验为中心的互联网 CRM 系统体系

5．制造执行系统（MES）与企业资源计划系统（ERP）系统建设情况

1）制造执行系统

公司运用系列智能信息管理系统，打通了从根据客户个性化定制需求下发订单到个性化产品生产出来的全过程。

（1）系统对接环节：自动匹配销售参数管理系统等。

（2）合同排产环节：根据技术物料清单制造执行对应工地模块的自制/外购状态。

（3）制造生产环节：通过可视化工单结合工厂物联网系统，在制造执行系统中实时反馈动态数据及效率分析图表，将信息流和物流系统紧密结合。

（4）管理延伸控制：在公司内部实现智能化制造的基础上，将供应链的管理通过可视化平台纳入公司整体框架的管理范围。

（5）制造执行系统的智造执行系统应用。

2）企业资源计划系统

企业资源计划系统实现从合同录入现场安装过程管理等整个业务运营的系统管理，具体包括以下几个环节。

（1）关注客户：实现合同一体化管理，优化排产流程。

（2）协同制造：实现多组织间统筹计划和调度完成制造网络的统一管控。

（3）成本核算：改善成本核算模式，提供准确、清晰的成本数据支持管理决策。

（4）品质同一：实现产品设计及产出的一致性，确保品质同一性。

（5）构建全新的、基于"个性化、一键通"运营模式的业务、流程、数据信息平台。

6．工厂内部网络架构建设及信息集成

1）个性化定制电梯智能工厂的全互联制造网络

基于智能化工厂的布局规划和业务模型，进行工业网络的研究和设计，建设一个安全、灵活、可扩展、可升级、成本可控的工业网络。

（1）网络总体架构。针对电梯智能工厂规划、设计，实现集中监控、控制、管理和运维的基础网络设施，应用于整个工厂的业务系统。如图37-7所示为西奥电梯智能工厂的网络架构图。

（2）网络连接技术形式。有线网络建设：采用以太网物理接口主导工厂的有线连接，同时采用标准化的实时以太网进行工业现场总线的控制数据和信息数据的同口传输。应用IP技术将工厂级网络向车间级、现场级网络延伸。

无线网络建设：无线网络主要用于移动类设备及产品信息的采集，包括移动终端的网络连接。结合非实时控制网络Wi-Fi和面向工业过程自动化的工业无线网络WIA-PA，构建工厂无线网络。

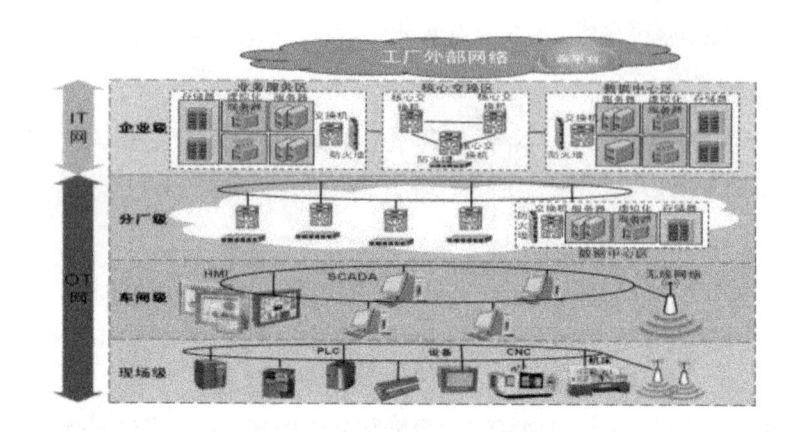

图37-7 电梯智能工厂网络架构

（3）网络构建技术特点。

①企业级网络。企业级网络即通俗意义上的企业网，包括业务服务器、核心交换区和数据中心区。

②分厂级网络。分厂级网络北向接口与企业级的云平台系统连接，接受企业级的整体管理。

③车间级工业网络。车间级工业网络为保障转向架数字化车间数据传输和交互而建设网络，该网络系统结合软件定义技术，将网络系统与生产过程紧密结合，形成软件定义工业网络，实现设备动态入网、细粒度数据流控制、实时的网络监控。

④现场级工业设备网络。现场级工业设备网络主要由工业以太网、工业现场总线以及工业无线网络构成。

2）工厂内部信息集成情况

个性化定制电梯智能工厂的信息系统架构如图37-8所示。

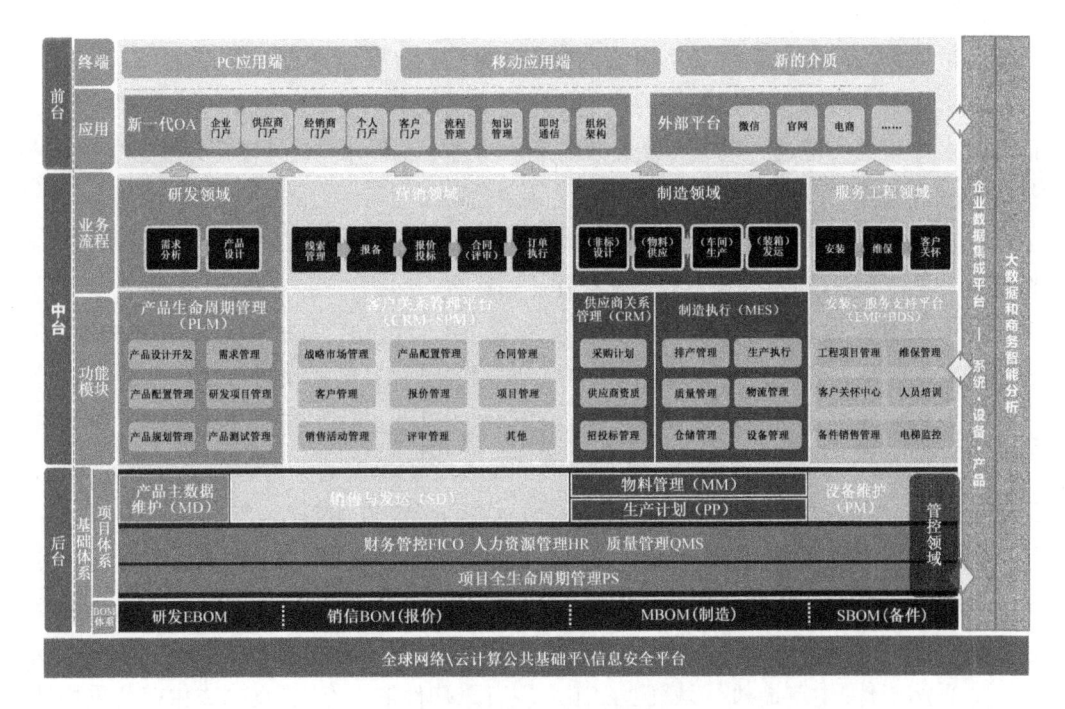

图 37-8 电梯智能工厂信息系统架构

（1）统一的数据仓库。实现基于模型的产品设计数字化、企业管理信息化和制造执行灵活化，形成企业统一的数据中心。从而实现以精细化生产、精准化作业、灵活化管理为目标的精益生产管制系统，推行拉动式准时化生产（JIT），以最大限度地合理利用资金、设备、人员等资源，使产能最大化、资金利用最大化、成本最优化、质量损失最低化；实现各车间之间的数据共享，形成产品的柔性智能生产模式与统一的生产协同管理平台。

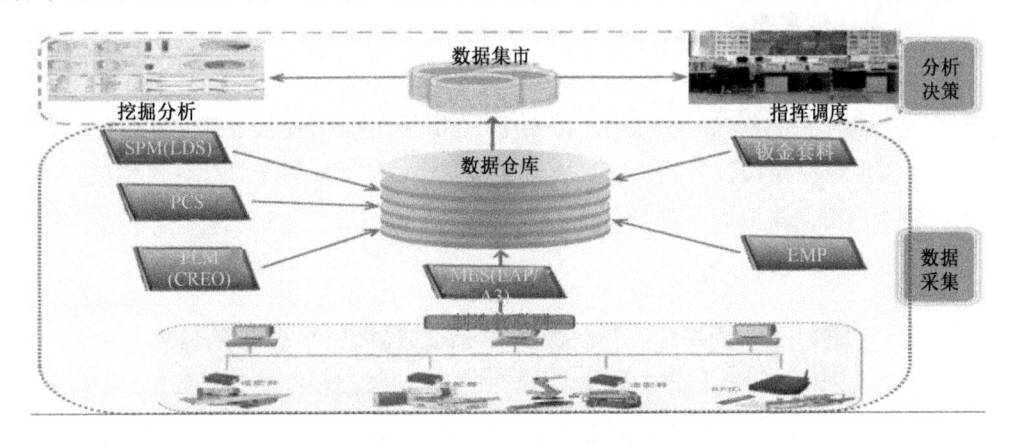

图 37-9 数据统一平台模型

（2）电梯个性化定制的用户选配、产品设计、计划排产、制造、交付全流程系统集成。用户根据自身条件，结合自身用途提出个性化定制需求，通过移动应用或 Web 应用，将相关数据录入客户关系管理系统中,自主地完成产品配置选型。

在客户关系管理系统接收到用户个性化定制需求后,会自动生成相关的客户信息,合同信息对相应的文档进行管理,并根据用户个性化定制需求,快速准确地生成方案和报价供客户进行选择。

用户选择个性化定制需求后,由客户关系管理系统统一生成个性化订单合同规格表和个性化合同参数配置文件发送至企业资源计划系统。

企业资源计划系统接收到客户关系管理发送的个性化订单合同规格表和个性化合同参数配置文件后,自动进行模块化的拆分,并对各个独立的模块进行生产参数补全。

企业资源计划系统根据个性化订单,经由物料管理、生产管理、销售管理、财务管理、项目管理、人力管理等功能模块,实现从合同录入到现场安装过程管理等整个业务运营的系统管理。

制造执行系统接收到企业资源计划发送的物料清单后,将部件分成以下两类。

①全自制工件:由制造执行系统对所有需要制造或加工的部件进行高级排产,为车间内各条生产线或设备布置生产任务,生成电子工单下发至车间。

②采购工件:由制造执行系统匹配工厂现有采购件的库存,自动生成供应商采购订单,并下发给相应的供应商请求供货,基本实现零库存。

制造执行系统利用二维码来标志生产出来的每个全自制工件及每个采购工件,并生成物流用的物料清单,内容包括合同号、配件单号、配送工位、工件号、规格等信息。各个部件根据物料清单进行装箱,对照合同单号信息进行校对,确认无误后为用户发货。

(二)项目采取的主要措施

1. 生产系统纵向集成

依托现有的客户关系管理、企业资源计划、制造执行等软件系统,打通从客户个性化订单到计划、排产的信息流,并通过建设全互联制造网络,依托 IoT 网关打通异构设备的信息接口,实现现场异构设备的快速集成与互联互通,从而实现个性化订单生成、计划排产、生产制造的纵向集成。

2. 设计、制造一体化集成

基于现有的产品生命周期管理软件和自主研制的过程控制系统软件,实现个性化订单参数、产品设计图样、设备程序的自动转换,并基于语义建模和动态服务组合,研发车间级智能管控系统,实现生产任务的智能调度,使系统根据产品生产需求和设备能力自适应调度生产任务,从而实现设计、生产计划、制造的一体化集成,缩短产品交付周期。

3. 电梯全生命周期管理与智能运维

基于现有的产品生命周期管理和北斗星电梯监测系统,研发电梯大数据分析优化系统和预测性维护系统，基于电梯设计、制造、安装到服务的全流程数据采集、分析，优化电梯设计和控制参数；通过对电梯的实时监测，及时发现故障，缩短维护时间；通过预测性维护系统，对关键部件进行预测性维护，从而减少电梯故障次数。

三、实施成效

通过本项目的实施，建设面向个性化定制的电梯智能工厂，达到以下成效。

（1）电梯从个性化设计、计划到制造的交付周期从原来的 15 天缩短为 6 天，减少了 60%。

（2）通过对生产任务的智能调度，智能生产设备的导入，使电梯产能提升了 32%。

（3）采用激光、视觉在线自动检测与 SPC 质量控制，使不良品率降低了 28%。

（4）生产效率提升、产能提升和人头节约，使公司的运营成本降低了 22%。

（5）通过设备效率提升，使能源利用率提高了 17%。

（6）通过产品标准化、系列化、模块化通用组合设计，使产品研制周期缩短了 25%。

（7）通过电梯的远程监测与预测性维护，使电梯故障次数减少了 20%。

四、实施经验

（1）通过打通电梯模型和数据从设计、生产计划到制造的端到端集成，实现设计、制造一体化，使图纸、设备程序的生成、生产计划调度等环节根据电梯的个性化定制需求自适应地进行调整，从而大幅缩短电梯从设计、生产计划到制造的周期。

（2）构建全互联制造网络，基于 IoT 网关实现生产设备的互联互通，基于工业 SDN 技术实现通信资源的自动分配，提高生产系统灵活性。

（3）利用语义化建模技术，构建生产设备功能、性能等参数模型库，并基于动态服务组合技术，实现生产任务的智能调度。

（4）实现客户订单、生产计划、仓储物流的信息集成与联动，提升生产效率。

（5）通过对电梯从设计、制造、安装到服务的全流程数据采集与分析，优化电梯设计和生产系统参数；通过对电梯的实时监测，及时发现故障，减少维修时间；通过对关键部件预测性维护，逐步减少电梯故障次数，提高电梯安全性和可靠性。

编委会：冯铁英　　编写组：翁海潮

新能源汽车动力电池智能工厂试点示范
——深圳市比克动力电池有限公司

一、项目实施背景与状况

（一）项目实施背景

随着新能源汽车销量的持续上升，新能源汽车动力电池生产制造企业面临着提高产品产量、质量，降低成本和能耗，实现转型升级，加速企业创新发展等难题，对新能源汽车动力电池生产企业的生产能力、交付能力、服务能力及产品质量等提出了巨大挑战。要利用好"互联网+"等发展规划，抓住我国新能源动力电池高速发展这一契机。

通过传统的技术提升与管理方法的改进，已难以有效解决生产、安全、环境等方面存在的问题。只有将先进的信息技术与企业实际业务相结合，在已有动力电池生产制造自动化和信息化基础上，综合利用物联网、云计算、大数据与人工智能技术，开展智能工厂建设与智慧制造实践，形成动力电池智能化绿色生产的良性生态系统，才能满足企业增效降耗与转型升级的需求。

（二）项目实施的主要思路和目标

研发动力电池智能制造技术与平台，实现生产计划制定、生产过程自动化管控、产品追溯、产品质量控制、成本管理、设备效能管理的智能化，建立动力电池智慧化绿色制造模式，从而达到提升产品质量、降低物料损耗、提高生产效率并有效降低生产制造成本的目的。深圳市比克动力电池有限公司（以下简称"比克"）在动力电池生产制造工艺、销售与服务等方面的信息化水平处于行业领先水平，这就为动力电池生产制造智能化奠定了基础，为实现智慧工厂建设提供了条件。在"互联网+"的背景下，进行动力电池智能生产制造体系建设，实现生产过程管控的平台化、服务化、智能化。

本项目研发的技术与国内外同行相比，处于先进和领先水平，相关技术均具有自主知识产权，其中有动力电池全自动化生产线技术。本项目所涉及的动力电池智能制造技术在实际生产效果上具有显著的优越性。具体表现在可实现锂离子动力电池单体 130ppm 的生产节拍，整线直通率达到 97%以上，合格率大于 99.8%，稼动率达到 98%以上。此外，该生产流水线可用于 18650、26700、36800 等系列的圆柱电池生产，可满足不同客户对于单体动力电池容量的需求。

二、项目主要实施内容

（一）项目主要实施的内容

通过研发动力电池智能制造技术与平台，制订生产计划，实现生产过程自动化管控、产品追溯、产品质量控制、成本管理、设备效能管理的智能化，建立动力电池智慧化绿色制造模式，从而达到提升产品质量、降低物料损耗、提高生产效率并有效降低生产制造成本的目的，主要包括以下 6 个方面。

（1）研究动力电池智能制造关键工艺技术，通过改造提升，建立全自动化的智能生产线。

（2）动力电池智能生产基础平台建设与完善。

（3）建立动力电池生产工业大数据与数据服务平台。

（4）建立动力电池生产管控知识自动化服务平台。

（5）建立基于编码的动力电池全生命周期跟踪与质量控制体系。

（6）建设动力电池智能工厂示范应用，试验验证项目成果。

（二）采取的主要措施

比克一直重视工业化与信息化的融合，注重关键工艺环节设备的自动化水平。通过引进、改造和自行研发，逐步实现主要生产工艺环节的自动化生产，在生产管理和企业管理的各个环节不断进行信息系统建设，并逐步向数字化工厂迈进。

1. 工厂生产基础设备自动化系统建设情况

近几年来，比克通过对原有生产工艺流程的自动化改造、新建、扩建等方式，已建立了先进完善的生产自动控制系统，涵盖了匀浆、制片、卷绕、组装、化成和模组等各个工艺段，为智能工厂的建设奠定了坚实的基础。

（1）投料工序。投料工序实现了计算机自动化配料，一次循环完成吸料、过筛、称重、干混、除铁、二次称重、搅拌功能。最大特点是全程计算机控制，精确称重，实现高度自动化，如图 38-1 所示。

(a) (b)

图 38-1 配料工序自动化控制

（2）搅拌工序。搅拌机与投料系统接驳，自动投料完成后，计算机控制搅拌机运行，完成自动加胶液、搅拌功能，如图 38-2 所示。

图 38-2 搅拌工序自动化控制

（3）高速分选工序。高速分选工序是扫描电池表面的条形码并与中央数据库的数据对比，按照容量、内阻、电压的分类方案进行挑选，如图 38-3 所示。

图 38-3 高速分选工序自动化控制

（4）电芯筛选及配组工艺。在该工艺阶段，使用电芯自动分选机对电芯逐一进行电压内阻测试，然后根据测试结果进行分选配组，成组后的模块条码信息，最终将所有数据上传数据库进行存储，如图 38-4 所示。

图 38-4 电芯自动组装智能设备

智慧工厂是现代工厂信息化发展的新阶段，是在数字化工厂的基础上，利用物联网技术和设备监控技术及时正确地采集生产线数据，加强信息管理、利用和服务，从而能够掌握产销流程、提高生产过程的可控性、合理地编排生产计划与生产进度。同时，实现自动化设备间的通信与"沟通"，减少生产线上人工的干预，构建一个高效节能的、绿色环保的、环境舒适的人性化工厂。智慧工厂作为产品价值链上极其关键的一环，对提高动力电池产品的生产效率与质量、降低人工成本与出错率、缩短交货周期具有重要意义，对提升企业综合竞争力和实现制造过程和制造模式的转型升级至关重要。

2．智能工厂构建顶层设计

一方面，构建多层次的智慧型企业是一项较为复杂的系统工程，涉及企业内部各个职能部门和人员、硬件设备、软件设施、产品以及上下游客户；另一方面，智慧型企业的构建又离不开传感器技术、物联网技术、大数据技术等先进技术的应用。在转型升级过程中，企业从管理层到生产线，从设计到售后所涉及的各类软硬件系统、管理措施，都将面临不同程度的改造。因此，首先需要研究一套合理的顶层设计方案，主要包括智慧型企业中各构成要素的职能划分、各要素间的接口定义、面向信息化/智能化的产品生命周期管理流程与方案规划、软硬件改造总体方案规划等，顶层设计方案是企业分阶段展开转型升级的指导方针与重要依据。

3．智能工厂总体架构设计

首先，通过研究与分析智能工厂与智能制造过程中所涉及的人、机、料、法、环五个方面各项因素的特点和组织形式，构建由基础设施原型、产品原型、业务流程原型和生产工艺原型组成的智能工厂抽象模型；进而，由智能工厂抽象模型可以组建出多个跨地域的智能工厂实例，例如深圳工厂实例与郑州工厂实例。

其次，针对智能制造过程中生产数据的特点、数据分析的目的及决策与控制的需求，构建数据仓库与分布式计算框架，基于数据挖掘和大数据处理技术实现对生产数据的充分挖掘与利用，一方面生成实时的控制指令对生产过程进行智能化控制，另一方面提取关键信息，向管理者提供反馈，并依据管理者的决策执行相应的动作。

在智能工厂的运行过程中，智能工厂的抽象模型、数据仓库、分布式计算框架共同组成了智能工厂总体设计方案中的网络系统，该网络系统部署在云上，向物理系统和管理系统提供云服务。其中，网络系统与物理系统间主要以数据和指令的形式实现集成，网络系统与管理系统间则以信息和决策的形式实现连接。

网络系统是该方案的核心，承载着数据采集、数据存储、数据分析、生产管控等任务，最终实现物理-网络-人三要素的集成，以支撑智能工厂的运行。

基于智能传感的物联网络构建，智能物联网络是智慧工厂的主要组成要素。智能硬件与传统的硬件设备相比，需要具备数据采集、传输以及接收指令的能力。在本项目中，公司将围绕动力电池的生产流程，采购或研发出一批适用于动力电池自动化生产线和生产车间的智能化传感器、智能化生产设备。

针对设备数据、环境感知数据、指令的交互传输需求，本项目将架设一套企业内部工业网络，与相应的软硬件配套，形成智慧工厂中的物联网。

三、实施成效

本项目形成的智能工厂建设关键技术、平台及建设经验全面推广后，可对动力电池设计、生产、服务等环节都产生深远影响。

在经济效益方面，智能工厂的建立，使得动力电池生产制造实现智能化，从而具有更高的效率和更好的经济效益，生产成本的降低将会转化为公司实实在在的盈利，同时生产效率的提升对公司扩大市场份额具有显著的推动作用。

社会效益方面，首先，智能制造技术对提升我国在动力电池装备制造水平方面成效显著，这对我国转型升级战略的实现具有显著的推动作用。其次，智能制造的示范和推动作用效果明显，示范方面，先体现在比克公司内部，一旦在比克深圳动力电池生产方面体现出显著的效果后，必然会在全公司范围内进行推广应用，以有效提升产量，提升公司市场份额。再次，当公司的智能制造技术的效果释放后，在国内同行中也会形成强大的吸引和带动作用，有实力的公司将逐步淘汰效能不高的设备。一旦形成这种趋势，无形中提高锂离子电池行业的准入门槛，淘汰一大批生产技术水平低、品质差、产能低的小公司，为国内锂离子电池行业的平稳健康发展助力。最后，当国内动力电池企业发展壮大并产能充分释放后，新能源汽车的大规模推广应用将不再停留在纸面上，而是在全国各地实实在在地进行落地。

企业竞争力进一步提升。智能工厂建设对镇海炼化的发展和经济效益具有良好的持续推动作用，充分发挥了供应链-产业链-价值链协同优化的效果。经过持续的产能扩展，引入最先进最快速的自动化进口设备，2016年比克电池全年出货量达到2.5GW·h，电芯产销突破2亿只，占全国动力电池市场份额约10%，尤其在三元动力电池领域，比克电池占据了约30%的市场份额。未来，比克将继续秉承品质为先、创新发展、共享（创）价值的核心价值观，为客户及消费者提供最安全、最领先的新能源锂电产品，在"十三五"期间实现180亿元的营收业绩。

四、实施经验

（1）更加关注业务整合协同。智能工厂是两化深度融合的高级阶段，需要不断地整合优化业务，坚持信息技术与每一项业务、每一个环节、每一位员工融合，可以实现从"复杂烦琐"到"简单方便"的智能化转变。

（2）更加关注数据资源。智能工厂建设需要自动进行流程计划和控制、机器连接至互联网、实现供应商与用户流程设计紧密集成，从而实现设备互联和分布式智能，实时控制和柔性生产，更好地为生产经营提供预警及决策支持。

（3）更加关注价值链网络。智能制造深刻地改变了产品的生产方式、组织方式、流通方式和销售方式，重塑了产业的价值链和生态链，由其在动力电池生产模式具有离散制造与流程制造的特色企业，引领着企业产品服务化将会成为未来价值创造的重要方向。

编委会：李 丹　　编写组：伍 雄

39 工业装备远程运维服务试点示范

——安徽容知日新科技股份有限公司

一、项目实施背景与状况

（一）项目实施背景

近年来，随着工业互联网的推进，智能制造、智能工厂项目通过示范试点等形式逐步落地，作为智能工厂核心组成的设备互联互通和智能化管理、预测性维护已经成为行业趋势和共识。设备互联互通和智能化管理，是基于各类数据的汇集联通，通过专家知识、规则库和大数据分析模型，实现数据驱动的设备维护策略优化。通过设备健康状态监测管理平台的建设运营，基于数据分析获取高效的业务洞察，实现设备早期故障智能诊断，寻求故障维修、定期维护、预测性维护以及前瞻性维护之间的最佳组合，来实现最优的运营和维护成本，服务于设备长周期可靠运行目标。

全椒海螺水泥为省"861"重点项目，具备两条 5000 吨新型干法水泥生产线，年产 220 万吨水泥粉末系统，目前正在推进"智能巡检系统"建设，构建智慧水泥。安徽容知日新科技股份有限公司（以下简称"容知日新"）自 2015 年 10 月起两期建设，完成了对熟料线关键设备和水泥线关键设备预测性维修项目的实施，通过 156 个有线测点和 68 个无线测点在现场的部署，实现了整条生产线 19 台关键设备的预测性维护和设备管理智能化解决方案。

（二）项目实施的主要思路和目标

本项目通过将现有信息系统数据（ERP、EAM、LIMS、MES 等），进行有效整合，聚焦于设备健康状态评价与管理，实现设备实时监测和异常时的智能预警提醒，通过智能诊断算法模型支持实现精确评价设备故障位置、故障严重程度以及故障劣化趋势预测；通过智能实时诊断及健康评分功能，可以实时准确地了解设备运行状态，为周度、月度预防性维护计划提供设备状态支撑，并优化定期维护策略；设备状态与工况数据相互影响，本模块将建立设备状态数据与工况数据的作用模型，通过多数据源智能模型，实现故障根因的精确定位；通过对历史故障数据和实时状态数据的提取透视，呈现设备整体健康状态分布、设备安全风险透视、历史故障频次等数据的统计分析，提供设备运维决策参考。

通过振动、温度、转速等工艺数据的接入，通过智能算法，预测短期内工艺参数的波动趋势，为工艺决策提供决策依据；健康状态评价模型既囊括专家知识库、故障模型库、规则库等机理模型，也包含基于大数据技术的相关分析模型，从时间维度和空间维度对数据进行挖掘，充分利用已有数据，提取有价值的信息，优化维护策略。

二、项目主要实施内容

（一）项目实施的主要内容

公司勘测复杂的现场环境，对关键设备进行评估，并提出合理化方案，建立工业装备智能诊断和远程运维系统，该系统是以容知云服务平台为基础搭建的综合性服务平台（见图39-1），实时对远端采集站采集的振动、温度等数据进行收集、分析，掌握设备实时的运行状况，并由故障诊断专家给出相应的诊断报告及维修建议，及时反馈给工业现场，实行及时维修措施，将故障消灭在萌芽阶段，从而提高设备的运行安全性和运营效率。

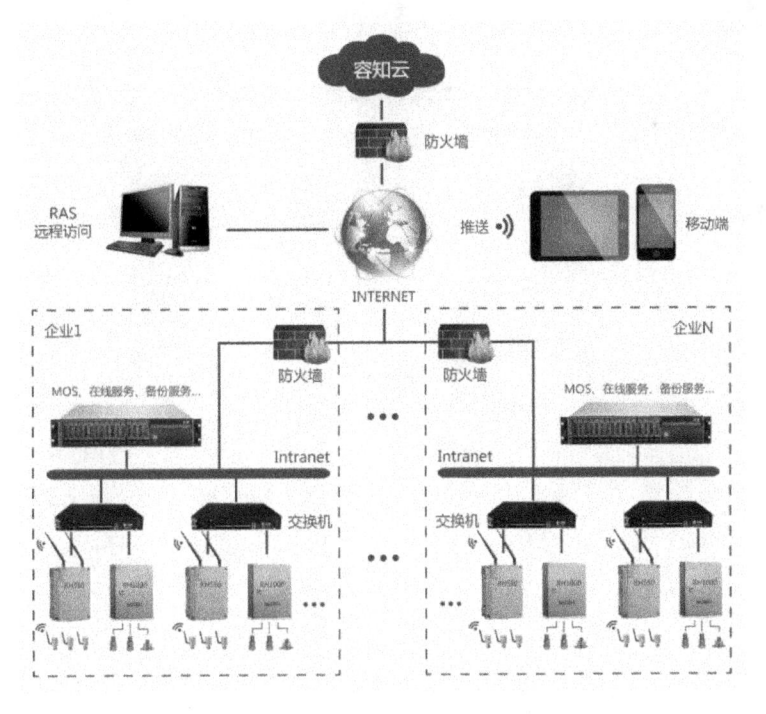

图39-1　容知云服务平台整体架构

（二）采取的主要措施

1. 设备管理智能化

主要由在线服务器、在线采集站、传感器等组成，根据现场监测的设备数量，在线服务器采用分布式架构，当设备数量较多时，可以增加服务器来实现负载平衡。在线采集站通过在线服务把采集的数据存入到企业的数据服务器中，企业现场可以通过客户端查看。采集的数据经过在线服务器上的备份服务通过网络使用 Socket 或者 FTP 方式上传到远程中心服务器。

容知云服务中心的硬件配置主要包括数据存储阵列、物理服务器，企业网基础设施、配置中心、客户端等。在这些物理服务器上部署虚拟化软件架构，可以根据我们的软件和计算需求，配置相应数量的虚拟化服务器。虚拟化服务器分为软件平台和计算中心两个部分，软件平台主要包括数据中心、服务远程诊断系统（RAS）、容知智能报警系统、智能专家诊断系统、容知智能移动平台推送服务系统等；计算中心采用 Hadoop 的大数据集群管理方式进行管理。

图 39-2 为全椒海螺水泥网络拓扑图。

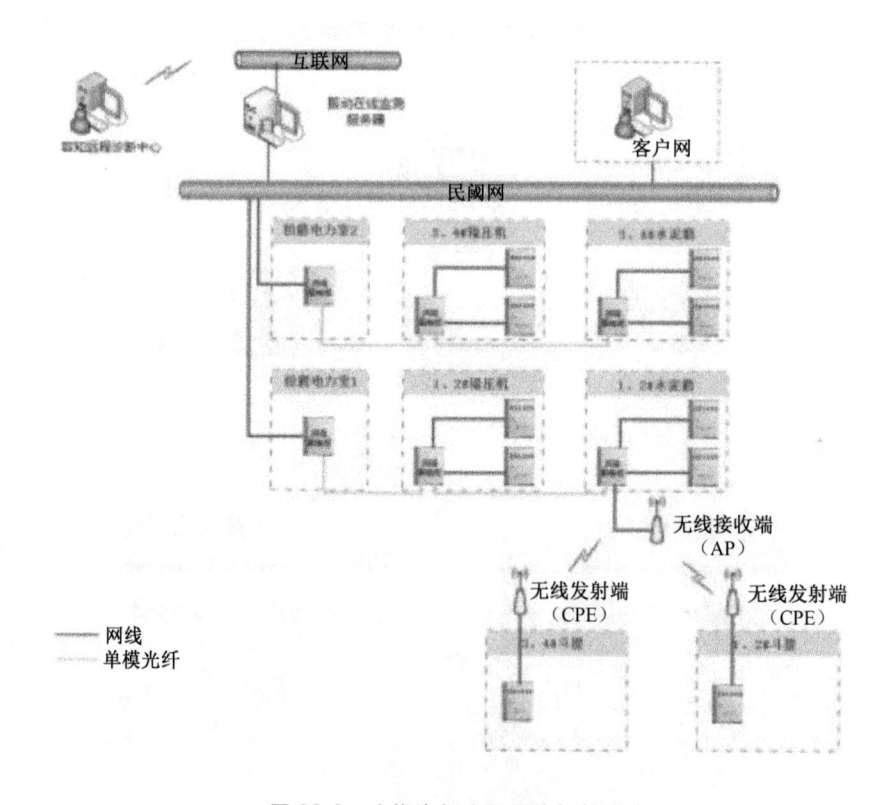

图 39-2 全椒海螺水泥网络拓扑图

2．智能服务

（1）智能诊断服务。每月定期为客户出具月度设备体检报告，针对所有设备状态进行评价，给出诊断结论以及检修建议；同时，在设备日常出现异常报警时，诊断系统第一时间给出诊断结论和检修建议。机组状态评价中，由前期的人工专家诊断，在积累大量的案例特征之后，逐渐过渡到由系统自动诊断给出结论和处理建议，极大提升了诊断效率。

（2）故障验证服务。容知通过自建和整合行业内优质资源，在诊断结论推送的同时，触发验证资源（齿轮箱内窥镜检查工艺、轴承不同部件故障验证工艺等）及时跟进验证，及时确认相关故障，加速故障消除环节，帮助客户及时恢复生产，减少故障停机时间，提升机组的可利用率，为客户创造价值。

（3）智能备件整合。在故障结论验证之后，企业现场将验证信息（消息、图片或语音）反馈至智能诊断系统，由系统通过容知云服务平台触发相应的备件资源推送，客户只需要选择一个指令就可以保证备件的及时供应，及时用于检修环节。

（4）智能检修服务。不同类型的故障在确认之后，触发相应的备件资源推送服务，同时在客户确定后，系统自动推送检修工艺并附带相关的检修资源，为客户提供故障消除集成一体化服务，深入走进客户价值链，解决客户的痛点。

（5）智能云推送服务。智能诊断、故障验证、备件资源和检修资源推送，均基于容知云服务平台，可帮助客户实现"设备故障全生命周期管理"。智能云服务平台可从设备故障早期缺陷开始，实时监测故障劣化过程，直至故障验证、检修节点，最后到整个故障的消除管理，以至故障消除后设备状态再评价。基于云服务平台的推送服务，可通过平板APP或手机APP客户端，实现与客户现场的实时互动，并及时将最关键的有效信息推送至客户现场相关人员，以保障客户连续生产并实时掌控设备状态。除此之外，基于容知云服务平台推送服务，客户管理层可以根据需要，集成开发现场检修队伍的绩效管理模块，这样通过云推送服务不仅可以及时掌控设备状态，还可以管理检修队伍工作绩效，比如对设备报警响应的检查验证和检修工作的及时有效性等。

以上推送服务的流程架构如图39-3所示。

三、实施成效

本项目至今已经为用户提供体检报告23份，提交故障诊断报告9份，其中已验证故障结论并取得故障部件和客户评价反馈的成功案例5份，通过预测性维护解决方案的使用，极大地减少了现场的检修成本。在2015年10月12日预测性维护第一期体检报告中即为用户发现入窑提升机减速机齿轮（13齿）有损伤，通过对故障严重程度、劣化趋势和寿命的预测，避免了提升机的非计划停机。

对于提升机、斜拉链运输机等运行方位高、粉尘大、环境恶劣的设备，通过无线方式进行设备状态数据收集，对于立磨、辊压机等结构复杂、工况波动大的关键设备，利用有线方式进行。以立磨（原料磨）为例，由于大量的传动机构位于齿轮箱内部，传统的外部传感器部署，无法对齿轮箱内部部件状态的准确感知，因此，基于容知日新公司对于设备结构的充分了解，同时依赖于自主研发的传感器的高防护等级和密封设计，创新性的将传感器部署至齿轮箱内部，有效地解决了对于内部传动机构尤其是低速传动机构的监测。

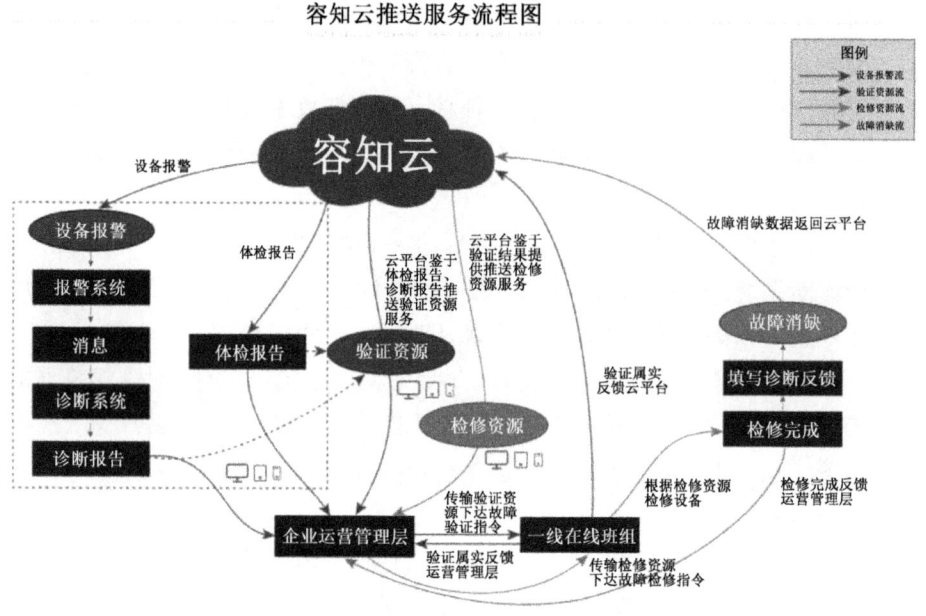

图 39-3 服务的流程架构

四、实施经验

（1）通过对设备状态的持续监控，防止设备由小故障演变成大故障，避免机组因故障的裂化而导致二次损伤，杜绝重大、恶性事故的出现，大幅降低设备维修成本。

（2）根据对设备状态的精准把握，提前合理规划受损部件的检修，减少非计划停机次数，提升检修效率，压缩检修时间，从而提升企业的产能和生产效率。

（3）利用精确诊断和大数据分析技术结合设备历史运行状态，对受损部件的寿命进行科学预测，合理准备备品备件，压缩库存规模，合理安排维护、检修能力，从而降低企业运营成本。

（4）通过容知的装备健康智能诊断服务平台，构建以设备为中心的物联网，使得企业之间的信息共享成为可能。根据企业意愿，甚至可以实现企业间的协同工作，有效地消除行业故障诊断系统中的"孤岛"现象，实现互联互通。

（5）从理念上改变过去对设备维护、检修的认识。基于设备状态的智能健康管理理念将在行业内广泛传播，加深行业对设备管理的理解和提升设备管理水平，从而发挥设备最大能力，提高行业效能。

编委会：邓玉娟　　编写组：张明超

汽车智能制动系统智能制造试点示范
——浙江力邦合信智能制动系统股份公司

一、项目实施背景与状况

浙江力邦合信智能制动系统股份有限公司（以下简称"力邦合信"）创建于2006年6月，是国内专一的汽车智能制动系统技术方案提供者，主要产品有汽车盘式制动系统、电子驻车制动系统、智能制动系统等。产品主要为众泰汽车、猎豹汽车、长安汽车、野马汽车、奇瑞汽车、东风小康、昌河铃木、现代华泰、比亚迪、吉利、北汽汽车、曙光车桥、海马汽车、长城汽车等厂家进行配套。

公司注册资本36 005.89万元，占地174亩，现有员工1 000多人，先后获得了国家高新技术企业、省级重点企业研究院、省级企业技术中心、省科技型企业、温州市领军企业、温州市专利示范企业、温州名牌产品、温州市市长质量奖等荣誉。

自2014年以来，为切实提升管理效率，降低生产那制造成本，公司开始逐步实施智能制造技术改造。项目建设旨在进行自身产业升级，以打造"汽车电子智能制造示范企业"为目标，并以此为契机将力邦合信的生产制造管理能力提升至行业乃至全国领先水平，建立自动化、智能化、信息化的汽车领域先数字化车间/智能工厂。同时，力邦合信以智能制造为基础，努力实现降低成本、缩短研制周期、提高效率、降低不良率等方面的成效。

二、项目主要实施内容

力邦合信的智能制造项目是基于离散型智能制造模式的自我的规划和实施，其做法主要有以下几方面的内容。

1. 基于产品全生命周期管理

为做好这一模板的系统，公司采用思普PLM（产品全生命周期管理）系统，为产品设计和制造建立起一个并行化的协作环境,将各个信息孤岛集成,利用计算机系统控制整个产品的开发设计过程,通过逐步建立虚拟的产品模型,最终形成完整的产品描述、生产过程描述及生产过程控制数据。技术信息系统和管理信息系统的有机集成,构成了支持整个产品形成过程的信息系统。通过建立虚拟的产品模型,PLM 系统可以有效、实时、完整地控制从产品规划到产品报废处理的整个产品生产生命周期的各种复杂的数字化信息。

2. 企业资源计划

采用用友公司的 U8 系列 ERP 系统,主要模块包括财务总账、供应链等几大模块。支撑财务、仓储、采购、销售等管理活动。

(1) 物资管理。力邦合信引进用友 ERP 进销存模块,有效地管理库存的物资,实现了在各个客户端都可以查询公司物资库存、在制品存量、安全库存、成品存货情况。达到了数据唯一、实施共享、多路径查询的目标。

(2) 财务管理。通过 ERP 财务模块的建立,真正实现了会计电算化,实行计算机记账、打印凭证、管理固定资产,月底、年底自动结转,自动生成资产负债表、损益表、现金流量表等财务报表,大大简化了财务的结算工作,提高了效率。

(3) 生产管控。ERP 生产模块,进一步管控了生产,对公司产品编号、名称进行标准化,在真正意义上实现了按销售订单生产、按订单安排生产计划,简化了公司计划管理的工作,大大增强了企业快速应对市场变化的能力。

(4) 技术开发。实行 CAD 制图技术,大大增强了公司的技术力量,推动了技术进步和革新。

3. 企业数据云系统的应用

生产数据云系统是力邦合信完全自主研究开发的以工艺数据为核心的生产数据管理系统,也是智能制造的主要管控环节。目前已在 EPB(电子驻车制动器)产品生产车间全面实行,每一道工序的工艺数据将全部采集记录进企业云数据库。在智能工厂内部,通过传感器将各层次智能机器、工业机器人、智能车间、设备的生产过程的工艺数据进行采集,记录到企业的云数据库中,再与其他系统间建立接口,实现数据的纵向集成,并对横向集成及端到端的价值链集成提供支持。这种纵向集成构成了工厂内部的由很多模块组成的网络化制造体系,这些模块包括模型、数据、通信、算法等所有必要的需求。

在不同的产品生产过程中,模块化的网络制造体系可以根据需要对模块的拓扑结构进行重组,从而可以很好地满足个性化产品生产的需求。工厂的纵向系统由三层结构组成:过程控制系统、生产执行系统与资源计划系统。这三层的上下贯通构成了智能工厂,组成了一个智能平台,并建构了生产数据中心。这样就可以实现智能产品与智能设备之间的数据流动,从而实现数据自动采集、数据自动传输、数据自动决策、自动操作运行、自主故障处理等。

通过对企业数据云中的数据进行处理分析，加以算法的辅助和大数据技术，不断地加以开发利用，最终以报表、看板的形式来满足不同部门、不同层级的业务管理需求。另一方面，借助当今互联网技术的运用，实现了随时随地都能掌握企业的各项管理数据。

4．EIS 平台实现系统集成

从 2014 年年初开始，公司以信息部为中心开始打造企业独立自主建设的主管信息（EIS）系统企业信息化平台。该平台集成用友 U8 系统、生产质量数据中心、OA 网络智能办公系统、战情沙盘、PLM 等功能，实现了信息系统覆盖到企业的决策层、管理层和执行层这三层间的协同。经理们可以通过网络下达命令，提出行动要求，与其他管理者讨论、协商、确定工作分配，进行工作控制和验收等。

另外，基于智能制造规划的需要，力邦合信还自主开发了批次条码管理系统、质量追溯系统等。如图 40-1 所示为力邦合信电子驻车制动器（EPB）产品的智能制造装配车间图。

图 40-1　力邦合信电子驻车制动器（EPB）产品智能制造装配车间

三、实施成效

通过实施智能制造项目，给力邦合信带来了很大的变化。

（1）生产制造从传统的人为排产和制造过程控制转变成了数字化、自动化，生产效率提升 15%以上，产品不良率趋于 0。

（2）运用了自动化排产后，有效降低了人为排产所不可避免的失误和风险，提升了排产准确率，降低了机器空运行时间，能源利用率较过去提升 10%以上。

（3）智能制造项目中的各大信息系统的运用，促进了工作的规范化，提高了工作质量，提高了工作效率，减轻了工作强度，运营成本下降 18%以上。

（4）PLM 系统的运用有效缩短产品研发周期，比过去缩短了 20%。

四、实施经验

经过几年的实施和发展，力邦合信的工业云智造项目了一些经验和模式。

（1）主动创新、勇于试错探索。智能制造没有成熟的模式和标准的方案可以复制，我们一直倡导主动创新的文化，探索这一领域的无限可能，在无数次挫折中不断寻求真理的方向，一直努力实现行业竞争力的引领。

（2）业务模式颠覆。要实现将传统的企业经营模式转变成智慧型经营管理模式，需要管理层不断接受新的理念，并吸引全球一流的人才资源，持续创新、迭代，将适合智能制造的先进经营管理模式固化落地到企业中。

（3）在具体实施的各模块中，要以业务需求为导向，立足于解决生产经营、发展建设和企业管理中的实际问题，在统一智能工厂平台及架构的基础上，推进各信息子系统或模块的建设，避免形成新的信息"孤岛"。

（4）对国产装备、软件和服务的信心不断增强。随着国力不断增强，各个行业飞速发展，国产化的竞争力越来越强。在项目的发展过程中，逐步摆脱对国外软硬件的依赖，努力形成自主知识产权。

编委会：王成林　　编写组：唐志强

41 光伏电力系统关键设备数字化车间试点示范
——特变电工西安电气科技有限公司

一、项目实施背景与状况

(一)项目实施背景

发展光伏产业对保障国家能源安全和环境保护具有重要战略价值,因此无论在全球还是在我国,光伏产业都具有广阔的发展空间和前景。但是,我国光伏产业却遇到了过度竞争和产能过剩的发展困境,为了应对发展中的困境并实现可持续发展,必须要实现企业制造能力升级,提升企业自主创新水平,提高产品制造质量,而实现这一目标的重要途径就是实施智能制造。智能制造是当前中国经济发展进入新常态下,工业转型升级的核心所在。中国光伏工业应当牢牢把握"工业4.0"发展战略的良机,积极主动融入智能制造的浪潮中,有效推动中国光伏工业实现转型升级。

现阶段,光伏电力系统关键设备制造正处在由规模扩张型向质量效益型转变的关键时期,由于缺少成套专业化自动生产线和智能检测平台等关键装备,产品稳定性和生产效率的提升都受到很大的制约。因此,构建可供光伏电力系统关键设备制造企业借鉴的智能制造模式,突破关键短板制造装备是推进智能制造实施所亟待解决的问题。

通过本项目建设,可形成一套光伏并网逆变器智能制造的建设解决方案,突破制约产能和产品稳定性提升的光伏逆变器自动化生产线短板装备,对于推进企业"智造"升级,带动行业发展,促进产业链协调可持续发展具有重要战略意义。

(二)项目实施的主要思路和目标

建设光伏电力系统并网逆变器等关键设备的数字化生产车间,引入工业机器人、机器视觉传感器、智能检测装备、自动导引运输车(AGV)和自动化立体仓库等核心智能装备,突破智能装配流水线关键短板装备,提升企业自动化生产能力;并通过计算机辅助类软件（CAX）和电磁、机械模拟与仿真软件的应用，实现产品建模仿真和虚拟测试；进一步实施企业资源计划（ERP）、供应链管理系统（SCM）和车间制造执行系统（MES），并与智能生产设备进行高效协同与集成，实现由"手工作业"向"数字化、网络化、柔性化"生产的智能制造新模式转变。

二、项目主要实施内容

（一）项目实施的主要内容

（1）建设一个由工业机器人、自动化生产流水线、智能检测装备等核心智能装备组成的光伏并网逆变器数字化生产车间。

（2）研发智能检测系统及装备，实现智能化高效率强度及疲劳寿命测试与分析。

（3）建设企业数字化协同设计平台，实现基于三维模型的产品设计，对结构、机械动力、振动、热、敏感度等进行模拟仿真和分析，实现异地远程协同设计和产品全生命周期管理。

（4）建设以 MES 为核心的车间层业务系统，基于物料、工件、人员标志的全流程跟踪，实现加工信息的可追溯。

（5）建设包括 AGV、全自动化立体仓库和上下料机器人等装备的智能物流与仓储系统。

（6）建设 ERP 和 SCM 系统。

（7）建设数字化车间的网络基础设施及信息安全保障体系，实现核心智能设备、MES 系统、SCM 系统和 ERP 系统的集成。

（二）采取的主要措施

1. 总体技术路线

本项目建设的光伏电力系统关键设备数字化生产车间集成运用新兴传感技术、先进自动化技术、控制与优化技术、数字制造技术等多项核心技术，构建光伏电力系统关键设备智能制造新模式，通过各信息系统和智能生产线设备的高效协同与融合集成，降低生产成本、减少资源消耗、缩短产品开发周期、提高产品可靠性，其总体技术方案如图 41-1 所示，从下至上分为智能设备层、数据采集层、车间业务系统层和企业业务系统层四个层次。

（1）智能设备层。通过引入机器人、自动化生产线、智能检测装备、AGV 以及立体仓库等核心智能装备，实现逆变器产品生产过程从来料检验、物料分拣、上线，到模块装配测试、半成品/产品装配、检验测试、老化以及最终成品入库等全过程自动化，重点突破光伏电力系统关键设备智能检测系统及设备这一种智能电网专用生产设备关键短板装备；并建设安全可靠的车间信息网络基础架构，保证所有生产环节均可联网，可以随时获取智能设备的数据，生产数据能及时上传。以实现数字化车间生产设备的智能化。

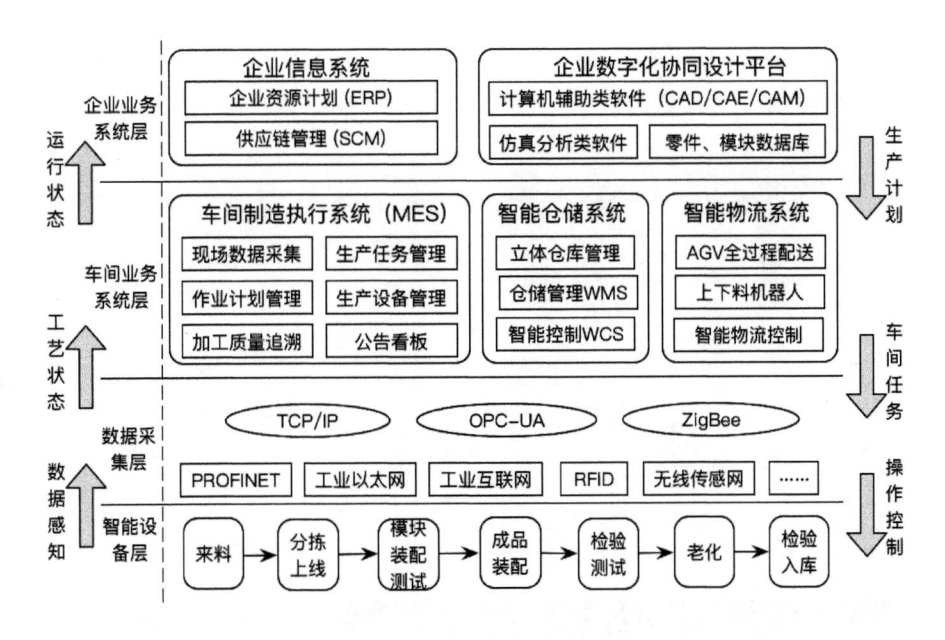

图 41-1　总体技术方案

（2）数据采集层。对光伏电力系统并网逆变器产品生产过程的数据进行全面智能采集，原料、半成品、成品均有唯一身份识别码，使用工业采集器对生产数据进行全面采集，全程掌握最为精准的数据资料。基于 PROFINET、工业以太网、RFID 和无线传感网等多种方式，通过 TCP/IP、OPC-UA 和 ZigBee 等协议直接获取智能设备运行参数等数据，能够实时监控生产环节各项指标数据；对生产现场进行全面监控，及时发现生产环节中出现的故障，并能实时报警，方便第一时间进行排查，以实现数字化车间数据感知的智能化。

（3）车间业务系统层。建设全面面向生产制造环节的业务系统，包括制造执行系统、智能仓储和智能物流系统等，严格管控每一个生产环节。各系统之间通过信息集成平台进行系统集成及数据交互，并通过对车间层数据进行整合和实时分析，实现自动决策和精确执行命令的智能生产车间，从而达到对生产全过程的智能管控，以实现数字化车间生产管控智能化。

（4）企业业务系统层。建设企业数字化协同设计平台，实现异地多基地间的远程实时协作与协同生产；进一步建设企业资源计划（ERP）、供应链管理（SCM）等企业级业务信息系统，提高工厂运营管理水平为核心；与数字化协同设计平台、车间层业务系统集成，全面掌控产品设计进度、生产车间运行状态，从而达到从经营管理、产品研发、生产管理到自动化控制的企业管控一体化，实现数字化车间运营与决策的智能化。

2．数字化车间技术路线

本项目建设的光伏电力系统关键设备数字化车间占地面积 18 000 m^2，主要用于生产组串式光伏并网逆变器等光伏电站并网关键设备。通过全自动立体仓库、智能化生产流水线、无人化 AGV 物流运输系统、MES 生产制造系统，以及全自动测试平台等先进智能制造装备和工业软件系统，打造引领行业的数字化生产车间。数字化车间总体设计布局如图 41-2 所示。

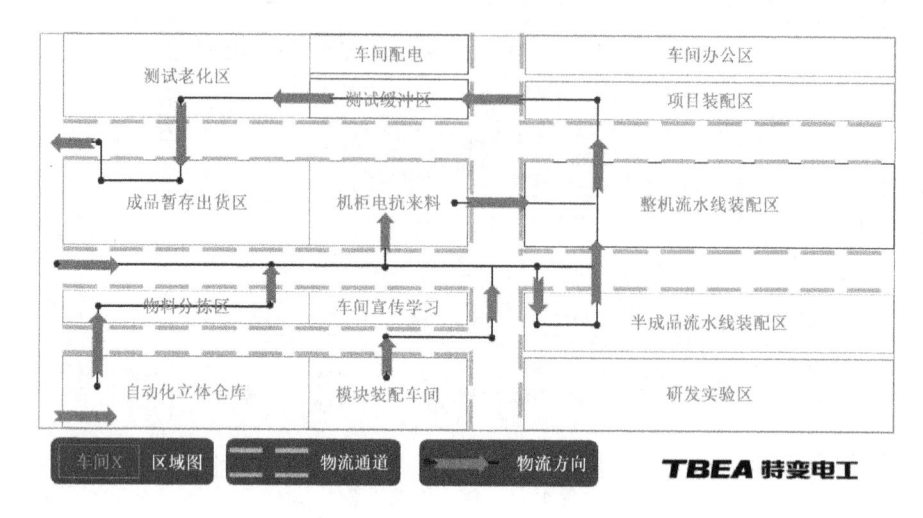

图 41-2 数字化车间总体设计布局

光伏逆变器自动化智能装配流水线针对生产过程中质量要求高、劳动强度大、重复性高的工序，如 IGBT 涂抹硅脂、紧固螺钉等，采用多轴机器人、视觉检测设备、PLC 来进行自动装配、在线检测和流水线控制，并完全开放控制系统数据集成接口，能与 MES 系统直接集成，对提高生产效率、降低工人劳动强度、改善作业环境、保证产品稳定性，提高光伏电力系统关键设备整体产品质量和装配自动化程度具有重要的带动示范作用。部分建设现场如图 41-3 所示。

图 41-3 自动化智能装配流水线建设现场

3. 智能检测系统及装备技术路线

本项目建设中将通过自主研发智能检测系统及装备，实现对光伏并网逆变器产品进行智能化高效率强度及疲劳寿命测试与分析，主要包括智能化高效率老化测试平台和数字化自动检测平台。

智能化高效率老化测试平台主要包括智能电气控制柜和老化房两部分，智能电气控制柜对整个测试过程进行实时监测与自动化控制，操作人员可通过监控显示器屏幕查看目前的测试进度与产品参数；老化房可同时支持多达 8 台产品进行老化测试，通过数据采集接口可实现测试数据的实时采集，并上传至 MES 等信息系统实现数据集成应用；同时，通过对老化测试过程的智能优化与自动控制，可将测试时间缩短为传统老化房的一半，极大地提高了测试效率、减少了测试过程能耗。

4. 企业数字化协同设计平台技术路线

企业数字化协同设计平台采用 Creo 软件作为结构设计软件，Creo 整合了 Pro/ENGINEER 的参数化技术、CoCreate 的直接建模技术和 ProductView 的三维可视化技术，支持基于数据驱动的三维设计与建模，可以有效提高设计人员的工作效率；并使用了 MENTOR 等软件进行辅助电路设计。在产品生命周期管理系统（PLM）的支持下，实现产品数据与流程管理和产品生命周期不同业务领域的协同与优化。

5. 制造执行系统技术方案

本项目建设中所实施的制造执行系统（MES）主要基于逆变器产品设计和生产工艺的特点，重点对设备、人员、物料等资源进行协同管理，实现车间作业计划调度与控制、物料与质量的可追溯性，生产作业可视化、产品数据化、过程透明化。

6. 智能物流与仓储系统技术方案

本项目重点建设基于 AGV 的生产全过程物料配送的智能物流系统和基于立体仓库的智能仓储系统，可实现原料、半成品和产品在生产线及仓库之间的自动搬运及存储，达到运输过程的自动化，进一步通过对车辆、路径和出入库的优化管理等，最终实现精益化管理和智能化的物流与仓储。AGV 配送路线如图 41-4 所示。

本项目建设的自动化立体仓库占地面积 1 800m^2，主要由高层立体货架、有轨巷道堆垛机、托盘输送机、自动叠盘机、自动控制系统、监控系统、自动检测系统等组合，配合智能化的 WCS 控制系统及 WMS 管理系统，与 ERP 系统及 MES 系统集成，并采用人工智能技术、无线射频技术、条码技术、电子标签技术、机械传输手段、激光测距仪定位、LED 数字化展示等技术组成一套完整的仓储管理系统，实现了物料的全方位管理、过程精细化管理、全自动化智能导向、库位精确定位管理、状态全面监控、物料先进先出、实时盘点、报表查询分析等过程。全自动立体仓库如图 41-5 所示。

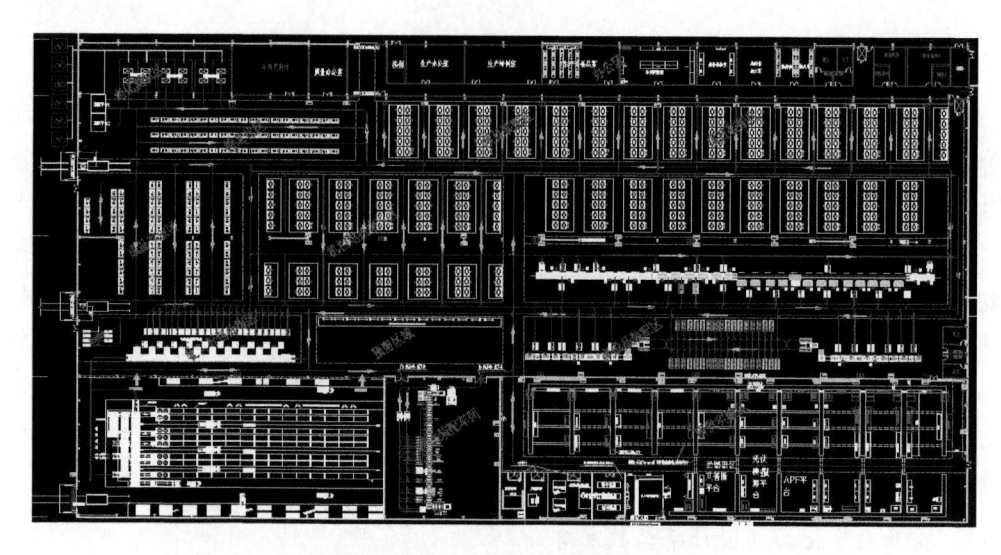

图 41-4　AGV 配送路线图

图 41-5　全自动立体仓库

7. 企业上层业务系统技术方案

本项目建设过程中将重点实施的企业上层业务软件系统主要包括企业资源计划（ERP）和供应链管理（SCM）。通过 ERP 实现对企业从物流、资金流、信息流的一体化管理，通过销售管理、采购管理、研发管理、生产管理、库存管理、财务管理、资产管理、基础数据维护等模块支持企业的全过程信息化管理，建立规范化、标准化、流程化的企业信息化体系。

8. 数字化车间互联互通网络和信息安全保障体系建设方案

本项目建设的数字化车间网络通过电信光纤宽带连接至互联网，由防火墙连接网络核心交换机，再通过局域网链路连接办公区域和逆变器数字化车间二层交换机。数字化车间所有信息采集点和设备均完成网络部署，实现车间内操作站点与站点之间、车间与办公室之间的互联互通。网络保障和信息安全包括增添数据异地容灾备份、防火墙、网络保安、身份密钥等，确保网络运行有效和企业机密级的设计方案、产品图纸、试验结果的数据安全；规避企业核心技术泄密、流失的风险；杜绝图样资料被有意无意地泄密；保证电子文档存储无丢失、损毁。

9. 信息集成技术方案

本项目建设中将实施包括 ERP、SCM 和 MES 等在内的一系列业务软件系统，为了降低系统间集成的复杂度，提高集成效率，并为未来提高信息系统对流程化管理和业务创新的支持能力和响应速度打下基础，主要采用了以企业服务总线（ESB）和面向服务架构（SOA）为基础的集成方案，使用松耦合的方式打破信息孤岛，实现各业务系统间的数据共享和信息集成。信息集成方案技术架构如图 41-6 所示。

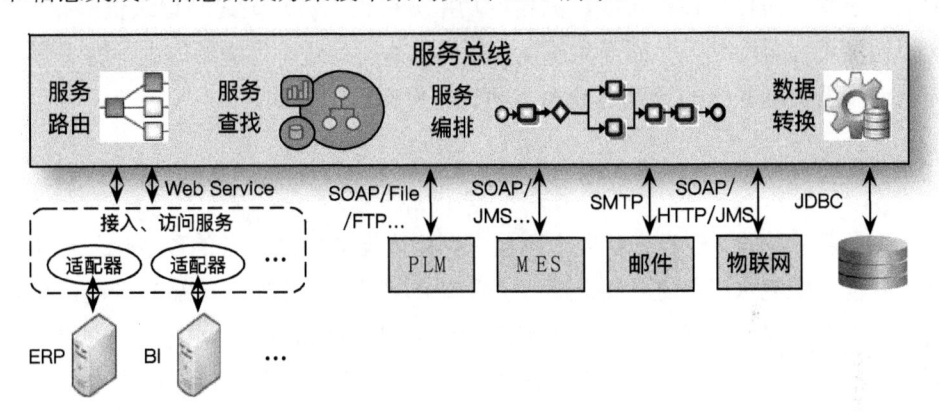

图 41-6 信息集成方案技术架构

该信息集成技术的核心是企业服务总线平台，通过将各业务系统接口规范化，并采用 Web 服务等技术进行封装后接入 ESB 总线，ESB 通过一种基于高效可靠消息传递的机制进行数据交换，进而实现各分布式业务系统间的集成，同时为了集成不同系统、不同协议的服务，ESB 通过服务路由、服务查找、服务编排与数据转换等功能，让不同的服务互联互通。本项目建设中将重点基于该企业服务总线平台实现 ERP、仓储管理系统（WMS）、PLM、MES 间的集成。

三、实施成效

（1）建成从广度上涵盖逆变器产品来料检验、物料分拣、上线，到模块装配测试、半成品/产品装配、检验测试、老化以及检验入库等全过程，从深度上集成智能设备、数据采集、车间业务系统和企业业务系统的数字化生产车间，实现数字化车间生产设备的智能化、数据感知的智能化、生产管控的智能化和运营与决策的智能化,形成一套面向光伏电力系统关键设备生产全过程的"数字化、网络化、柔性化"智能制造新模式。

(2)建成一条光伏逆变器自动化智能装配流水线,突破电力装备领域智能电网关键设备专用生产设备的关键短板装备,能够兼容大功率集中式光伏逆变器、组串的光伏逆变器全机型装配。采用多轴机器人、视觉检测设备、PLC 来进行自动装配、在线检测和流水线控制,实现 IGBT 涂脂及装配机器人自动化;完全开放控制系统数据集成接口,能与 MES 系统直接集成,实现装配工艺数据可记录追溯。解决了当前光伏逆变器自动化装配仅针对组串光伏逆变器且装配工艺数据无法追溯的问题,对提高光伏电力系统关键设备整体产品质量和装配自动化程度具有重要的带动示范作用。

(3)自主研发一套光伏逆变器智能检测系统及装备,可以根据不同产品出厂要求定制不同的检测系统。采用电力电子技术、建模与仿真技术、数据分析、知识挖掘与深度学习等多种智能化技术,基于光伏逆变器整机检测系统集成大功率范围光伏模拟器、大功率范围电网模拟装置、防孤岛精密负载、高精度功率分析仪、波形追踪与记录仪等智能装备,能够实现检测过程自动化,保证产品质量,提高产品检测效率,降低成本。能够有效解决现有光伏逆变器检测系统的全项目检测时间长和价格高的问题。

四、实施经验

通过本项目的建设,建设光伏电力系统并网逆变器等关键设备的数字化生产车间,突破自动化智能装配流水线关键短板装备,提升高可靠性、高稳定性产品的产能。本项目的成果实施可以有效提升光伏逆变器设备制造企业的自动化和智能化水平,降低生产成本,节能降耗,提升企业的利润空间和产品附加值,进一步巩固我国光伏设备制造行业全球领先地位。

同时,本项目的实施,还可有效地促进光伏逆变器产品结构及技术调整,加速自主品牌的推广,有助于整个产业链的协调可持续发展;本项目突破的自动化智能装配流水线关键短板装备和自主研发的智能检测系统及装备,提高光伏逆变器产品的一致性和质量的稳定性,提高光伏逆变器制造企业对市场的响应能力。本项目的顺利实施,将形成"数字化、网络化、柔性化"智能制造模式,在光伏设备制造业中可形成示范推广效应。

编委会:景 晶　　编写组:李 璐

曲轴、连杆数字化车间试点示范

——天润曲轴股份有限公司

一、项目实施背景与状况

（一）项目实施背景

针对目前我国汽车零部件产业发展现状，研究我国汽车零部件的生产信息管理策略及智能物流技术、生产线整体控制技术、工件精度检测与质量控制技术、包括工厂信息化一体化建设，高速大行程桁架机器人、六轴上下料机器人、智能型去毛刺机器人、非接触检测系统、物流及仓储配送系统、AGV（自动导引运输车）、智能制造系统、刀具管理系统、自动上下料系统、在线检测及识别系统、自动化立体仓库、高精度堆垛机、条码识别、环境能源自动控制系统、信息化系统等多种关键智能系统及设备在曲轴、连杆智能数字工厂的应用方案，开发出拥有自主知识产权的数字工厂及智能系统基础平台、应用套件及核心关键智能部件，构建集生产物流管理、物料管理、智能仓储管理、智能控制系统、监控调度系统于一身的智能系统，实现曲轴、连杆生产管理的集约化、精益化、标准化、现代化。在天润曲轴股份有限公司曲轴、连杆智能制造数字工厂的建设与运营中应用上述研究的方案、策略、技术、设备等。同时在国内汽车零部件行业中进行推广应用，取得显著的经济效益和社会效益。

（二）项目实施的主要思路和目标

项目以公司发展需求、质量、管理科学转型、技术等迫切需求，面向我国汽车发动机零部件行业数字化车间及智能物流系统中的关键智能部件突破、数字化工厂开发建设为目标，分三步走打造天润曲轴智能工厂。第一步：研制工厂数字化车间智能 MES 基础平台和集成接口，开发适合汽车零部件行业数字化车间智能管理的应用套件。第二步：重点攻克曲轴、连杆生产线整体控制技术、工件精度检测与质量控制技术、测量路径智能规划与测量方案的自动选取技术的研发，AGV、搬运码垛机器人、桁架机械手和高速高精度堆垛机、自动物流系统等五大类关键智能部件的产业化开发。第三步：到 2025 年完成曲轴连杆智能生产数字化车间的建设，全公司范围内实现智能工厂覆盖，打造透明化、自动化、数字化、标准化、集成化的智能数字化工厂。

项目整体技术达到国际先进水平，公司各分厂全部数控设备的联网及数据采集，彻底突破公司大批量老旧数控设备数据采集难的难题，实现数控设备的集中网络化监管。生产现场透明化，快速响应生产过程中的各类异常，保证生产的有序进行。生产计划的合理安排，减少瓶颈问题，提高整体生产效率。减少自动化物流瓶颈，提高物流运转精准率。自动采集工件检测数据，建立SPC（统计过程控制）质量控制曲线提前预警机制，提高工件质量。为公司各项管理决策提供真实、有效的数据，"接地气"决策落地生根。解决各环节信息不对称问题，减少沟通成本，支撑协同管理。

二、项目主要实施内容

（一）项目实施的主要内容

结合汽车零部件制造行业科学管理转型、高质量低成本，运用大数据、云存储、自动化等先进控制与信息技术，建设以客户-生产-质量协同优化驱动的"接地式"的曲轴、连杆智能数字化工厂建设示范，推动自动化生产和科学透明管理转变，打造因地制宜的智能数字化工厂。

（1）面向大数据的智能管理决策。建立以自动采集数据为支撑的管理决策平台，纵向集中管控的科学管理系统，实现智能数字化工厂的自动智能管控。

（2）打造天润曲轴制造执行系统。实现从工件加工全生命周期的自动追溯，过程加工质量和完工工件质量的检测数据的自动采集、质量数据的统计分析，实现以透明化生产、数据自动采集、质量全面监管的智能化制造执行系统。

（3）优化工艺，建立复杂柔性自动化加工工艺。合理搭配数控设备，充分整合公司内部资源，提高自动化装备的自主改造、研制能力，研制"天"牌智能装备，提高市场竞争力，实现智能生产线的柔性加工。

（4）绿色制造和制造业的智能融合。集中管控能源消耗，建立科学管控能源消耗系统，实现能源的自动调控。加强加工现场的铁屑、切削液等的管理，实现能源的绿色利用与科学人性化生产。

（5）建立公司级的智能数字化、科学化管控系统。天润曲轴制造执行系统与各曲轴加工生产部、连杆生产部、南海生产区、潍坊分公司相结合的数字化、科学化管控系统。

（二）采取的主要措施

1. 管理决策智能化

在公司办公管理系统架构的基础上，充分利用大数据技术监管生产过程人、机、料、法、环、测涉及的所有过程数据，建设管理决策辅助系统。统一管理分析公司级数据，为公司各级管理人员提供透明的、有效的、科学的、预警性的数据支撑。建立业务流程管理系统（BPM），涵盖了行政办公、销售管理、生产管理、采购管理、质量管理、财务管理、人力资源、设备管理、IT 管理、企业管理、研发管理、模具管理相关的业务流程，逐步形成集公司级规章制度执行、任务执行进度、任务执行结果反馈为一体的全面管控体系。

2．生产控制智能化

根据生产计划对实际生产数量进行对比统计及数据分析，根据产品名称及开始结束时间进行数据的筛选，并且可以通过设定对比方式展示不同的数据及图表。生产产量的实时自动采集，产量与计划对比查询，精准掌握生产计划执行情况。实现生产计划执行进度、实现管理透明化、实时化生产进度一目了然，历史数据可追溯统计，数据图形化和可视化，提高工作效率。生产运行架构如图 42-1 所示。

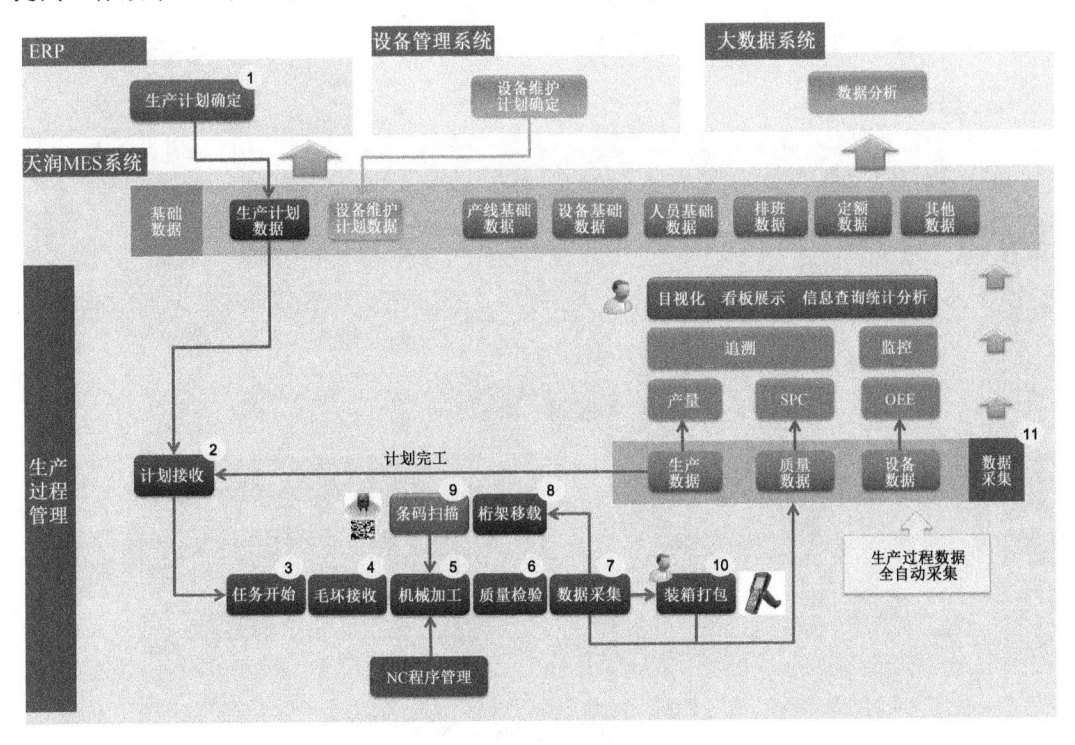

图 42-1 生产运行架构

（1）多产品生产计划智能化。建立自动生产线的多产品生产计划的自动统计，解决多产品的计划接收、自动排产、工件毛坯的自动关联统计存在的困难，是公司实现智能化的必备条件，在实现无纸化办公的基础上，最大限度地释放人工作业，提高工作效率，实现企业经济效益的最大化。

（2）现场操作智能化。整线设备由粗加工、精加工、检测设备组成，整线设备均采用先进控制技术、自动检测技术，确保工件加工的各项精度参数。关键工序采用超高精度的加工设备，缓解瓶颈工序带来的负面影响，提高整线运行操作的智能化，降低生产现场员工的劳动强度。

（3）生产现场管理智能化。公司级所有办公软件覆盖公司所有加工现场，集物料管理、能效管理、管理调度于一体，实现生产现场所需物料的业务流程现场化、自动化，物料预警机制，提前预测，确保物资管理的有效性。

3．设备管理智能化

建立设备管理的智能化系统，坚持设备状态的自动统计、设备管理数据的自动对接，实现设备基础管理、点检管理、设备切削液（油）的使用管理、润滑管理、检修管理、预防性维护与保养管理智能化能力（见图 42-2 和图 42-3）。

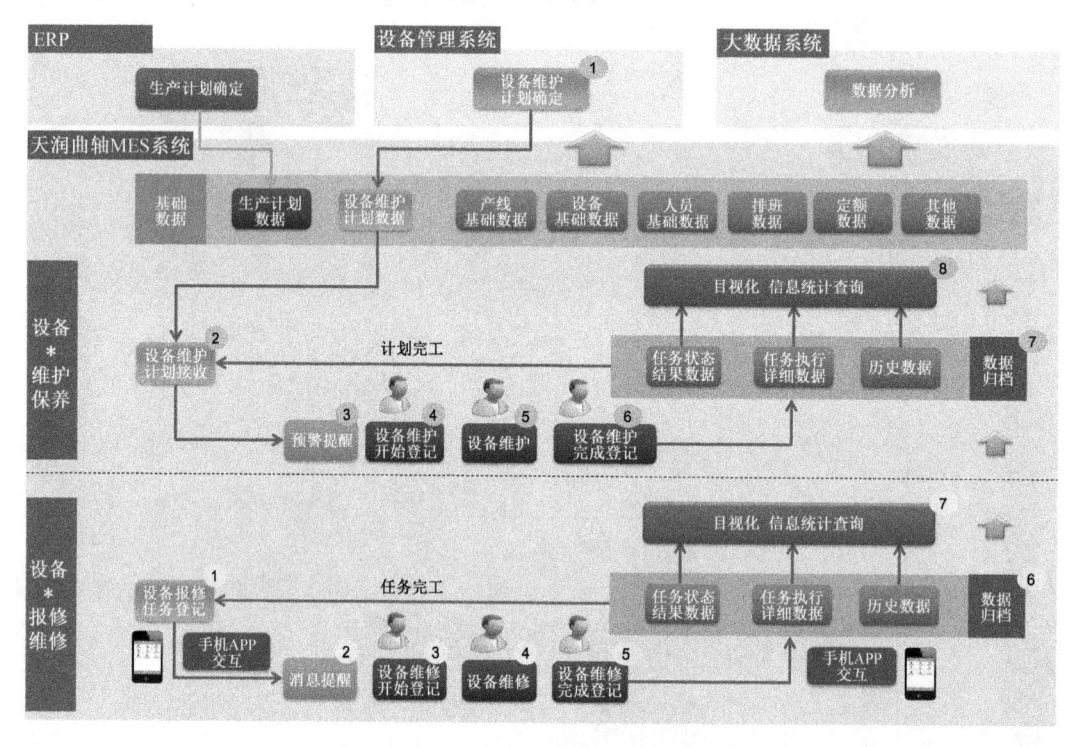

图 42-2　设备维护保养及报修维修流程

（1）建立设备仿真模型库。充分利用三维模拟技术，针对现场生产设备建立仿真模块，通过仿真技术，真实反映现实工厂的设备运行参数、工艺流程、物流自动转运之间的关联运转能力，不断完善自动线设备管理水平。

（2）点检管理智能化。规范智能化制造生产线设备操作人员的日常点检、设备维修人员的巡检及专家点检。日常点检管理采用智能终端扫码点检，点检指标的明视化。

（3）设备预防维护智能化。利用制造执行系统的故障统计分析，预测设备故障点，结合专业点检设备，建立设备故障档案，为设备预防性维护提供基础数据。

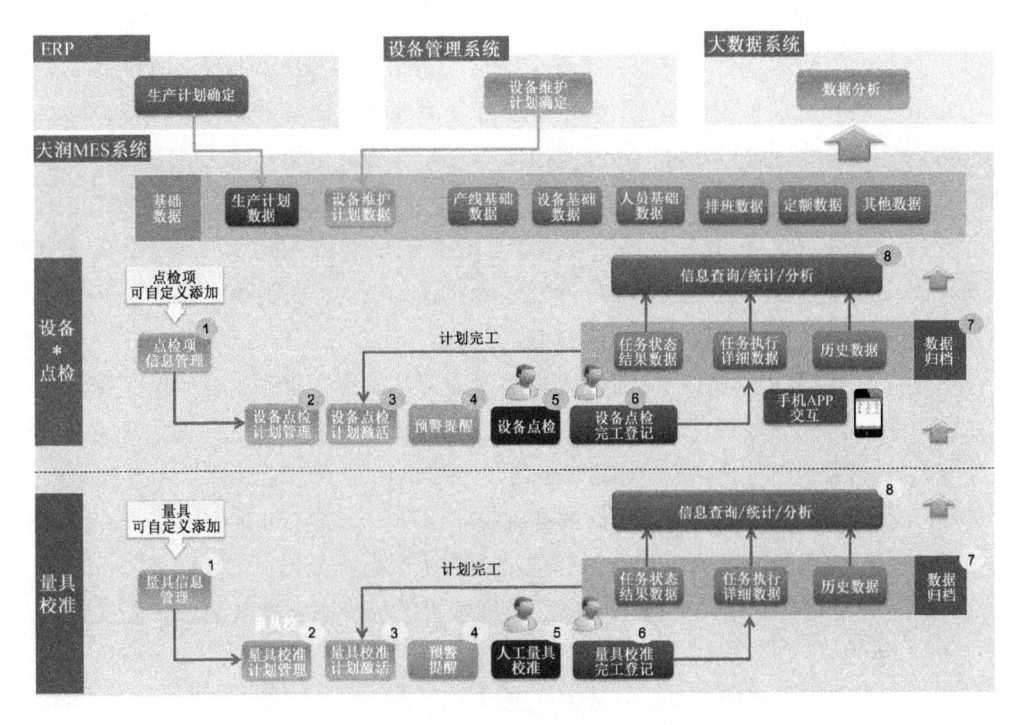

图 42-3 设备点检及量具校准流程

4. 产品全生命周期管理智能化

产品全生命周期管理智能化，解决企业产品开发过程的标准化、控制产品开发过程、实现产品数据的标准化、实现产品数据的一体化，充分利用工件二维码实现工件加工过程的全生命周期的追溯，工件过程质量数据的统计管理（见图 42-4）。

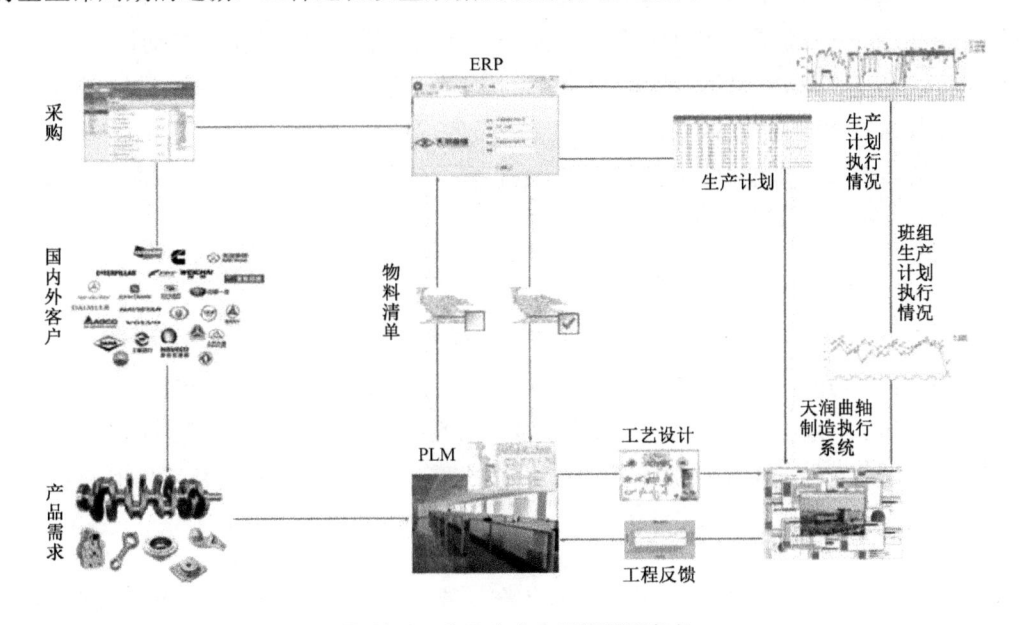

图 42-4 产品全生命周期管理架构

（1）产品全生命周期管理解决方案在企业应用价值可以概括为以下四个方面。

①实现产品开发过程的规范化，缩短产品开发周期规范研发产品开发流程，约束关键活动任务，组织好项目成果交付；实时监控项目开发过程关键里程碑，追踪原因，合理协调资源。

②控制产品开发过程，保证产品研发质量建立企业知识和经验库，共享产品研发经验，预防产品研发质量错误；实时验证项目开发过程成果正确性，做到事中管控，减少后续错误的发生；建立产品问题跟踪机制，实现缺陷管理。

③实现产品数据标准化，控制产品成本实现零部件的统一管理，规范零部件设计，实现通用件系列化，提高零部件的重用率，控制其引用，减少物料种类，减少库存积压。

④实现产品数据一体化，及时、准确地为生产提供所需数据通过数字化完整的产品结构，提高产品设计效率，保证产品数据的准确性；保证设计与生产数据的统一，实现设计与生产数据的一体化互通，为生产及时提供准确的生产所需数据。

（2）条码信息追溯系统，在每个工位上或机械手上标配固定安装的二维码读码器，以便对该工位的毛坯工件和成品工件进行读码识别。

（3）生产工序质量智能控制，一是生产工序中产能情况的质量，二是生产工序中生产活动效果的质量，生产工序质量控制的原理是，采用数理统计方法，通过对工序一部分检验的数据，进行统计、分析，来判断整道工序的质量是否稳定正常，若不稳定，产生异常情况须及时采取对策和措施予以改善，从而实现对工序质量的控制。

5．车间缓存立体库系统智能化

利用 WMS 系统中的管理计算机将车间 MES 系统下发的各种生产物料需求计划、转库计划进行分解，生成配送作业计划、入库作业计划，形成代办任务与自动化仓储系统、自动化传输系统、AGV 系统及人机互动、协同工作，进行统一管理、统一监控、统一调度，实时跟踪各种业务作业计划状态、作业任务完成情况，对异常情况进行相应的处理。为保证物料转送及存储过程的准确性，在物料容器（托盘）上配备 RFID，在入库和出库进行 RFID 的读写操作进行校验。

6．公司级制造执行管理智能化

数字工厂建设既需要考虑现有 ERP、OA、MES 系统，及其已经集成的 PDM、CAD、CAX、CAPP 等功能，又需要在通信和功能上很好地与现有的系统无缝连接在一起。

车间级 MES 系统主要负责接收集团 MES 订单并完成与现场各生产线设备间对接，是实际完成生产管控的最基础的部分。如图 42-5 所示为天润曲轴智能数字化架构示意。

7．企业资源计划管理智能化

公司级企业资源计划管理系统支持企业多组织经营模式、适应组织结构的变化，如多组织设置,既可以是集团、事业部、公司、分公司等,也可以是一个公司的职能部门如营销部、采购、车间等。支持集中接订单、分散生产、集中采购、分散收货,多组织财务核算等。可以提供根据市场变化和客户需求的多种生产管理模式,如生产订单的动态管理、替代料管理、利用订单重排对落后生产订单进行修正,控制在制品等。可以提供先进的管理模型,如实现订单的专项生产与标准订单的标准生产混合生产,实现从采购、库存、生产到销售全过程的批次跟踪,并实现批次分割或批次合并等,对成本管理可以实现多期间、多组织、多币种、多账簿的复合计算,既能进行成本计算、成本分析,又能进行成本控制与成本模拟,还可以时实查询成本。能够实现系统与工作流的集成,可以按照工作流的方式定义各个角色之间的业务关系和业务流程。

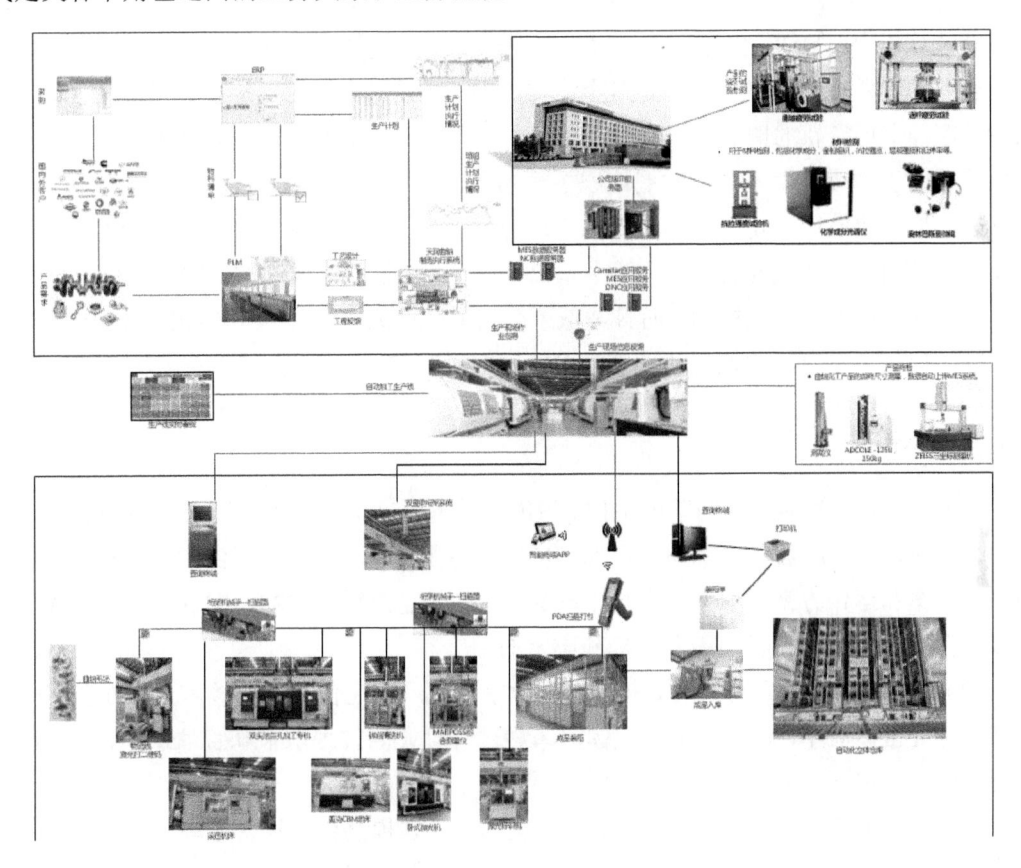

图 42-5 天润曲轴智能数字化架构示意

(1)支持离散型生产管理。兼容公司的各个分公司、各事业部、各生产部的资源管理、建设天润曲轴公司级生产运行监控平台,实时掌握生产物资、产品进出等情况,实现集团级物料、产品信息流的同步共享。

(2)产品进出管理智能化。建成并投用进出厂物流管理系统,自动化优化运输车辆提货时间段,为实现公司运输车辆的统一管理提供了实用、有效的保障。借助公司级大数据分析平台，实现公司级资源管理的智能化管理。

三、实施成效

（1）实现企业智能制造转变。实现关键设备自动化率：96.57%，生产效率提高 33.43%，车间能耗降低 36.68%，紧贴生产现场，解决生产过程人、机、料、法、环、测相关的疑难问题，扎实实现智能制造的转变。

（2）建立了天润曲轴智能工厂标准化。规范了企业的基础管理和企业的运作方式，使企业建立起了科学的管理体系和快速反应的企业经营机制，推动了企业管理流程的规范化、制度化，使各部门职责更加明确、科学合理。提供了丰富的查询功能，企业领导可以在一台计算机上，查询到企业的经营状况和生产状况，为领导决策提供了可靠的信息来源，也为企业后续发展创造了条件。提高企业的声誉，增强了市场的竞争能力和应变能力。在曲轴、连杆市场疲软的情况下，由于交货及时，吸引了大批客户，产品供不应求。企业信息化系统的正常运转，为企业发展增添了后劲。

（3）提升企业市场竞争力。智能化工厂建设期为 2.5 年，完成后，可实现年加工曲轴 60 万支，连杆 180 万支以上，实现净利润 2 835 万元。不仅让天润曲轴股份有限公司提高了曲轴连杆生产的自动化能力，而且降低了公司的生产成本，其中人力和能源成本将大幅度压缩，提高了对市场的把握和适应能力，获取可观的经济效益。

四、实施经验

（1）加强先进智能技术的落地生根。智能制造的生产信息管理策略及物流关键技术在曲轴、连杆智能生产数字化车间的实施和应用，为曲轴、连杆生产提供了全流程、全层次的建设方案和运作方案，形成了完整、系统、先进的运营策略与物流关键技术，为我国汽车零部件行业的运营与管理积累宝贵和丰富的经验。

（2）加强数字化工厂标准化、模块化。数字化工厂的运营策略和技术如果在我国汽车零部件行业推广应用，将大大提高我国汽车零部件行业的技术水平和管理水平，为促进我国制造业发展做出重要贡献。

（3）集约型管理"接地气"应用。通过集约化管理提高整体运营效率，实现了产品生产信息的及时传递，从采购、检验、配送等多个环节保证客户中心的表计安装更换工作顺利进行，生产效率大大提升，产能得到了质的飞越，增强了企业的市场竞争力。更加关注信息安全。智能工厂建设为信息安全工作提出了新的课题，既要保证内部网的整体信息安全，又要保证必需的性能和管理的方便性。要从网络的整体性能和信息系统的整体安全出发，充分发挥信息系统的整体效能，要按照信息化建设和应用的要求，坚持统一规划、通盘考虑，统一标准，统一管理。

编委会：孙永杰　　编写组：赵修霞

商用车智能工厂试点示范
——一汽解放青岛汽车有限公司

一、项目实施背景与状况

（一）项目实施背景

我国自主商用车不仅牢牢把握着国内市场，而且具备了相当的国际影响力，是全球最大的商用车制造国和最大的消费市场。与乘用车的少品种、大批量不同，多品种、变批量是商用车产品的一大特点。商用车生产特点决定了生产线的智能化、柔性化具有更实际的应用前景。

青岛即墨工厂是一汽集团新建的商用车智能生产基地，混线柔性生产轻、中、重型三个商用车平台上万种不同配置的产品。工厂主要包含冲压、焊装、涂装、总装等车间。根据一汽集团公司整体要求，以青岛即墨工厂项目为载体，从立项到投产全过程采用了数字化设计，在生产运营及管理上实现智能化制造。

（二）项目实施的主要思路和目标

一汽解放青岛汽车有限公司（以下简称"青汽"）充分利用新建即墨工厂的有利契机，发挥后发优势，提升工厂的智能化水平。第一步在建设阶段，从厂区布置、工艺规划、工程设计、核心装备研发等方面的数字化仿真技术应用水平与国外同步。项目充分借鉴国内、外汽车行业先进生产工艺，将自动化、柔性化与智能化装备完美融合，提高生产效率，提升产品质量，满足节能环保发展需求。第二步，结合工厂运营情况和新技术的发展应用，深化工厂的自动化、智能化水平，全面进行数据整合，提高数据的全面性、高效性。

通过采用先进的数字化设计手段，降低工厂建设投资，缩短工厂建设周期，缩短生产装备和产品的研制周期；通过采用高效的智能化技术，降低工厂运营成本、提高生产效率、降低产品不良品率、提高能源利用率；在数字化设计、智能化生产、智能化管理应用方面达到国内领先水平。

二、项目主要实施内容

(一) 项目实施的主要内容

青汽即墨工厂通过采用先进的数字化设计手段、配备高柔性生产系统及装备、构建高效智能化管理体系,解决了多平台产品重复建线矛盾,实现轻型、中型、重型三个商用车平台上万种不同配置的产品规模化混线生产。

(1) 数字化先进设计技术应用:在项目实施过程中,数字化设计手段贯穿工厂规划设计全过程。

(2) 智能化、高柔性的生产线:在生产线上配备大量自动化、柔性化、智能化生产装备,许多装备在商用车领域首次应用,车间整体装备达到国内商用车领先水平,关键装备技术达到国际先进水平,显著提高生产效率,保证产品质量,满足节能环保的发展需求,实现轻、中、重卡车三个平台混线生产。

(3) 通过数据化、网络化,实现智能化管理:通过安全、高效的通信网络,完善、集成产品开发、过程开发、现场采集、数据管理、信息服务等信息系统,实现工厂全过程、全维度的数据化、网络化管理。

(二) 采取的主要措施

1. 数字化先进设计技术应用

(1) 工厂总体设计对厂区零件供给、成品车下线模拟仿真。首次全面采用 Flexsim 三维仿真软件对厂区零件供给、成品车下线等进行三维动态可视化模拟仿真,结合物流量分析,建立厂区总图布置仿真模型,通过多方案比较分析,确定零件供给、成品车下线最优路线方案,达到物流量均衡,提高厂区物流配送效率。如图 43-1 所示为厂区物流门。

图 43-1 厂区物流门

（2）在厂房规划设计中，全面开展正向三维仿真设计（见图43-2）。在厂房设计中，应用 Microstation V8i 软件进行正向三维仿真设计。通过仿真模型的"预演"，及早发现设计中的问题，提升设计效率及设计质量，减少建造过程中设计方案的更改。

图43-2　总装车间厂房三维模型

（3）工艺流程运行验证采用三维模拟仿真技术。以 AutoMod 三维仿真软件为平台进行二次开发，构建总装车间机械化输送系统的三维可视化仿真模型（见图43-3），对总装车间机运系统模拟仿真运行，通过各生产线在不同开动率下的产能分析，缓存区容量分析，板撬和吊具的投放数量分析。

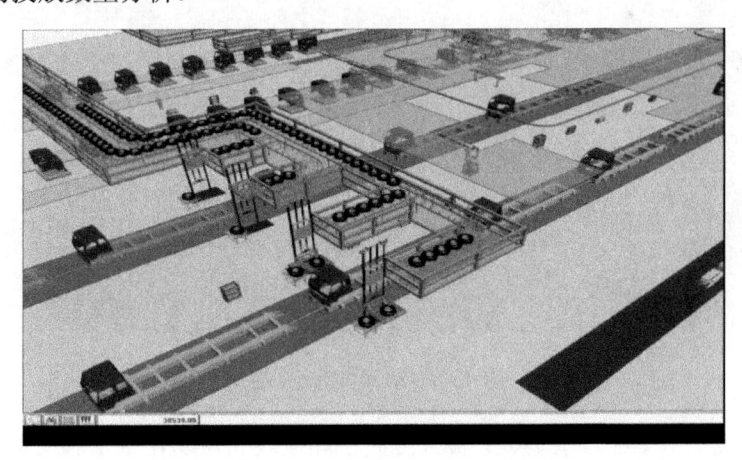

图43-3　总装输送线三维模型

（4）生产线设计采用 CAE 仿真分析。在非标设备设计、研发过程中应用 CATIA、ANSYS、FLUENT、ADAMS、ESI、PRO/E 等软件进行三维模块化设计、干涉碰撞检查、有限元受力分析、动力学分析、静力学分析、热力学分析，自主开发出新型双链 U 形杆输送设备、多级水帘喷漆室、直通式烘干室、摩擦式滑板、自动转挂升降机等先进设备。

如图43-4所示为CATIA软件对前处理进行三维模块化设计。

图43-4 CATIA软件对前处理进行三维模块化设计

2. 智能化、高柔性的生产线

（1）薄板A线为全自动化冲压线，全自动换模功能，自动识别生产模具，自动设置设备生产功能及参数。全车间覆盖信息化生产管理系统，可对车间进行智能化实时管理，管理内容包括生产线运行状态，生产计划，制件工艺参数，安全生产监控及安东呼叫报警等功能，大大提高了车间的智能化管理水平。如图43-5所示为单臂自动化系统。

图43-5 单臂自动化系统

（2）焊装线采用133台机器人，极大提高了焊装线的自动化水平和质量保障能力。主焊线及地板线采用伺服电机柔性滑轨输送系统，主拼夹具采用框架式柔性总拼（Docking Framing）形式，适于车身制造的柔性化，能够实现多产品柔性化混流生产。如图43-6所示为驾驶室焊装生产线。

图 43-6　驾驶室焊装生产线

（3）车架纵梁通过整线自动化传输控制系统，实现辊压、数控腹面冲孔、数控翼面冲孔、数控等离子切割、数控折弯各工序之间的柔性化连接，实现生产线计划管理、设备管理、品质管理、物料管理的柔性调度。通过系统自动控制，最大限度地实现了纵梁的柔性化生产（见图43-7）。

图 43-7　车架纵梁辊压生产线

（4）涂装车间通过 RFID 数码载体进行 44 种车身信息自动识别，28 种车身备件信息通过手工录入数码载体，先进的车身识别载体技术应用使涂装车间更加智能化，在国内首次实现车身备件与车身进行无差别自动喷涂，有效减少了产品色差等质量问题（见图43-8）。

图 43-8　RFID 数码载体自动读写及手工录入

（5）总装车间大量采用 EMS 自行小车系统，通过条码扫描，将工件的产品信息录入到空中智能自行输送系统。EMS 自行小车通过网络与车间其他管理网相连，通过读取条码在线识别，使不同的工件走不同的线路，从而实现全系列多品种车型的零部件总成全自动智能化输送。如图 43-9 所示为自行小车。

图 43-9 自行小车

3. 数据化、网络化系统管理

（1）建立互联互通的智能化管理系统。青汽的智能管理系统打造了从产品诞生的整车开发、工艺设计，运营管理，产品生产过程管理，智能能量管理，底层直至生产线设备终端；外展直达市场顾客销售终端，实现 PDM、CAPP、ERP、MES、TDS 等系统间无缝连接，数据无障碍传输，在产品的全生命周期内全覆盖（见图 43-10）。

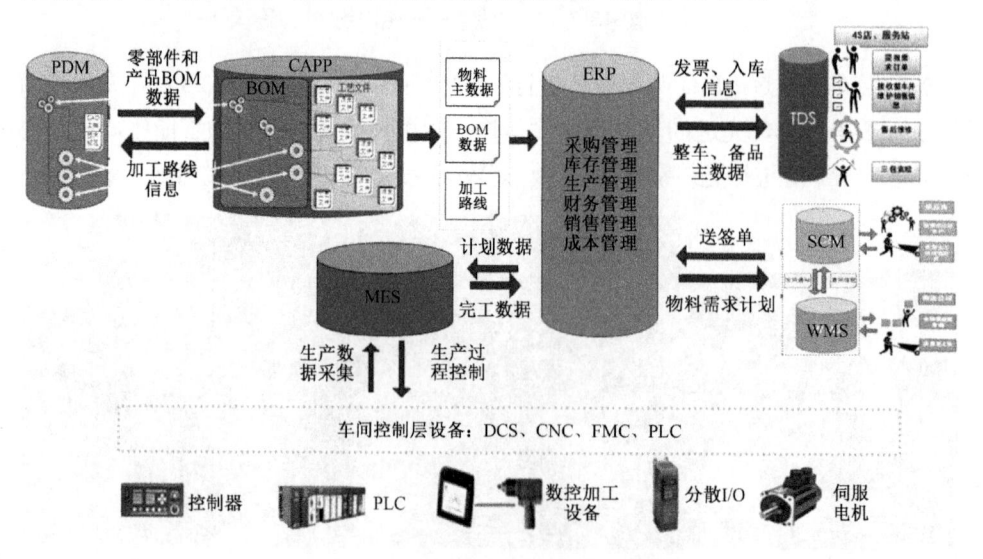

图 43-10 青汽智能化管理系统架构

（2）建立安全、高效、准确的智能化数据采集系统。车间数据采集主要包括生产过程数据采集、能源计量数据采集、工艺安全视频数据采集三部分，通过集成在生产控制系统网络中的机器人工作站、工控机系统、PLC 控制系统、智能仪表、RFID 等智能化设备实现数据采集，进而为实现智能化生产创造基础条件（见图 43-11）。

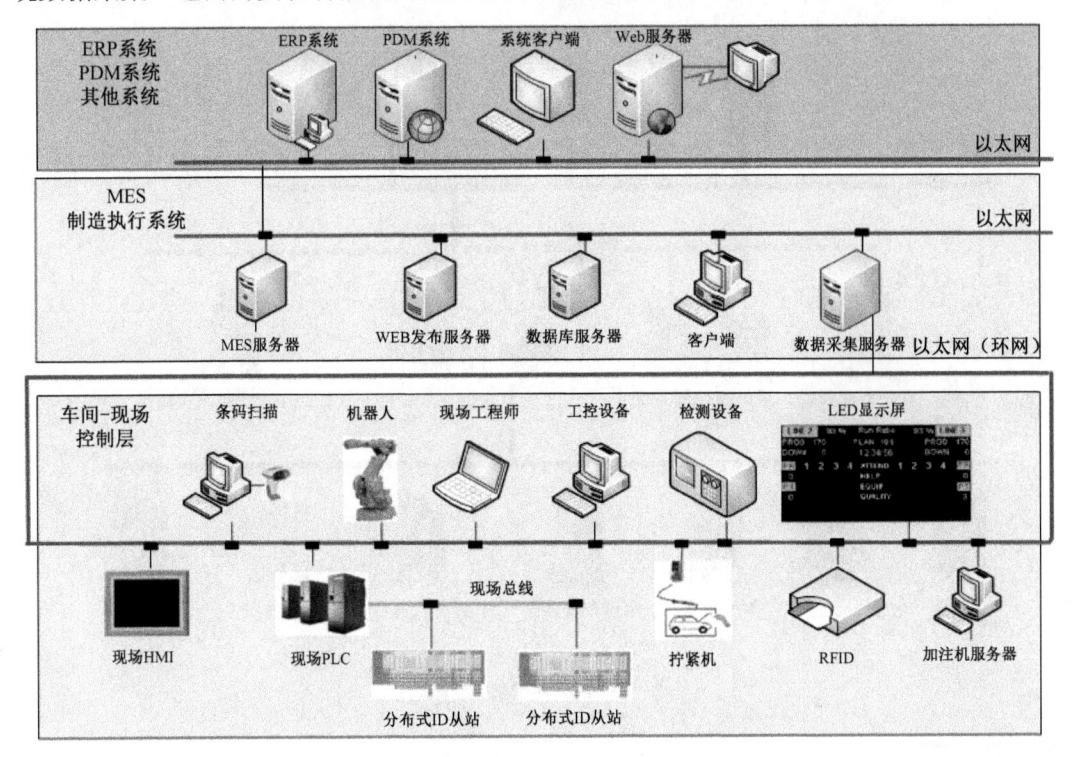

图 43-11　智能化车间生产控制系统框架

（3）建立完善的、适应多品种生产的 MES 系统。自主开发了从冲压到总装的全过程生产管理的 MES 系统，满足轻、中、重型卡车智能化精益混线生产需求。MES 系统主要包括计划发布、谱系记录、安东系统、设备监控、质量设备管理、物流指示系统和车体跟踪系统等功能模块（见图 43-12）。

三、实施成效

（1）在工厂建设中，数字化设计手段贯穿了从设计到实施、运营的全过程，在虚拟环境中实现多设计方案的数字化演练和仿真验证，提高设计准确性，减少设计过程无效劳动及实施阶段的设计变更，设计效率提高 20%、研发周期缩短 30% 以上。

（2）通过数字化设计手段优化工艺方案，自主开发自动化程度高、性能可靠的技术装备，依靠自主开发的高效管理系统和智能化生产执行系统，提高生产效率 20%。

（3）通过采用智能烘干室、喷漆线循环风技术、智能变频技术、厂房空调通风热回收技术、厂房及生产线智能照明技术、能源智能化管理系统、VOC（挥发性有机化合物）浓缩焚烧系统等节能环保技术，VOC 年排放量减少 100t，工厂能源消耗降低 10%。

（4）借助高效的管理系统和智能化生产执行系统，提高生产效率、降低产品不良品率、提高能源利用率，全面降低工厂运营成本，单车综合成本降低 20%。

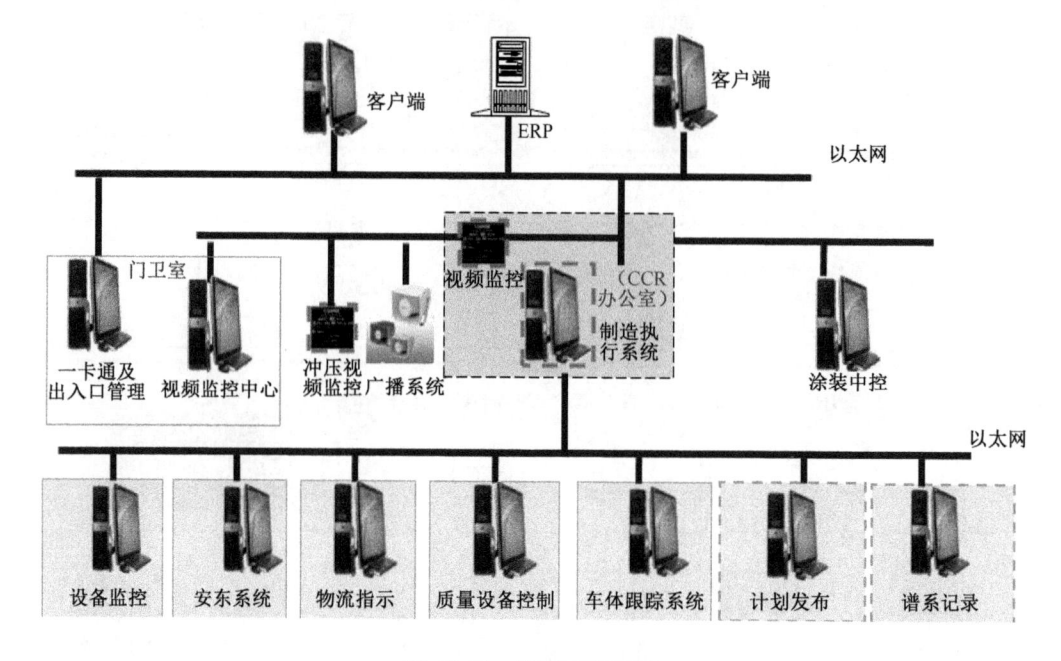

图 43-12 MES 系统框架

四、实施经验

（1）依托自主，产品-生产-工厂一体化统筹考虑。立足于一汽技术中心的产品研发、一汽解放青岛汽车有限公司的生产和管理经验，以及九院的工厂规划建设的技术积累和传承，无论是产品技术还是生产技术、工厂设计技术，都是自主研发。在项目推进中三者有机结合，协调互动，使工厂更好地满足了多品种、个性化的用户需求。

（2）依托信息化，实现工厂软硬件的深度融合。青汽即墨工厂的智能化，重点体现在信息化、数字化与制造设备的技术融合。这种生产工艺和装备的自动化与数字技术、信息技术的深度融合，充分发挥了生产设备自动化、柔性化、节能化、高精度的优势和特性。

（3）依托系统开发，实现管理升级。自主开发的智能化系统能够实现从订单投入到产品完成的生产活动所需的全部信息，帮助企业从根本上提升管理水平，优化工艺流程，改善产品质量，实现精益生产，降低能源损耗，减少库存，降低成本。这种基于对汽车生产管理深度理解和生产现场制造需要开发的智能化管理系统对智能工厂的实现具有决定性意义。

编委会：曹海鹏　　编写组：卢　鹏

44 重型拖拉机智能制造试点示范
——中国一拖集团有限公司

一、项目实施背景与状况

（一）项目实施背景

我国是世界第一的人口大国，农业机械作为装备制造业中直接与农业相关的机械产业，对保障国家粮食生产安全，促进农业增产、农民增收起着至关重要的作用。《中国制造2025》将农业装备列入十大重点发展领域，提出"加快发展大型拖拉机"，"推进制造过程智能化，在重点领域试点建设智能工厂/数字化车间"及"关键工序智能化、关键岗位机器人替代、生产过程智能优化控制"的战略要求，为我国农机工业快速发展，向高端智能制造转型升级带来了新的契机。

大型轮式拖拉机是高端农业装备，产品种类繁多、结构复杂，市场多品种定制化需求显著，且产品技术性能、可靠性要求高。使得产品制造精度要求高，制造工艺复杂，制造难度大，物流与管理要求高，必须对产品制造过程的自动化、信息化和智能化水平提出更高的要求，从而实现高端拖拉机产品的高性能、高质量、高可靠性。

（二）项目实施的主要思路和目标

重型拖拉机（指 200 HP 以上、动力换挡、无级变速等轮式拖拉机）智能制造工厂以技术先进、质量可靠、生产高效为原则，强调共性技术研究与应用，包括产品参数化设计仿真、核心关键件智能化机加车间，数字化装配车间与信息化管理系统的高效协同集成。

项目围绕重型动力换挡拖拉机多品种的设计、工艺与制造、试验、运维服务等产品全生命周期过程，建立基于工业互联网和物联网技术的网络架构，研究应用参数化三维设计技术、仿真分析及可视化技术，完成产品研发、工艺设计、车间布局及物流分析；建立基于产品数据管理（PDM）系统，面向产品设计与制造的参数化三维数字化模型开发与虚拟仿真平台；研究应用高档数控机床、工业机器人及智能化的传感、控制、检测、物流等先进技术，结合 AGV 转运车、数字化装配及试验设备、涂装机器人等智能传感与控制装备组成的定制化混流生产智能制造系统；实现现场数据采集与分析系统、车间制造执行系统（MES）与产品全生命周期管理（PLM）、企业资源计划（ERP）等系统的高效协同集成,进行智能工厂制造过程的控制与管理。

通过本项目示范应用,建立我国首个农机智能制造工厂,智能制造工厂达到同行业国际先进水平,为行业树立智能制造的应用典型,并在我国农机行业及相关机械制造领域进行推广,引领我国农机产品从低端制造向高端智能制造的转型升级,提升我国农机制造的综合技术实力和国际竞争力。建设完成后的智能工厂,具备多品种定制化的重型动力换挡拖拉机 1 000 台/年的生产能力,产品设计的数字化率达到 100%,关键设备数控化率达到 100%。运营成本降低 30%,产品研制周期缩短 30%,生产效率提高 25%,产品不良品率降低 25%,能源利用率提高 15%。

二、项目主要实施内容

(一)项目实施的主要内容

项目建立的重型动力换挡拖拉机智能制造示范工厂,具备多品种定制化的重型轮式拖拉机 1 000 台/年的生产能力,满足农机产品对高质量、高可靠性的需求,解决重型拖拉机的智能制造关键共性技术问题,提升产品开发、智能化制造水平,树立农机制造业在国内及国际上形象,提高市场竞争力。

智能制造总体构架包括智能化的制造系统、生产控制中心、生产执行过程管理、仓储与物流系统。通过智能装备、智能技术与管理手段的引入,实现生产资源最优化配置、生产任务和物流实时优化调度、生产过程精细化管理和科学管理决策(见图 44-1)。

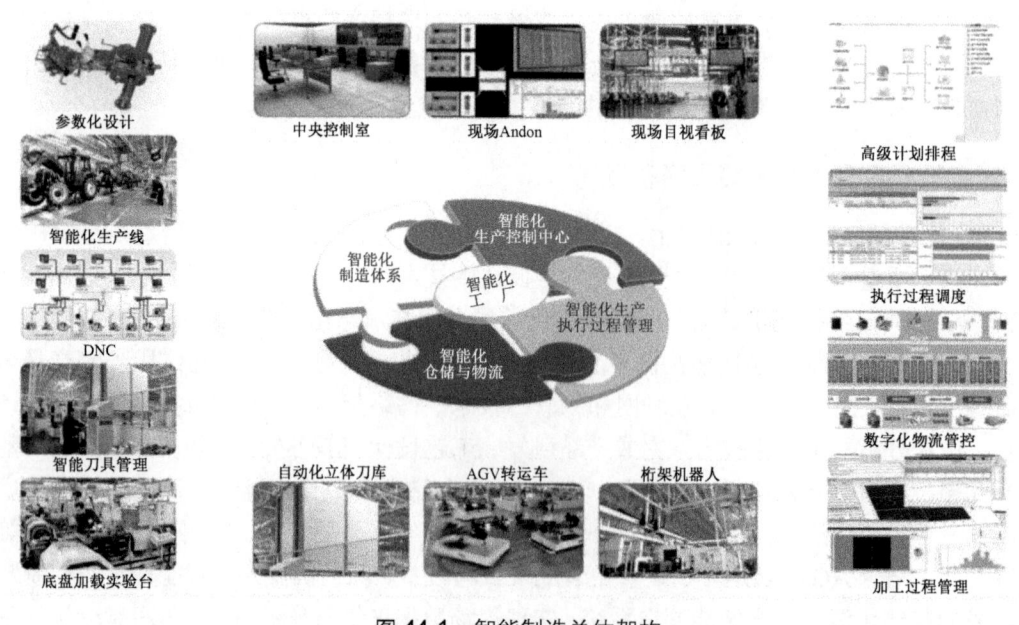

图 44-1 智能制造总体架构

（二）采取的主要措施

智能制造总体技术方案包括参数化三维数字设计与分析、智能制造装备体系构建、绿色制造技术综合应用、制造过程控制与管理等四部分，主要开展了以下七个方面的工作。

（1）参数化产品数字设计：包括参数化三维数字设计与仿真，PDM 协同设计。

（2）数字化工艺规划：包括车间总体设计，工艺布局及物流仿真。

（3）高档数控机床与机器人：包括壳体加工线、箱体加工线、复杂异构壳体类自动线、齿轮生产线、六关节上下料机器人等。

（4）智能传感与控制装备：包括制造过程现场数据采集系统，分散式控制系统，电子标签、二维码、视觉设备等。

（5）智能检测与装配装备：包括支持 SPC 分析的综合测量机、数控制动泵试验台、设备生命周期管理系统，基于大数据的在线故障诊断与分析，可视化柔性装配装备等。

（6）智能物流与仓储装备：采用自动化货柜的立体刀具库，用于自动柔性加工线生产的桁架机器人、上下料机器人等，用于装配底盘运输的 AGV 转运车。

（7）软件及网络设备：包括 MES、PLM、ERP、刀具管理、信息系统集成、工业互联网络等（见图 44-2）。

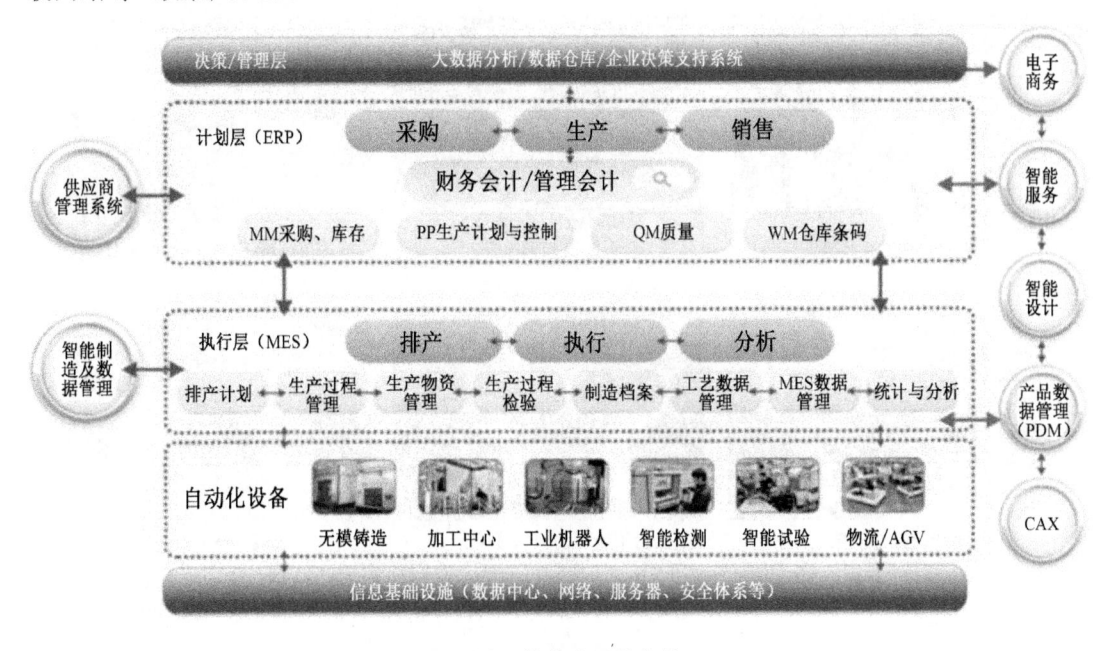

图 44-2 信息化网络架构

三、实施成效

新型拖拉机智能化制造工厂，可使生产效率提高 25%，运营成本降低 25%，产品研制周期缩短35%，产品不良品率降低25%，能源利用率提高15%。具体技术成果如下。

1．智能化工厂的三维建模

在数字仿真环境中建立了车间整体设计、工艺流程、布局模型、产品模型等三维数据，涵盖从设计、制造到服务完整的产品生命周期，实现了从虚拟的工程设计到现实的制造工厂直至产品上市为用户提供增值服务全过程应用。

2．面向产品和制造的虚拟仿真

在产品设计环节，利用参数化建模技术和三维可视化技术，实现零部件三维数模设计、产品装配、虚拟样机、可视化造型的产品和工艺全数字化设计与仿真优化。

3．智能柔性制造装备系统

利用先进传感、控制、加工、检测、装配、物流技术与智能装备，构建了数字化、网络化、智能化的制造系统；结合工艺策划及车间物流分析，数控机床-工艺交互预测、监测及控制管理，工艺系统的智能互联通信技术，刀具管理系统等技术研究与应用，完成了核心关键件智能化机加车间、数字化装配车间与信息化管理系统的高效协同集成。实现技术先进、质量可靠、生产高效的多品种定制化智能制造（见图44-3）。

关键件机械化自动加工车间	 五轴加工中心	 智能刀具管理系统（RFID）
 数控拧紧装置	 轮胎装配助力机械手	 混流总装线

图44-3 智能制造装备

4．系统的高效协同集成管控

利用异构协同联网，实现异构设备的合成通信、生产过程数据采集与统计分析；集成MES、PLM、ERP等信息技术进行智能工厂制造过程的控制与管理，实现7大系列、800多种机型拖拉机的精益生产。

四、实施经验

(1) 统一规划，分步实施。新建技术改造项目是智能制造实施的最佳时机，便于统筹规划、高起点实施，以点带面、逐步开展，充分发挥新建项目的示范带动作用。

项目设计阶段统一规划，在明确信息化、智能化需求的基础上提出制造工艺装备技术要求和接口要求，明确信息化投资概算，改变过去技术改造与信息化建设相对分离的情况，使其在整体系统中，各司其职，有效、协调地完成各自任务，从而使工厂的整体运行达到智能制造的水平。

(2) 以信息化为主线，统筹各系统的衔接。对于智能工厂，MES系统是智能化制造系统的神经中枢，按照信息化建设规划，并对各子系统进行功能需求梳理，统一制定并明确MES、ERP、PLM、CRM等系统之间的接口要求，从研发、营销到计划与生产、售后服务等业务形成顺畅的信息流。同时，大幅降低接口开发的时间和费用，提高整体系统的执行效率。

(3) 强化工艺调研，保证技术先进性。针对先进工艺技术，进行充分调研，吸收借鉴其先进制造经验，保证了项目的先进性。

(4) 智能制造与绿色制造技术并重。现代农业装备智能驾驶舱数字化工厂的建设中，针对不同的污染源，利用绿色环保节能技术，实现清洁生产。

(5) 精益生产与智能制造深度结合。精益生产是方向，智能制造是手段。在智能工厂规划设计中充分体现精益生产的思想，并利用智能制造的技术手段推进精益生产方式的实施。

(6) 发挥联合体优势，产学研用相结合。从项目实际需求和应用角度出发，根据农机装备智能制造特点选择合适且有实力的单位组建项目联合体单位，并按照各单位的专长，合理进行项目任务分工。中国一拖的项目合作包括设计单位、科研高校、关键智能化设备供应商等，从而真正构建出优势互补、产学研用深度结合的联合体团队。

(7) 强化过程管理，保证实施进度。为确保项目按期完成，项目按照"统筹推进、适度从紧"的原则倒排项目时间表，形成了项目整体网络进度节点计划，月度工作计划及周工作计划，各项目单位严格按照计划系统稳妥开展各项工作；为了进一步跟踪落实项目建设情况建立季度推进协调会制度，协调项目中存在的问题，每个季度召集由项目各单位主要负责人参加的汇报协调会。

(8) 加强项目资金保障，确保项目实施。为确保项目顺利实施，强化资金管理，制定了专项资金管理办法，确保项目资金专款专用。

编委会：王建军　　编写组：宋世毅

45 铝合金摩托车轮毂智能工厂试点示范

——浙江万丰摩轮有限公司

一、项目实施背景与状况

（一）项目实施背景

浙江万丰摩轮有限公司（以下简称"万丰摩轮"）创建于1994年，目前拥有国内位于浙江新昌和广东江门、境外位于印度的三大生产基地，年生产摩托车铝合金车轮超过2 100万套，产品涵盖10~19英寸不同规格、1 500多个品种。

目前，铝轮加工行业是典型的劳动密集型产业，具有加工工艺步骤复杂、高温、粉尘及高噪声等特点。但随着劳动力紧缺及成本提升，面临招工日益困难及成本竞争优势越来越小的状况，同时，生产安全、环境保护等外部条件对铝轮生产过程的要求也越来越高，如果没有自动化、信息化、智能化的手段进行转型升级，铝轮加工已无法适应发展需要。万丰摩轮积极推动企业快速升级转型，促进企业绿色低碳、健康高效发展，生产运行水平和经济效益持续保持国际领先地位。

通过实现智能化，企业能够根据市场波动不断对生产计划进行调整，能够准确地掌握生产中各个环节所产生的经济效益，跨领域进行团队的高效协作，有效地控制产品质量，使企业实现可持续、安全、环保及低碳的发展。

（二）项目实施的主要思路和目标

万丰摩轮依托现有规模、成本、质量、技术等优势，以一系列重大管理变革和先进信息技术应用为主线，着眼于长远发展，确立智慧工厂建设的主要目标：以"浙江制造"为契机，借助技术创新，实现"万丰制造"，通过机器换人、互联互通、智能化等方式的智慧制造，增强生产过程精细化和敏捷化，提高产品质量、市场竞争力、生产规模和生产速度，以采用万丰特色的智慧制造生产模式来快速满足顾客的多样化需求为主要目的，降低成本，提高集团核心竞争力，以智慧工厂建设为切入点，逐步建成具有国际先进水平的制造企业。

二、项目主要实施内容

（一）项目实施的主要内容

围绕铝轮行业提质增效、转型发展，运用智能设备、智能物流、智能系统等现代信息技术，建设以供应链-产业链-价值链协同优化驱动的一体化生产智能制造示范工程，推动生产和经营管理模式变革，打造国际先进、国内领先的铝轮行业智慧工厂。

1. 虚拟仿真模拟

工厂通过 Siemens Plant Simulation 等仿真软件进行全方位二维及三维仿真运行模拟，验证分析不同约束下的最大产能，发现影响产能的瓶颈环节，分析设备瓶颈、物流瓶颈及寻找解决方案；验证优化缓存设置及最优库存策略，进行合理交期设置；验证分析生产控制策略，如不同设备特性（如故障率）对生产的影响、策略及不同生产管控策略对产品交期的影响；通过以上模拟组建形成整个生产线体的生产组织分析模型。如图 45-1 所示为工厂系统仿真模拟，如图 45-2 所示为设备系统仿真模拟。

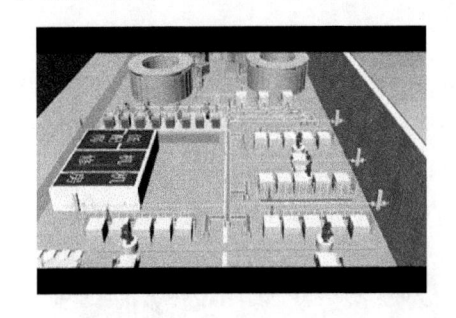

图 45-1　工厂系统仿真模拟　　　图 45-2　设备系统仿真模拟

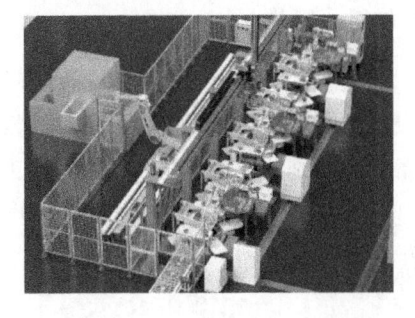

2. 智能设备改造升级

依托原传统工厂设备机械化程度进行自动化改造升级，工序设备覆盖面达到 100%，共计投入机器人 360 套及视觉成像系统 200 套。智能设备柔性生产能力提升，应用设备系统应用数据处理技术、网络通信技术及视觉成像技术，实现自动识别型号、自动更换程序工装的柔性混线生产模式，确保一个流生产方式的实现。智能设备自动检测技术融合、设备系统应用激光检测、氦气测漏检测及气动检测技术，实现轮毂产品核心质量数据的自动检测及判定，确保产品生产质量的稳定及一致性。智能设备数据接口覆盖率 100%，实现生产数据实时上传。

（1）自动成像识别型号，自动定位、自动调取刀具、工装及加工程序（见图 45-3 和图 45-4）。

图 45-3　去毛刺（自动定位、调取程序）　　图 45-4　钻气门芯（自动定位、自动调取刀具）

（2）自动成像识别型号，自动设定检测标准、自动检测及自主判断（见图 45-5～图 45-7）。

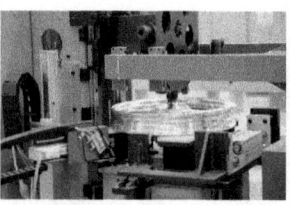

图 45-5　气动检测技术　　图 45-6　激光检测技术　　图 45-7　氦检检测技术

3. 智能物流系统导入

智慧工厂投入 2500 米输送线、56 套产品缓存机构、4 套 AGV、1 套立体仓库及物流仓储系统。根据产品特征，协调供应商设计开发专用的物流系统，利用集成智能化技术，使物流系统具备智能识别、智能分拣及智能搬运的能力。实现物流过程中运输、存储、产品上下件、包装等环节的一体化和智能物流系统的层次化（见图 45-8～图 45-11）。

图 45-8　自动叠码　　图 45-9　自动翻转处理

图 45-10　自动搬运　　图 45-11　自动分拣

4. 智能管理系统搭建

万丰根据产品生产特性及管理模式更新了ERP系统（为SAP HANA系统），新增APS、APC、MES、WMS及LIMS系统，各系统之间实现数据纵向集成，打破系统间壁垒，连接各个信息孤岛，实现各信息系统之间有序协作，提升响应速度，减少信息交互的损耗（见图45-12）。

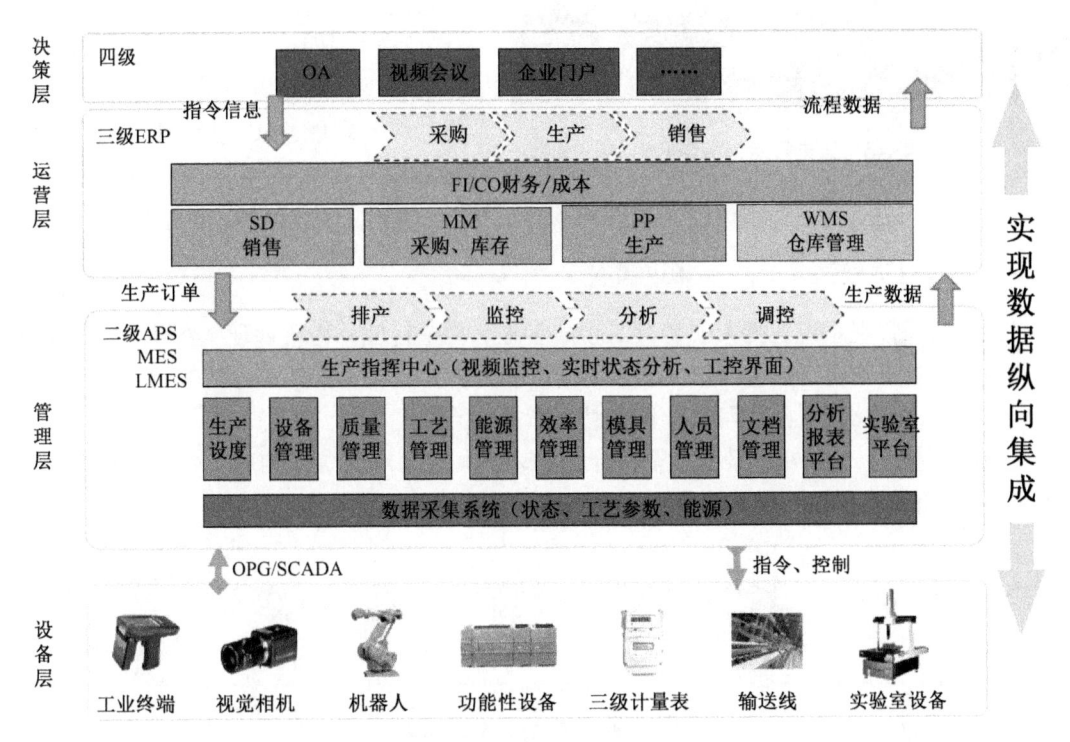

图 45-12　万丰 SAP HANA 系统

（二）实施的主要内容

1. 智能指挥中控系统——智能指挥中心

智能指挥中心作为万丰摩轮智慧工厂生产、运行与决策指挥中枢，系统通过"大屏幕"集成设备工控系统、MES系统、APS系统、PAC系统、硬件网络系统及安防监控系统，实现生产状态和数据实时呈现，指导管理及技术人员进行相关运营管理工作。

（1）设备状态实时呈现及异常状态监控：显示屏通过五类颜色状态显示设备实时状态，包括工作状态、调试状态、停工状态、故障状态及关机状态；同时对于工作状态的设备OEE实时统计呈现，对于未达80%的进行红色报警提示；对于调试状态、停工状态、故障状态进行时间统计，超过设定标准进行红色提示，可提供管理人员进行有效的管理支持。

（2）设备工控系统集成及设备远程控制：设备及工艺异常可通过指挥中心远程监控判定及诊断，同时可对系统程序进行控制和维护，实现对生产系统设备进行远程管理及响应。

图 45-13　万丰智能指挥中心

智能调度管理：通过智能指挥中心实时生成汇总分析数据，管理人员及时掌握生产异常信息（效率减慢、设备故障停机、质量异常）；可及时对生产设备、生产状态及计划进行变更，满足一个流的生产需求。

同时，智能指挥中心具备能源成本监控管理、设备物联状态监控、安全环保监控等功能。实现现场监控实时化、数据采集分析智能化、信息展示动态化，支持工厂精细化、动态化、时效性的管理，提升工厂生产经营效益（见图45-13）。

2．智能生产管理系统——MES系统

智能生产管理系统包括人员管理、设备管理、质量管理、物料管理、安环管理、工具工装管理、能源管理、快速响应、底层数据集成分析、上层数据集成分解等管理模块，建立一个扎实、可靠、全面、可行的制造协同管理平台。

万丰智慧工厂的MES系统具有"计划引领、九大管理、快速响应、数据分析"等特点，结构功能如图45-14所示。

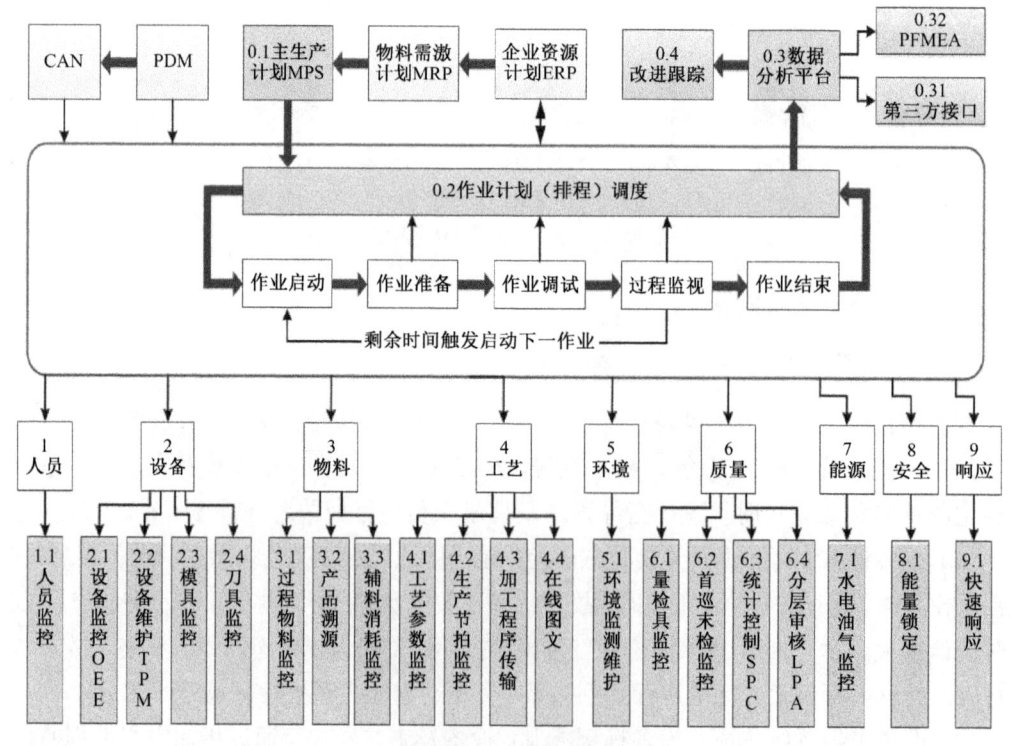

图 45-14　MES系统

MES 系统作用的发挥对智慧工厂信息化建设有显著的影响，继而对智慧工厂效益的提升起到积极作用。有助于实现精益化生产和智能化管理，同时通过对生产过程的实时监控，使工厂管理层能够更全面、及时掌控生产数据，提高了工厂的生产效率，便于企业进行生产调度，降低了生产成本。

3．智能生产计划调度机制——APS 和 PAC 系统

（1）同步规划。APS（高级计划与排产）系统的同步规划系统：根据 ERP 系统下发的订单信息，同时考虑智慧工厂产线生产情况，进行智能排程。即进行工单规划时，须考虑整体订单情况及产线情况，而进行供综合排程，给出当前最适合企业生产的生产方式。APS 系统的同步排程能力，不但使得排程结果更具备合理性与可执行性，也使工厂能够真正达到生产/发货平衡的目的（见图 45-15）。

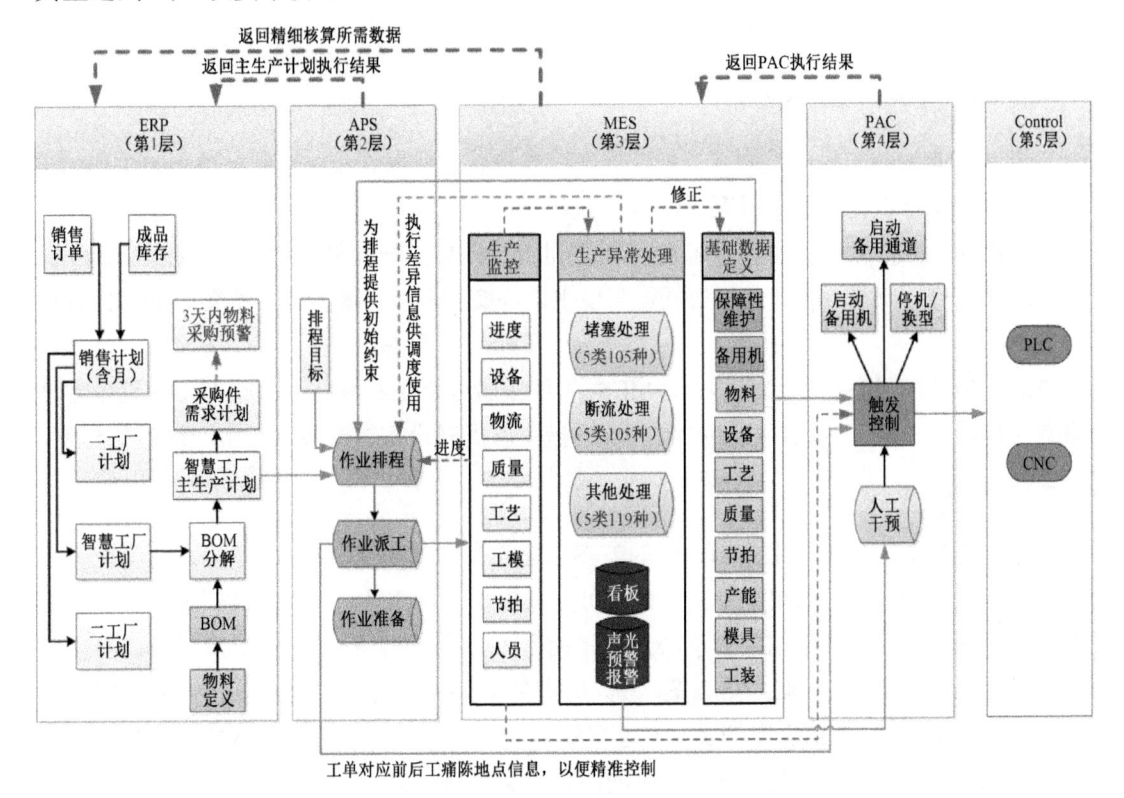

图 45-15 APS 和 PAC 系统

（2）考虑企业资源限制下的最佳化规划。APS 系统则应用数学模式（线性规划）、网络模式或仿真技术等规划技术与方法，因此在进行生产规划时能够同时考虑到工序限制与生产目标，以拟定出一套可行且最佳效能的生产计划。

（3）实时性规划。生产相关数据能实时获取（万丰智慧工厂通过 MES 实时采集生产信息），而 APS 系统能够利用这些实时性数据，进行实时规划。通过 PAC（可编程自动化控制器）实时提供相关调度指令信息及设备控制策略，使得调度人员能够实时且快速地处

理效率损失、质量损失、生产设备故障、紧急插单等例外事件（见图45-16和图45-17）。

图45-16　APS运行界面

图45-17　生产线控制中心

4．智能生产运营协同机制

通过智能设备与生产线协同，实现生产线与设备的实时通信，设备自动判定生产；实现混线生产及个性化定制，提升生产线的效率。

通过前后工序之间的协同、前后工序的同步，提高生产线平衡率，减少在制品积压。

通过生产与支持（模具等）协同，实现生产与支持同步，减少作业准备时间，提升设备效率。

通过系统同设备生产状态协同，MES系统实时分析生产线在制品状态，同设备生产状态（模具、数量）对比，提出换装及开机指令，提升设备综合效率及生产线通畅程度。

5．智能网络系统

万丰智慧工厂采用了工业以太网的方案来建设车间的生产网络，在建设之初就充分考虑了网络设备的强度、适用性及实时性、可互操作性、可靠性、抗干扰性、本质安全性等方面能否满足工业现场的需要。核心机房采用了安全稳定的国家B级机房设计，全网设备采用全热备冗余、光纤双回路方案，极大地提高了网络的稳定性，完美兼容OPTC协议，保障了涉及65 000个信息点的实时交互采集。并在此基础上，集成了智慧云共享平台及工业Wi-Fi全覆盖，完美支持移动化协同办公方案。网络系统拓扑如图45-18所示。

6．智能节能环保系统

应用环保在线监测系统，对排放口的位置、风险源、废水废气污染物移动等智能实时分析监测及报警管理，营造企业友好的生态环境。运用能源管理系统，对能源的计划、生产、转换、使用、优化、考核等各方面进行管理，在线监控各类介质消耗，实现能效倍增。

智慧工厂主要节能措施如图45-19所示。

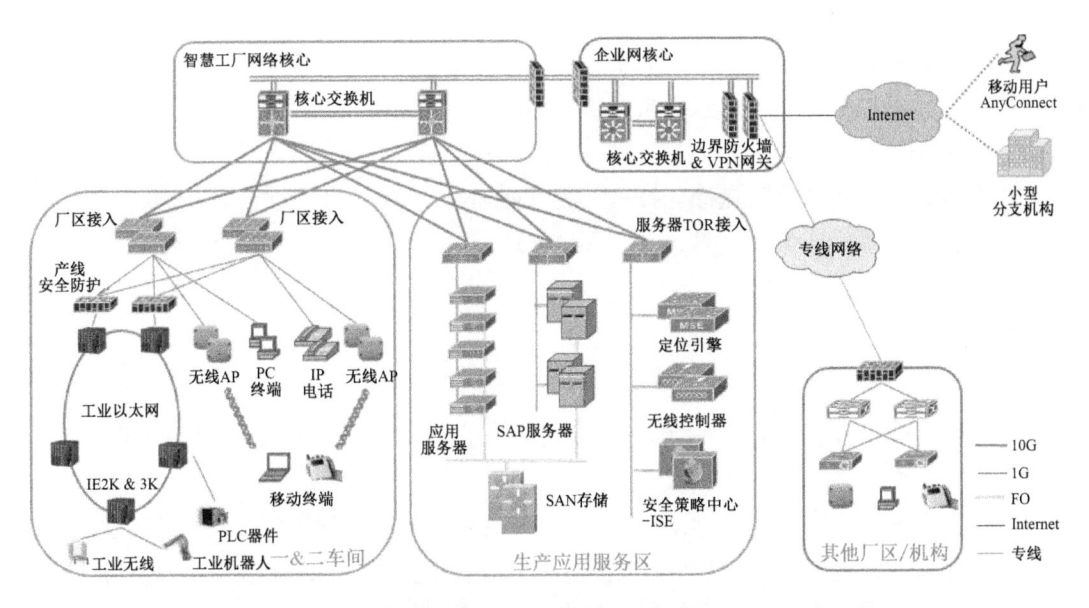

图 45-18　万丰网络系统拓扑

（a）屋顶太阳能 　　（b）余热回收利用

（c）高节能设备（能耗下降33%）

图 45-19　万丰智慧工厂主要节能措施

绿色生产智能化。建设投用环保在线监控系统实时监视各个环境监测点的环境监测数据，为管理人员及时做出相应的决策提供数据支持，提升企业环境监控能力。对污水、烟气排放等污染源实施24小时在线监测。

智慧工厂高标准生态环保方案如下。
（1）污水处理效果实现放水养鱼（国一标准）。
（2）机加工油烟处理。
（3）喷漆等离子催化氧化净化技术（废气处理）。
（4）铝末处理线废气水喷淋、布袋除尘处理。
（5）熔炼废气余热回收。

三、实施成效

（1）铝合金轮毂智慧工厂样板建立，为万丰未来的转型升级提供了参照及经验，同时储备了一批智慧工厂建设相关领域人才。

（2）基于智慧工厂项目的建设，对于工厂相关数据标准进行了定义，同时确立了系统纵向数据基础，打破了系统间壁垒，连接了各个信息化孤岛，实现了各信息化系统之间的有序协作，提升了响应速度，减少了在信息交互之间的浪费。

（3）成功使 PAC 与 APS、MES 融合，实现现场动态下的自动调度，初步实现工厂工业人工智能的建设。

（4）通过自动化、信息化融合的模式，实现工厂一个流的生产方式，生产周期由原 3 天缩短为 15 小时，降低 79%，在制品量降低 71%。人工由原先 1 000 人缩减为 372 人，降低 62.8%。柔性生产岗位增加 60%。消除 5 项生产质量风险。

（5）通过自动化检测手段，全面保障整个生产过程的产品质量过程控制，确保产品质量的稳定性。

四、实施经验

（1）实现纵向数据基础，实现各系统间数据无障碍协同风险，将数据的作用及价值发挥到最大。

（2）将日常工作流程标准化，通过信息化手段实现电子化及自动化，减少人工量及错误率，提高整体工作效率。

（3）设备系统之间及应用系统之间实现协同机制，实现自动化、信息化深度融合，同时根据数据分析进行改进优化，通过合理优化流程，复杂的逻辑实现工厂管理的简单化、便捷化。

（4）智慧工厂管理不再是人与人之间的信息交流，将是通过数据信息进行合理转化，实现更有价值的表现方式提供给管理人员进行执行，故在信息化管理上需保障数据的准确性、安全性，保障工厂系统的正常运营管理。

编委会：陆仕平　　编写组：杨　奇

46 工程机械远程运维服务试点示范

——中联重科股份有限公司

一、项目实施背景与状况

(一) 项目实施背景

1. 工程机械行业的重要性

工程机械行业作为装备制造业的重要组成部分,是产业关联度高、吸纳就业能力强、技术资金密集、对国民经济贡献显著的支柱产业之一。

全球发达经济体皆设法在全球装备制造业的转型升级大潮中抢占先机。例如,美国分别在 2006 年、2013 年提出了"信息物理系统(CPS)"和"工业互联网"概念;德国在 2013 年提出"工业 4.0"战略;日本的《2015 年版制造白皮书》被称为"日本工业 4.0 计划"。

2. 市场转型升级的需求

国内工程机械市场进入转型期以来,行业面临如下问题和机遇。

(1) 新机需求疲弱与巨大的服务后市场潜力。国内经济进入新常态,导致工程机械行业产能过剩,新机需求放缓;而与之对应的是近千万设备保有量所代表的巨大的服务后市场。通过工业大数据技术,对设备、客户等数据进行深度挖掘,实现上下游信息充分共享和深度融合,在降低成本的同时形成良性服务生态圈,将进一步转变行业商业模式,优化行业盈利结构。

(2) 施工行业向规模化、集约化、专业化方向发展,对施工安全、效率、成本管控的重视程度不断提高。

行业的调整将一批实力较差的"散客"淘汰出市场,市场集中度不断提高,专业化大客户比例增加。下游客户对施工安全、效率及成本管控的重视,要求设备厂商持续提升设备质量的同时,进一步强化设备智能化水平和数据分析处理能力,将服务从"被动服务"

向"主动服务"、"预测性服务"升级，降低施工风险，提升无故障工作时间，实现"降本增效"。

（3）严峻的工程机械市场环境要求企业进一步精细化管理、高效科学决策，加速从传统生产制造型向高端服务型的转型升级。

近年来，工程机械市场需求持续低迷，依靠新机销售支撑发展的传统模式面临生存考验。严峻的市场环境对企业经营管理及决策提出了更高的要求，如何通过大数据分析使企业更加贴近市场、更加理解客户，提升企业运营管理和决策效率，快速从传统生产制造型向高端智能服务型的转型升级是行业内每个企业都面临的重大问题和挑战。

（二）项目总体目标

本项目通过工程机械产品的智能化，实现工程机械服务的智能化，进而实现工程机械产品全生命周期的智能化。运用大数据分析技术，为客户及企业自身输出精细化运营管理能力，并通过数据高效流通、共享，打造行业良性生态圈，促进工程机械行业整体向智能化、精细化、规范化发展。

通过将工程机械行业智能化转型的经验复制到农机、消防等其他制造业板块，促进整个装备制造业的转型升级。

二、项目主要实施内容

中联重科股份有限公司（以下简称"中联重科"）智能化转型升级主要从"硬、软"两方面同时着手：在"硬"的方面，通过研发新一代智能化设备（4.0产品）、智能化关键零部件（智能网关、总线多路阀、智能化液压油缸），进一步提升设备的智能化水平，丰富设备数据采集维度，提升设备数据采集和预处理能力；在"软"的方面，基于大数据分析挖掘技术，形成多层次智能化应用体系，为企业自身、上下游产业链、宏观层面提供高附加值服务。

1. 产品4.0——让新一代智能设备有"大脑"，会"思考"，实现产品的自诊断、自调整、自适应

中联重科于2014年启动了"产品4.0"专项工程，通过深度融合传感、互联等现代技术，研发整体性能卓越、作业安全可靠、使用绿色环保、管控智能高效的智能化产品。当前，公司智能装备已覆盖混凝土机械、工程起重机械、建筑起重机械、基础施工机械等重点领域。如图46-1所示为"能感知、有大脑、会思考"的新一代智能化产品。

图 46-1 "能感知、有大脑、会思考"的新一代智能化产品

2. 中联 e 管家——工程机械行业通用性智能服务 APP 应用

中联 e 管家定位为面向行业和客户的轻量级智能应用，从设备监控、安全效率、运营管理、厂商服务四方面入手，为客户提供设备实时监控、故障保养提醒、服务过程跟踪、工程项目管理、运营分析、知识库、服务直通车等功能（见图 46-2）。

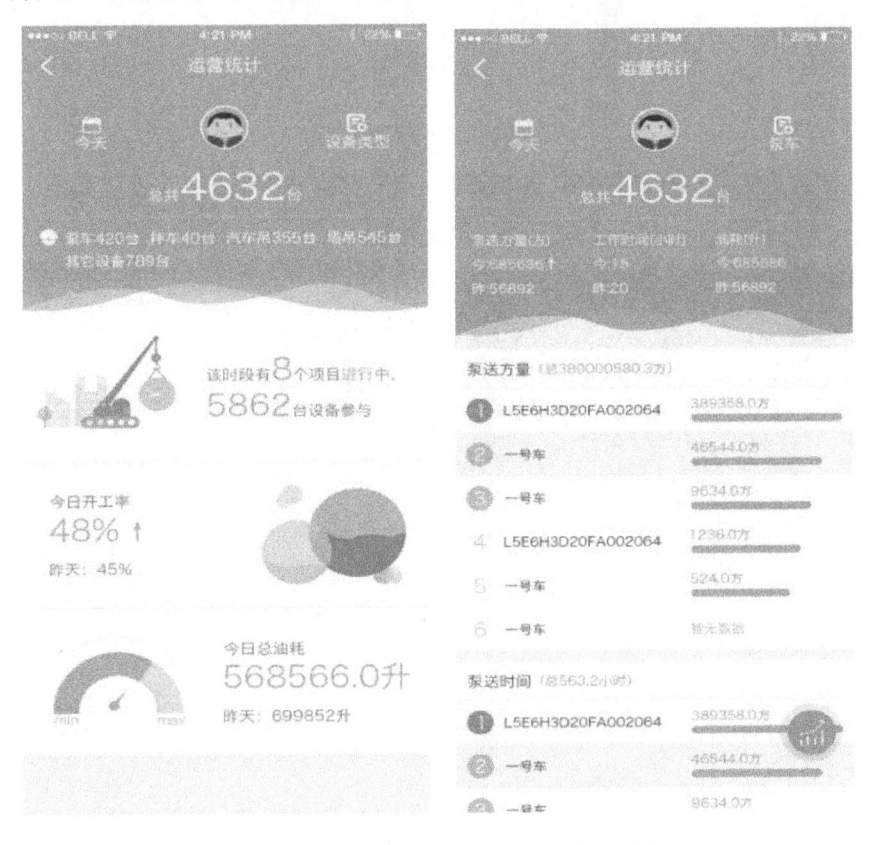

图 46-2 中联重科"中联 e 管家"APP 部分功能界面

3. 智慧商砼——混凝土行业专业级管理应用

智慧商砼聚焦于商品混凝土企业"车泵站一体化"的专业级应用,以设备生命周期管理、企业资源计划管理、车辆智能调度为核心功能,覆盖设备采购、运营、维保等关键环节,打通企业研、产、供、销业务流程,依托车联网,实现运输车辆和泵送车辆的智能调度(见图46-3与图46-4)。

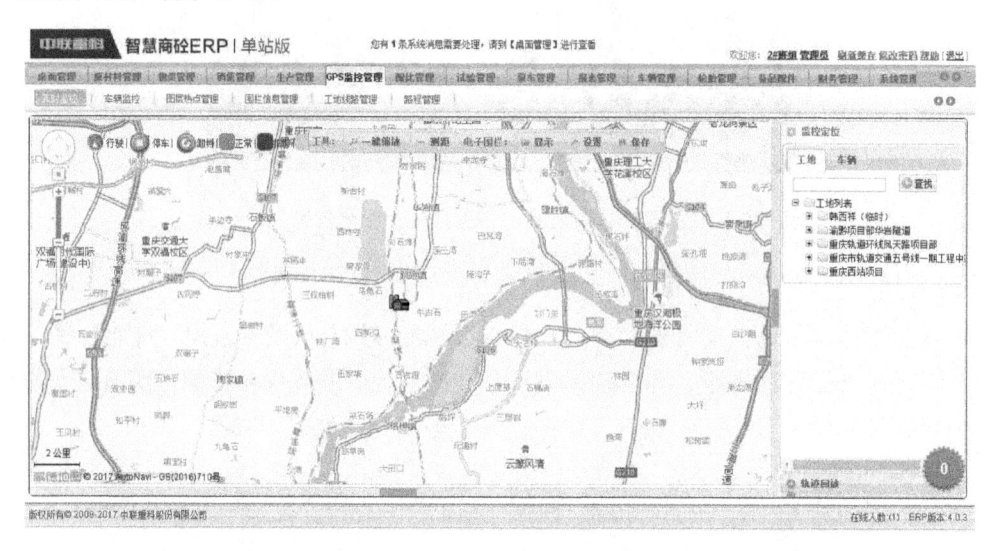

图46-3 中联重科"智慧商砼"PC端功能界面

图46-4 中联重科"智慧商砼"移动端部分功能界面

4．建筑起重机全生命周期管理平台——建筑起重行业专业级管理应用

建筑起重机全生命周期管理平台涵盖建筑施工机械设备从获取到运用、运营、维护维修各环节的全生命周期智能管理功能。实现业务一体化运营管理，建立精细化管理模式，实时、有效、准确地掌握设备资产的运营状况，变单一的人为控制为信息系统自动化、智能化控制，同时提升施工安全与效率，降低成本，提升在行业中的竞争力（见图46-5和图46-6）。

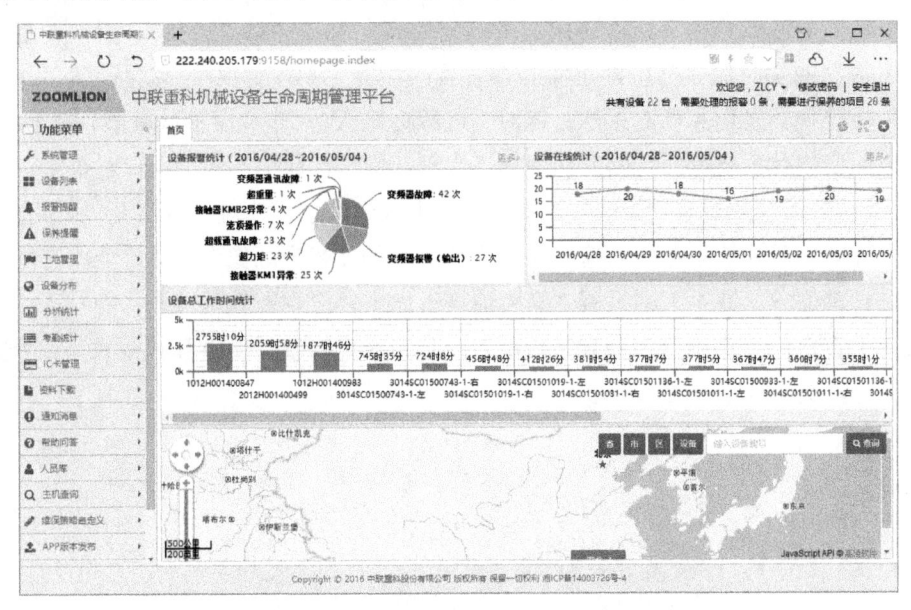

图46-5 中联重科"建筑起重机全生命周期管理平台"PC端功能界面

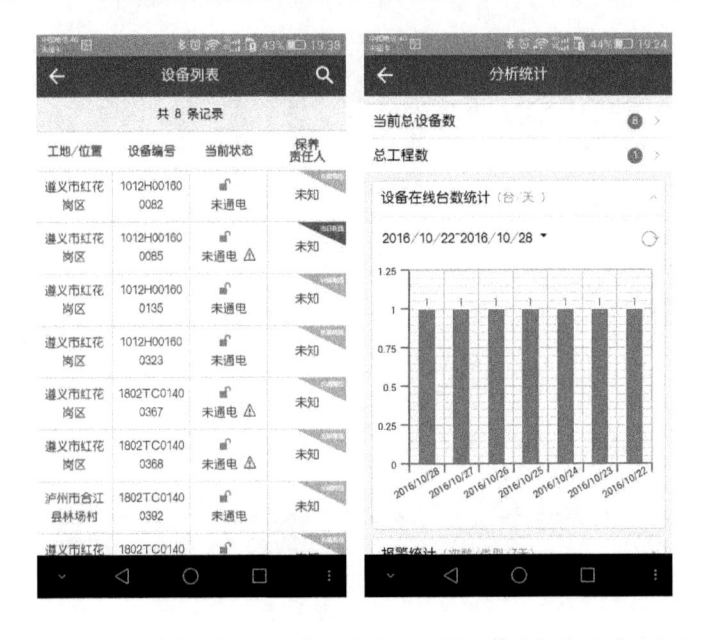

图46-6 中联重科"建筑起重机全生命周期管理平台"移动端功能界面

5. 中联大脑——智能服务、企业精细化运营、科学决策分析平台

当前，公司工业大数据平台已完成公司内部系统数据贯通，并通过外部公开数据源的持续接入对内部数据进行丰富和补充。通过基于分析主题的数据仓库搭建对数据进行重新整理，为公司提供全面、一致的高质量分析数据源。

目前，基于工业大数据分析平台，"中联大脑"已实现了一系列主题分明，覆盖客户、企业内部不同需求场景的多层次应用。重点应用方向有，针对"设备"：实现了基于设备回传工况数据的实时流式分析，可实时查看到区域开工热度、某类/某台设备工作状态、设备故障报警统计及信息实时推送；针对"远程运维服务"，对设备从质量、技术、服务、成本四方面实现体系化分析，辅助服务向"主动、预测性服务"转型；针对企业运营关键环节、关键指标进行分析、预警，实时监控企业运行状态；针对"客户"，基于企业内部外"全量数据"形成了业内首个基于客户特征标签的"客户画像"产品，全面支持企业客户精细化管理需求。针对工程机械"信用销售占比大，应收账款数额高"的特征，大数据平台实现了客户回款实施分析和异常提醒，提升了客户回款透明度和执行效率，降低了企业坏账风险（见图 46-7～图 46-9）。

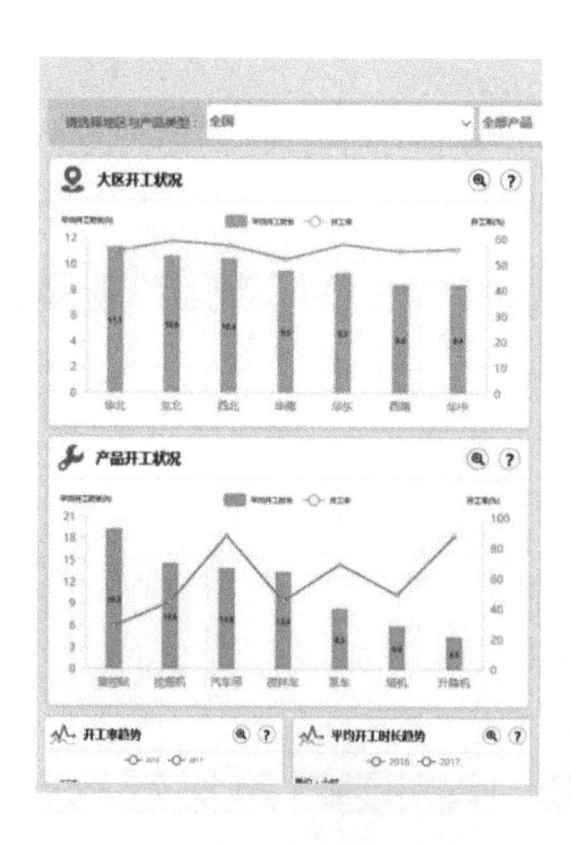

图 46-7 中联大脑"宏观分析"功能界面

图 46-8　中联大脑"客户画像"功能界面

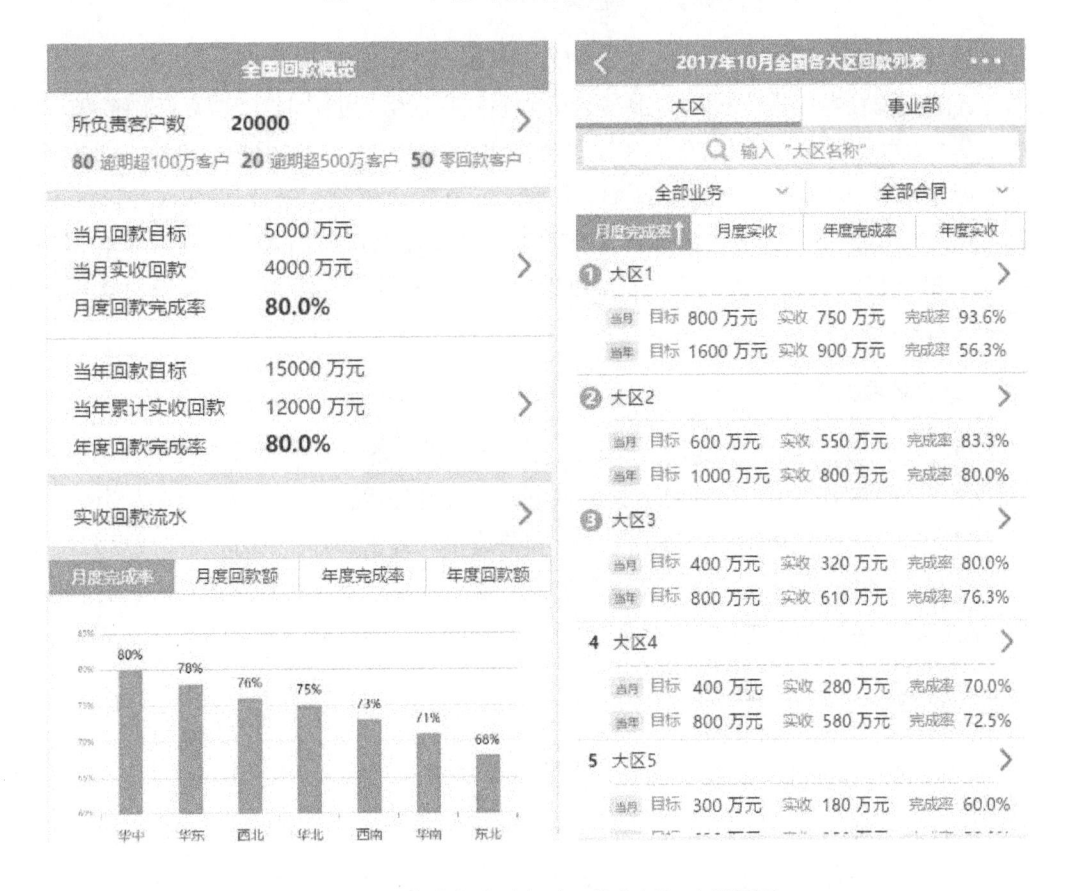

图 46-9　中联大脑"实时回款分析"功能界面

三、实施成效

1. 形成了一批具备自主知识产权、体系化的智能产品及应用

智能化液压油缸采用轻质高强度复合材料、光纤传感通信及先进结构健康监测技术，是业内首创的一款安全可靠新型油缸；智能网关——"中联盒子"，应用边缘计算和NB-IoT技术，是目前国内工程机械行业技术水平最高、自主创新最强、功能最全面的首创性智能网关；"中联e管家"为工程机械行业首个面向客户的设备管理APP；工业大数据平台作为"企业数据驱动的分析大后台"已完全打通业务系统、物联网数据、外部数据，并已实现对外统一信息服务、对内全环节运营分析功能。

2. 客户运营能力提升，安全施工能力加强

产品4.0典型代表3200吨核电吊装用履带式起重机，在"华龙一号"福建福清核电、江苏连云港田湾核电等重大核电穹顶吊装中顺利施工，用智能化技术实现了吊装的"稳"和"准"；"中联e管家"已有1900余位用户在线使用，管理设备超过3500台，可提升客户设备管理效率30%。塔机全生命周期管理平台已在某大型施工企业使用，据测算：该平台为其降低安全事故率20%，提升设备有效工作时长20%，节约人力、维修成本30%。智慧商砼ERP已发展搅拌站标杆客户200余家，在原有基础上可为每位客户新增利润80万元/年。

3. 企业运营效率明显提升，远程运维服务能力明显加强

"中联大脑"建立后，整体分析效率显著提升。以设备开工热度分析为例，基于日均TB级的物联网数据，原需一周时间进行数据整理、计算，现可在分钟级别出具相应报表，数据可细化至地级市，为市场状态实时分析和快速决策提供支撑；同时，通过"客户画像"的构建，为"营销、风控、服务"等核心业务流程提供决策依据和预测服务，提升精准营销、风险监管、主动服务能力。

四、实施经验

1. 更加关注顶层设计，以系统化思维实现业务整合及优化

工程机械行业的智能化转型并非简单的大数据平台搭建、信息化、物联网技术的堆砌，而是需要综合考虑行业发展、市场需求及企业自身战略定位的系统性工程。相关系统的搭建，也不应仅仅考虑业务现状，而应该考虑如何通过"反作用力"持续规范、优化业务流程，使用创新手段，不断提升效率。

2. 更加关注基础数据资源质量，以"资产"思维管理、运营"数据"

企业智能化升级的一个重要方面就是"数据驱动"，从数据中发现规律，验证经验、

发掘价值。数据作为企业的重要资产，需要从采集、整合、清洗及安全管理等方面统筹考虑。不断提升数据质量，避免出现低质量数据所导致"垃圾进、垃圾出"的情况。

3．重视大数据在企业内部"降本增效"方面的应用

由于大数据相关技术属于新兴事物，且首先在互联网领域使用，传统企业在建设初期容易聚焦在新业务的拓展上，更多地以"对外"的思维来考虑大数据的相关应用。从实践情况来看，如何利用大数据技术，解决现有问题，特别是如何通过大数据技术简化流程，提升企业运营效率，这些都是企业大数据应用及智能化转型的一个较好的切入点。

编委会：周志忠　　编写组：傅　军　赵芳芳

47 锅炉智能控制及远程运维服务平台

——博瑞特热能设备股份有限公司

一、项目实施背景与状况

1. 项目实施背景

全国煤改气纷纷启动,在未来3~5年内,将逐步淘汰燃煤锅炉,燃气锅炉将取而代之。现今燃气锅炉技术已经非常成熟,锅炉燃烧效率普遍提高,而燃气锅炉智能化控制及后期维护保养、增值服务却未能及时创新与跟进,大部分锅炉的使用单位仍是传统燃气锅炉的使用方式,采用"人看设备"的传统使用模式,进一步提高锅炉智能化控制及远程运维服务的创新驱动,在"十三五"规划中已经刻不容缓地需要及时跟进,该项目的试点工程将是锅炉传统行业的一大历史性改革。

"创新驱动、转型升级"的总体发展思路,走行业可持续发展道路已经是行业内普遍形成的共识。但是创新的方向在哪里?产品向何处转型?找准锅炉智能控制及远程运维服务平台建设发展的方向决定着未来中国制造能否突破"大而不强",改善缺少具有核心竞争力的产品窘境决定着这个行业未来发展的关键所在。作为国内燃气锅炉制造的领军企业,博瑞特清晰地认识到未来燃气锅炉发展的趋势就是锅炉智能控制及远程运维服务平台建设物联网应用的高速和全面发展。通过信息化和工业化的深度融合,锅炉智能控制及远程运维服务平台建设智能化将达到前所未有的高度,整个锅炉的相关行业都将发生革命性的变革,开启"智能锅炉"的时代。几年前,博瑞特就已经开始基础技术的研究,为新型控制平台的研发做准备工作,加大研发投入,积极布局新型控制系统产品和新技术集群。博瑞特从多角度为广大锅炉客户使用企业提供锅炉智能控制及远程运维服务平台系统的解决方案。

2. 项目实施的主要思路和目标

锅炉智能控制系统可以和企业ERP、CRM等系统实现数据对接,实时、准确地采集整个工厂的生产数据,包括工人的工作记录、机器工作数据和工作内容等,通过这些数据进行生产过程的监控和订单完成情况的跟踪，管理细度由每月每天精确到每分每秒。通过工厂、车间、机器各维度的图文报表，给工厂管理者决策提供各方面的数据支持，向企业传统的"经验式决策"中加入了新的"数据分析"元素。

远程运维服务云平台可以实现真正的产品全生命周期管理与追溯，建立健全制造企业设备产品的召回、维修、更换服务体系，优化产品的供应链整体绩效与服务。除此之外，通过应用大数据技术、物联网技术，提高设备故障的预防预警能力，并逐步通过无线技术与智能终端技术向锅炉维保服务开放，进一步壮大产品的维保力量。

通过博瑞特锅炉智能控制管理系统及其智能服务云平台可以帮助企业提高管理水平，提高企业的生产效率，降低运营成本。经测算实施后的工厂生产效率总体提升25%以上，废品率降低20%，劳动力成本降低20%。

二、项目主要实施内容

（一）项目实施的主要内容

锅炉智能控制与远程运维云服务平台建设及应用项目，具备实时数据采集、通信和远程控制功能。锅炉设备智能控制及远程运维云服务平台可以实现锅炉行业各类燃气锅炉多种设备联网管理和远程运维服务，如工作数据统计和管理、设备监控、故障预警与预防性维护、远程故障诊断和远程升级、专家系统和决策支持等。接入的工厂还可实现对锅炉智能控制设备监控、故障预警与预防性维护、远程故障诊断和远程升级、专家系统和决策支持等制造服务等。项目建成后，实现对10万余台套燃气锅炉智能控制与远程运维服务的能力，实现对锅炉的智能控制水平，达到远程管理的目的和效果。实现监测对象的过载、过压、过流等安全隐患预警和运行劣化现象报告，并参照专家系统提出正确和规范的操作建议及处置手段。

实现锅炉运行监控、运行状态分析、效率计算分析、故障异常报警管理、设备及客户信息管理、统计报表、采集管理等应用功能、设备工作数据存储与挖掘、设备实时监控、设备参数管理、故障预警与预测性维护、远程故障诊断与修复、远程升级、生产订单管理、加工生产管理、人力资源管理。锅炉控制管理系统目标是实现多台锅炉智能控制及远程运维服务平台建设的联网管理，采用多项业界领先的技术，大幅度提高传统工厂的智能化水平，同时提升管理水平。

（二）采取的主要措施

智能集成一体化控制系统是博瑞特公司最新推出的一款高端控制产品，突破以往锅炉智能控制及远程运维服务平台建设控制系统设计传统，革命性地采用全新的集成一体式控制架构优化设计，突破性地实现了主控系统和驱动系统的全面集成整合，使控制性能全面提升，控制与整机接口大幅减少，控制安装应用更加简单方便。

新型智能锅炉智能控制及远程运维服务平台（见图47-1）控制系统集成了工业互联网数据接口，具备实时数据采集、通信和远程控制功能，能够采集并上传设备运转状态、下传缝制工序和工艺，并可以根据远程指令灵活调整工作模式。

采用专用定制CPU芯片"博瑞特芯"，实现锅炉智能控制及远程运维服务平台建设控制、显示系统和锅炉控制应用的全面整合优化。多轴联动控制技术实现锅炉运行效率和工作效率的全面提升；结合最新的人工智能控制技术、模糊控制技术、机器人运动控制技术，使智能锅炉备自主学习能力和拟人化功能，可以实现自动预警、自动曲线分析、自动故障检测、自动调整燃烧效率、自动调整燃烧排烟温度等，框架驱动自适应调节等全自动化应用；系统采用全数字开关电源技术，不受电网波动影响，系统供电更加稳定，在电磁兼容性和抗干扰性大大提高的同时，降低控制硬件故障率。

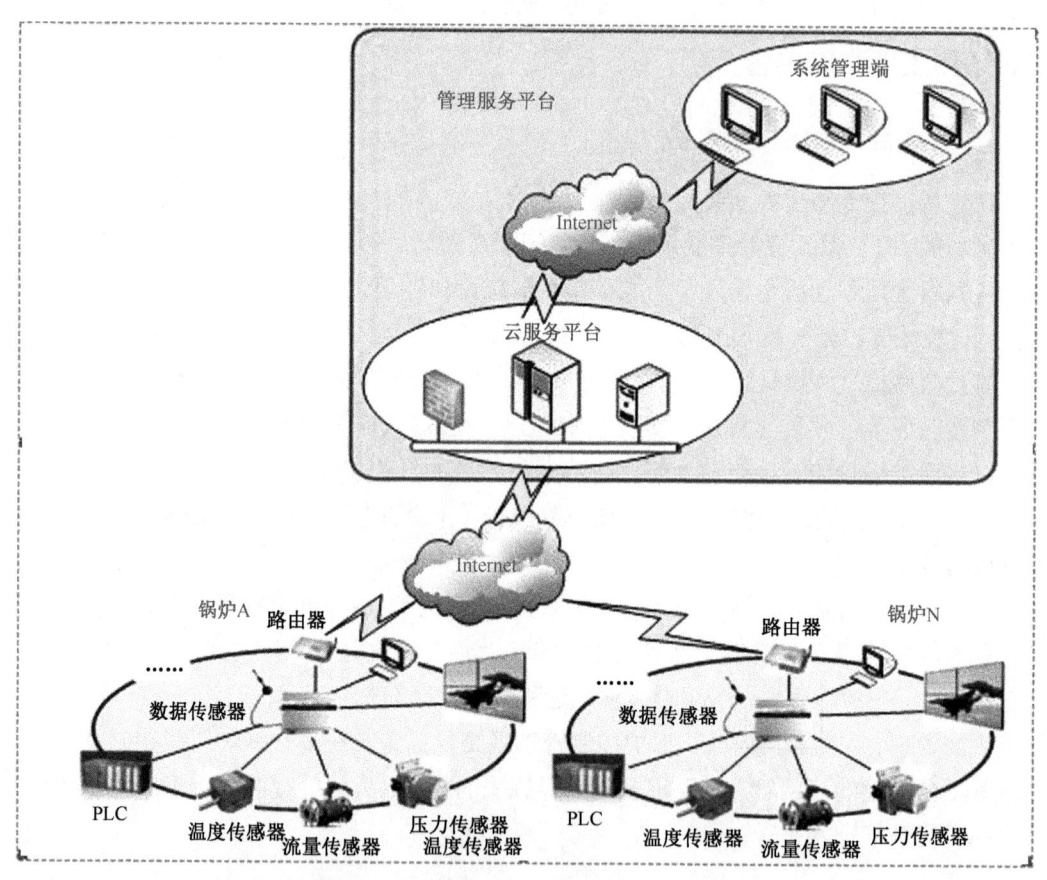

图47-1 锅炉智能控制及远程运维服务平台

1. 采用的措施

（1）整个系统结构图分为现场设备及中心监控维护机房两部分，现场设备主要是由一次仪表、二次仪表、变频器、采集模块、PLC、交换机及无线路由器等设备构成；中心机房由防火墙、VPN 服务器、IO 接入机、数据库、HMI/WEB 工作站、工程师站及硬件维护站等设备组成。

（2）在安全方面，为了防止黑客攻击、人员的非法操作、病毒的侵害，保障系统的运行安全，在中心网络与各现场设备网络之间通过公网连接，因此可配备硬件防火墙及防病毒系统，保证远程维护系统的安全性。并由专人负责公司网络策略设计 IP 地址的编址与分配方案、网络安全设计包括物理安全防护、网络安全防护、VPN 防护等；保证整个网络的规划、设计、路由器、防火墙等设备的选购与安装调试，使整个数据网络安全、畅通。

（3）锅炉运行安全性：工厂远程云服务平台与全国各地所有客户联网，通过与用户终端模块数据无线传输，全天候 24 小时在线监测服务，实现锅炉运行"双保险"。

（4）锅炉运行智能化：工厂数据库对每台锅炉系统运行数据进行综合分析，实时掌握和反馈设备运行故障或异常状况，做到前期预警或报警，由厂内监控工程师及时提供客户技术服务予以解决。

（5）锅炉运行经济性：根据锅炉系统安全运行的参数和时间，自动计算分析运行的效率和能耗，自动描绘经济运行的"能耗比"曲线，帮助企业设定最佳运行"平衡点"，提高企业的管理效能。

（6）节能模式运行：根据室内温度要求和室外气候的变化情况，温度补偿程序自动跟踪，锅炉运行系统自动调节节能模式运行。

（7）远程操作互动：远程云服务平台不但能实时观察用户机组的运行状态，而且可以应"任一客户"的请求，及时与用户互动操作，有针对性地对用户机组工况数据进行锅炉专家诊断。

（8）领导查阅功能：无论何时何地，经许可授权的用户机组领导，可随时通过互联网访问远程监控中心平台，查阅本单位锅炉机组的运行状态及经济数据并可存贮或打印。

2．系统功能

1）远程监测功能

锅炉远程监测平台，将现场锅炉运行的物理变量数据，通过实时采集和数字通信技术传输到远端数据处理中心，完成数据存储、分析和处理；锅炉远程监控服务平台基于数据处理中心实现管理设备对象的远程监测，并管理数据处理中心业务运行。

提供系统应用服务，以及远程数据接入服务和存储服务，是整个系统数据处理和应用的服务中心。博瑞特锅炉远程监测平台软件已经部署在博瑞特公司服务器中，相关维护管理人通过桌面 PC 浏览器可方便地进行系统访问和操作，无须在桌面进行任何安装和配置。博瑞特锅炉远程监测平台基于 J2EE 平台和 B/S 多层体系架构开发，分为展示层、应用层及数据层。

2）远程系统的安全管理

安全保护是应用系统不可忽视的问题。对于可能有不同类型的用户共同使用的大型复杂应用，必须解决好授权与安全性的问题，系统必须能够依据用户的使用权限允许或禁止其对系统进行操作。根据需要，我们把用户分为管理员和普通用户两种。普通用户可以使用该系统，但不可以对其工艺等其他参数进行修改。管理员具有操作员的所有权力，还可以修改各种参数。管理员在进入系统之前，先要输入管理员密码。而操作员则可以直接进入系统，不需要授权密码。为了保证系统的安全运行，对系统画面中的图形对象设置了访问权限，同时给操作者分配访问优先级和安全区，当操作者的优先级小于对象的访问优先级或不在对象的访问安全区内时，该对象为不可访问，即要访问一个有权限设置的对象，要求先具有访问优先级，而且操作者的操作安全区须在对象的安全区内时，方能访问。

3）报警信息管理

为保证工业现场安全生产，报警和事件的产生和记录是必不可少的。报警是指当系统中某些量值超过了所规定的界限时，系统自动产生相应警告信息，表明该量值已经超限，提醒技术人员。在监控系统中，为了方便查看、记录和区别，要将报警分成不同的组，整个锅炉报警分为：燃气浓度高报警、水位报警、燃气压力报警和温度报警等，设备报警信息来自运行数据分析，系统接收到设备故障信息会通过短信平台发送短信给负责人，系统也支持通过手机查看报警记录（见图47-2）。

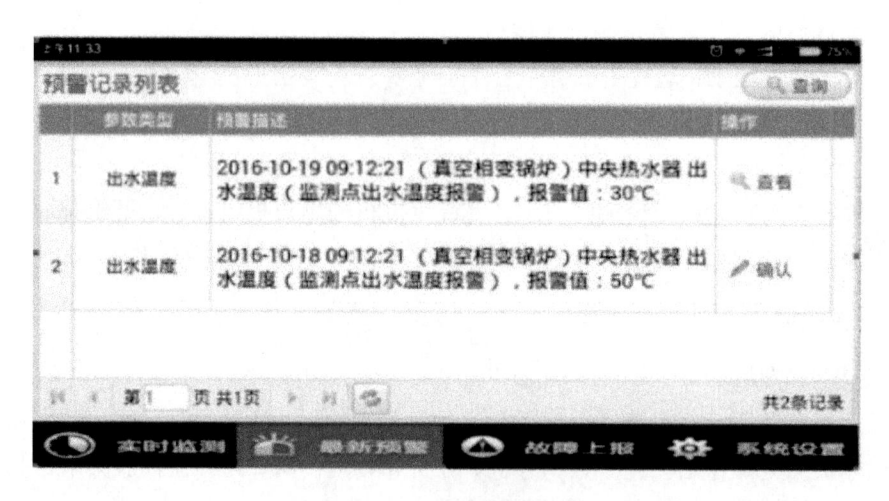

图47-2 报警信息记录

当锅炉发出报警信息时，运行监控页面也进行实时报警提示，相应监测点颜色也会随之变化。

技术人员在接收到预警信息后可通过多种方式（邮件、短信或登录系统）反馈给后台系统以确认收到预警信息，在技术人员解决或远程解决锅炉问题后，需登录后台系统解除报警或者通过手机客户端解除报警，从而使信息的传递路径形成一个闭合的环路。通过合理运用预警反馈闭环处理技术，使我们的工程更加安全正常进行，遇到预警信息可以及时反馈，技术人员可以及时消缺，最大限度降低损失，如图47-3所示。

图47-3 锅炉预警记录

4）监控数据实时显示

系统在记录监测数据时，采取两种措施：利用实时趋势曲线来显示当前温度变化，利用数据库记录过去各监测值（在定义需要存储的数据时，定义好存储的时间间隔即可），如图47-4所示。

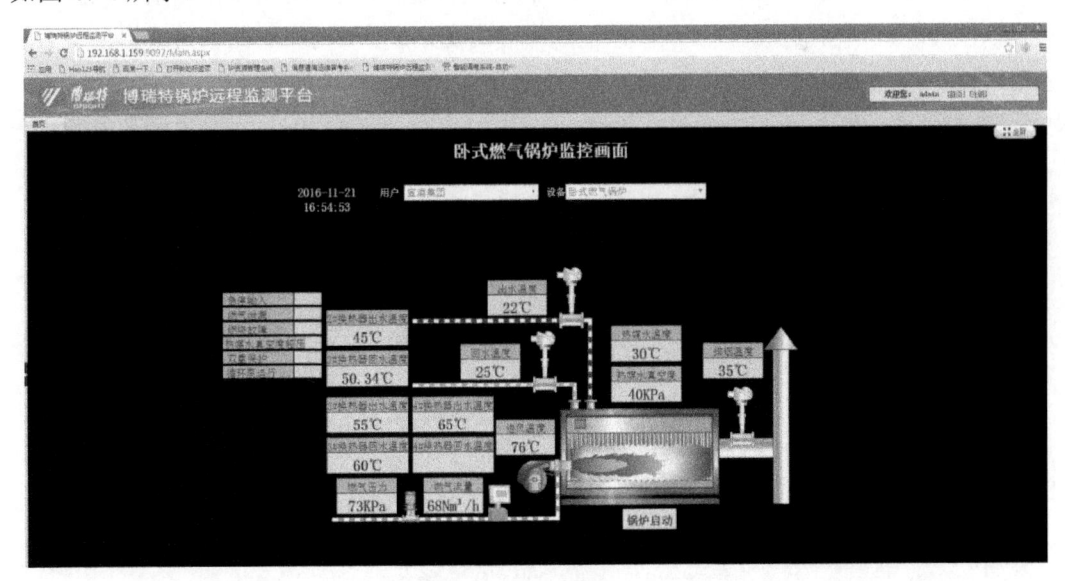

图47-4 监控画面显示

5)锅炉位置信息查询

根据锅炉位置,可及时查询锅炉位置图并在地图上标记(见图47-5)。

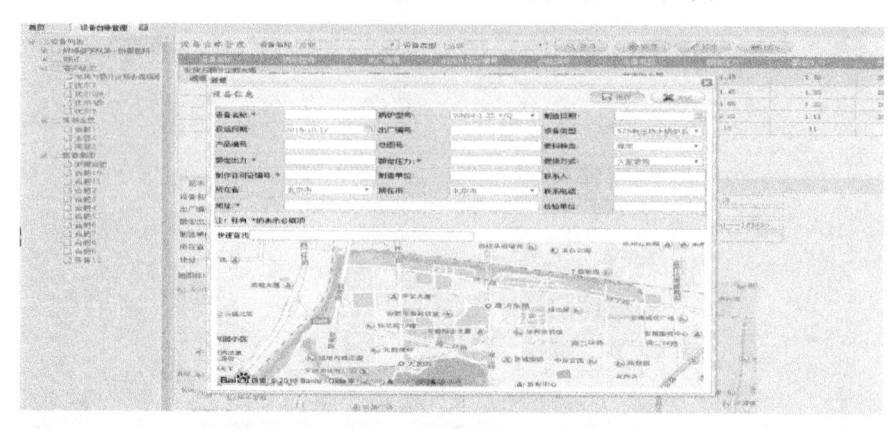

图47-5　锅炉位置信息查询

6)监测记录查询

用户可以根据需要查询出水温度、回水温度变频器频率、锅炉热效率等数据(见图47-6)。

7)历史数据曲线

历史曲线主要用于事后查看数据分布和状态变化趋势,根据历史数据曲线可以反映锅炉在该段时间周期内的变化趋势,总结锅炉信号的变化规律,为锅炉结构改造提供有力的基础数据支持。如图47-7所示为监测系统中某一时段出水温度的变化趋势。

图47-6　锅炉监测记录查询

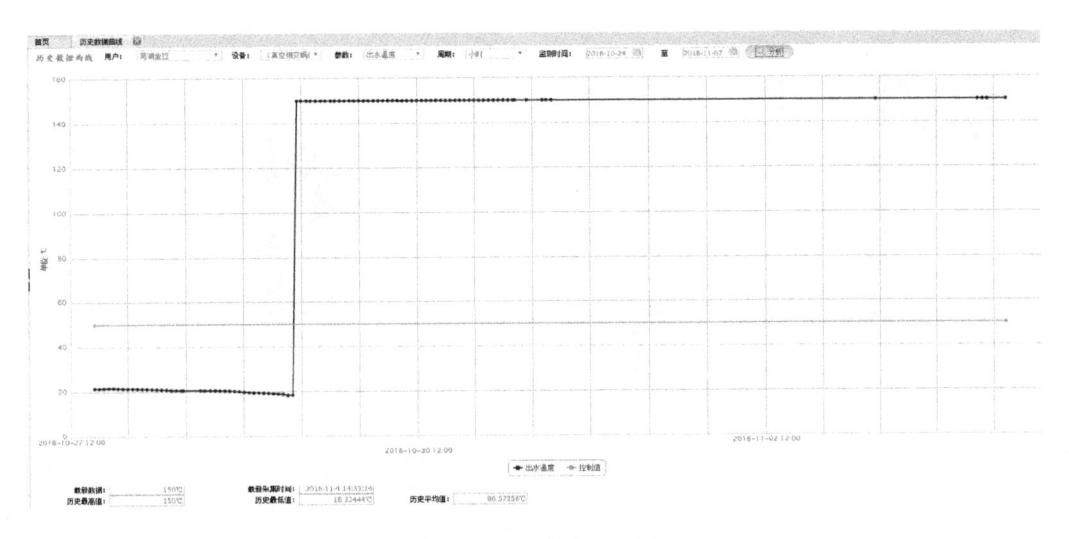

图 47-7　历史曲线观测

8）锅炉历史趋势分析对比

如图 47-8 所示为锅炉历史趋势分析对比图。

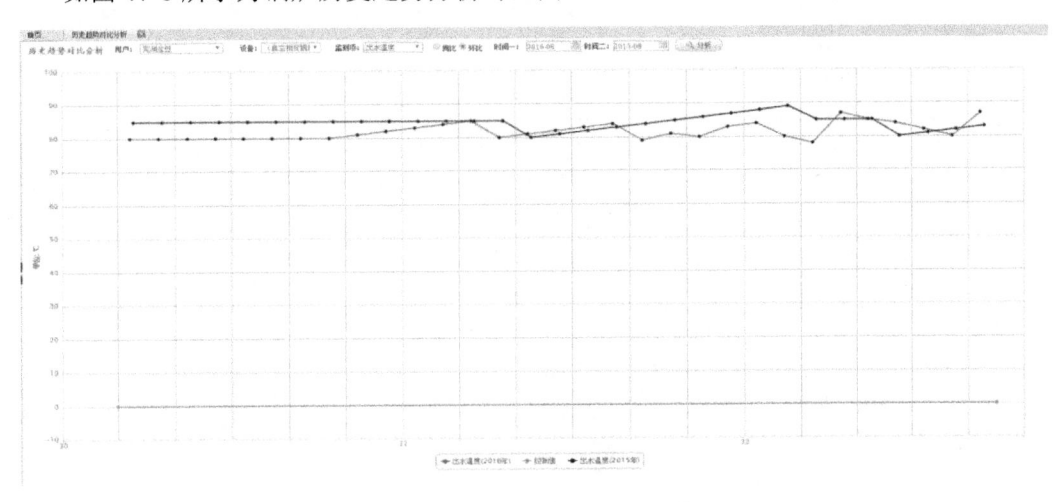

图 47-8　锅炉历史趋势分析对比

9）锅炉设备运行状态、开机效率分析

系统根据监测采集数据采集锅炉开机、关机时间，针对锅炉开关机时长进行图形化统计，便于了解锅炉使用寿命，进而通过对锅炉改造延长使用寿命，系统中统计锅炉开关机时长如图 47-9 所示。

· 307 ·

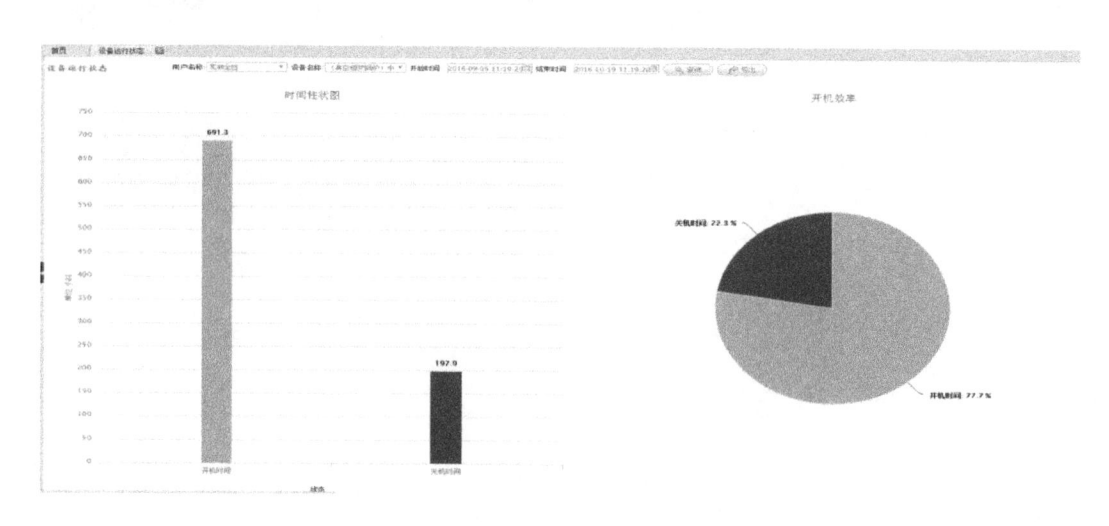

图 47-9　锅炉设备运行状态柱状图和开机效率

10）监测设备数据同比、环比

针对同款锅炉设备，通过监测系统可以对比分析出同款设备、同一个参数在不同时期内数据趋势图，如图 47-10 所示。

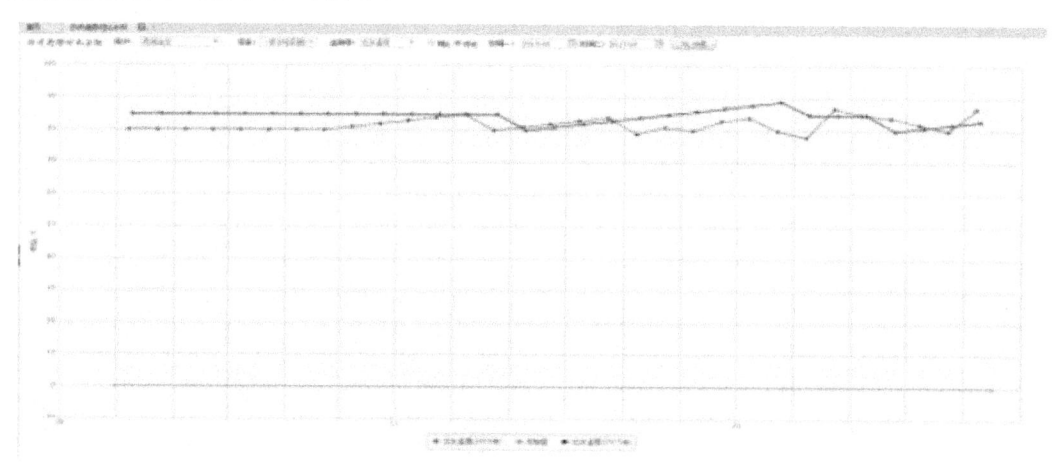

图 47-10　锅炉监测数据对比、环比

11）设备节能环保数据对比分析

针对同款锅炉设备，通过监测系统可以对比分析出同款设备、同一个参数在同一个时期内监测数据趋势图，进一步分析论证同款设备中哪一个设备热效率更高，哪一个锅炉设备设备更节能环保，找出同款设备差异原因进行改造，如图 47-11 所示。

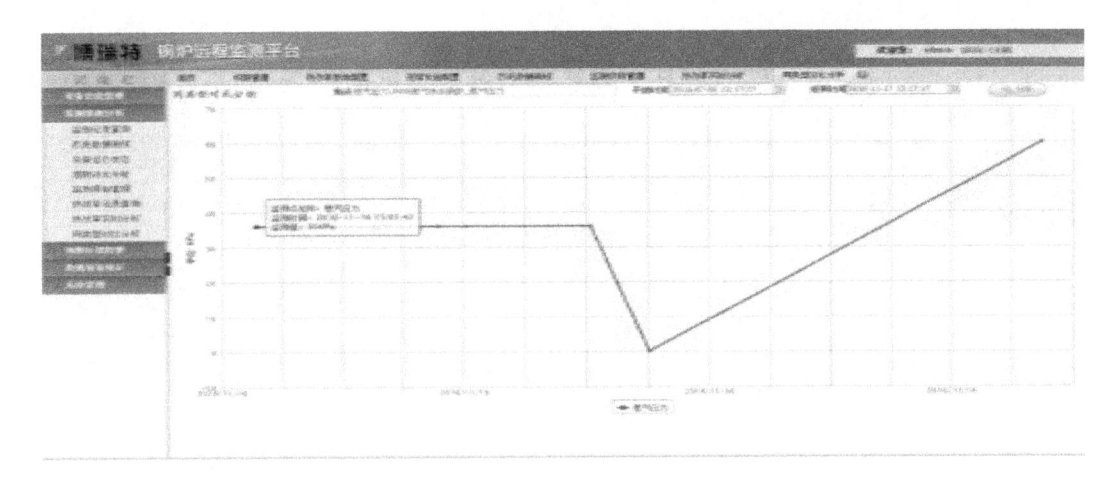

图 47-11　锅炉设备节能环保数据对比分析

12）设备信息管理

提供对设备的基础信息的新增、修改和删除等维护功能，包括设备名称、编号、类型、规格、制造厂家、投运日期、所属专业等。地理位置支持精确定位及手动标记（见图 47-12）。

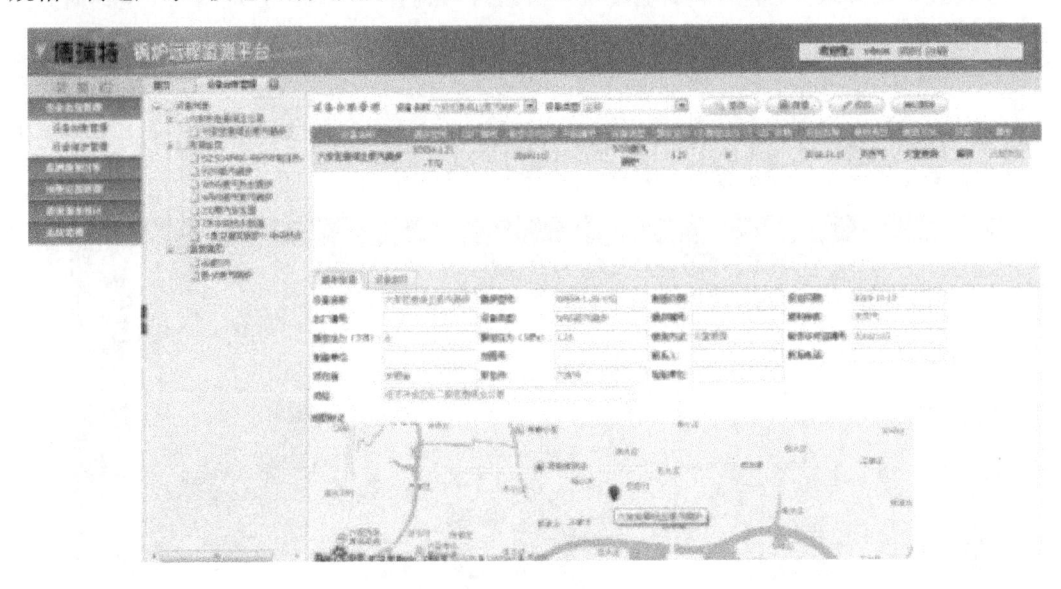

图 47-12　锅炉设备信息管理

13）设备信息管理

根据系统设定的部件保养要求、使用寿命等条件，定时提醒用户对设备保养、更换同时，系统设置设备远程控制，根据甲方提供的地址点表，对锅炉进行远程控制（相应地址具备写功能，如关闭锅炉），如图 47-13 所示。

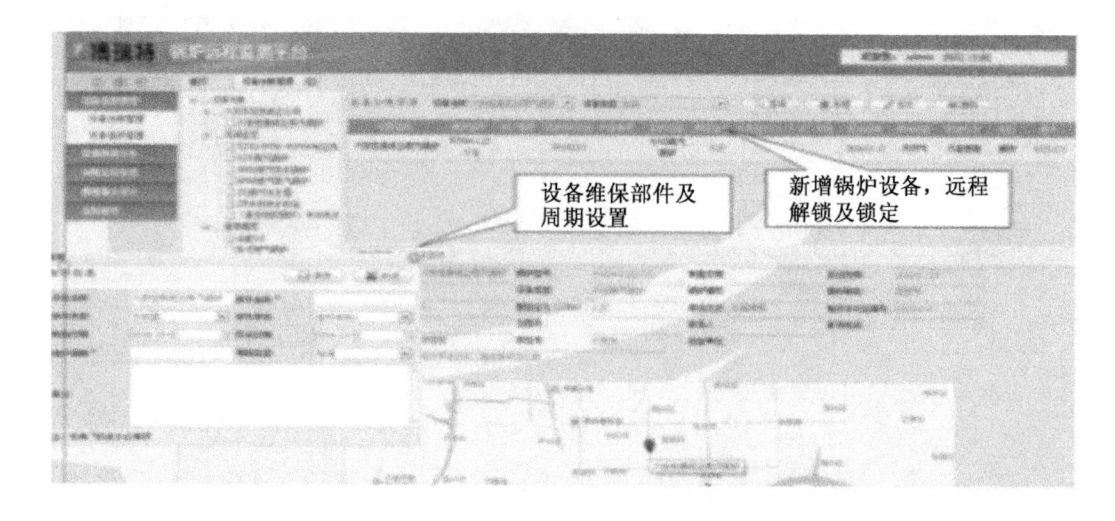

图 47-13 设备信息管理

14) 设备维护管理

系统具有设备维护管理功能,通过维护管理可以查看不同锅炉客户维保信息统计,便于日后维护。

15) 支持手机 App

App 端数据库采用嵌入式数据库 SQLite 可实现大数据量存储和操作 App,主要提供实时数据查看和现场问题反馈两大功能,如图 47-14 所示。

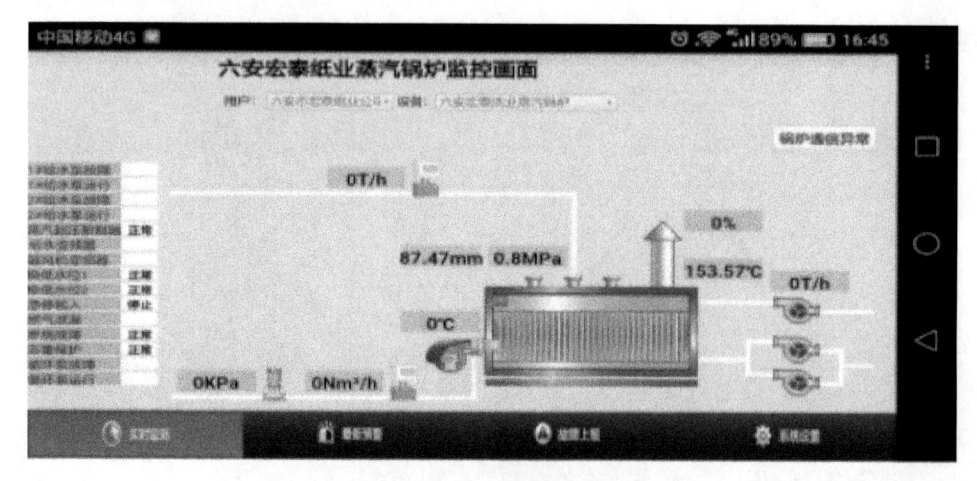

图 47-14 App 查询与反馈

三、实施成效

作为专注燃气锅炉生产的公司之一,博瑞特科技拥有着多个产品的业务线,博瑞特锅炉智能控制系统及其智能运维云平台产品是其中之一,作为公司的业务扩展的重要战略产品，显得更加突出和重要。博瑞特智能控制系统主要销往全国锅炉使用单位企业，经过整机配套后，除用于向国内销售之外，还将出口几十个国家和地区。公司主导产品燃气锅炉智能控制系统在国内市场占有率达到 75%以上。所有博瑞特在售机型均具备接入锅炉智能控制网络系统的硬件接口，具备使用锅炉智能控制及远程运维服务平台的条件。

博瑞特云智能锅炉网络系统数据中心，满足各地区锅炉管理系统可以实现锅炉使用单位各类生产线中多种锅炉联网管理和运维服务，如设备工作数据存储与挖掘、设备监控、故障预警与预测性维护、远程故障诊断与修复、远程升级，以及实现生产订单管理等增值服务，并可以和企业 ERP 系统实现数据对接。数据中心的 UPS 供电到每一台服务器都是双路供电，以实现数据中心的不间断供电运转；数据中心可用性达到 99.995%以上，具备抵御一定自然灾害的能力。

从 2014 年起，该产品在西安、合肥、兰州等多个厂家试用功能已基本满足大中小型客户需求，并已进入了大规模阶段，全国已有 1 000 多个智能工厂正式安装部署。博瑞特科技新签多项战略合作协议，与安徽江淮集团、甘肃兰州军区、四川五粮液集团、莆田百威啤酒集团、安徽宣酒集团多多家行业龙头企业进行深度合作，上述企业使用博瑞特智能锅炉网络系统平台，通过智能服务云平台对设备进行远程运维，实现实时数据采集、通信和远程控制功能，能够采集并上传设备运转状态、下传设备环保和工艺、并可以根据远程指令灵活调整工作模式。目前，全国已有 100 多台锅炉使用博瑞特智能锅炉网络系统及其智能服务云平台。

随着项目的进展，博瑞特加强了在海外的布局，锅炉智能控制系统已逐步在海外市场拓展，在印度尼西亚、智利、韩国、马来西亚等实现了博瑞特锅炉智能控制及远程运维服务平台建设的接入。

未来，博瑞特云平台会以开放的态度，对其他生物质锅炉、燃煤锅炉、热电联产等控制设备开放接入协议，共同打造锅炉行业的大数据平台。"十三五"期间规划接入其他多种非博瑞特控制锅炉智能控制及远程运维服务平台建设，如燃气蒸汽发生器、中央热水机组等，预计将有数十万台锅炉行业设备连入博瑞特云端网络，十万个以上的普通锅炉升级为智能锅炉，随着各方面技术的不断发展，整个行业的锅炉智能控制及远程运维服务模式的生态圈会初步形成。

四、实施经验

未来的制造加工业不再是密集的工人、庞大的生产规模，而是人、机器、数据的互联，以及结合各种信息技术进行数字化的柔性制造。构建锅炉智能控制及远程运维服务平台建设，实现了"线上云设计平台+线下智能供应点+云工厂=极具创意的个性化商品"的创新商业模式实践，在锅炉制造应用领域将具有非常广阔的市场前景。通过锅炉智能控制及远程运维服务平台建设加工业和互联网信息产业结合，开创锅炉应用服务产业新模式。实现传统制造业向信息服务业的延伸。在锅炉制造行业领域实现李克强总理提出的"大众创业、万众创新"的"双创"发展模式具有非常典型的行业示范作用。

构建锅炉智能控制及远程运维服务平台建设将增加几十万台的锅炉智能控制及远程运维服务平台建设新模式的产销量,将在各线城市出现成千上万的锅炉个性化创意锅炉房等,并为社会创造几十万的新增就业。

当前,我国装备制造业与世界先进水平相比存在较大差距,产业的效率和效益较低,单位产值的能耗居高不下,人均水平差距巨大,创新能力薄弱。长期以来,高投入、高消耗、高污染的生产模式已无法延续。为了提升竞争力,保持可持续发展,实现从"中国制造"向"中国创造"转型升级,就必须采用信息物理系统(CPS)、物联网与服务网技术,向智能、绿色和高效的智能工厂转型升级。新一代智能工厂系统要求传统的工业自动化技术必须向新一代信息与通信技术开放。借鉴德国提出的新工业革命理念、目标和制定的路线图,打破传统理念,坚持进行持续的技术转型,重视将工业互联网领域成熟的最新技术引入装备制造业领域,勇于创新,加快我国装备制造业转型升级。

编写组:邓大双　吴杨平

48 汽车智能制造试点示范
——大运汽车股份有限公司

一、项目实施背景与状况

（一）项目实施背景

大运汽车股份有限公司（以下简称"大运"）位于山西省运城市空港经济开发区，是集科研、开发、生产、销售、服务为一体的以重卡生产为主的企业。大运汽车运城生产基地创建于 2004 年，于 2009 年 10 月 26 日正式投产，总资产 100 亿元，厂区占地面积 1500 亩，总建筑面积 50 万平米，拥有国内一流的冲压、焊装、涂装、总装、专用车五大工艺生产线，主要生产设备、检测试验设备均达到了国内先进水平。

大运汽车成都生产基地创建于 2009 年，位于成都经济技术开发区，厂区占地面积 1085 亩，总建筑面积 25 万平方米，拥有冲压、焊装、涂装、总装四大工艺，以及货厢、车架等 7 条现代化生产线。

大运汽车十堰基地创建于 2010 年，位于湖北省十堰市郧阳区，厂区占地面积 1136 亩，总建筑面积 15 万平方米。

大运高度重视自主创新，综合了国内外同类产品设计之大成，严格以国际质量标准为品质管理目标，以高品位、大吨位、优价位为市场拓展点，先后开发了牵引车、自卸车、载货车、专用车和挂车五大系列车型，涵盖燃油、燃气、电动三大产品类别。

大运始终坚持"建立具有敦厚理念及价值观的企业文化，成为对社会贡献最有成就的企业"的发展目标，为打造世界知名商用车品牌而不懈奋斗。

大运汽车以打造新能源汽车产业为抓手，构建汽车产业新布局，加强质量管控，形成规模效应，持续产品研发，为客户提供丰富内涵的产品和服务。

为实现公司战略目标，大运汽车实行六大管理举措：

（1）产品开发："生产一代、研发一代、储备一代"。

（2）质量管控：围绕"产品改进、过程管控、客户满意"着力突破，全面完成"十三五"质量工作计划。

（3）体系优化：内部体系要跟得上企业发展需求，管得住各种业务行为；外部体系指供应协作体系，要着眼于长远，整合在当下，培育一支与大运"生死与共"的"铁杆"供应商队伍。

（4）销售管理：推动"重点市场、重点产品、重点突破"的市场战略。

（5）服务管理：坚持"销售未动，服务先行"的市场营销理念，实现服务网络无盲区全覆盖，加快服务响应速度；保障维修服务的便利性和配件供应的及时性，整体服务体系的建设达到行业一流水平。

（6）管理提升：探索经营单元模式，运用互联网信息化技术和工业制造两化融合，提高订单支付能力，实现产品智能制造。

（二）项目实施的主要思路和目标

随着全球新一轮科技革命和产业变革的兴起，数字化、网络化、智能化、服务化已成为制造业发展的主要趋势。无论是德国的工业4.0、美国的"振兴制造业"计划，还是"中国制造2025"，在国家战略层面都将智能制造作为主攻方向。

面对全球化市场的激烈竞争及我国经济增长新常态的大环境，大运汽车以信息化整体建设为布局，坚持走智能制造之路，以智能制造推进信息化与工业化深度融合，进而提升企业综合竞争力和创新能力，力争在第四次工业革命浪潮中立于不败之地，让企业健康、可持续发展。

确定了持续提升订单交付能力、研发创新能力、客户服务能力，实现研发-生产-供应-销售-服务"五位一体化"，打造"透明、高效、精益、智能、安全"的智造工厂，增强企业综合竞争力和创新能力；实现创新突破，使大运汽车由制造向智造转变，实现大运汽车的产业升级和转型。

二、项目主要实施内容

（一）项目实施的主要内容

2011年大运启动了企业信息化管理工程项目，引入四大业务系统：经销商管理系统（DMS）、制造执行系统（MES）、企业资源管理系统（ERP）、产品数据管理系统（PDM）。

2012—2013年，实现四大系统业务上线。

2014—2016年，（DMS、MES、ERP-u9、PDM系统）接口统一集成，实现了功能整合和集成提升。

2017年，对智能工厂智能制造项目进行全面升级改造，深化DMS、ERP、PDM、MES系统应用开发，建设SRM、CRM系统，搭建"商用车后市场公共服务平台"。

2018年，确定了《大运汽车智能制造三年发展规划》，为大运汽车未来三年的智能制造建设指明方向，提出了具体工作要求。

下一步，大运将通过互联网、物联网、云计算、大数据等技术，逐步建立适合企业发

展的混合云模式,对现有的智能制造管理平台内容进行扩充、升级和功能优化。主要实施内容包括以下几项:

(1) 开发大运 APP 业务应用平台,在信息安全的基础上实现手机终端全业务接入。
(2) 通过与工业设备 PLC 控制系统深度集成,实现工业互联网。
(3) 实现"I-Service"商用车后市场公共服务平台。
(4) 优化精益生产建立企业大数据分析平台。

根据业务调整不断优化完善,实现创新突破,使大运汽车由制造向智造转变,实现产业车型升级。图 48-1 所示为大运汽车智能制造信息化整体架构。

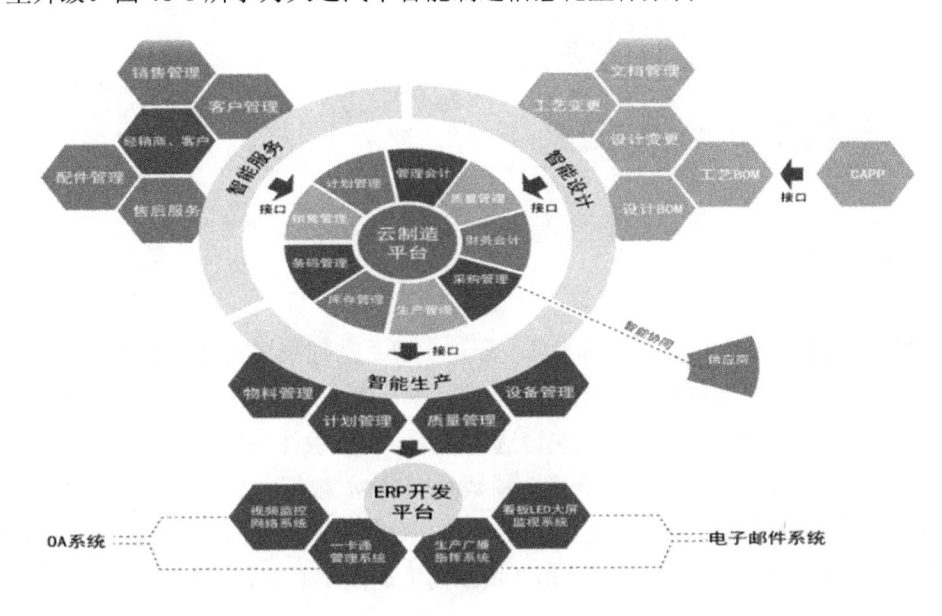

图 48-1 大运汽车智能制造信息化整体架构

(二) 采取的主要措施

1. 智能协同

200 多家经销商、600 多家服务站、600 多家供应商通过协同门户,实时提交订单,实时跟踪订单执行情况,提高了工作效率,降低了沟通成本,打通了行业上/下游信息通道。经销商、服务站、供应商在统一的信息平台上协同运作,充分享受业务链整合和信息共享带来的竞争优势,提升了经销商、服务商的满意度,缩短了整车订单生产周期和零部件采购周期,提升了供应/售后维修速度和信息沟通能力,降低整体产业链经营成本。图 48-2 所示为大运汽车智能协同业务流程。

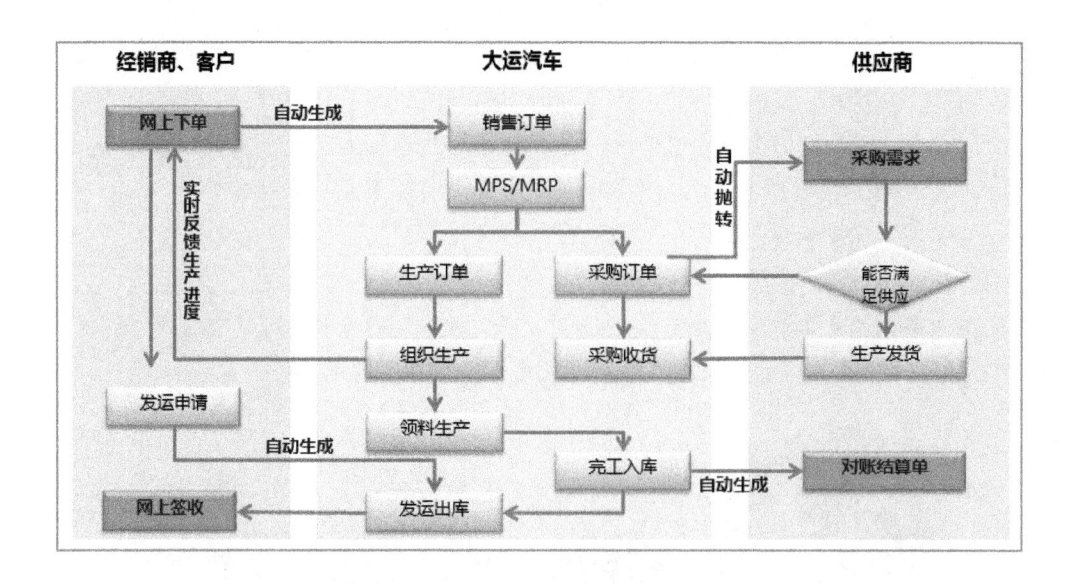

图 48-2　大运汽车智能协同业务流程

2. 智能设计

PDM 系统建立了企业统一物料管理平台，实现了基础数据实时同步更新，保证研发设计、工艺、生产、采购的物料数据的统一性；基于 BOM 模块化设计，满足多品种小批量混线生产定制生产模式，实现客户快速选装选配；研发设计变更、工艺变更数据可以实时同步，以便更新车间生产数据、仓库备料数据；PDM 数据集成和三维数模自动生成设计 BOM，提高了设计准确性，也使设计周期从 6 天缩短为 3 天。图 48-3 所示为大运汽车四大业务系统集成数据共享平台，图 48-4 所示为大运汽车 PDM 产品设计变更流程。

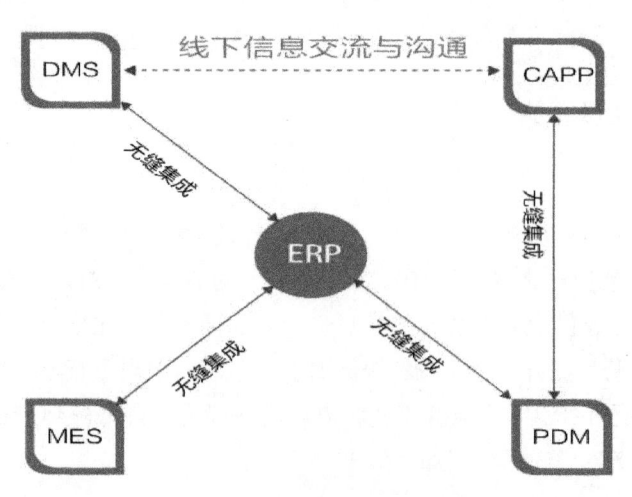

图 48-3　大运汽车四大业务系统集成数据共享平台

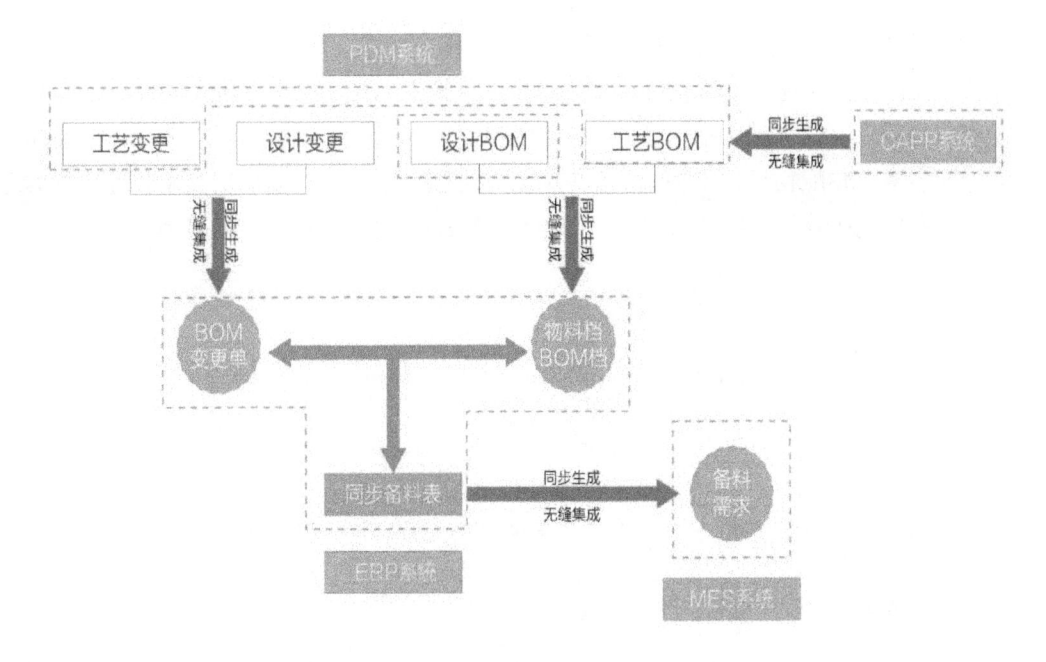

图 48-4　大运汽车 PDM 产品设计变更流程

3.智能生产

通过 DMS 将客户订单同步传递到 ERP 和 MES 系统，进行订单生产状态管控。

（1）全国经销商、服务商通过网上实时提交订单，实时跟踪订单执行情况，实时查询其每一笔付款、返利、索赔、扣款情况。图 48-5 所示为大运汽车 DMS 系统订单提交流程。

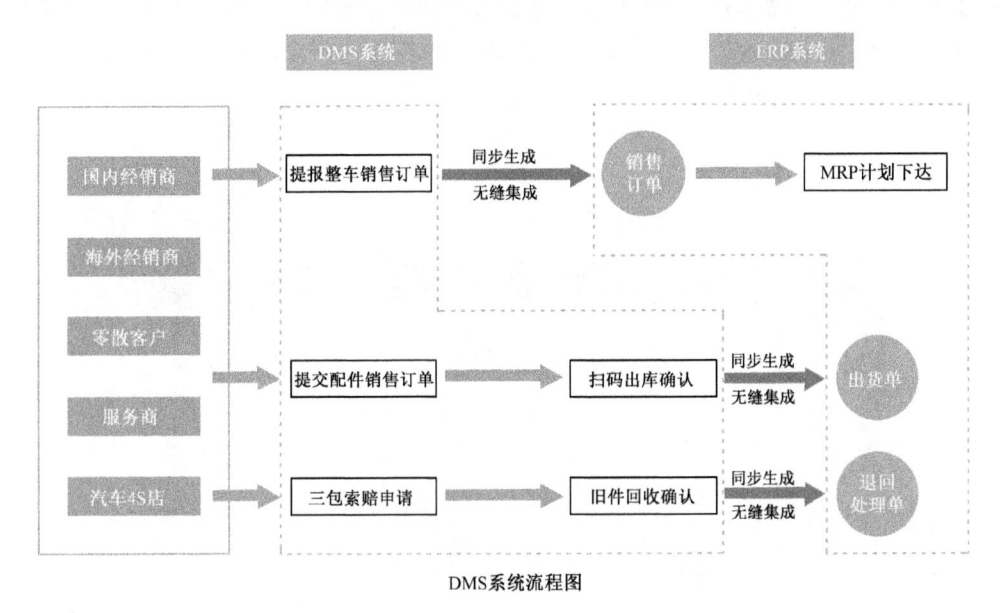

图 48-5　大运汽车 DMS 系统订单提交流程

（2）通过 ERP 抓取全国经销商订单，形成生产计划并下达，自动生成采购订单并同步到供应商门户，装配日计划同步更新到 MES 系统中，作为指导车间作业的计划。车间通过 MES 系统编排时序计划，通过对装配物料进行条码扫描，实现了信息流和物流的高度统一，实现了装配物料、供应商、供应批次、整车（产品）、客户信息的绑定，实现了汽车全生命周期的管控。图 48-6 所示为大运汽车 ERP 生产日计划业务流程。

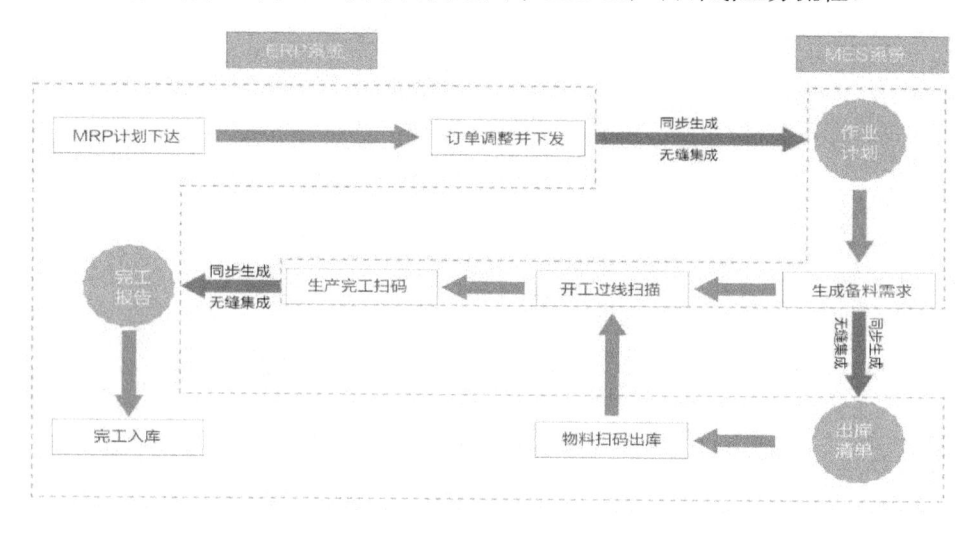

图 48-6 大运汽车 ERP 生产日计划业务流程

（3）车间生产设备和生产过程实现了实时监控和跟踪，提高了综合资源利用率；车辆生产进度采用过点扫描并通过 DMS 平台实时反馈给经销商客户，为持续地优化、改进产品质量和提升生产效率提供了可分析的大数据，为经营管理者提供了更精准的数据。图 48-7 所示为大运汽车 MES 系统设备监控示意。

图 48-7 大运汽车 MES 系统设备监控示意

（4）通过 ERP 自动生成采购订单并传给供应商，到货后通过条码扫描确认出/入库，采用批号、序列号、番号三个维管理物料和 VMI 模式库存管理模式，保证信息流和物流的统一性。通过 U9 条码系统推动现场实物进行条码管理，对入库的货物按照批次和条码、供应商番号进行绑定。出库信息发料员核对实物发料信息是否与系统统计的信息一致，提高了数据输入的准确性，保证了实物的可追溯性。财务凭证都是由各业务数据自动生成的，无须财务人员手工制作，减少财务人员一半的工作时间，实现了财务业务一体化，实现 2～3 小时财务实际成本准确核算。图 48-8 所示为大运汽车 ERP 系统物料出/入库示意。

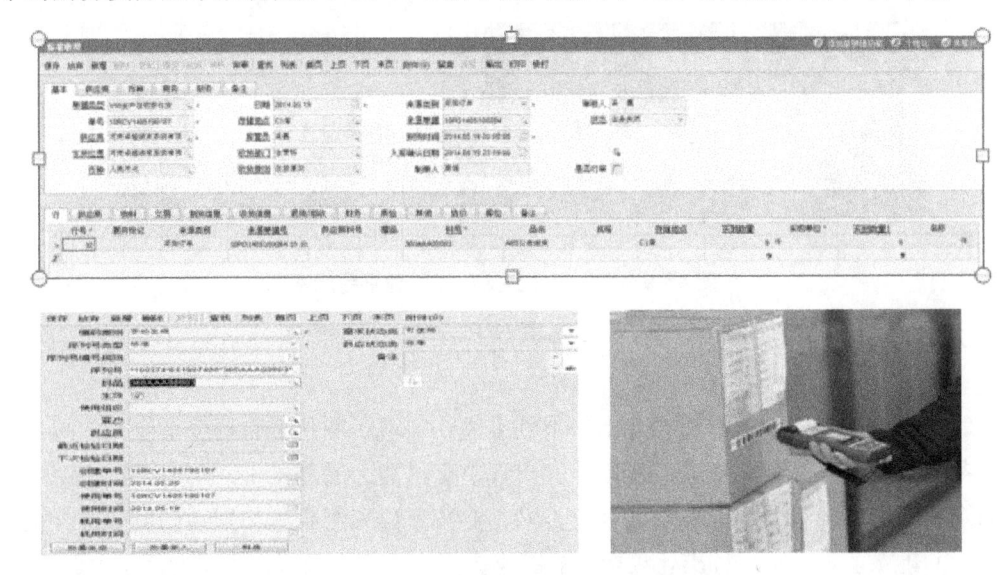

图 48-8 大运汽车 ERP 系统物料出/入库示意

（5）完成了大运汽车冲压 A 线自动化改造和涂装喷涂机器人升级，新增新能源智能生产线，合计投入机器人 36 套。机器人等智能设备的大量使用节约了劳动力，提高了劳动效率；单班生产能力和效率提高 2～3 倍，降低了工作强度和危险性；保障了产品质量一致性，提高了产品产能和质量。

4．智能服务

大运启动终身质保：配件采用二维码管理，支持终身质保"身份认证"，全国 600 多家大运服务站全部使用 DMS 系统办理"终身质保"的业务。大运汽车用户在维修时不仅可以更换大运生产的正品配件，而且可以享受"配件索赔"业务，避免用劣质配件更换大运汽车上的正品配件，导致整车质量存在隐患，从而提升客户对大运汽车品牌质量的满意度。图 48-9 所示为大运汽车终身质保管理平台示意。

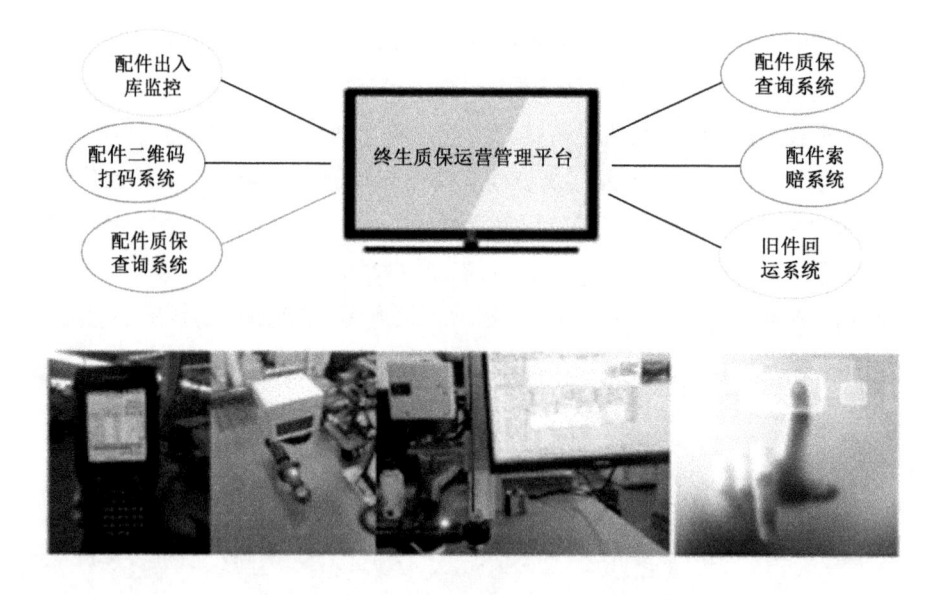

图 48-9 大运汽车终身质保管理平台示意

三、实施成效

（1）智能工厂建设使两化融合水平得到提高，实现了两化融合环境下企业内跨部门、跨业务环节的业务综合和集成。在提升客户订单交付能力的基础上，形成了以 ERP 为核心的企业信息化应用架构，实现数据、技术、业务流程和组织结构互动创新的融合机制。

（2）建立了智能工厂标准化模板。被国家评为"两化"融合试点企业后，大运以更高的目标来促进自己、提高自己、鞭策自己，不断总结智能化建设、应用及管理经验。在智能工厂建设过程中以最佳业务实践探索企业各个领域业务的智能化并进行标准化，形成了信息代码标准、数据指标标准、数据仓库 ODS、企业数据共享服务总线 ESB、工业分析、绩效管理、能源管理、三维数字平台、设备故障诊断与预测、设备可靠性、调度指挥等智能工厂标准化模板。

（3）企业核心竞争力进一步提升。智能工厂建设对大运汽车的发展和经济效益具有良好的持续推动作用，充分发挥了供应链—产业链—价值链协同优化的效果，不仅提高了大运汽车核心竞争力，也促进了山西汽车产业链的快速形成，成为推动山西转型和发展经济的引擎。

四、实施经验

（1）大运高层和部门领导对智能制造认识思想高度统一，执行"一把手"工程。大运在 2016 年成立了负责实施两化融合和智能制造的领导机构，由总经理亲任组长，各部门领导为成员，确定智能制造的目标和规划，关注业务整合协同。智能工厂是两化深度融合的高级阶段，需要不断地整合优化业务，坚持信息技术与每一项业务、每一个环节、每一位员工融合，推进从"复杂烦琐"到"简单方便"的智能化转变。

（2）更加关注数据资源。智能工厂建设需要大量的数据资源，不仅要在系统整合集成上下功夫，更要在应用平台化上下功夫，实现业务全自动化流转，确保信息流高效、畅通和共享，更好地为生产经营提供预警及决策支持。

（3）更加关注信息安全。智能工厂建设为信息安全工作提出了新的课题，既要保证内部网的整体信息安全，又要保证必需的性能和管理的方便性。要从网络的整体性能和信息系统的整体安全出发，充分发挥信息系统的整体效能，要按照信息化建设和应用的要求，坚持统一规划、通盘考虑、统一标准和统一管理。

编委会：邓喜汀　　编写组：戴振南

49 机器人智能工厂试点示范
——沈阳新松机器人自动化股份有限公司

一、项目实施背景与状况

（一）项目实施背景

全球工业机器人步入平稳发展阶段，以机器人为代表的智能制造正逐渐成为新一轮技术革命和产业变革的推动力量。2016 年全球工业机器人销量达 34.6 万台，同比增长 18%。中国工业机器人产业也蓬勃发展，全年总产量达到 7.24 万台，同比增长 34.3%，持续成为全球最大市场。沈阳新松机器人自动化股份有限（以下简称"新松"）作为国内机器人行业的先导企业和龙头企业，为了在工业机器人产品中应用自主品牌关键零部件（减速器、控制器、伺服系统），提升国产工业机器人核心零部件的生产能力、研发能力及整体的装备水平，保障公司的技术水平在国内始终处于领先地位，持续增强公司的市场竞争优势，提升国产机器人的技术水平，实施了"机器人智能工厂"项目。

（二）项目实施的主要思路和目标

在新一代信息技术革命、新工业革命，以及制造业与服务业融合发展的背景下，新松以"创新、协作、绿色、开放、共享"的发展理念，以高附加值产品、核心部件、智能解决方案为主攻方向，以市场需求为导向、坚持创新驱动，大力发展"新技术、新产业、新业态、新模式"，实现智能制造及大规模定制化生产，推动公司由内生式发展向集团化发展，向国际化经营转变，成为中国机器人产业技术、标准和核心装备的策源地，推动中国智能制造。

二、项目主要实施内容

（一）项目实施的主要内容

新松实施的"机器人智能工厂"项目，可满足多种机器人产品的智能柔性化生产制造，建立了多层管理系统,通过先进的数字化管理系统,对整个生产流程进行统一管理。例如,主要仓储、物流、装配、检测、喷涂等生产工艺环节由机器人代替人工实现;搭建了新松自主开发的智能制造执行系统(MES)、企业资源计划(ERP)系统,以及 PLM、K3 Cloud、一采通等信息化平台;建立了基于新松工业机器人的装配单元、基于新松工业机器人及第三方检测设备的整机综合测试单元、基于新松移动机器人的物料自动输送单元和基于新松立体仓库、高速高精度堆垛机的智能仓储单元。此外,还建立了数控加工单元、打磨单元、喷涂单元、清洗单元、应用验证与展示单元等基辅单元,实现年产工业机器人 5000 台(套)的生产能力。工厂总体布局如图 49-1 所示。

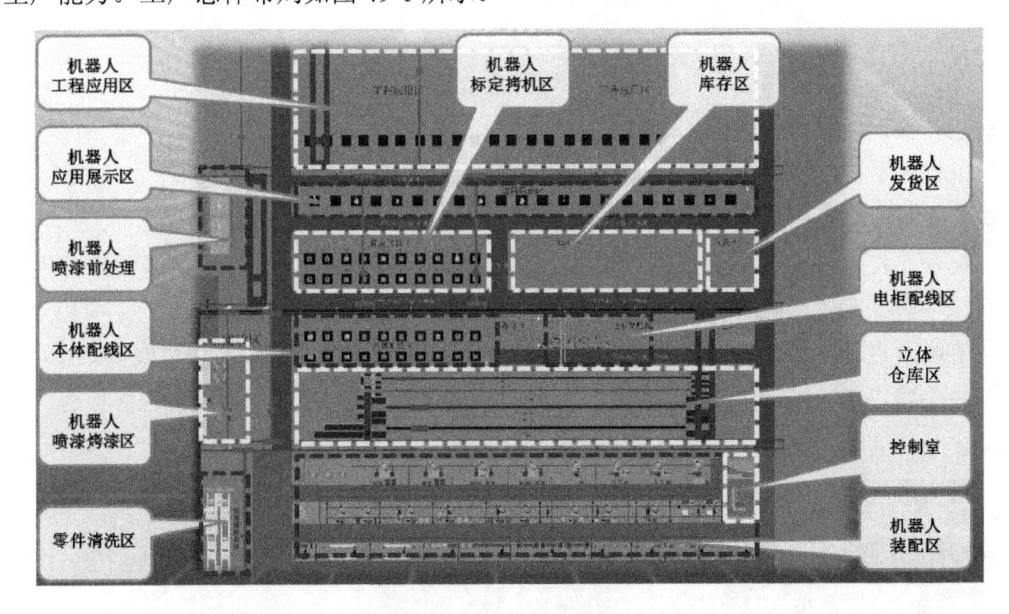

图 49-1 工厂总体布局

机器人智能工厂各功能区具体情况如下:

(1) 智能制造执行系统(MES):实现机器人智能工厂中装配单元、物流仓储区、测试工作区之间的物流和信息流通;根据现有资源实现生产计划自动化排产,对现场设备、制造工艺及运行参数进行实时监控,从而实现生产全流程的自动化、智能化及精益化。借助 ERP 平台内集成的供应链管理模块,使采购流程电子化,缩短采购流程及供货周期;通过集采模式降低采购成本;通过电子化的库存管理,实现各厂区之间生产原料的智能调配。借助 PLM 系统,快速实现从产品设计到版本迭代,再到功能升级及扩充,并对产品生命周期(包含供应链信息)进行全程管控,充分实现数据的积累及复用。

(2) 机器人装配单元单机工作站:实现智能装配。移动机器人将零部件运送到装配工作站,搬运机器人通过夹具再将零部件搬运至装配工位;然后,配有视觉和力觉传感器的装配机器人通过换装不同的夹具,分别进行底座、腰座、大臂等工位的精密装配作业。整个装配作业过程无须人工干预。

（3）机器人测试单元：实现机器人核心零部件（如控制器、电机及驱动器、减速器、传感器等）、机器人整机性能（如基本性能、运动性能、轨迹特性、环境适应性）、机器人可靠性（如环境适应性、电磁兼容等安全性能检测）、机器人工艺功能（如焊接、打磨、抛光、装配等）测试与验证。

（4）智能仓储物流单元：其中一部分是智能立体仓库，体积为 56m×13m×7.3m，用于存储和管理生产过程所需的机器人零部件；根据 MES 系统调度指令，通过高速且高精度的堆垛机实现物料的入库和出库运输管理。第二部分是物流自动化，由移动机器人运输各类零部件到各个工位。整个仓储物流过程全部通过 MES 系统调度执行，几乎不需要人工干预。

（5）各类基础辅助单元，包括机器人数控加工单元、机器人打磨单元、机器人自动喷漆单元和验证展示体验区的。

机器人数控加工单元：采购国产龙门式数控镗铣床、数控卧式铣镗床、立式加工中心、卧式车床等多种数控加工设备，满足工业机器人生产线对机加件的需求。

机器人打磨单元：采用机器人携带浮动打磨头，对工业机器人装配前的关键部件进行打磨，整个打磨过程大部分无须人工。

机器人自动喷漆单元：采用自产喷涂机器人，实现零人工机器人整机喷漆。

验证展示体验区：体验区的机器人典型应用包括点焊、弧焊、切割、打磨抛光、搬运码垛、上/下料、视觉装检、红外检测等，该区域将持续完善，验证展示更多类型的机器人应用场景。工厂现场实景如图 49-2 所示。

图 49-2　工厂现场实景

（二）采取的主要措施

项目将建立一种全方位的、立体化的、现代信息化的机器人智能工厂，采取的主要措施如下：

（1）快速的业务响应。通过集成 MES 系统网络、立体仓库网络、AGV 控制台、MES 内部线体网络，以及生产机器人等各类生产设备，建立高效的智能工厂信息集成平台，提高生产效率。工厂网络拓扑图如图 49-3 所示。

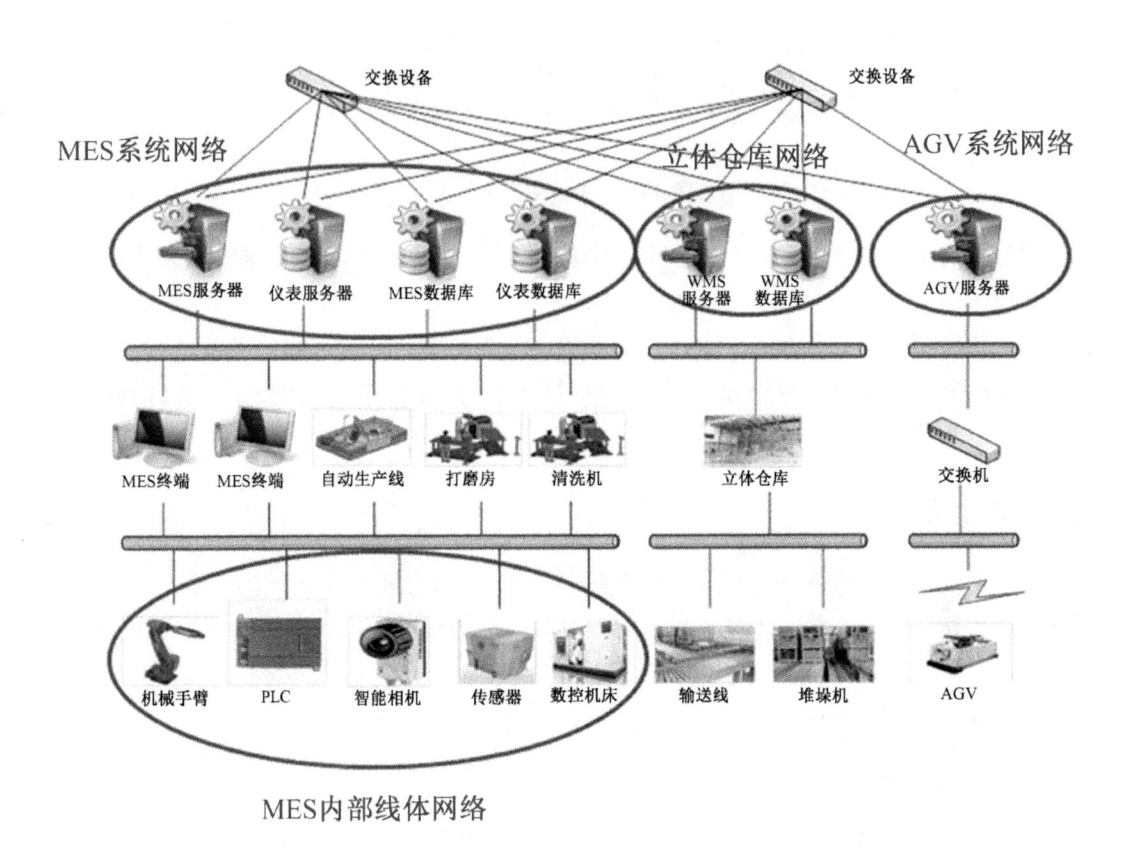

图 49-3　工厂网络拓扑图

（2）精益生产制造。通过对高级生产排程、生产过程实施监控，同时应用新松现有的高科技机器人，实现生产过程的自动化、智能化和精益化。总体生产布局如图 49-4 所示。

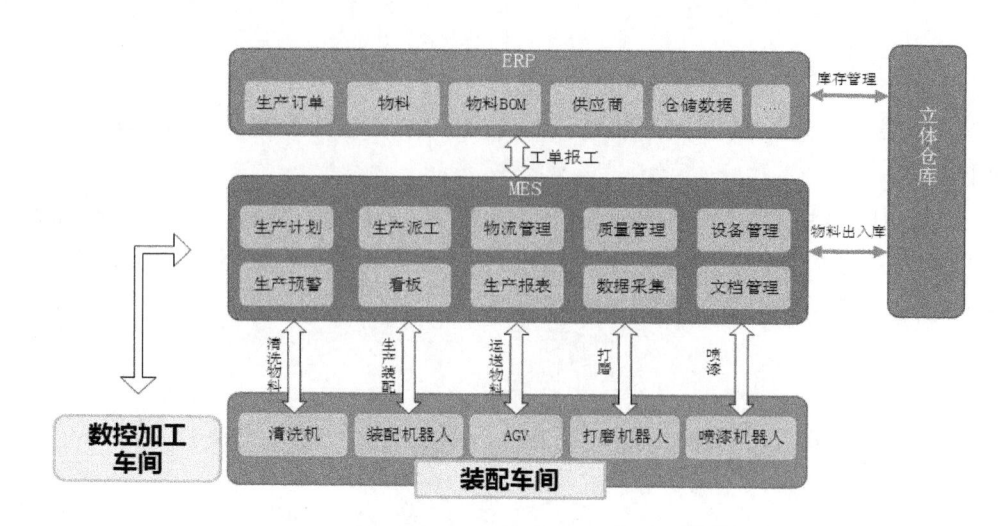

图 49-4　总体生产布局

（3）质量管控最优化。对生产过程实时进行防呆防错，对质量数据进行实时监控和预警及处理，建立基于平台级的质量管理体系。

（4）资源利用最大化。基于电子化的看板、报表等方式，对车间、设备、物流资源、生产节奏进度进行实时监控和分析，及时进行预防性的维护和保养，提高生产资源利用率，提升生产成本的控制能力。

三、实施成效

项目的实施，使得企业生产模式的信息化、智能化程度得到了极大的提升，企业生产效率提高200%，企业运营成本降低21%，产品研制周期缩短33%，产品不良品率降低60%，能源利用率提升11%。同时，在产品质量控制、物流管理、工艺设计等各方面，提升了企业生产水平，助推企业智能升级，实现跨越式发展。具体效果如下：

1. 生产效率提高200%

采用先进的关键技术装备，提高生产过程的自动化程度，缩短生产时间；采用自动化和最优化的物流和存储手段；采用信息化和智能调度管理系统；减少生产辅助时间；减少生产操作人员和各类管理人员的人数。

2. 运营成本降低21%

设备自动化程度提高，生产时间缩短，生产操作人员数量减少；使用信息化和智能调度管理系统，减少各类管理人员数量；生产线普遍采用工控机、PLC+人机界面等设备，采用在线检测装置；提高测量和反馈的及时性，实现生产设备和工艺的精准控制；所选设备均为高效、节能产品，使得用电量下降；减少产品原辅材料的过量使用；减少生产过程中的废品量。

3. 产品研制周期降低 33%

采用工厂设计仿真软件，缩短产品设计计算、设计验证和设备调试时间；MES 系统的应用，减少了材料、工艺和设备的选择和试验确认时间；设备普遍配备在线数据检测和分析系统，减少产品研发过程中生产验证次数和验证时间。

4. 建立标准化质量管控流程

保障车间质量全程可追溯和可控制，实现质量管控。通过事前质量预防、事中质量控制与处理、事后质量分析，建立一套质量管控体系，循环、逐步改进产品质量，预防与减少质量问题，提高生产率，减少企业成本。

5. 建立智能化物流管控流程

通过立体库、配送 AGV、RFID 等智能设备，以及智能化立体库管理系统与智能物料配送系统等智能优化的管控调度方法，保障物料的智能规范化管理与物流的智能化流动。建立智能化物流配送与管理流程，保证车间物流运转的流畅性、规范性和实时响应性，可减少人工参与，提高生产效率。

6. 建立优化产品计划调度管控流程

通过合理的计划调度流程体系，实现生产任务的合理分配，保障生产有据可依、产品有序生产和按时交货，提高资源利用率。

四、实施经验

（1）项目采用的主要设备均为新松自主品牌产品，是新松机器人智能制造产品线的全面展示，属于国内首例"机器人智能工厂"。本项目机器人智能制造的模式可以快速复制（新建机器人工厂的速度可以缩短至三个月），可迅速提升国产高端机器人产能。

（2）项目实现了大部分关键零部件的国产化，全面展示了基于核心智能制造装备的智能化生产过程，充分体现了智能制造模式的先进性。

（3）项目所应用的 MES 系统、制造管理信息化、物流及仓储配送系统等自动化技术，以及数字化工作流程、智能化生产流程和网络化信息管理代表着生产制造业的一种发展方向和趋势，将引领我国制造业的发展。这些先进技术与模式无论是在相关领域还是其他制造业，均可在智能升级及数字化工厂建设中实现复制与应用，推动我国智能制造。

编委会：刘长勇　　编写组：王皓然

50 汽车底盘制造智能工厂试点示范

——宁波建新底盘系统有限公司

一、项目实施背景与状况

（一）项目实施背景

宁波建新底盘有限公司（以下简称"建新"）主要产品为前后副车架总成等底盘件，是汽车关键零部件，关系到行驶人身安全，因此在制造过程中对生产工艺、产品质量及其一致性、产品的可追溯性等具有严格的要求。建新以成为世界级科研领先的汽车底盘提供商为愿景，加大科技投入，公司的技术创新能力得到了国内众多汽车厂家的认可，产品市场得到了较好的拓展，生产规模不断扩大，同时对公司的研发、生产、管理提出了更高的要求，结合汽车零部件质量体系相关要求，以及大众、神龙等主机厂样板供应商的具体要求，基于精细化独立核算的阿米巴经营管理理念，在信息化、自动化的基础上，提出了建设汽车底盘制造智能工厂，以提升产品生产效率、产品质量、管理水平，创造良好的经济效益，实现集团发展目标，全面提升核心竞争力，为打造"百年建新"奠定基础。

（二）项目实施的主要思路和目标

运用物联网、大数据、云计算等新技术，加快产业数字化、智能化改造升级步伐，将离散制造、智能化管理等新技术融入到制造企业的关键环节，准确掌握中各个环节所生产的数量、质量、成本、效率、经济效益等经营数据，重塑产业组织，制造模式，重构企业与客户、员工、产品关系，实现跨领域进行团队的高效协作，有效控制产品质量，打造企业管理的新模式、新业态，驱动制造业生产经营模式变革。并以代表当前国内行业高水平，达到国际先进水平，并成为大众、神龙类似产品智能化供应商标准示范样板工厂为目标，全面实现生产工厂智能化改造。

二、项目主要实施内容

（一）项目实施的主要内容

本项目的主要内容为底盘件各主要工序、车间的自动化生产系统与信息化系统，包括冲压自动生产线、机器人焊接生产线、焊接质量在线智能检测系统、机械加工（铣、钻孔、攻丝）自动生产线、电泳漆自动涂装生产线、AGV（自动导引运输车）系统、智能仓库、智能物流系统、制造执行系统（MES）、PLM、ERP系统及工业大数据平台（RDP）等。通过MES系统将采集的设备数据、工艺参数、产品检测数据等与ERP、PLM等系统集成，形成一体化的实时信息化系统，实现从研发设计、工艺、生产、质量、销售等的全生命周期管理。主要内容如下。

（1）冲压自动化，包括冲床、机器人、安装平台、检具、工装、码垛站等。

（2）焊接系统自动化，如焊接工作站、零件检验、高架配货站等。

（3）机加自动化，涂装自动化。

（4）仓储自动化，如冲压仓储、外购件仓储、成品仓储、仓储软硬件系统、料机终端系统、电子看板等。

（5）物流系统自动化，如上下货机、进冲压仓储物流线、进外购件仓储物流线、进焊接车间物流线、进涂装车间物流线、加工车间物流线、成品物流线、智能引导小车等。

（6）智能制造系统，如智能制造云平台、工业物联网、排程系统、智能制造系统、追溯系统、工业大数据平台、产品控制中心、指挥中心。

（7）安全防护及其他。

（二）采取的主要措施

以多关节工业机器人升级现有企业生产制造单元冲压车间、焊接车间、喷涂车间，实现自动化连线，增加生产车间、仓库之间高架自动物流系统，车间各工位之间的AGV（自动导引运输车）自动物流系统；在原有企业资源计划（ERP）、PLM系统的基础上增加制造执行系统（MES），实时收集生产过程数据的功能，并做出相应的分析和处理，对整个车间的传递信息进行优化生产，并对接现有ERP系统；通过建立智能物流管理系统，实现整线物流体系的规划和调度智能化管理。

通过构建综合性工业大数据平台可快速对全厂各类数据统一管理，有效集成异构控制系统传感数据和设备资产等业务数据，使企业全生产过程控制和业务管理相结合，全面实现设备底层和数据云端的垂直信息集成。

通过构建APS系统，在计划与排程过程中采用均衡生产、效率优先、库存最少、设备优先、物流优先的排程策略，同时考虑物料库存、设备产能、设备日历、工装模具约束，采用智能优化的算法得出较优的生产计划、换型计划、原材料配送计划等排程结果。

项目系统构架图如图 50-1 所示。

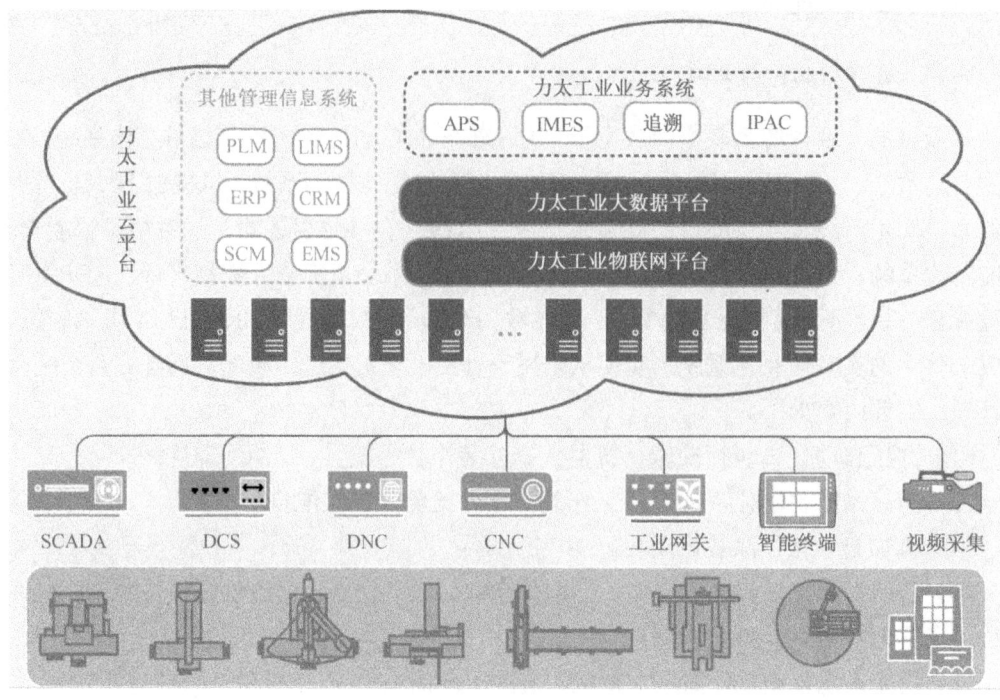

图 50-1 建新智能工业系统架构

（1）以工业云平台为载体，承载常用管理信息系统（ERP、PLM 等）、工业业务系统（APS、MES、追溯、IPAC 等）、工业大数据云平台、工业物联网平台、数据库等系统。

（2）APS 自动排程，支撑生产任务安排。

（3）MES 支撑智能生产制造。

（4）iPAC 是产线的"大脑"和智能指挥员。

（5）追溯系统是产品问题精准定位的保障。

（6）工业物联网是工业业务系统的基石，承载工厂/车间智能制造的各种控制、信息流，提供了产线、设备级别的可视化能力，通过终端、采集器、PLC 等多种方式收集、采集车间的各种数据，并将其存储于数据库。

（7）工业大数据平台基于大数据技术，从众多生产数据中统计及分类出异常参数，为管理决策提供数据参考。

（8）共采用覆盖四大类关键智能装备：高档数控机床与工业机器人、智能检测与装配装备、智能物流与仓储装备、智能加工单元等。

三、实施成效

宁波建新在智能工厂建设过程中，将公司打造成从生产、检测到仓储、物流等全方位的系统的智能化工厂。

（1）基础数据汇总整理。维护工程、部门、生产线、班组、站点、客户、厂商等基本资料等。

（2）物料管理。实现原材料和成品/半成品管理基础资料与物料清单的维护管理。

（3）途程管理。活定义产品的加工工艺与生产途程，通过基于有限资源能力的作业排序和调度来优化车间性能。在生产过程中该单元模块还能对工艺流程进行严格管控，保证产品按事先设定的流程生产，如果发生任何异常情况将自动进行纠正与报警处理。

（4）生产管理。该功能主要是将生产指令输入/转入 MES 里面，实时掌握各生产指令的进度状况。

（5）质量管理。从原材料 IQC 检验、发料检验、仓库检验、生产过程检验及 QA 检验等所有的海量工厂检验数据均保存 MES 数据库中。根据质量目标来实时记录，跟踪和分析产品和加工过程的质量，以保证产品的质量控制和确定生产中需要注意的问题。

（6）车间管理（WIP）。实现生产现场的可视化管理，管理者可以动态、实时从生产线别/单元/生产任务单号等全视角得到生产进度，仓库及前工序、中工序、后工序线上分别有多少产品等；供应商可实时、动态得到其原材料在仓库及生产现场的消耗状况，从而主动补料，实现材料的拉动式管理与 JIT 管理；客户随时可以得到其订单在工厂的实时生产进度与交货情况，更好地安排运输与市场。

（7）数据管理。监视、收集和组织来自人员、机器和底层控制操作数据以及工序、物料信息。突破传统的条码采集数据的方式，RTD-MES 还可以和 PLC、传感器、RFID、DCS、I/O、HMI 等多种自动化的工业设备联机，通过这些设备获取数据。

（8）追溯管理。通过监视产品在任意时刻的位置和状态来获取每一个产品的历史记录，该记录向用户提供产品组及每个最终产品使用情况的可追溯性，实现产品的前向与后向追溯。

（9）仓库管理。结合条码、WLAN、无线射频（RFID）、电子标签等先进自动识别技术与移动计算技术，实现实时的批次/单品跟踪；规范仓库库位管理、提高仓库利用率、提高拣货速度，准确统计产品库存，追溯产品出货信息，大大提高了物流的准确性、实时性等。

（10）系统管理。系统提供了"用户"和"角色"的管理功能，对各使用者登录系统的账号、密码等进行严格的权限管理，以及对系统部分参数进行设置。

（11）报表查询：能提供智能查询、动态报表、固定报表、分析模型、OLAP 分析、ETL 数据抽取等。

（12）系统接口。MES 提供了丰富的外部应用系统接口模式：外部接口适配器、外部应用代理、Web XML 服务、应用程序接口等与 ERP、SCM、PDM、OA 等企业应用系统进行集成等功能。

通过本项目的实施，建新的底盘件智能制造系统已达到国内行业领先水平，国际先进水平。

四、实施经验

建新秉承"创新"的发展理念，发扬"简单、规范、务实、高效"的工作作风，勇于挑战，通过智能化车间，高架自动物流系统，智能仓储系统，MES 系统智能工厂建设，一步一个脚印，积累了丰富的实践经验。在智能制造和"互联网+"时代，传统企业在转型的时候，首先要结合企业的实际情况根据业务层面逐步转化，围绕着生产、销售、管理、订单转化、供应链等信息系统进行深度融合，把原有的数据资料打破串联起来，形成具有财务价值的数据流和决策的数据依据。

1. 结合汽车零部件质量体系 TS16949 实现信息化系统建设创新

（1）建立了一套企业质量管理协同平台，对产品全生命周期中的核心过程基于信息化平台实现协同管理。

（2）实现了质量管理过程中的自动汇总统计、动态监控，提高工作效率，规范流程管理，提高质量，降低成本。

（3）建立一套高效、涵盖对产品全生命周期管理系统，贯通物料批次信息、生产过程物料批次信息、人员信息、设备型号、工艺参数、设备维护保养、检测数据及发货信息的全过程产品质量追溯系统。

（4）通过追溯系统快速还原生产场景，为产品不良原因调查提供支撑，在锁定物料批次后便捷、高效地锁定不良物料具体产品批次明细、产品编号批次明细及流向。为产品质量控制、质量改进及售后维修提供高效追溯查询支撑保障。

2. 基于"精细化独立核算的阿米巴经营"实现管理理念创新

（1）将阿米巴经营的特点成功融入了建新的信息化系统中，将销售额最大化和成本最小化作为原则和基础，布局班组、工序级成本核算使制造现场真正承担起控制成本的责任。

（2）通过车间现场人员、质量、工艺参数等数据的实时采集分析，来控制制造现场的一线员工的成本，提高制造部门的利用率；促进过程透视化、流程标准化、管理精细化、决策智能化，进而提高信息传递效率及发挥数据流的最大功效，确保作业协同和目标一致性，使生产效率与资源利用率得到有效的提高，同时大幅降低生产运营成本和产品不良率。

3. 基于项目实施方法实现管理创新

（1）项目在立项时，公司通过内部调研，项目需求已经非常明确；项目立项得到了公司领导的大力支持；已经具备了一支强大而稳定的内部 IT 团队。

（2）项目在选型时，公司成立了项目选型委员会，对项目选型进行了总体把关；明确需求进行了四轮选型过程：方案讲解、乙方项目经理面试、成功案例实际参观、商务谈判。

（3）项目在实施时，采用了更简单、更有效的一套完整的快速实施方法：ASAP；建立了一套非常完整有效的项目管理体系；公司管理高层的积极参与，特别是领导的重视；内外部顾问和模块组长的密切配合，互帮互助；保障项目组成员的稳定性。

（4）在体制机制方面，成立项目指导委员会对项目总体进度进行了监控，且由公司最高领导直接管理；制定了详细而又严格的考核制度，按制度进行奖罚，并在定期大会上宣布，奖励力度大。

4．智能化工厂建设的关键点

（1）更加关注业务整合协同。智能工厂是两化深度融合的高级阶段，需要不断地整合优化业务，坚持信息技术与每一项业务、每一个环节、每一位员工的融合，可以实现从"复杂烦琐"到"简单方便"的智能化转变。

（2）更加关注数据资源。智能工厂建设需要大量的数据资源，不仅仅要在系统整合集成上下功夫，更要在应用平台化下功夫，实现业务全自动化流转，确保信息流高效、畅通和共享，更好地为生产经营提供预警及决策支持。

（3）更加关注信息安全。智能工厂建设为信息安全工作提出了新的课题，既要保证内部网的整体信息安全，又要保证必需的性能和管理的方便性。要从网络的整体性能和信息系统的整体安全出发，充分发挥信息系统的整体效能，要按照信息化建设和应用的要求，坚持统一规划、通盘考虑，统一标准，统一管理。

编委会：陈春学   编写组：杨海峰

51 活塞智能制造试点示范
——安徽环新集团有限公司

一、项目实施背景与状况

一方面，随着国内劳动力人口逐渐减少及劳动力成本的逐渐上升，迫切需要从传统制造向智能制造转型。

另一方面，互联网时代的用户需求日趋多样化、定制化，对质量的要求越来越高，应用智能制造已成为必然。

智能化项目系统具有可扩展性，可以与其他系统软件及自动化设备、检测设备进行接口，后期进行的全过程质量管控不再需要进行硬件的投入，从而提高产品质量合格率；自动统计设备综合效率等数据，分析生产过程的效率损失点，提供改进的准确数据和方向；实现生产过程中的快速响应及生产协同；实现生产过程数字化，自动采集、电子工单/报表/SOP（标准作业程序），智能排产；客户满意度增加，从而提高市场份额；实现数字化、实时化管理，能准确、快速地进行数据分析，提高整个公司的管理水平。

2016年7月，安徽环新集团有限公司（以下简称"环新"）投资4 600万元用于智能化活塞生产线项目建设，该项目具备高效精密的加工技术、成形制造技术及优秀的表面处理工艺，精密追溯系统可精确记录和追溯每只活塞的生产工艺及自动检测，系统可100%确保产品质量的稳定性。增加了新品和新客户的开发，从而提高了产品市场占有率。

二、项目主要实施内容

环新的全过程智能制造信息流系统如图51-1所示。

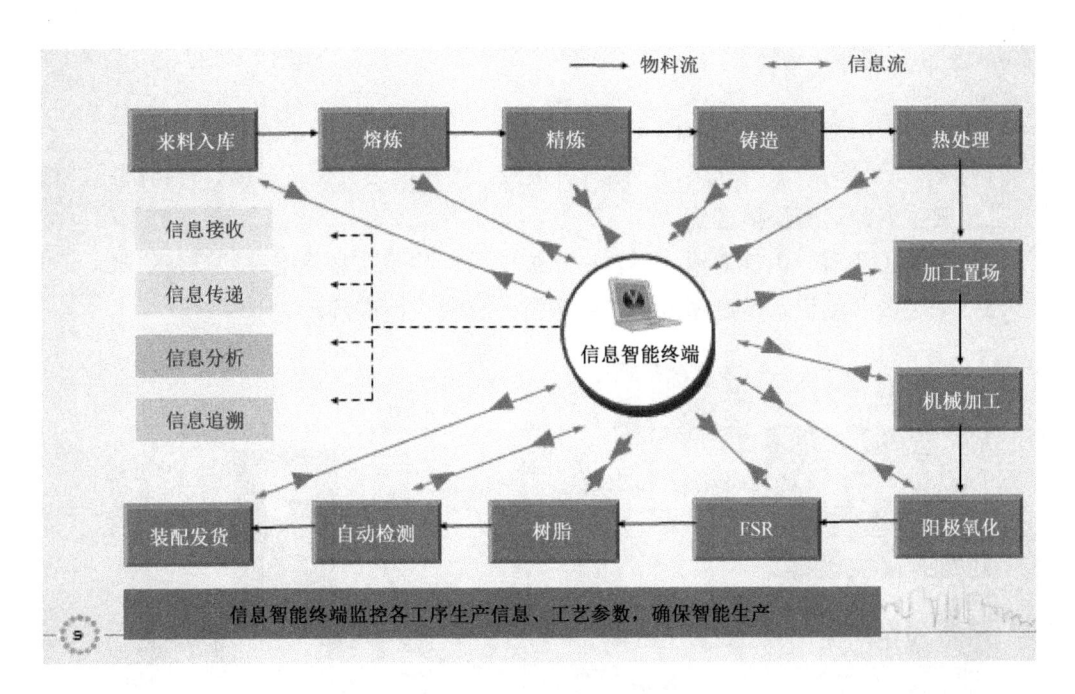

图 51-1　环新的全过程智能制造信息流系统

1. 原材料入库智能系统

环新的原材料入库智能系统如图 51-2 所示。

(1) 铝锭混流、不合格品（待检品）被使用报警防错。

(2) 系统以当天到货批次为依据保证先进先出。

(3) 库存趋势及库存周期率目视化。

(4) 工序内各项记录通过系统上传服务器，追溯快捷准确。

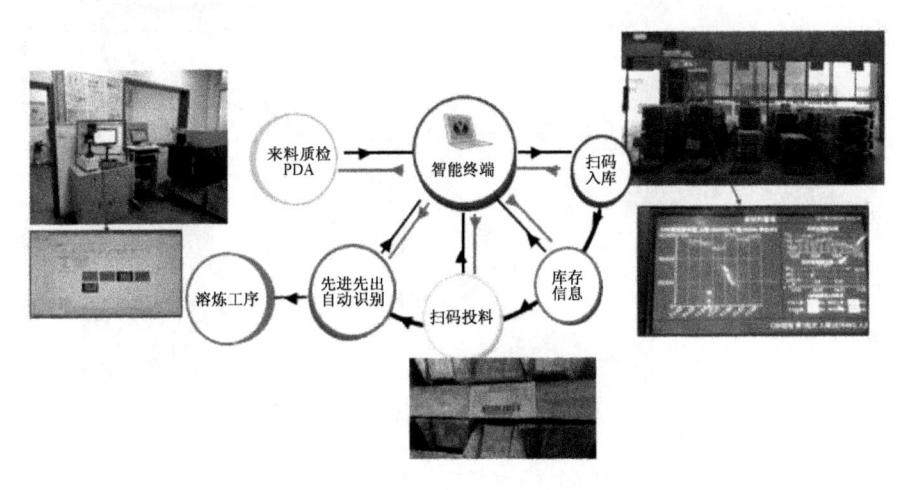

图 51-2　环新的原材料入库智能系统

2. 集中溶解智能系统

环新的集中溶解智能系统如图 51-3 所示。

(1) 对生产日期、生产班次、作业者、炉号、熔化温度、保持温度、材料配比进行监控并上传服务器，追溯快捷准确。

(2) 对员工资质、铝锭混用、不合格品被使用、待检品被使用进行报警防错。

(3) 工序内各项记录通过系统上传服务器，追溯快捷准确。

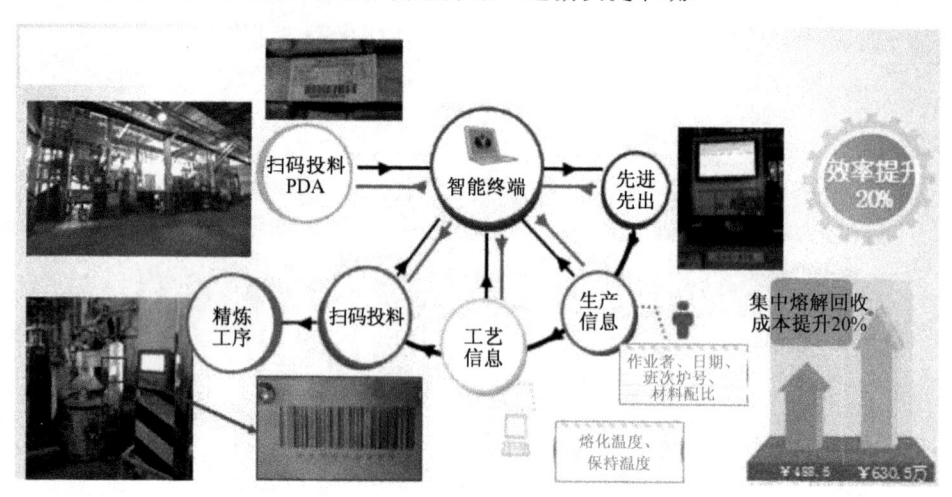

图 51-3　环新的集中溶解智能系统

3. 精炼智能系统

环新的精炼智能系统如图 51-4 所示。

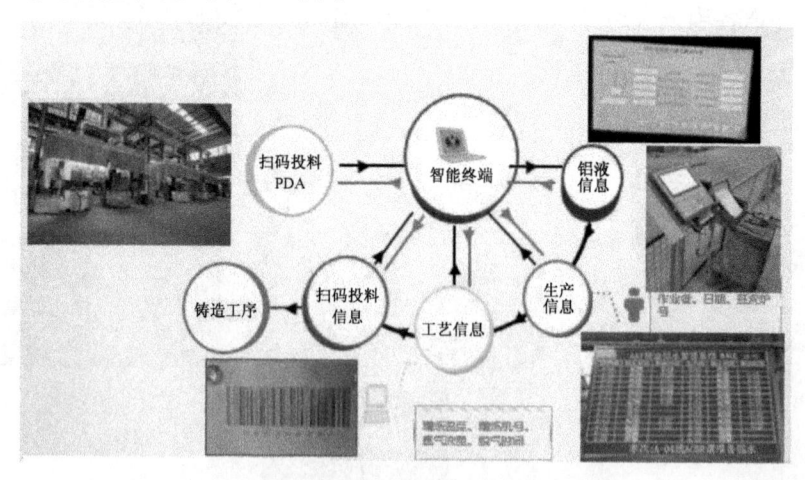

图 51-4　环新的精炼智能系统

(1) 对生产日期、生产班次、作业者、炉号、精炼温度、精炼机、氩气流量、脱气时间、检测结果进行监控。

（2）对员工资质、工艺条件不满足进行报警防错。

（3）工序内各项记录通过系统上传服务器，追溯快捷准确。

4. 铸造智能系统

环新的铸造智能系统如图 51-5 所示。

（1）实现人员、置场、周转台车节约。

（2）对生产日期、生产班次、作业者、生产线号、模具号、炉温、模具温度、水冷温度、铝液使用时间、各项点检及检测结果、不良数据进行监控并上传服务器；对员工资质、工艺条件不满足、不合格品使用情况进行报警，防止错误发生。

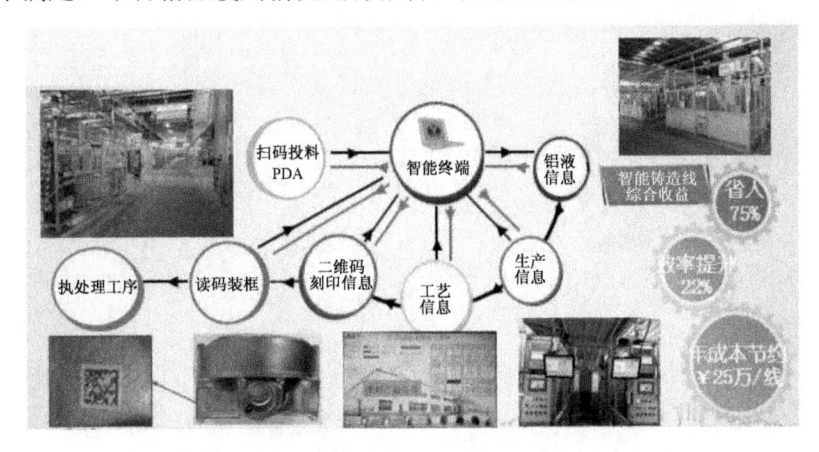

图 51-5　环新的铸造智能系统

5. 热处理智能系统

环新的热处理智能系统如图 51-6 所示。

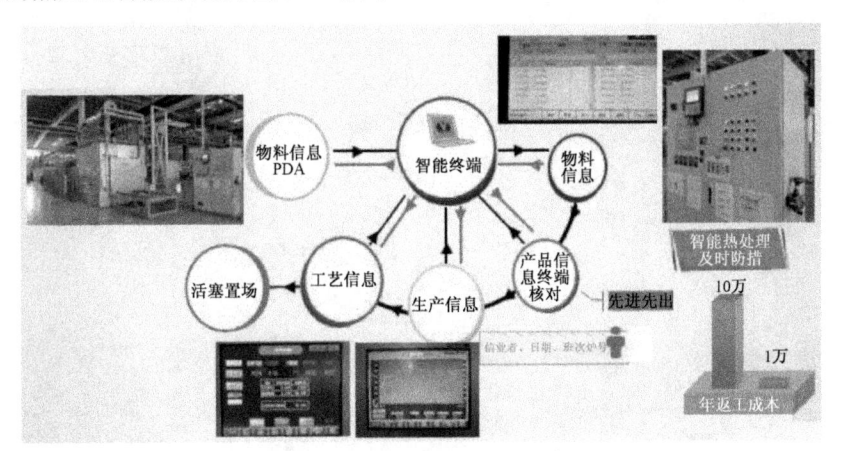

图 51-6　环新的热处理智能系统

(1) 节约维护成本和返修成本。

(2) 避免异常品流出。

(3) 对生产日期、生产班次、作业者、炉号、先进先出、温度、时间、升温速率、各项点检及检测结果进行监控并上传服务器;对员工资质、工艺条件不满足、不合格品使用、漏序、漏检等情况进行报警,防止错误发生。

6. 毛坯置场智能化

环新的毛坯置场智能系统如图 51-7 所示。

(1) 及时掌握库存信息。

(2) 对品种数量、批次号、先进先出(前两天毛坯库存识别)、员工资质进行管理;对漏序、没有先进先出的进行报警防错。

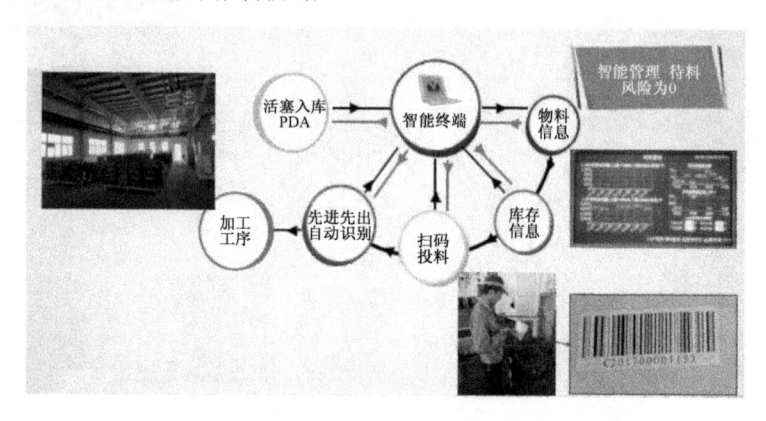

图 51-7 环新的毛坯置场智能系统

7. 机械加工智能制造

环新的机械加工智能系统如图 51-8 所示。

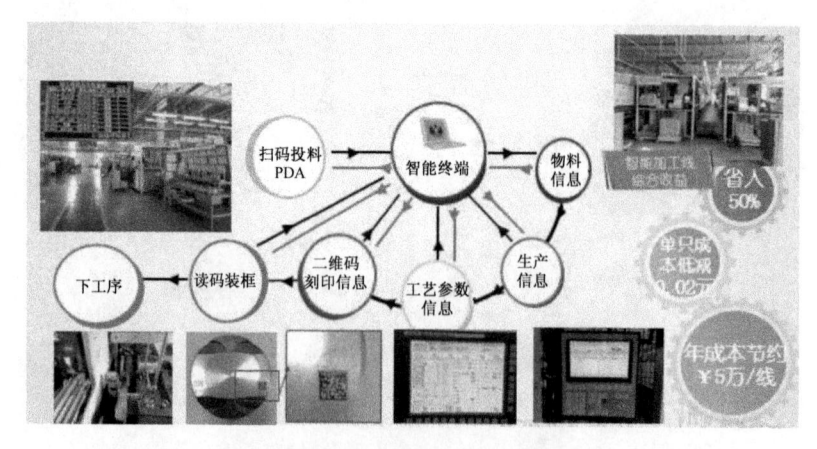

图 51-8 环新的机械加工智能系统

（1）对生产日期、班次、作业者、生产线号、先进先出、切削液浓度、刀具寿命、FP点检、关键工艺参数、检测数据进行监控并上传服务器。

（2）对员工资质、工装错误、漏序、FP防错失效、FP防错未点检、全检、抽检尺寸不合格情况进行报警，防止错误发生。

8．阳极氧化智能系统

环新的阳极氧化智能系统如图51-9所示。

（1）对生产日期、班次、作业者、生产线号、先进先出、浓度、温度、电流、电压、氧化时间、检测数据进行监控并上传服务器。

（2）对员工资质、工装错误、漏序、抽检尺寸不合格情况进行报警，防止错误发生。

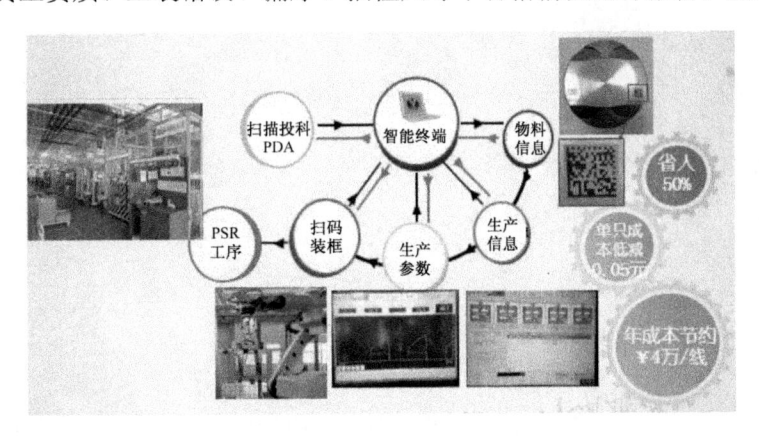

图51-9　环新的阳极氧化智能系统

三、实施成效

项目建成后，活塞月产可增加25万只、年产增加300万只，年度销售收入增加11 000万元，人员效率提高60%，生产效率提高约20%，运营成本降低约20%，能源利用率提高5%左右，产品的不良率下降10%，研发周期缩短20天。与国外最先进的活塞企业相比，工艺制造水平已趋于相当，均采用模拟技术，优化加工工艺；成形精度向近"无余量"方向发展；在自动化加工方面优化控制加工工艺。同时，环新的各工序自主研发的工艺智能控制系统在品质控制上已略胜国外活塞企业。

四、实施经验

（1）智能制造宜早不宜迟。随着用工成本的不断增加，智能化是节约劳务成本的有效手段，是提高生产效率的必要抓手。

（2）智能制造的最终目标是实现全价值链的两个IT的融合。虽然智能制造的发展路径各有所不同，但其在方向和内涵上都是工业技术和信息技术的深入融合，即两个IT的融合。

（3）智能制造的起点在工厂和车间。车间是劳动者、工业设备、生产技术及原材料最终汇合的场所，综观历史上英国、美国、德国和日本制造业的崛起，突出表现都是从车间生产中获取了竞争优势。价值源泉来自车间，未来制造业的革命也将首先发生在车间中。

（4）智能制造是一个不断进化的过程。企业要结合自己在两个IT上的发展水平，即用数字化和信息化手段一步步走向"更高、更快、更强"。智能制造的发展需要用两条腿来走路，一条腿是企业对工艺技术和产品技术的开发能力，一条腿是企业对信息化技术的应用能力，两方面是相辅相成的，需要同时稳步前进。

编委会：曹立新　　编写组：李汪明

52 钛酸锂电池智能车间试点示范

——河北银隆新能源有限公司

一、项目实施背景与状况

鉴于新能源汽车能有效缓解能源危机、减少汽车尾气等诸多优势，自2012年以来，我国政府不断加大政策支持力度，鼓励和支持新能源汽车产业的发展。同时，对同样属于新能源产业的储能行业我国政府也给予了高度重视。

在河北银隆新能源有限公司（以下简称"河北银隆"）新能源汽车闭合式循环产业链中，动力电池是新能源汽车和储能系统的重要组成部分。新能源汽车及储能系统的爆发式增长必将带来对新能源电池的巨大需求。目前，河北银隆新能源汽车及储能系统所使用动力电池绝大多数为经过多年技术攻坚自产的钛酸锂电池。与一般电池相比，钛酸锂电池具有耐用性长、安全性高、容量大等特点，采用此种电池的新能源汽车与传统汽车相比，具有长寿命、高安全性、充电快等特点。考虑到新能源汽车和储能系统未来巨大的市场规模，河北银隆未来拟新增纯电动客车生产线和储能模组生产线，其动力电池来源均为企业自产。通过提升企业智能化水平，使企业更好把控市场与生产、研发的关系，准确把控各环节成本及效益，有效地控制产品质量，不断提升企业竞争力，促使企业持续良性发展。

河北银隆具有现代数字化标准的厂房、现代化的管理体制以及国际领先的钛酸锂技术。在此基础上，公司对三期工程进行了高额资金投入，预计总投资22.27亿元，占地面积达11.5万平方米，并将引进大量人才及国际高科技生产线，包括粉料上料自动化、锂电池的化成分容自动化、PACK线自动化、自动仓储系统等国内外先进的自动化设备。同时，建立车间制造执行系统（MES）、产品全生命周期管理（PLM）、企业资源计划（ERP）系统等，使车间生产管理信息系统实现数据集成、分析，以及产品制造过程的可视化管理，信息能够贯穿于设计、制造、质量、物流等环节，实现产品的全生命周期管理。此外，车间还配置了除湿系统设备、空调系统设备、空压系统设备、真空系统设备、NMP（N-甲基吡咯烷酮）回收系统设备等辅助设备，为公司实现年产 7.78 亿 A·h 电池的生产奠定了基础。

项目将建设具备自动化和柔性化特征的生产线，可提升生产技术和制造水平，增强和完善产品制造能力。项目建成投产后，共有 18 条钛酸锂方壳电池生产线，日产电池达 78 600 支/天，电池的单体容量为 33A·h。按一年 300 个工作日计算，可实现年产 7.78 亿安时电池的生产能力，可供应 10.5 米纯电动客车标准化产品约 28 600 辆，有效满足公司新能源汽车及储能系统业务快速增长的配套需。

二、项目主要实施内容

（一）项目实施的主要内容

在公司现有的先进钛酸锂电池技术基础上，大力引进钛酸锂电池自动化生产线，积极普及车间智能化装备应用。在智能化装备基础上，运用互联网、大数据、自动化等现代信息技术，建设研发、生产、销售、管理高度协同及高度一体化的智能制造示范基地；改善以往电池制造行业粗放式生产和管理模式，促进电池制造行业技术革新及经营管理模式革新，为行业发展起到良好的示范带头作用。主要实施内容包括以下几方面。

（1）自动化生产线及智能化设备的引进。
（2）自动数据采集与监控系统建设。
（3）智能化控制系统建设。
（4）软件系统建设与集成。
（5）强化辐射作用，带动上下游企业共同打造智能化产业链。

（二）采取的主要措施

1. 自动数据采集与监控系统建设

数据采集与监控系统（Supervisory Conrol and Data Acquisition，SCADA）是现场自动化控制设备与管理层之间的信息纽带，河北银隆目前拥有相对完善的自动数据采集与监控系统 SCADA。通过 SCADA 实时遥控数据采集过程，对设备稳定运行和工艺限定参数的执行情况进行监测和控制。SCADA 包括硬件和软件，硬件收集数据并将其送至装有 SCADA 软件的计算机，计算机处理这些数据并即时展现。SCADA 还将所有事件记录存储到硬盘或发送到打印机。事件恶化时，SCADA 通过声音警报器发出警告，保证信息能够及时发现。

以电芯烘烤自动输送系统为例，该系统通过智能机器人，可实现自动上/下料和物料传输，减少了人为干预，大大提高了电池整体性能指标，实现了标准化生产目标。其具体系统架构如图 52-1 所示，整个系统由两台（1#和 2#）工控机、现场机器人、烘烤设备、上/下料模组部分、冷却模组部分组成，通过传感器、扫码器等实现信息数据的采集和监控。然后，通过集成的信息网络实现信息交互，从而达到集中和分散生产管理，实现智能制造。

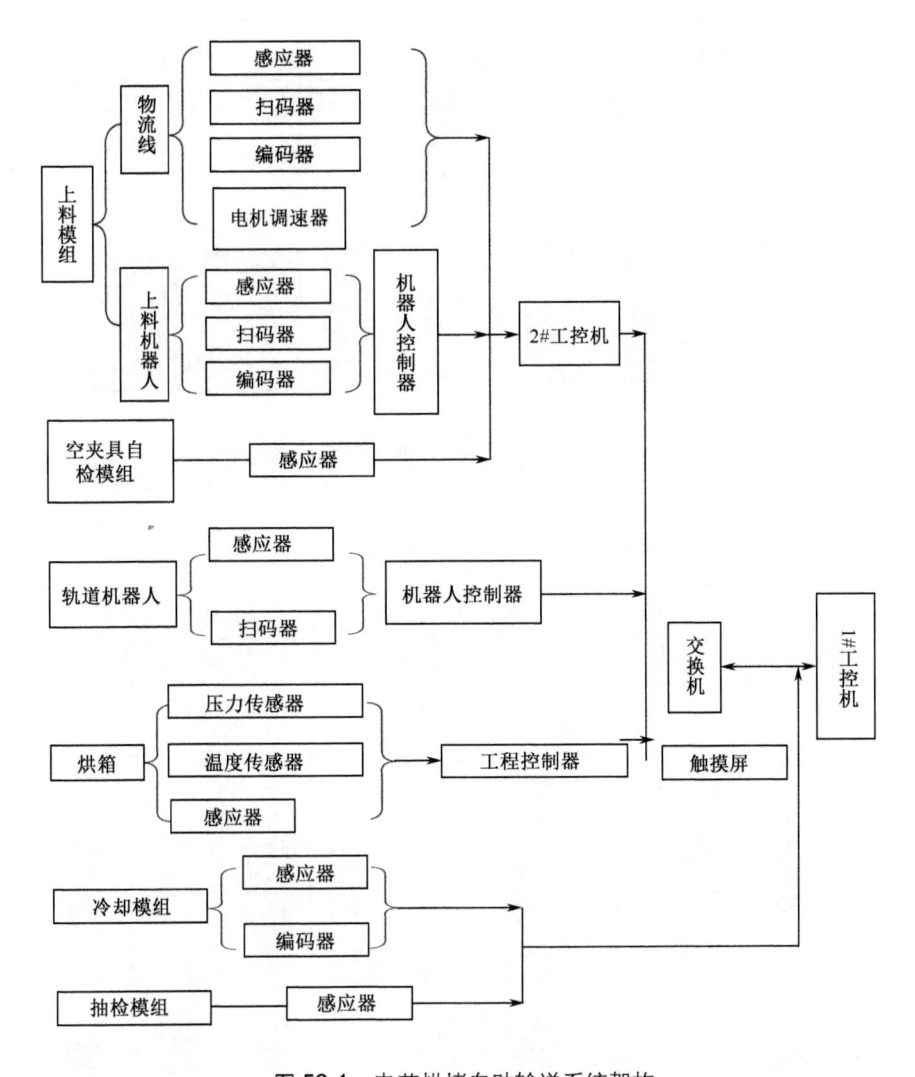

图 52-1 电芯烘烤自动输送系统架构

2．智能化控制系统建设

建设一整套完整且成熟的智能自动化生产线管理系统，改变以往的手动、半自动等人工干预为主要手段的生产管理方式。以综合调度系统（WCS）和仓储管理系统（WMS）作为自动控制"大脑"，配合集成自动化装备，实现智能制造。

以全自动装配线为例，从全自动卷绕开始，将极片和隔膜卷绕成方形电芯，通过自动物流线衔接，完成电芯入壳、焊接、烘烤等工艺的自动化智能制造。其主要流程及系统架构如图 52-2 和图 52-3 所示。全自动电芯装配生产系统由不同功能的多个单体设备构成，通过自动物流输送线衔接,从而实现全自动智能制造。

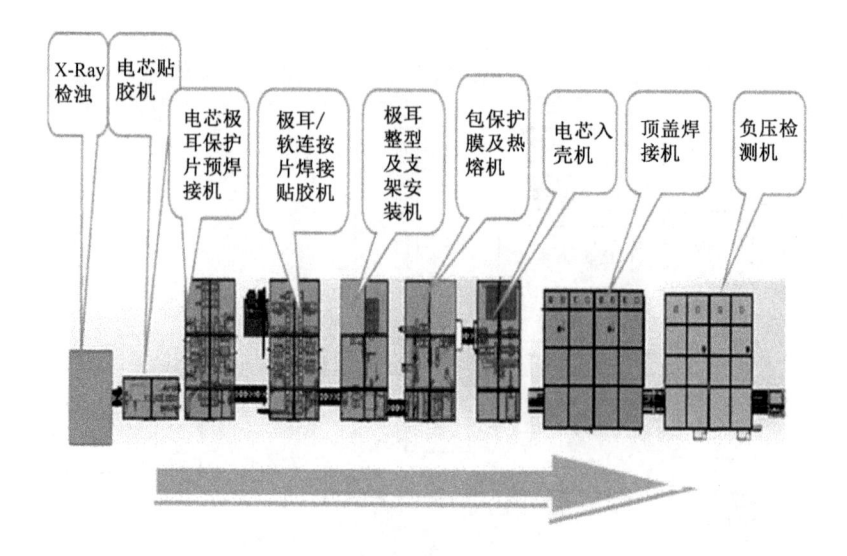

图 52-2　全自动装配智能制造示意

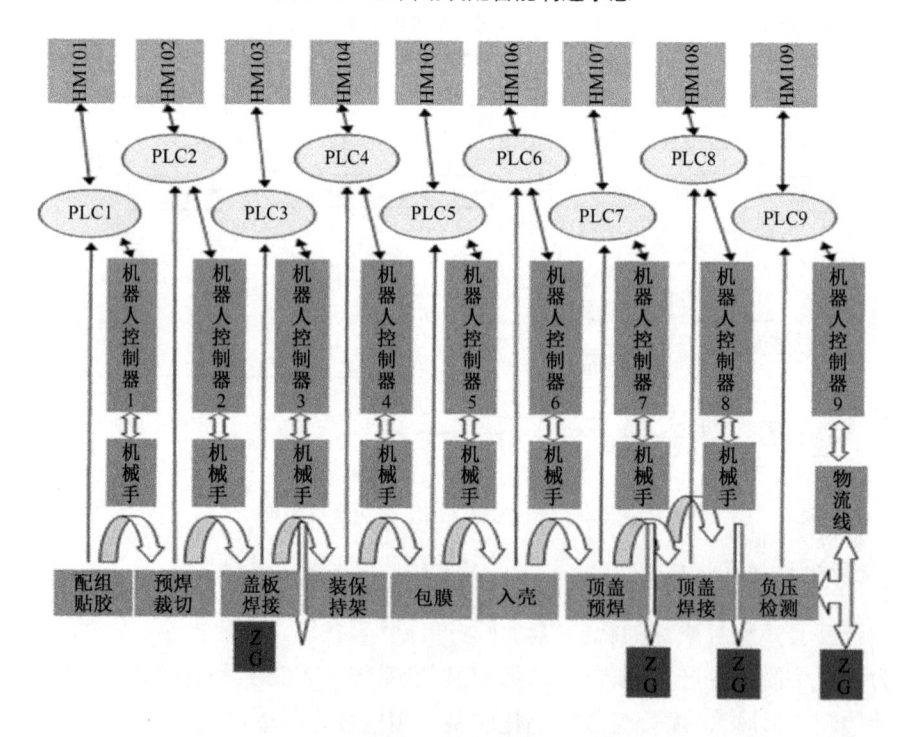

图 52-3　全自动装配生产系统架构

3. 软件系统建设与集成

1）制造执行系统（MES）建设

为了适应车间生产的实际要求，达到与其他生产经营系统的良好集成，公司在生产开工之初就部署了 MES 系统。该系统模块涵盖生产调度、车间作业、质量管理、设备管理、生产监控等多个方面，为生产管理及质量把控提供了可视化模式。针对公司的生产管理特点，MES 对应的特色化设计有以下两点。

（1）整体架构根据公司产线设备及行业特点进行设计，集成了 ERP、PLC 等应用系统接口，具体映射流程如图 52-4 所示。

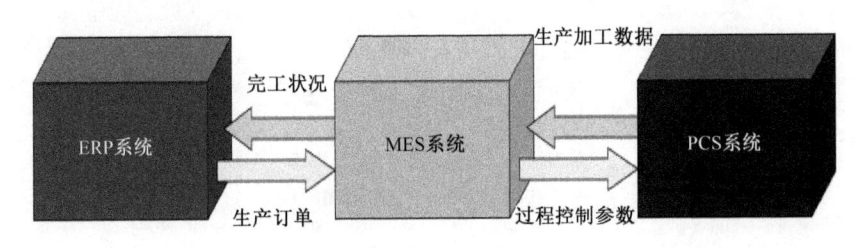

图 52-4　系统集成示意

（2）MES 生产监控数据采集，自动记录产品测量信息及设备关键参数，监控整个生产运行过程。在生产制造过程中，将每一道工序的质量数据自动传输到 MES 系统，并形成生产日报、质量日报，供生产经营分析使用，如图 52-5 所示。

图 52-5　MES 数据采集示意

2)企业资源计划系统（ERP）建设

公司已经建立了内部的 ERP 系统，用于公司的供应链、生产计划、质量的管理。ERP 总体应用架构如图 52-6 所示。主要实施应用了采购管理、库存管理、存货核算、质量管理、物料清单、生产计划、财务总账、应付管理、固定资产、报表管理等模块。同时 ERP 系统与 PLM、MES 等系统都有数据接口，可实现研发试验、生产过程数据的自动化采集。通过 ERP 项目的实施，实现了生产经营的全过程管理。

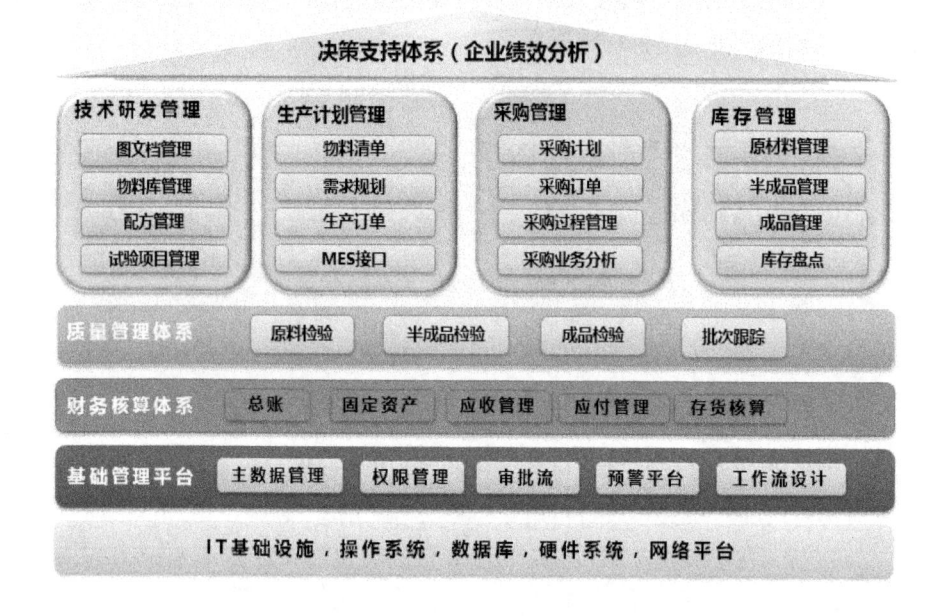

图 52-6　ERP 总体应用架构

3）全生命周期数据统一平台 PLM 技术方案

河北银隆 PLM 方案应用涉及企业的研发项目管理、产品数据管理、工艺设计及管理、设计生产数据一体化等多方面。PLM 系统核心思想是以产品研发项目业务流程为驱动，以物料和 BOM 等产品数据为主线的产品研发管理平台，实现研发项目开发流程的"六化"：项目化运作、集成化互通、知识化沉淀、数据化管理、协同化工作、流程化管控。PLM 系统的最大特色是实现 PLM 与 ERP 系统的深度集成，从业务和数据两个层面打通研发设计与生产制造之间的数据通道，实现设计、制造一体化协同。在 PLM 系统里，可直接查询 ERP 中的物料库存信息。

4）信息通信与网络系统的架构建设及系统集成化应用

通过建立健全信息系统架构，完善和指导企业内部信息、通信设施及系统的建设和完善。结合生产的流程和工序分布，分段建立基础的数据库管理系统，由各工序的 DMS（数据库管理系统），完成对各个自动化设备的信息采集及控制。

4. 智能化健康安全环境管理系统建设

河北银隆将环保、卫生和安全（三者简称 EHS）作为核心经营理念，遵守所有相关政府标准和法规，并提供安全而健康的工作场所，同时减少对环境的影响。公司通过了 ISO 14001 环境管理体系和 OHSAS 18001 职业健康安全管理体系认证，并建立健全 EHS 管理系统，将有关环保、卫生、安全考虑和日常工作每个层面进行整合，通过环保、卫生、安全管理系统的应用实现智能制造零事故。

河北银隆的 EHS 管理系统建设采用集中管控、横向到边、纵向到底的模式，经历了信息数据库、信息管理系统、决策支持系统等发展阶段。在不同的发展阶段，分别起着查询追溯、统计分析和预警分析的作用。整个系统平台的建设体现"标准化、信息化、EHS 文化"的有机融合，如图 52-7 所示。

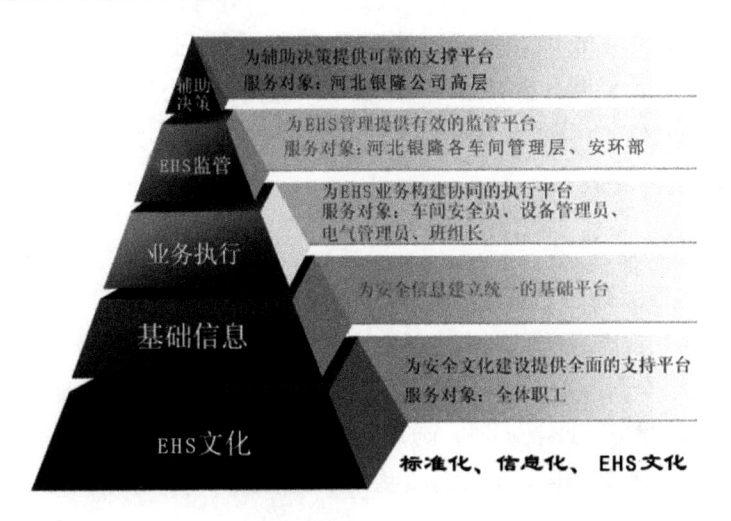

图 52-7　EHS 管理系统三化融合塔状

5. 信息安全保障制度及系统建设

提高行业信息化管理水平，信息安全是关键。而信息安全构建必须管理、技术双管齐下，加强管理，综合防范，完善制度，强化培训并不断加强网络技术层面的安全设置，确保企业信息安全。公司对信息安全有整体规划与保障：通过从外到内、从广义到狭义、从总体到细化、从战术到战略，从整体到局部的各个部门相结合，一一剖析，并针对信息安全提出解决方案。其中，涉及企业技术、生产、管理、商务等各方面安全信息保障。

（1）不断完善网络信息安全技术体系与网络信息安全防护体系建设。网络信息安全技术体系划分为安全保密管理、安全防护策略、安全防护体系、安全值勤维护、技术安全服务和终端安全防护六个方面。网络信息安全防护体系主要通过选用适合的安全设备，引进合适的信息安全产品来满足不同的信息安全管理目标，包括使用网管交换机和网管软件、使用防病毒过滤网关、使用入侵保护系统（IPS）、安装信息安全管理与防护系统、安装计算机及其涉密载体保密管理系统等。

（2）强化确保技术防护体系顺利运行的管理措施。通过建立健全中心机房管理制度、网络安全设备管理制度、数据、资料和信息的安全管理制度等制度措施，从管理层面确保信息安全。网络信息安全需要技术防护体系支持，网络信息安全技术防护体系需要强有力的管理体系保驾护航。离开网络信息安全管理体系，技术防护体系如同虚设。

三、实施成效

1．降低运营成本

智能制造将简化流水线生产流程并变得更经济。采用机器人及自动化设备实现生产过程自动化，减少人员，每条产线由300人减少至210人，降低30%。通过大数据分析平台（BI）的建设，将最大化发挥数字化工厂数据的价值；通过不断完善河北银隆的决策分析模型，形成稳定的生产经营分析体系，为经营决策提供更有力的数据分析。本项目产品成本由实施前的5.8元/A·h降低至4.6元/A·h，降低了20.7%。预期到2020年，成本降低到2.3元/A·h以下。

2．缩短产品研制周期

新能源汽车发展关键在于动力电池，智能制造离不开技术创新。否则，智能生产线就如同无源之水。河北银隆通过网络化协同设计制造一体化应用（PLM）的拓展，实现了产品设计、工艺管理的全面应用。产品研制周期预计可以从实施前的17～19个月缩短至13～15个月，研发周期缩短25%；同时，通过产品的改良设计，工艺不断改进，提高了产品良率；研发与生产的有效协同，对设计变更的迅速响应，将实际提高生产效率。

3．提高生产效率

该项目通过设备互联互通，生产过程实现实时控制，故障预警和过程可视化，减少意外停机；即时采集生产进度、设备状态等现场信息，建立生产过程数据库，提高生产效率。智能制造车间投产后，每条生产线产量由2 500支/天提高到3 400支/天，提高了36%，整个智能制造车间年产能可达到3亿A·h。

4．降低产品不良品率

锂离子的工艺非常复杂，工序非常繁多，而且每道工序对电池的性能都有影响。整个制造过程需要对环境进行监测控制，而且生产更加科学、合理、标准化，减少人为操作。使用在线检测技术，实现工序在线检测。该智能制造车间投产后，产品不良品率由项目实施前的9%降低至5%，总体降低44%。

5．提高能源利用率

采用智能制造设备，可及时发现设备故障，及时关/停机，使生产节奏更加紧凑合理，物料利用更加充分，从而提高生产效率，降低产品不良率。同时，通过采用智能节能、能量回馈、热量回收智能设备，使能源消耗量由半自动车间的 68.38kgce/万 A·h 降低到 47.87 kgce/万 A·h，能源利用率提高 30%。

6．提升企业整体竞争力，起到良好的示范作用，推动行业进步

河北银隆拥有世界先进的钛酸锂电池生产技术，在完善锂电池行业的基础研究、设计、开发、应用上，与产业链上/下游的 200 多家企业建立了深度的合作关系，在极大程度上促使上/下游生产企业不断进行技术革新，促进国内关键材料产业化，推动锂离子电池的技术水平升级。

四、实施经验

（1）目标产品具备国内领先技术水平，市场前景好，符合国家发展需求。河北银隆钛酸锂电池技术具有高安全性、耐温宽、充/放电快、长寿命等特点，十分适合新能源车载动力电池；符合国家政策发展要求。该智能制造项目的顺利实施必然能进一步推动钛酸锂电池在新能源汽车行业的进一步发展。

（2）强化科学管理，推动精益化生产。提升智能化管理水平，加强智能化生产流程建设，管理与生产均应该建立在科学合理的决策之上。只有严格把控各工序和各环节的资源使用、人员配置、生产计划、质量把控等情况，才能真正做到提产增效，精益求精。

（3）加强人才培养。智能化建设及技术水平的提升离不开人才，企业领导应重视人才的培养和人才结构的合理化配置，人才引进及培养要覆盖全面，既要具备智能化方面的人才队伍，也要不断加强企业产品开发相关人才的培养和引进。在此基础上，还要培养一批全方面高素质人才，使他们成为企业发展和智能化建设中的骨干力量。

（4）上/下游企业共同打造智能化产业链。通过自身技术需求，倒逼上游企业提高智能化技术发展水平；通过自身技术水平，带动下游企业智能化水平的提高，从而促进上/下游企业共同发展，使整个行业智能化水平得到统一提升。

编委会：张汝彬　　编写组：张海召

53 汽车线束智能工厂试点示范

——昆山沪光汽车电器股份有限公司

一、项目实施背景与状况

（一）项目实施背景

汽车线束素有"汽车神经"之称，具有量大面广、多品种、多规格和质量要求高的特点，其质量的好坏直接决定汽车舒适性、稳定性和安全性的高低。同时，随着新能源汽车的兴起，繁多的电子元件、复杂的电子系统和高压电路对汽车线束提出了更加严格的要求。

汽车线束的特点决定它是劳动密集型行业。昆山沪光汽车电器有限公司（以下简称"昆山沪光"）以"为振兴中华民族工业推波助澜"为使命，在智能制造上开辟新径，应用智能制造领域的新工艺、新技术，研究并开发出具有自主知识产权的汽车线束智能制造关键工艺装备、智能物流系统及生产过程的自动化柔性生产线，解决了行业"用工密集、过程管控困难"的共性问题，显著提升了行业平均水平，具有很好的试点示范价值与广阔的应用前景。

（二）项目实施的主要思路和目标

实施智能化工厂项目的主要目标是打造全价值链体系，构建一体化的数字智能工厂，包含生产执行管控，以精益管理为基础，建立以聚焦精准交付、效率提升、品质改善、数据透明化为任务的物流体系，实现全过程条码管理、无人仓储管理（智能库位、自动库龄管理）、物流拉动管理（KSK生产模式）、制程品质管理（机台安装了SQC监测模块，对过程参数实施了在线监控）。利用自动产线和机台联机对接的数据采集及监控系统（SCADA）、PLM和Capital系统的数据管理和设计控制、BI驾驶舱式的层级分析和管控系统等，进行深度数据分析，并以移动化的形式即时呈现管理现状，增强企业的核心竞争力。

二、项目主要实施内容

（一）项目实施的主要内容

昆山沪光在汽车线束智能工厂项目中主要围绕工厂架构智能化、研发设计智能化、生产过程智能化和仓储物流智能化四条主线，在汽车线束的研发设计、实验室验证、生产过程、仓储物流、产品质量等多领域进行智能化建设，主要包括如下内容：

（1）工厂布局。把智能化工厂的总体布局分解成数字化设计、数字化车间、自动化仓储的设计和构建；通过工业化与信息化的融合，进行多组织多工厂的协同管理。

（2）研发设计。对产品设计、工程设计和工艺流程进行建模，通过虚实结合的实验室进行产品验证，结合生产和物流的全过程产品数据采集和分析，进行汽车线束产品的数据管理。

（3）生产过程。将自动化、数字化的生产设备、检测设备通过工业网络与 ERP、MES、SCADA 等信息化系统集成，实现互联互通，进行 ERP 需求自动接收、MRP 自动运算、MES 智能排产与调度、模型化过程质量管理、SCADA 过程数据采集和分析。

（4）仓储物流。建立自动化立体仓库，使用 RGV、AGV、辊道线和机器人等设备，采用条码识别、全景相机和激光感应等技术，对物料进行精细化管理。根据生物料需求，进行实时自动化输送、车间和工序之间物料流转及线束产成品自动打包和发运。

（二）采取的主要措施

1．工厂总体设计模型

本项目实现了从传统加工方式升级为智能化生产方式，该模型规划了原材料—半成品—成品的智能化仓储和智能派送过程。从非标准化制造升级为该行业的标准化制造，构建出了整个制造系统的数字化布局模型（见图 53-1），对车间建立虚拟模型进行定量化分析，以实现全过程装配供应无人化，进而成为以智能制造为架构的线束配套供应商。

2．先进设计技术应用和产品数据管理（PDM）系统建设

昆山沪光在全面调研并对业务做了深入研究的情况下，于 2016 年 3 月选型并确定采用美国 Mentor 公司的 Capital 软件作为公司线束工程设计软件（CAM），构建传统线束和模块化线束的工艺工程数字化设计方案，构建包括获取线束设计数据、制造工艺合成、高级图形生成及制造工程领域内外的数字连续性等软件功能，从而消除新产品导入（NPI）路上的关键障碍，缩短线束设计变更的周转时间，降低制造工程成本，改进工艺质量。

3．关键技术装备应用情况

昆山沪光为了实现整个制造过程的转型升级，从物流、加工过程的角度，以达到全过程的跟踪、识别、控制、追溯等过程目标，推进了企业在物流自动化和装配自动化方面的建设。

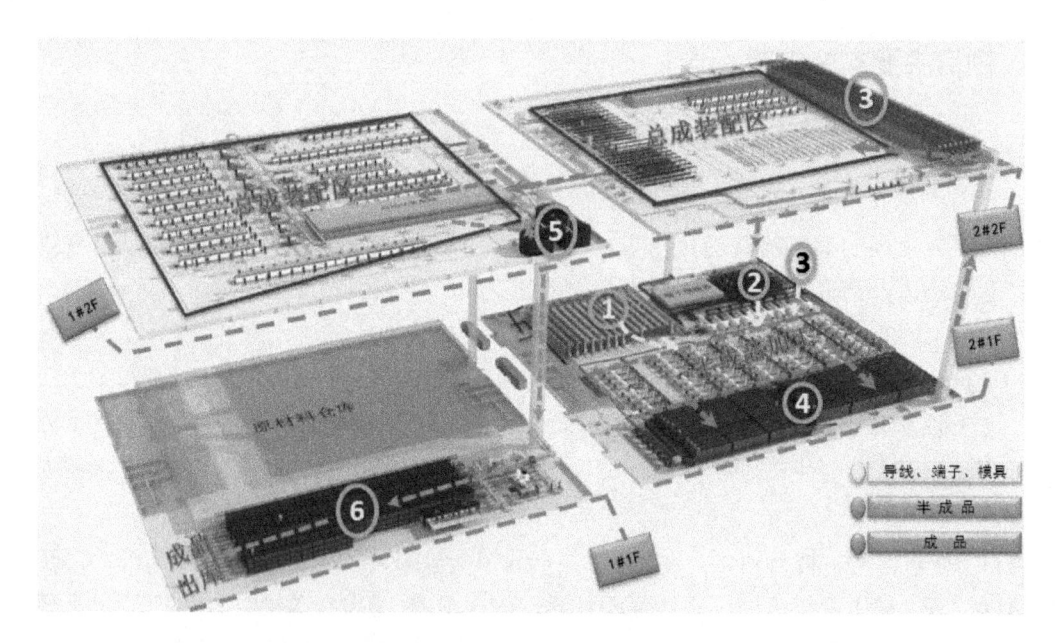

图 53-1　工厂总体设计模型

1）智能物流与立体仓储应用

2010 年国务院发布的《关于加快培育和发展战略性新兴产业的决定》明确指出，发展高端装备制造业，强化基础配套能力，积极发展以数字化、柔性化及系统集成技术为核心的智能制造装备。2013 年国家发改委公布《战略性新兴产业重点产品和服务指导目录》，将智能制造装备产业编入目录，包括焊接、喷涂、搬运、包装、装配等工业机器人和具有动态优化、智能调度、人机友好、高效敏捷的自动化物流成套设备。"十二五"期间，国家和江苏省相继出台产业调整与振兴规划中均将物流作为十大振兴规划之一予以重点发展。

为了实现全过程的智能物流，从根本上改变传统企业的生产模式，提高运营效率，降低成本，有效提高企业的市场竞争力，昆山沪光经历了 5 年（2009—2013 年）的规划和基础准备工作，设计了以立体仓库、AGV、RGV、堆垛机、辊道输送线、六轴机器人等为主要载体的现代化智能物流系统，提高了智能物流装备技术水平，推动了企业的转型升级，原有的业务流程模式也发生了革命性的变化。智能物流系统路径如图 53-2 所示。

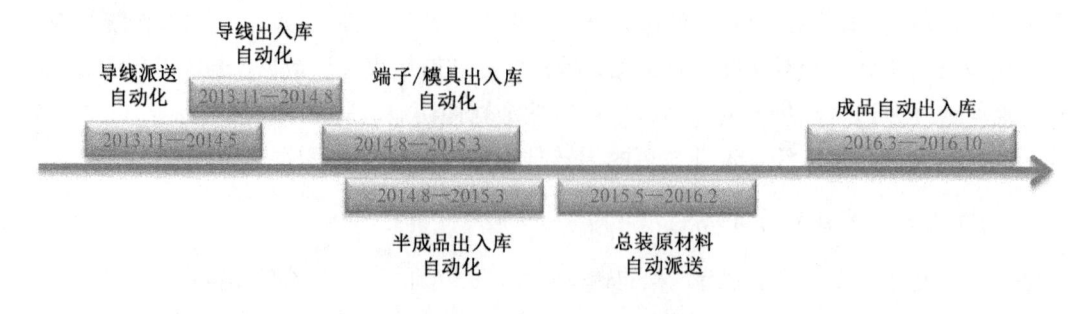

图 53-2　智能物流系统路径

从 2013 年至 2016 年，昆山沪光共规划并实施了六期项目，完成从原材料到成品入库全过程的物流自动化，不仅实现了物料、半成品、成品的即时入库和出库，过程数据也实现了实时监控和反馈机制。

2）智能传感与控制应用

昆山沪光在物流自动化方面，不仅对自动化库体、AGV、RGV、堆垛机、六轴机器人、输送线等自动化设备进行集成，而且进行自动化和信息化的有效融合，实现多品种、小批量的生产，达到了柔性定制的生产需求。

在仓库内部，通过对库存数据和订单的实际需求计算，转化成各巷道的出库内容，通过上位机对 AGV 的顺序管理，结合工时将原材料取出。库内的执行设备堆垛机/RGV 的工作原理则如图 53-3 所示。

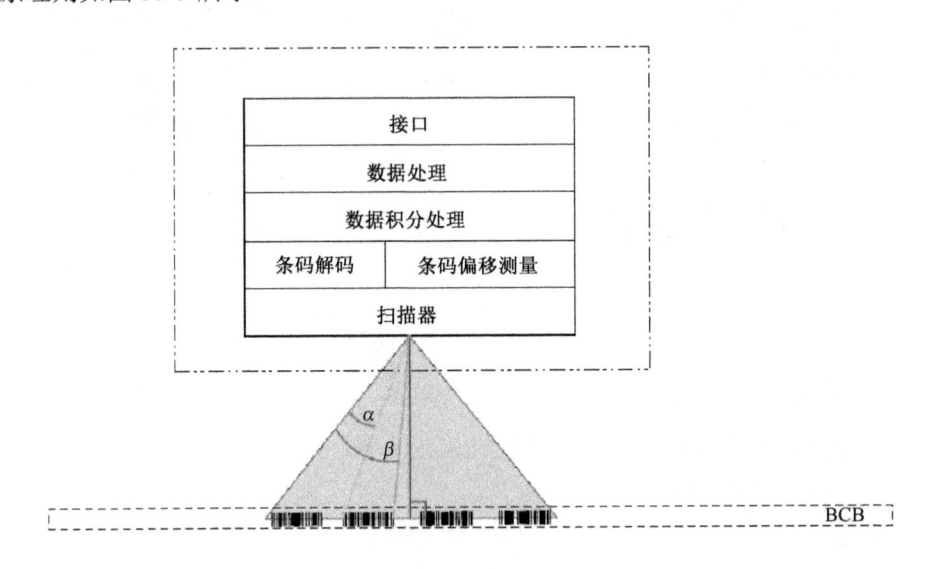

图 53-3 堆垛机/RGV 的工作原理

调度控制系统采用工业以太网方式接入昆山沪光的企业网络系统中，与企业的 MES 系统实现信息交互，实现库内取货坐标、物料条码数据等信息的传输。调度控制系统以 EtherCAT 总线方式连接各出料口料台，实现物料有/无信息的检测、AGV 到达/离开信息的传递、物料转移/运动的控制等。

同时，调度控制系统以 Wi-Fi 通信方式和各巷道的库内 RGV、堆垛机进行通信，实现其任务调度，包括取存信息、起点坐标、终点坐标、货物条码、任务启动与终止等，以及库内 RGV、堆垛机反馈信息（有无任务状态信息）、小车故障报警信息等。调度控制系统结构如图 53-4 所示。

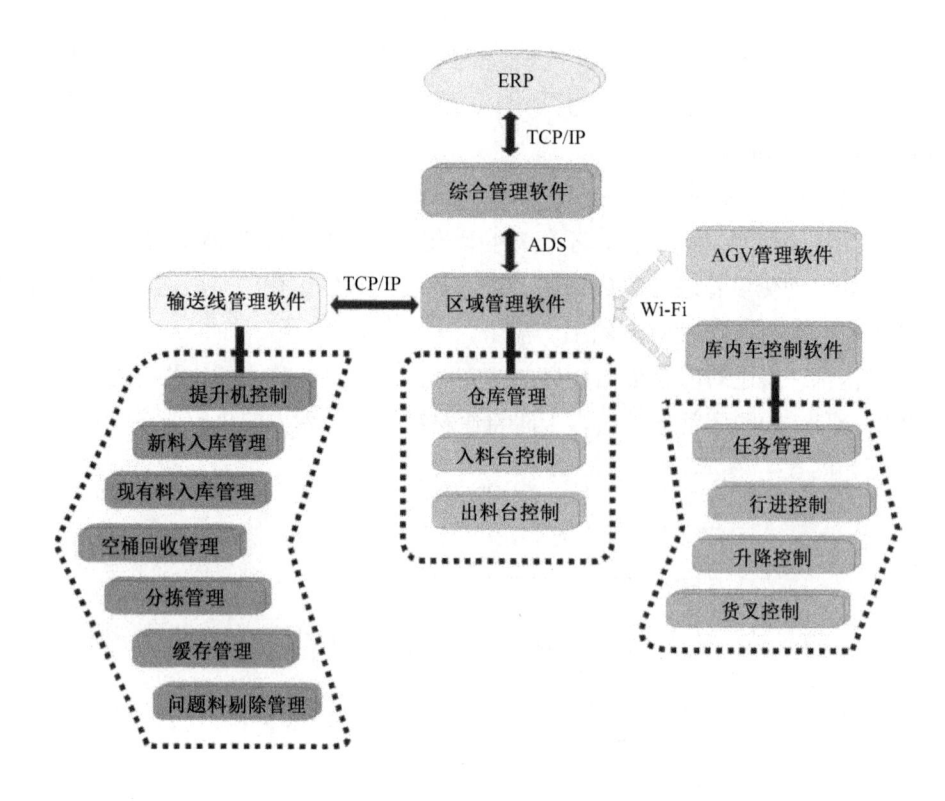

图 53-4 调度控制系统结构

3）线束智能生产装备应用

（1）智能化开线、压接、插位一体机（Zeta）。

（2）自动化盲堵机（TD210）。

（3）智能化预装台。

（4）智能化总装装配（工装柔性化）。

（5）智能化总成装配（装配模块化）。

（6）自动化包胶和卡钉装配。

4）智能在线检测应用

① 端子压接在线监测设备。

② 在线诱导测试设备。

4．生产过程数据采集与分析系统（SCADA）建设

昆山沪光的生产过程数据采集与分析系统是以信息物理系统（Cyber-Physical Systems，CPS）技术为基础建立的，综合计算机、通信和控制技术，将物理环境与逻辑信息融合，实现汽车线束生产过程的信息共享、实时感知、动态控制。

昆山沪光的生产过程数据采集与分析系统基于西门子 SIMATIC 控制系统、制造执行系统（MES）、企业资源计划（ERP）系统和产品数据管理（PDM）系统等，利用物联网

技术和监控技术加强信息管理服务，在生产全过程中实现人员、设备、物料和产品、工艺、流程的数据采集和分析。

该系统将实时采集的数据存储，并通过运算模型进行过程数据分析，从而为增强生产过程可控性、减少生产线人工干预和高级计划排产系统提供真实数据。

5．制造执行系统（MES）与企业资源计划（ERP）系统建设

1）企业资源计划（ERP）系统建设

昆山沪光通过用友企业资源计划系统（ERP）U8，实现了以订单签订为起点、以订单的交付为终点、与财务业务同步的管理目标，实现业务流、资金流和信息流的统一。其中包括销售管理、采购管理、库存管理、存货核算、应收管理、应付管理、总账、报表等模块应用，以及与客户关系管理、生产制造等系统紧密集成的运营管理平台。

2）基于 ESB 的 MES 与 ERP 的集成

昆山沪光基于企业服务总线技术（Enterprise Service Bus，ESB）将自主研发的制造执行系统（MES）与企业资源计划系统（ERP，用友 U8）进行无缝集成。在企业生产过程流程中，ERP 系统作为 MES 的数据源头，通过与 ERP 系统的集成接口完成接收企业生产任务。通过现场数据采集设备，对生产过程、质量信息进行实时获取，反馈给 ERP 系统和质量信息管理系统，从而形成生产过程信息管理的闭环。MES 与 ERP 集成的生产过程如图 53-5 所示，ERP 运营平台如图 53-6 所示。

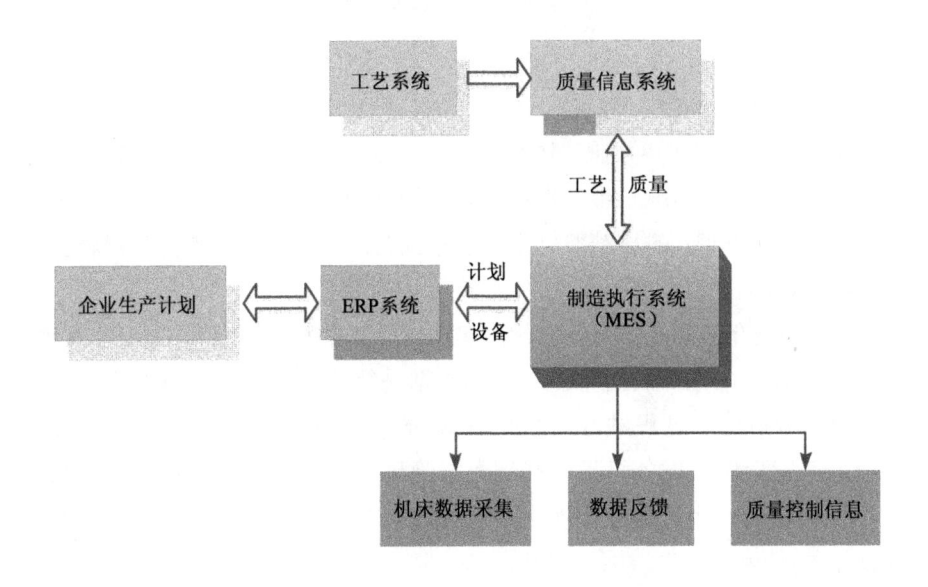

图 53-5　MES 与 ERP 集成的生产过程

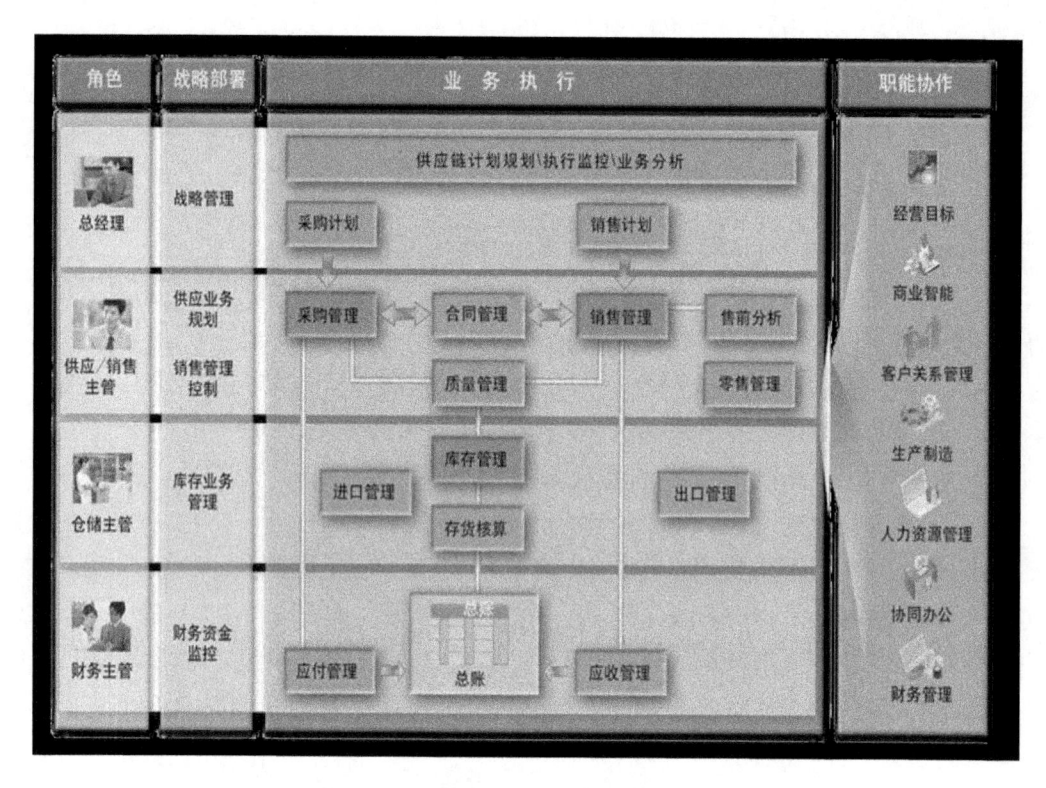

图 53-6 ERP 运营平台

3）制造执行系统（MES）建设

昆山沪光针对乘用车线束加工、装配的现状和需求，搭建了适应公司整体生产管理模式的制造执行系统架构，实现了生产作业计划及管理的规范化系统化，实现了生产作业计划和在制品的精细化管理；建设精益化生产的车间管理环境，全面提升公司精益管理工作水平和整体经营效益。

结合企业信息化的实践经验，针对乘用车线束生产的特点，确立了 MES 管理的要素：对加工/装配对象在车间的流转过程及相应的数据进行管理，实现数据的集中存储，提供有助于生产管理者对生产过程进行控制的信息。MES 系统项目主要功能（见图 53-7）包括订单管理、计划管理、设备管理、基础数据管理、质量管理、生产监控、仓库管理、产品溯源管理等功能模块，旨在实现生产过程数据的采集，全面规范车间生产过程中的管理流程。

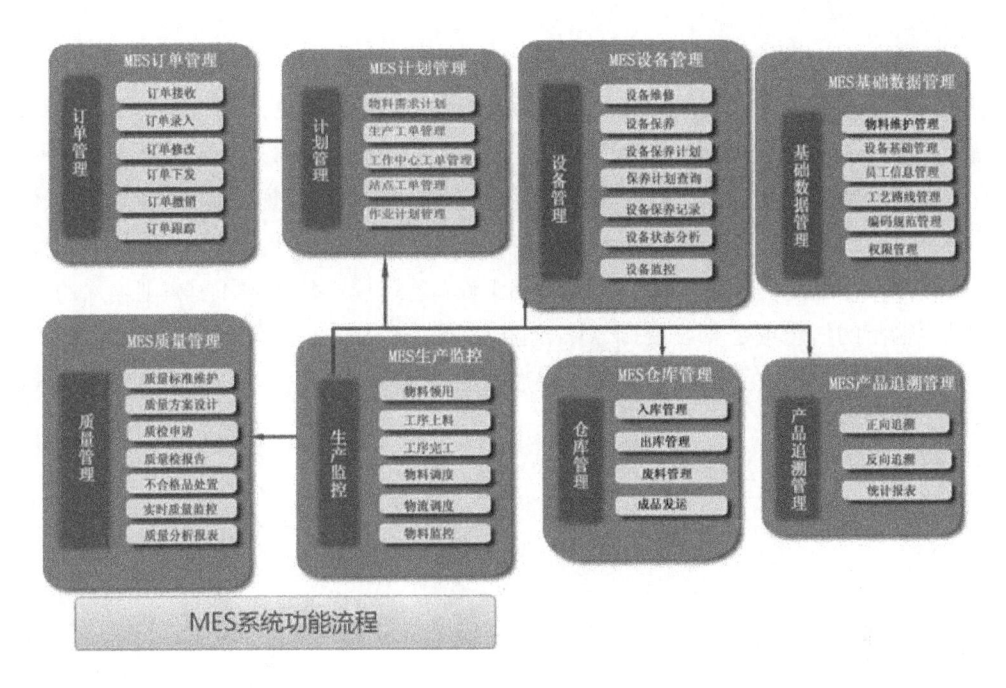

图 53-7　制造执行系统主要功能

三、实施成效

（1）利用数字化建模设计平台，在完善设计关联智能制造数据库基础上，打造昆山沪光数字化研发与智能制造的有机结合体。

（2）依托现有的现代化实验室，重点打造昆山沪光实验数据库。设计理论与实验数据虚实结合，相互补充。同时，逐步有序地推进 CAE 在线束上的运用，为行业的现代化和成本优化夯实基础。

（3）采用智能化的工艺设计，将产品数据结构化，打通从设计、工程、工艺、制造全流程的数字化传输通道，塔建了数字化工程设计平台。

（4）昆山沪光基于企业服务总线技术（ESB）自主研发的制造执行系统（MES），与企业资源计划（ERP）系统进行无缝集成，并通过建立基于信息物理系统技术的生产过程数据采集与分析系统（SCADA），实现汽车线束生产过程的信息共享、实时感知、动态控制，形成生产过程闭环信息管理。

（5）实现了公司整个物流环节的自动化，在全球线束行业尚属首例。昆山沪光的科研成果提高了行业门槛，同时也可在其他制造行业推广应用。

四、实施经验

在智能制造转型升级过程中起到突出作用的是系统的总体架构、分步实施经验及建设基础数据库的经验。

（1）在转型升级过程中，昆山沪光将原来分散的系统（如 ERP、MES、条形码系统等基于局部需求而引进或自主开发的软件系统）通过顶层的再设计及系统接口，打通设计、工程、工艺、制造的数字化通道，引入新的工具软件（如 Capital）和管理软件（如 PLM），开发了自动化物流系统软件，使得各系统互联互通，完成了数据信息流通和采集工作。

（2）完善基础数据库建设。两化融合中的信息化传输的是数据信息，而信息的标准化和基础数据库建设是一项工作量巨大的基础工作。若这项工作做得不好，则输入的信息是"垃圾"，输出的信息也是"垃圾"，对企业起不到积极作用。只有做好了基础数据工作，规范了信息标准，解决了创建数据和使用数据的关系（U/C 矩阵图），才能为企业信息化建设打下坚实的基础。

54 新能源汽车动力电池智能工厂试点示范
——惠州亿纬锂能股份有限公司

一、项目实施背景与状况

（一）项目实施背景

为满足国内外高端客户对圆柱形锂离子电池的产品的需求和提升公司核心竞争力，2014年7月经惠州亿纬锂能股份有限公司（以下简称"亿纬"锂能）董事会决议，计划投资6.33亿元用于高性能锂离子电池智能工厂项目建设，目标年产能1GW·h，项目建筑面积2.3万平方米。项目建设期为2014年10月至2016年12月。

该项目以松下技术、品质为标杆，并邀请松下的专家团队进行产品设计、产线建设指导，并以松下电池作为标杆，因此简称"小松计划"。

项目定位：打造国际一流的锂离子电池智能工厂。

（二）项目实施的思路和目标

基于工业大数据和工业互联网技术和锂电池智能工厂系统模型，在设备现场与控制层，购置国内外领先的全自动化智能装备和先进控制系统，使锂离子电池生产车间的生产设备智能化与网络化；在操作层和应用层，构建生产现场数据采集和监控系统（Scada）和制造执行系统（MES），使生产管理过程的设备运行数据、生产工艺参数、物料数据、质量数据和能耗数据等透明化与可视化、生产过程数据集成化。在企业管理层，使MES系统与SAP系统、OA系统、CRM系统等信息无缝对接，实现纵向、横向和端到端的集成，各企业信息系统之间信息的无缝对接。

目标：该项目全自动生产线达到国际一流水平，是国内目前自动化程度最高的动力圆柱锂离子电池生产线够；项目为公司锂离子电池二期和三期工厂项目建设和公司其他锂电池产品工厂建设积累项目实施经验，将先进的智能制造模式在全集团推广应用。

二、项目主要实施内容

(一)项目实施的主要内容

(1)通过采用和集成了全自动搅拌机、涂布机、裁切机、卷绕机、X-Ray 检测机、码垛机等 30 余种智能化生产装备,并形成了流程型的生产模式,大幅提升各工序的生产效率和产品质量水平。

(2)通过采用和开发自动配料系统、自动组装生产线控制系统、自动化成分容系统、常温老化立体仓储系统等先进控制系统,基于生产过程多约束条件模型的集成控制及优化技术,实现电池从配料、分切、组装、化成分容、常温老化生产全流程的监控,做到物料/半成品自动产能匹配及多生产线之间的产能智能调度。

(3)开发 Scada 系统、MES 系统,构建工业大数据采集、处理、分析和应用的信息平台,实现锂离子电池生产工艺参数、生产物料数据、产品质量数据、设备预测维护和能源消耗数据的采集、处理、分析和可追溯。

(二)采取的主要措施

1. 智能化装备投入

亿纬锂能投入了国内自动化程度最高的圆柱形锂离子动力电池生产线,后工序采用国内第一条引进的全自动化成容量设备系统,生产效率得到有效提升,设备投入后能带来 10 亿元的销售收入增长。工厂还投入了两条 130PPM 组装线进行产能配置,实际产能达到 30 万只/天。亿纬锂能智能工厂共投入了 254 台/(套)智能设备及系统,自动化生产设备覆盖了全流程 100%的工序,100%的设备具有数据采集能力。

2. 先进控制系统建设

亿纬锂能在智能工厂建设中,结合自身产品特征及工艺流程,采用了先进的自动配料系统(见图 54-1~图 54-3)、自动组装系统、化成分容系统、常温老化立体仓库系统,对关键生产环节实现基于生产过程多约束条件模型的先进控制和优化。四大系统利用一体化全流程自动化的制造工艺有效解决企业生产稳定性及连续性问题,加上设备配备的智能监控及指令执行系统,保证了产品的产出质量。

3. 厂内部网络架构及数据采集与监控系统建设

亿纬锂能通过打造全流程智能工厂,已经进行了自动化、智能化设备的工艺流程全覆盖。通过建设工厂内部通信网络及信息化管理平台,建立起生产过程采集与监控系统,利用数据交换将设备与人关联,实现人机交互。通过数据采集工具进行生产进度、现场操作、质量检验、设备状态、物料传送等数据的采集,通过数据总控系统进行可视化管理,实现电池从配料、分切、组装、化成分容、常温老化生产全流程的监控。

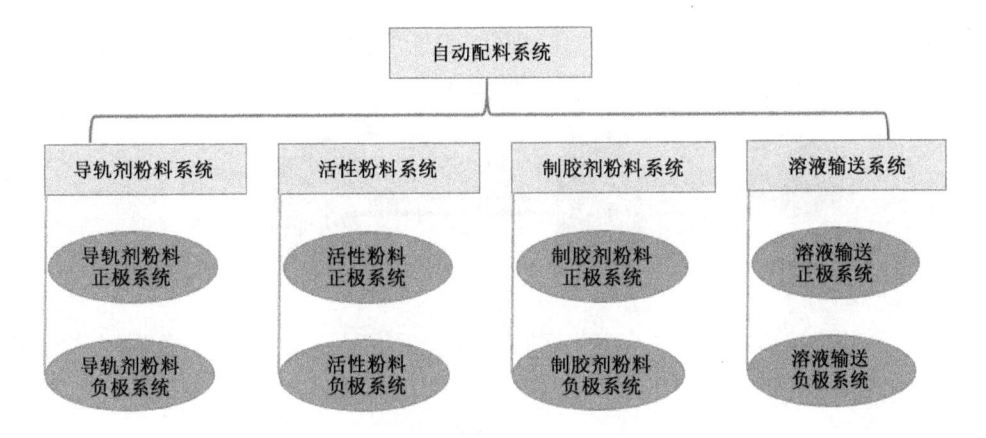

图 54-1 自动配料系统

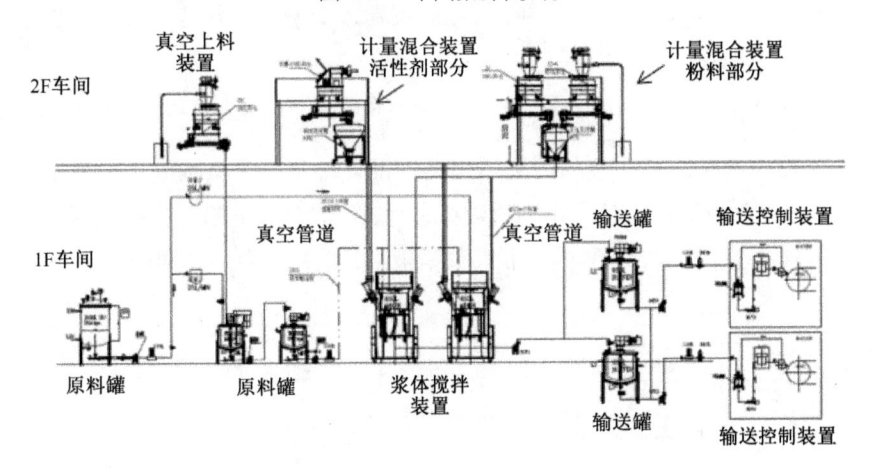

图 54-2 自动配料系统架构

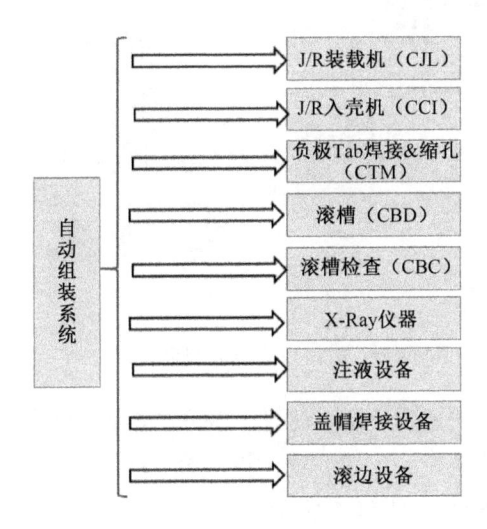

图 54-3 自动配料系统

（1）亿纬智能工厂内部通信网络按工业网络标准进行布置，使用抗干扰材质和设备，内部网络抗干扰性能较高，主干网络拓扑如图 54-4 所示。

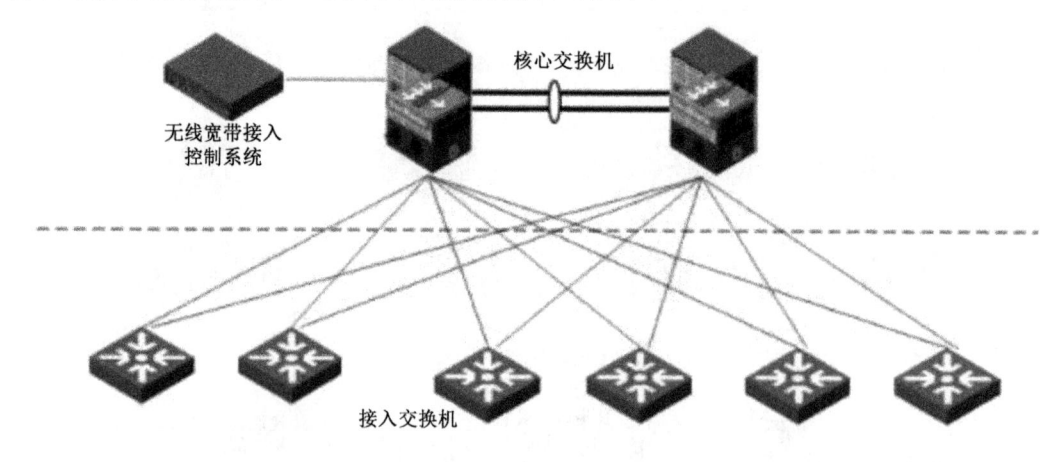

图 54-4　主干网络拓扑

（2）为保障生产出高可靠性的锂离子电池产品，对生产环境数据、设备工艺参数、设备运行状态、产品质量数据、各工序物料数据进行实时采集、分析、挖掘及应用，亿纬锂能建设有基于信息物理系统（CPS）的工业大数据采集、监控平台，其架构如图 54-5 所示。

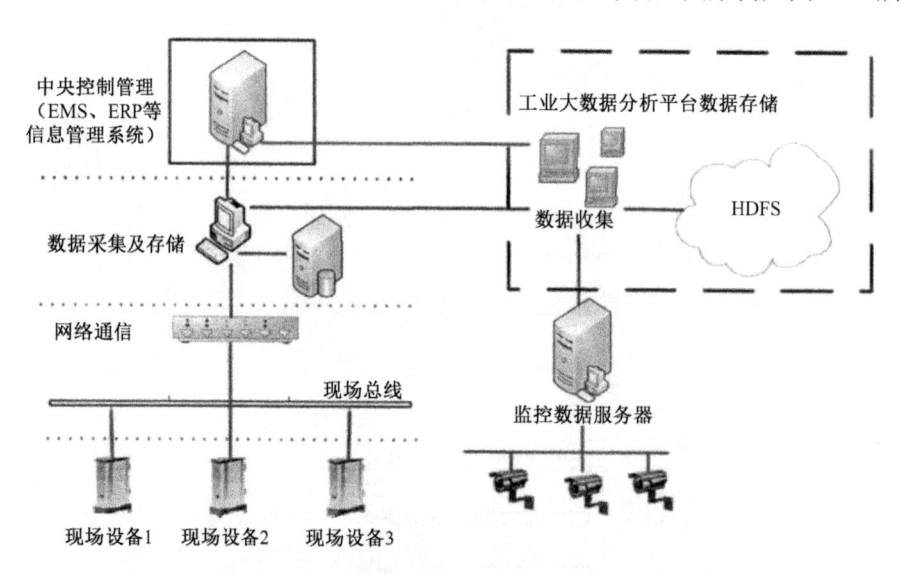

图 54-5　数据采集与监控系统架构

（3）持续推进信息化系统建设，综合管理（ERP）系统、智能制造执行（MES）系统、数据采集和监控、智能物流系统、车间环境监控系统、现场控制系统进行有效集成，智能工厂的整体信息系统架构设计如图 54-6 所示。

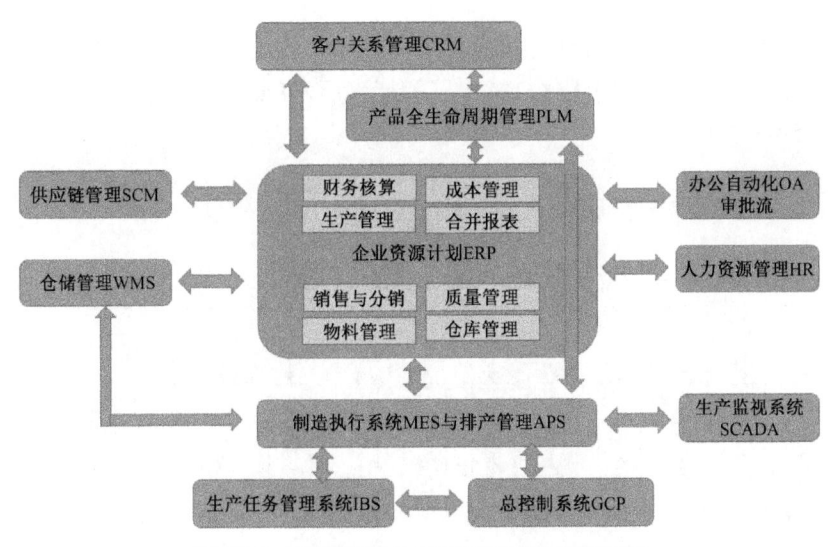

图 54-6　亿纬数字化车间系统建设总体架构

4．制造执行系统（MES）建设

（1）作为智能工厂建设的一部分，MES 将是一套面向制造企业车间执行层的生产信息化管理系统。向上连接企业资源计划 ERP、产品全生命周期 PLM/PDM、供应链管理 SCM，向下连接立体仓库管理 WMS 和 PLC 工业控制系统，起着承上启下的关键作用。MES 系统网络架构如图 54-7 所示。

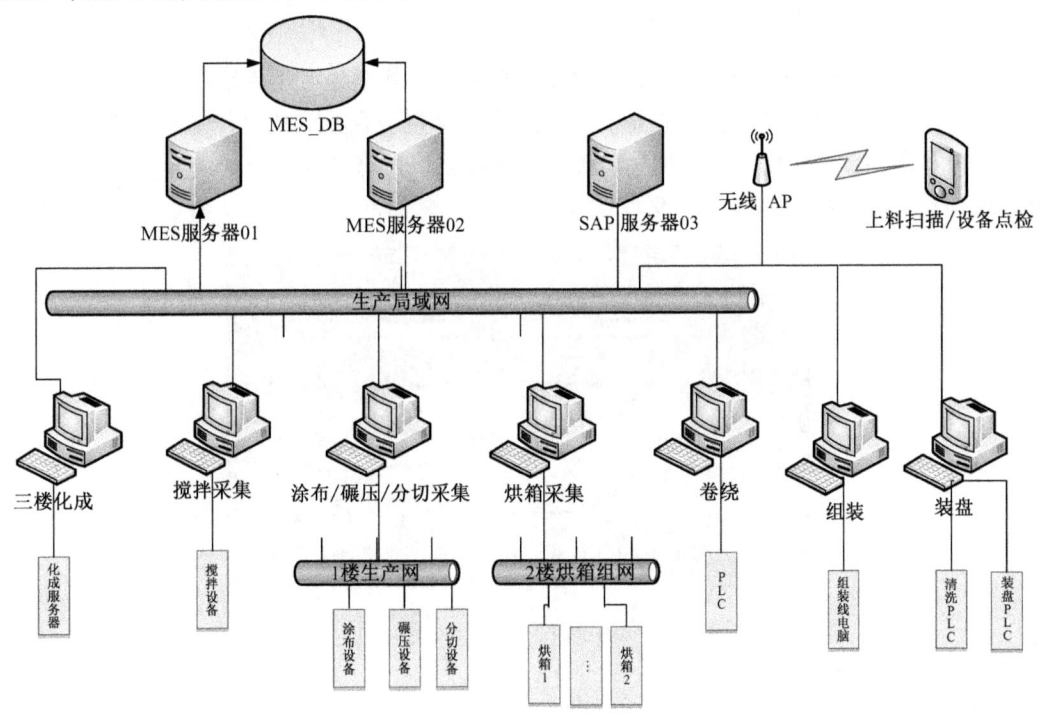

图 54-7　MES 系统网络架构

(2) 亿纬锂能智能工厂设计中主要包含基础数据、计划管理、生产管理、统计分析、设备管理、质量管理等方面的优化，提出了智能工厂 i-Factory 的建设理念，其主要涉及的功能如图 54-8 所示。

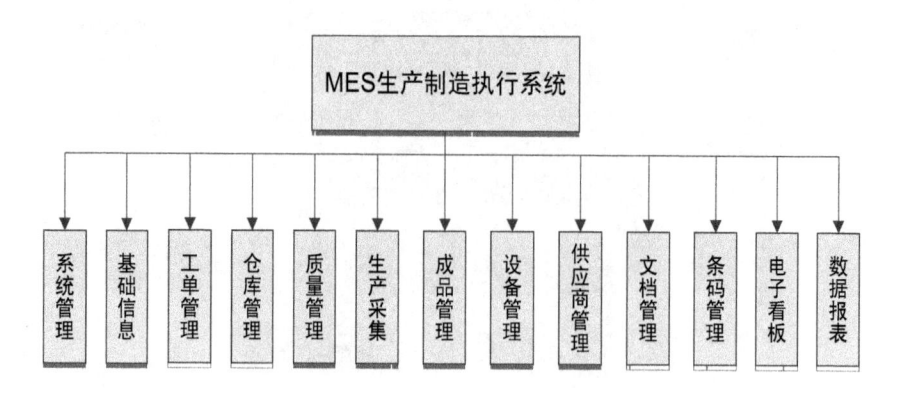

图 54-8　亿纬锂能 i-Factory 系统设计功能

(3) MES 系统和设备之间通过各种接口协议直接对接、条形码或者 RFID 为线索，为每一台自动化设备等建立一套完整的制造执行数据档案，把涂布、卷绕、组装等的日期、操作人员、检查人员、数据等全部进行如实记录，调度设备的运行，把工单、BOM 等数据及时传递给 WMS 进行原材料的供给调度。

5. 企业资源计划系统（ERP）建设

(1) 在智能制造和智能工厂中，ERP 处于应用层。其充分考虑制造业动力电池制造企业的生产流程，强调整个物流、资金流、信息流贯穿整个企业业务流程始末。通过连接价值链纵向、横向、端到端的所有信息，协助企业在互联网产业环境下快速建立大规模批量性、快速反应的智能制造模式。亿纬锂能 ERP 系统总体框架如图 54-9 所示。

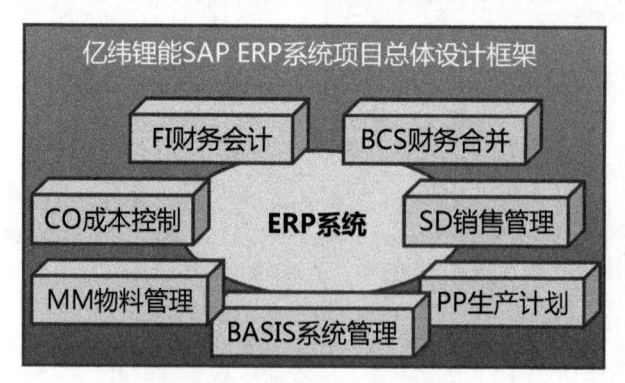

图 54-9　ERP 系统总体框架

(2) 通过 ERP 系统与 MES 系统的集成，共享生产工单、产品、物料等订单信息，可实现订单信息的双向流动，实现基础信息的同步。制造执行系统（MES）与集成监控层的数据交换中心集成，通过数据交换中心将生产计划和产品的工艺参数信息下达给各工序的控制系统，各工序将生产执行情况和质量数据反馈给上层的制造执行系统（见图54-10）。

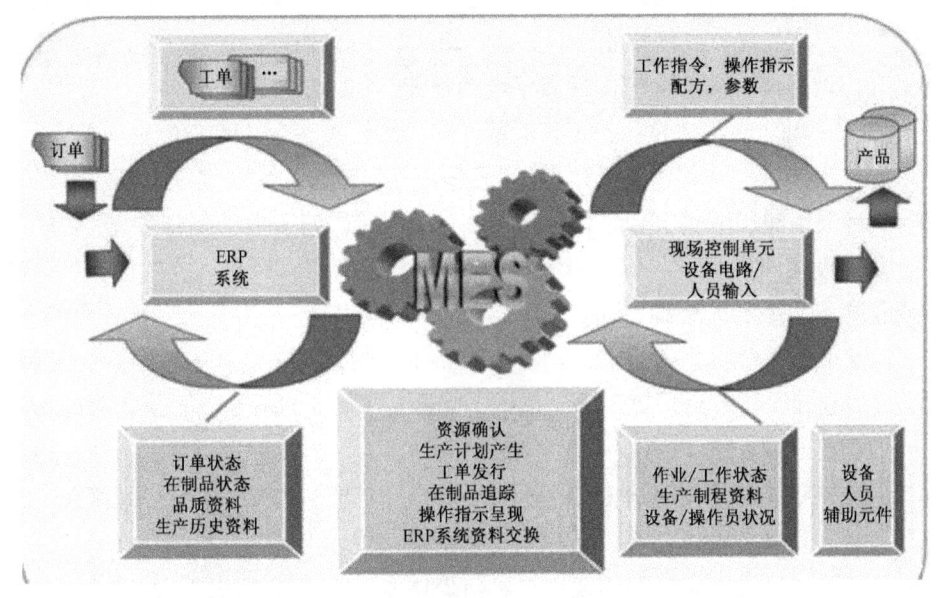

图 54-10　ERP 系统与 MES 系统集成

6．信息安全保障

亿纬锂能从多种技术手段、多个防范角度、多个防范层面对信息网络和数据进行保护，为智能工厂的信息化建设保驾护航。亿纬锂能的网络应用层网络和设备层网络两大部分进行独立安装部署，应用层网络通过物理隔离或划分 VLAN 的方式与车间专用网络分开，确保生产专用网的网络安全、带宽不冲突；设备层网络按工艺、工序和自动化装备的需要，建立独立的小型专用局域网，通过中间库、转换机等方式，安全的连入生产专用网络（见图54-11）。

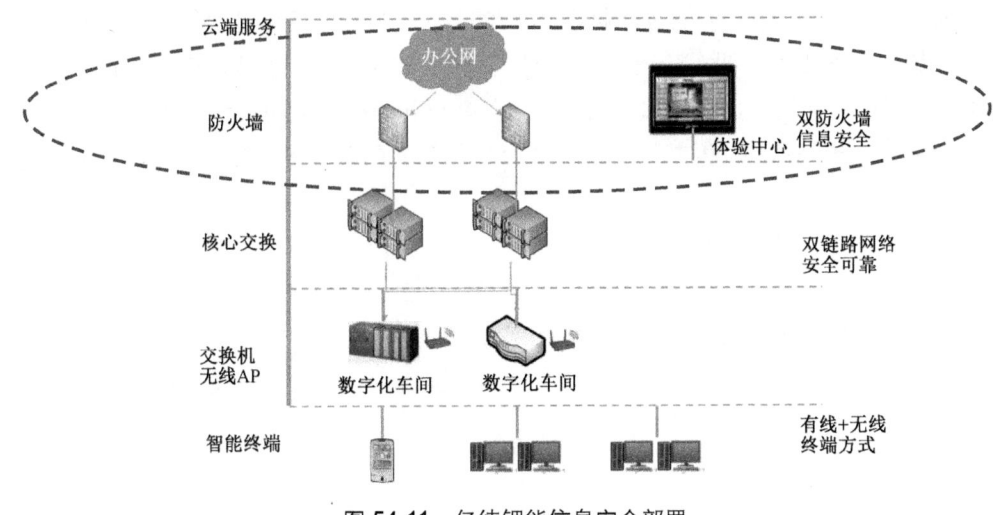

图 54-11　亿纬锂能信息安全部署

三、实施成效

项目将通过持续改进，实现生产过程动态优化，制造和管理信息的全程可视化，企业在资源配置、工艺优化、过程控制、产业链管理、节能减排及安全生产等方面的智能化水平显著提升，最终成为国际一流的锂离子电池智能工厂。

（1）工厂和车间的总体设计、工艺流程及布局均已按"无人作业"车间的要求实施，实现全自动化生产，实现了"工厂建模-产品建模-工艺建模-质量建模"的数字化管理。

（2）项目采用和集成了全自动化生产装备，采用和研制了自动配料系统、自动组装系统等，自动化设备和控制系统覆盖率达到了100%，具有自动采集数据的能力，关键生产环节实现了基于模型的先进控制和优化。

（3）建立工厂通信网络架构，各车间子系统相互独立且通过网关与主机房进行信息交互。实现了制造过程与数据采集和监控系统、制造执行系统（MES）、企业资源计划（ERP）系统之间的信息互联互通。

（4）建立制造执行系统（MES），基于生产线和生产工艺模型，利用高级排产功能实现对生产计划、调度分析。

（5）建有工业信息安全管理制度和技术防护体系，独立部署两大层级网络、投入信息安全防泄密系统、部署工业防火墙、建立信息安全保障机制和制度，具备网络防护、应急响应等信息安全保障能力。

四、实施经验

新能源汽车是国家"十三五"重点发展的领域，为新能源汽车战略发展要求，而锂离子动力电池产品是新能源汽车的核心部件，其品质和可靠性直接关系到我国新能源汽车的发展，而产品的制造过程又是锂离子动力电池产品品质和保证可靠性的基础。

2006—2016年，锂离子电池行业经历了半自动化生产、组合自动化生产、分段自动化生产和集成自动化生产四个阶段。目前的行业整体制造水平处于从局部自动化到全面自动化，从单项覆盖到高度集成的过渡阶段。随着客户和消费者对锂离子电池产品的安全和质量的重视程度越来越高，生产厂商在质量管控方面也在不断增加信息化手段，朝智能化工厂方向升级。

锂电池生产工艺属连续和离散混合型制造，具有生产协同难度高的特点，因此构建基于设备、工艺和流程的工业大数据采集、挖掘和应用平台，建立以质量管控为核心的产品生命周期可追溯的智能制造模式的重要性和意义不言而喻。

编委会：宋志新　　编写组：张海丽

55 新能源汽车动力电池智能制造试点示范

——青海时代新能源科技有限公司

一、项目实施背景与状况

（一）项目实施背景

随着新能源汽车的快速发展，我国的新能源汽车保有量也在逐年提升。2015年，年销量达33万辆，2016年，年销量超过50万辆，预计到2020年，我国新能源汽车产量将达到200万辆，届时动力电池需求量有望超过100GW·h。因此，新能源汽车未来将拥有巨大的市场空间，本项目产品具有非常广阔的市场前景。

然而，我国动力电池产业竞争力不强，制造装备智能化水平不高、产品一致性差等因素，成为行业发展的瓶颈。因此，快速提升锂电池行业智能制造水平迫在眉睫。

（二）项目实施的主要思路和目标

本项目以锂电池制造工艺为主线，综合运用多维感知、在线检测、智能物流等技术，采用核心智能制造装备提升生产线的智能化水平。同时，以工厂部署的网络架构为基础，建立一套涵盖生产、物流、仓储、管理的综合监管信息化集成系统，包含系统之间的高效协同与集成、企业数据分析和监控平台，实现对关键工序参数的分析与优化，辅助生产管理系统的决策。通过项目实施建设新一代锂电池智能工厂，推动智能制造新模式应用。以生产和制造中存在的技术和标准化需求为导向，凝练形成锂电池智能制造核心标准，指导电池生产行业应用。

公司旨在通过智能工厂建设，实现以下指标。

（1）产品技术指标：磷酸铁锂单体电池能量密度160W·h/kg，循环寿命不低于4 000次。

（2）智能工厂技术指标：自动化率达到90%以上，数字化联通率达到100%，安全可控智能装备的国产率达到90%以上，生产节拍达到12PPM以上，产能规模达到1.56GW·h/年以上。

二、项目主要实施内容

（一）项目实施的主要内容

青海时代新能源科技有限公司根据锂电池行业背景及自身的特点，采用 CAX 工具软件进行产品的虚拟设计、模拟仿真、工厂布局，以智能装备为基础，以制造执行系统 MES 为信息系统核心，以数据为驱动，深度融合工业化和信息化，打造高安全、长寿命锂离子动力电池智能工厂。

与国内装备供应商、研究院所紧密合作，开发多种核心装备，国产化率达到 90% 以上，实现关键装备和技术的自主安全可控，通过自主研发突破行业关键短板。

制定设备、环境、产品等信息终端的数字化传感和物联网接入规范，建立互联互通的安全生产网络，实现制造过程中数据采集、物料装配、状态监测的自动化和信息化，全过程保证产品质量的一致性和可控性。

通过建立制造大数据平台，引入模式识别、数据挖掘和机器学习技术，实现对工艺参数自动调优、产品质量在线检测、制造过程的增强型防呆和生产设备的预测性维护。同时，向上集成 ERP、SCM、PLM 等外围系统，建立系统之间的高效协同，促进全价值链优化。

最终建成具有数字化、网络化、精益化、智能化特征的新一代的锂电池智能工厂，推动智能制造新模式应用，以生产和制造中存在的技术和标准化需求为导向，凝练形成锂电池智能制造核心标准，指导电池生产行业应用。

（二）采取的主要措施

围绕项目建设目标，本项目建设内容包括电芯生产过程中关键工艺和核心智能制造设备研发、自动化产线建设、环境感知工业物联网系统、工厂互联互通网络架构与信息模型和信息化系统建设。

其中，信息化建设是以 MES 为关键中枢，融合包含设备报障报修、综合效率分析、环境数据采集等功能的 ANDON 系统，以及包含生产一线人力资源管理功能的 MHR 系统，建设面向生产过程的人员、机器、产品、工艺、环境和工装管控的生产管理系统；引入分布式数据、应用和计算框架，引入模式识别和数据挖掘算法，在生产中扩展机器学习运用，为自动化设备参数设置和工序质量控制提供支撑，打造面向锂电池及储能系统生产的统一大数据平台，实现制造全过程的自动化、信息化和智能化要求，把制造水平打造成为企业的核心竞争力之一。

同时，以 MES 为信息系统核心，实现与 ERP 系统的集成，并通过 ERP 集成 PLM、SCM、CRM 和问题管理等系统，在整个价值链上建立以效率提升、质量改进、成本控制为内在的集成管理体系。

1. 工业互联网集成应用

在生产现场,由于设备密集度高、变频功率大,为减少信号干扰,在设备的直接网络接入上,大多采用 PLC + 以太网(采用超 5 类屏蔽双绞线)的形式。

在个别区域,如前工序搅拌段,须采用手持式智能终端在搅拌罐旁和设备进行交互式投料控制,且设备密度较低,故在此直接采用 Wi-Fi 接入方式。在生产中全面采用单件流控制,由设备直接扫描加工产品获取产品条码,再通过 Web 服务进行请求调用。

对环境的温度、湿度、洁净度等数据,通过传感器完成数字化采集,再通过 PLC 或窄带物联网将数据传输到 ANDON 系统。

来自自主开发的 MHR 系统的人力资源数据、ANDON 系统的设备状态和环境感知数据、MES 系统的产品制造过程数据可进行协同控制,并最终都汇集到制造大数据平台 MDP。

2. 工业软件

在信息系统层面,重点需要打造两个层面的集成和协同:以制造现场管理为核心的人、机、工、料、法、环等全生产要素的集成;以 MES 为信息系统核心,打造从需求、设计到销售、服务的全价值链要素的集成。

对生产要素的集成包括 MES、MHR、ANDON 及它们与制造大数据平台(MDP)、E-Mail、移动 APP 的集成处理。其中,针对制造大数据平台(MDP)引入了模式识别、机器学习和分布式大数据计算技术,可实现工艺参数的自动优化和设备更新,实现制造装备的自感知、自学习和自适应,而且提供了对制造过程的增强型防呆控制,以及对生产设备的预测性维护。

对全价值链要素集成,是制造领域向整个企业价值链的延展,通过以 MES 为执行核心实现与企业资源计划(ERP)的集成,并通过 ERP 再集成产品全生命周期管理(PLM)、供应商关系管理(SRM)、供应链管理(SCM)、客户关系管理(CRM)及问题管理等系统,在整个价值链上建立以质量、效率、成本为内在的集成管理体系。

3. 核心技术装备

锂离子动力电池的生产制造包括极片制备(阴极、阳极),电芯的制作和组装,模组电池包的组装三大工序。车间总体设计是根据产品生产流程的先后顺序进行布置,分为包括极片制备和电芯组装在内的电池单体生产车间、模组和系统组装车间。此项目计划建设锂离子电池专用的智能工厂,核心设备的国产率超过 90%,其中高速粉料、高速卷绕、高速注液等关键核心设备的指标均达到国际先进水平。设备的互联互通率 100%,OEE(设备综合效率)达到 85%,深度融合设备的控制数据和工业大数据平台,进行设备的状态管控和产品的质量监控。

三、实施成效

1. 装备改良后的效果比较

项目的实施给我司带来了两点质的提升：降低人力成本和制造产能提升。项目实施前，我司制造系统物流主要以人工为主，制造设备多为半自动化设备。制造产能较低，投入人力成本较大。项目实施后，可以使我司制造设备全线实现自动化，人力成本大幅降低的同时，也提升了产能、降低了产品不良率，大大提高了我司的制造水平。

2. MES 系统相比之前的分散式生产管理系统可以从以下方面体现其效果

建立公司统一标准的生产工艺流程，并将工艺控制参数、设备参数和质量参数导入系统中，实现对工艺、设备和质量的管控；建立人员、设备、物料、工艺等多重防呆防错模式；实时采集设备运行数据及设备参数；提高质量控制能力和与 ERP 系统集成的能力，提升产能；及时生成管理报表、作业管理报表；在线监测设备运行状况等。

3. 实施 ERP/SCM/PLM 系统之后效果比较

实施效果体现在提高资产利用率，降低生命周期成本，降低产品成本（通过减少如制造费用、原料成本和材料采购成本等成本要素降低产品的直接成本）；依靠服务实现持续收入，提高满足市场/客户需求的能力；依靠有效的产品平台（模块化的产品族）来扩大市场份额，开发/定义新市场。

四、实施经验

通过实施智能制造，提升企业的整体制造和管理水平，提高生产过程数据采集的准确率、及时率和使用率；通过系统协同，实现设备互联互通，减少信息孤岛，提高设备有效利用率、产品优率，降低了生产制造和管理成本，逐步实现企业由工业化到数字化再到智能化的蜕变，打造企业的创新能力和可持续竞争能力。

编委会：米 伟　　编写组：梁衍学

金属增材制造智能工厂试点示范
——西安铂力特激光成形技术有限公司

一、项目实施背景与状况

西安铂力特激光成形技术有限公司（以下简称"铂力特"）是中国领先的金属增材制造技术全套解决方案提供商。在"工业4.0"、"中国制造2025"等全面提升制造业整体水平的背景下，铂力特以科技创新加速产业发展，加快金属3D打印技术与信息化技术深度融合，重点以金属3D打印智能制造装备研究、金属3D打印智能制造工厂建设、金属3D打印在线智能制造云平台建设等方面工作，实现金属3D打印技术的创新发展和转型升级。通过物联网、大数据、云平台等新概念加速"互联网+"与"3D打印+"深度融合，形成3D打印智能制造新业态，为大众创业、万众创新提供新思路。

铂力特根据金属3D打印技术的特点，结合用户需求，加快金属3D打印技术向自动化、智能化、全数字化生产方向发展，通过智能化控制、工艺方案数字化设计、数字化制造等系统与金属3D打印设备的集成，打造智能化金属3D打印高端装备。

在激光立体成形方面，铂力特通过信息化控制技术，实现了激光器、运动机床、光路保护、成形控制软件、过程监控、材料输送、气体保护等子系统的完美集成，已经成功研制出可用于大型复杂结构件加工制造、重大装备修复再制造的 C600、C1000、LSF-V 等系列型号的成形修复多功能装备——激光立体成形智能制造装备（LSF），以及 LSF-IV、LFR-M 等型号的修复再制造专用装备——激光成形修复装备（LFR）。设备通过在线监测系统实现了熔池的在线实时监测，确保钛合金、高温合金、不锈钢等材料的高性能致密金属材料的高柔性化制造。

在选择性激光熔化成形装备方面，铂力特通过自主研发突破了目前国内外先进的双向铺粉技术，成功应用于公司 S300 型选择性激光熔化成形装备，使 SLM 铺粉效率提高了至少30%。该设备的使用性能可与国外同系列设备媲美，与国际知名品牌德国 EOS 设备相比，铂力特 S300 型选择性激光熔化成形设备可成形尺寸更大、加工过程更智能，生产制造全过程可实现无人值守。

公司计划在 3～5 年内，持续推进智能化激光立体成形、激光成形修复、选择性激光熔化成形的装备国产化进程，重点发展满足航空航天、医疗、能源、模具等行业需求的 S200 型、S310 型、S600 型选择性激光熔化成形装备，打造数值化、智能化金属 3D 打印国产品牌，全面提升我国传统制造业信息化、智能化装备水平。

二、项目主要实施内容

铂力特金属 3D 打印智能/数字制造工厂是以铂力特金属 3D 打印智能制造装备为基础，实施总装集成模型信息化处理、制造工艺过程信息智能化控制、工艺方案数字化设计、数字化制造等系统，建立规模化金属 3D 打印智能/数字制造示范线，解决金属 3D 打印定制化产品批量化生产的问题。

（1）智能工厂的建设。铂力特激光立体成形产业化基地建设项目总投资 2.05 亿元，作为"西安市 2015 年重点建设项目"于 2015 年 4 月正式开工。项目前期勘察、设计等前期工作均已按时完成，12 月中旬完成地基建设，2016 年 2 月完成厂房混凝土结构建设。数字化智能制造工厂总装集成 C600、S300，购置 M280 设备，自研/购置专业软件 3-matic、Streamics、MCS+BP、Magics，并应用 T3、ERP、PLM 系统分别实现公司财务、供应链、产品生命权周期管理，确保公司金属 3D 打印智能/数字工厂的高效运营。项目建成后将带动金属 3D 打印产业向智能化的全数字设计制造方向发展。

（2）智能工厂体制机制逐步形成。金属 3D 打印数字化制造工厂的金属 3D 打印业务从设计到生产实行全数字化办公，即通过三维 CAD 软件实现构件工业设计，然后通过上述信息化处理技术与智能化制造装备实现金属构件的全数字化制造。在管理上采用信息化办公管理系统，并延伸应用于项目管理工作中，通过 ERP、PLM 管理系统可以直接了解项目的进展情况，使企业管理更加高效便捷。

（3）金属 3D 打印模型信息化处理系统的建立。金属 3D 打印模型信息化处理系统是金属 3D 打印模型前处理软件系统，可以根据工艺需要对模型进行处理。在工艺方案数字化设计系统中，工作人员可以根据金属 3D 打印成形规律与构件结构特点，设计构件的总体成形方案，包括成形方式、添加成形辅助支撑、数据处理、切片分层、路径优化等。数字化制造系统是设备制造系统根据数字设计系统导出文件，进行直接数字化制造。制造工艺过程信息智能化控制系统是计算机控制系统通过传感器等元器件对金属 3D 打印制造现场、工艺参数等进行监控，并实现意外信息处理。计算机通过控制软件检测模块可实现工作现场温度、杂质气体、含氧量、湿度等工艺参数的监控，现场参数一旦出现异常，计算机软件控制系统即自动报警。

铂力特计划在未来 3 年内，利用"互联网+"新业态，结合金属 3D 打印数字化工厂，建立金属 3D 打印在线智能制造云平台，在全国建立多家金属 3D 打印数字化工厂终端，形成以铂力特为中心,向各数字化工厂终端输送产品工艺技术,实现订单、生产的统一调配,实现金属3D打印产能的统筹管理,同时为社会提供大量的投资创业、就业的机会。

三、实施成效

1. 智能工厂框架初步形成

金属3D打印数字化制造工厂生产所涉及的信息化处理与信息化控制技术不同于传统工业制造的体力化、原始化生产模式,是在计算机软件设计前提下,实现工艺过程的计算机自动控制,并实现直观的GUI监控。目前铂力特激光立体成形、激光成形修复、激光选区熔化成形装备均已初步配备金属3D打印模型处理系统、制造工艺过程控制系统、工艺方案设计系统等,后续将进行金属3D打印信息化模型处理系统、制造工艺过程智能化控制系统、工艺方案设计系统、数字化制造系统等子系统的优化与集成,使整个工作系统有机融合于一体,完全实现数字化设计制造全过程。

2. 实现快速制造、提升经济效益

铂力特利用全数字化设计与生产,通过OA管理系统可以直接了解项目的进展情况,应用ERP系统保证数据的一致性和准确性,在传统复杂异性结构件的加工方面大大提高了生产效率,使得年产值和销售业绩成倍增长。2014年的主营业务收入9156万元,实现利润总额1255万元。2015年10月底,合同签订额已达到1.5亿元。

3. 管理效率大幅提升

铂力特在管理上采用信息化办公管理系统,并延伸应用于项目管理工作中,通过OA管理系统可以直接了解项目进展情况,使企业管理更加高效便捷。在生产能力、加工装置不断增加的情况下,铂力特全数字化、智能化设备,可制备更大成形尺寸的产品,加工过程更智能,全过程可实现无人值守,一人可看管三台设备,人员利用率极高。

4. 金属3D打印技术成果

铂力特在激光立体成形技术领域已经自主研发出C600、LSF-V、LSF-VI、C1000等系列激光立体成形装备,形成了激光立体成形及修复产业化示范线;激光选区熔化成形技术领域,自主研制并总装集成了S300型选择性激光熔化成形装备,形成了选择性激光熔化成形产业化示范线。在装备配套集成方面,铂力特利用自主研发的LSF、SLM系列增材制造装备已经为国内航空航天、能源、汽车、模具行业企业配套大量增材制造装备,形成了增材制造装备产业化示范线。在上述产业化基础上,铂力特积极推进增材制造技术工程化应用研究工作,取得了世界最高一次成形金属增材制造构件——C919中央翼缘条,以及滑轨、机匣、壳体、叶片等激光立体成形新产品,格栅、蜂窝、空心叶片、轻量化减重结构、牙齿/骨骼类医疗植入体、水冷回路模具等选择性激光熔化成形新产品。

发动机叶片修复、煤机修复、机匣/壳体等修复产品，为增材制造技术推广进行了大量的工程化应用研究与验证，为我国多个重点型号的研制解决了加工制造难题，同时大幅多缩短了研发迭代周期，降低了试制成本。

四、实施经验

由于金属3D打印技术的需要，铂力特不断贯彻信息化和金属3D打印技术的深度融合，不断研发数字化、智能化金属3D打印装备，提升生产制造、供应链管理、产品营销及服务等环节的智能决策水平和经营效率。金属3D打印智能/数字制造工厂建设具有以下示范作用。

（1）必须明确建设目标、规划实施路线、制定实施策略、落实保障措施，以加快改进传统制造业向自动化、智能化、全数字生产的金属3D打印方向发展为目标，使我国制造业向信息化融合、精密化转变、智能化开发、集成化推进的方向发展。

（2）必须以业务需求为导向，立足于解决生产经营、发展建设和企业管理的实际问题，继续加强工作现场、生产装备的在线监测系统的智能化程度，建立工业化与信息化融合的现代化典型示范产业。

（3）必须不断推进装备国产化和软件国产化，不断降低设备价格，努力形成知识产权，提高市场占有率。

编委会：赵晓明　　编写组：严　峻

57 风电设备远程运维服务试点示范

——明阳智慧能源集团股份公司

一、项目实施背景与状况

（一）项目实施背景

随着科学技术的快速发展，可再生能源得到了全球各国的重视，在2017年3月的十二届人大代表五次会议上，李克强总理明确表示了我国对支持可再生能源发展的决心，而风能作为可再生清洁能源中技术较为成熟的发电方式之一，更是受到了广泛的关注。目前，全球风力发电总装机容量不断攀升，其中我国增长尤为明显，截至2016年年底，短短5年时间，我国风电总装机容量已从2010年的4473.34万千瓦达2016年的1.49亿千瓦，成为继火电、水电之后，第三个迈入我国"一亿千瓦俱乐部"的发电类型，可见风力发电在电力发展过程中影响力越来越大。

电力行业是应用信息技术较早和较有深度的行业之一，电力系统的规划设计、基建、发电、输电、供电等各环节均有信息技术的应用，具体到新能源领域，发电设备SCADA系统，即数据采集与监视控制系统已得到了广泛应用。由于云计算、大数据等新技术的发展，风光储等新能源的大量接入，打破了传统相对"静态"的电力生产，使得计量和管理变得日趋复杂。风能爆发式的增长同样也带来了巨大的现场管理问题和运行控制问题，诸如现场控制费时费力、运维团队庞大、效率低下、维修反应迟钝、备品备件库存量大、成本高、现场数据管理困难和风机运行效率低下等，严重影响风场发电量和客户经济效益。

在此趋势下，结合国家近年来的政策动向及创新发展需求，将工业化和信息化紧密融合，是企业由生产型制造向服务型智造转变的必经之路。明阳智慧能源集团股份公司（以下简称"明阳"）结合自身特点，积极推进互联网与风电产业的融合，利用物联网、云计算、大数据等信息技术，整合风电产业全生命周期数据，建设风电大数据资源池和分析处理平台，实现基于互联网思维的风电大数据智能服务和全生命周期管理，并形成开放式的公共服务体系，为国内其他企业起到引领示范作用。

（二）项目实施的主要思路和目标

在积极响应国家推进工业化和信息化相互融合的政策下，风电场作为资产密集型的企业，确保资产健康状态最佳是保证风机发电量和确保项目投资收益的核心问题。风机运维成本占资产生命周期生产总体成本的 15%～20%，设备健康监控、故障预测及预判性维护将实现提前数周预判重要故障；缩短因为临时性维修、等待备件到货而带来的长时间停机；最大限度上避免因局部微小故障未得到及时维修所带来的严重停机和事故。因此，传统的基于故障发生的维护模式，将向以预判性维护为核心的基于大数据分析的主动式预警监控机制转变。

二、项目主要实施内容

（一）项目主要实施内容

明阳智能风电大数据智能服务和管理项目主要分三部分进行建设。

1. 风电场群集中监控和运行系统开发

风电场群远程集中监控和运行控制平台从 PLC 的数据标准采集、协议转换，到数据预处理、数据入库，到智能监控系统进行数据展示、曲线分析、数据统计、故障诊断、故障预警、数据分享等功能，实现了根据现场 SCADA 监控数据和多维分析结果进行风电场群场级控制决策，例如尾流控制策略、最佳功率系数 K_{opt} 跟踪、风电场群功率优化控制等。系统兼容所有风机类型，支持公司级、风场级、风机级的多层次实时状态监控和控制，不仅能够监测各类风机运行数据与报警，有效识别并统一各类型风机状态，还能开发更高级的监测与控制功能，如风机亚健康状态监测、风机故障诊断、风机运行质量 KPI（关键绩效指标）、风速预测、风机最优群控等，让风电不可控性所带来的挑战在该集中监控平台上实现最大限度地改善。

2. 风电场智能化管理系统开发

风电场群智能管理平台包括资产管理、现场管理、运维管理、物料管理和人力资源管理等内容，将风电场设备台账、物料清单、物料和人力资源等记录数据与工单系统关联起来，形成对风电场统一管理的服务现场管理平台。利用其先进技术和管理手段，标准化现场作业流程，优化备品备件库存结构，提升发电量。预测性维修使得风场运维流程发生了根本性变化，系统提前预测指导运维，从而在提升设备可靠性的同时降低了运营成本。总部监控中心专家远程指导风电场群运维、风电场后评估，在提高维护水平的同时提高发电量，实现度电成本最优。

3. 大数据云计算分析系统开发

基于风电场群风机物联网，以现场 8 000 多台风机超过 60 万个监测传感器实时测试的数据为支撑,利用大数据理论的高效优化计算能力和基于神经网络和遗传算法的智能化优化算法,快速获得最优现场管理模型。对风场风机实时性能、功率曲线、电能质量、零部件工作状态、风资源后评估、安全库存和风机个性化控制策略等进行实时决策,从而尽最大可能提高风机可利用率和风电场群发电量,降低零部件失效可能和风电场群度电成本,提高客户经济效益。

(二) 项目主要实施措施

风电大数据智能服务和管理项目通过建立风电大数据智能云服务平台,并以此为创新载体,为用户提供风机故障诊断、风机运行状况实时监测、风机运行质量 KPI、风速预测、远程运维等智能服务,通过数据采集、建模分析使风机的不可控性得到最大改善,具体方案如下。

1. 风电场群集中监控和运行系统开发

基于公司现在 200 多个风场共 8 000 多台兆瓦级大型风机物联网系统,利用现场超过 120 万余个传感器(包括风速、风向、传动链振动、转速、角度、位移、温度等传感器),实时采集各种监控信号数据,每天数据增量超过 30GB。再从 PLC 系统进行数据标准采集、协议转换,到数据预处理、数据入库,最终通过智能监控系统进行数据展示、曲线分析、数据统计、故障诊断、故障预警、数据分享等功能。

根据现场 SCADA 监控数据,公司经验丰富的专家团队对监控数据进行过滤和多维分析,基于现代控制技术理论开发风电场群场级控制决策算法,例如风场集群尾流控制策略、全场最佳 K_{opt} 跟踪、风电场群功率优化控制等,从而使得风场集群发电量大幅提高。

此系统兼容所有风机类型,支持公司级、风场级、风机级的多层次实时状态监控和控制,不仅能够监测各类风机运行数据及报警信息,有效识别并统一各类型风机状态,还能开发更高级的监测与控制功能,如风机亚健康状态监测、风机故障诊断、风机运行质量 KPI、风速预测、风机最优群控等。让远程集中监控运行与现场少人值守或无人值守检修的理想模式真正得以实现。

2. 风电场智能化管理系统开发

风电场智能化管理系统的目的是实现工程项目全生命周期管理,把目前项目管理方式从粗放型向精细化管理转型,提高运维效率与运维质量,降低工程项目运维成本,降低企业管理成本。同时,提高机组运行稳定性和客户满意度。

风电场群智能管理平台包括资产管理、现场管理、运维管理、物料管理和人力资源管理等,其将风电场设备台账、物料清单、物料和人力资源等记录数据与工单系统关联起来,通过大数据中心数据仓库进行数据整合,再由公司现场管理、备品备件管理、物料管理和人力资源管理专家团队制定管理流程和规范、开发备品备件智能优化算法、人力资源管理优化方法、基于现场大量实时监控数据和智能化优化理论、开发智能自学习自适应优化算法，求解获得最优化库存模型、最优化人力资源配置和最优化现场管理模式，从而实现风电场集群智能化管理。其全生命周期管理系统功能如图 57-1～图 57-3 所示。

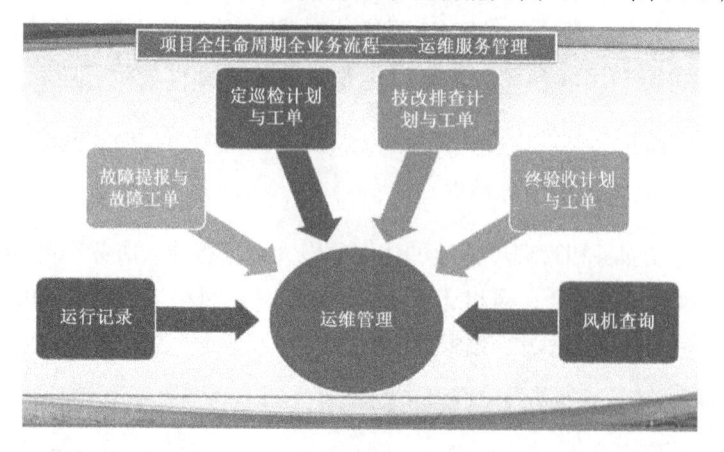

图 57-1　明阳风电项目全生命周期全业务流程——运维服务管理

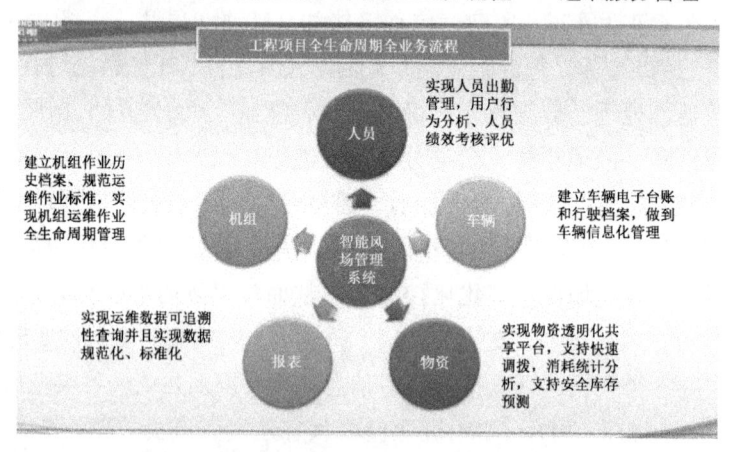

图 57-2　明阳风电工程项目全生命周期全业务流程

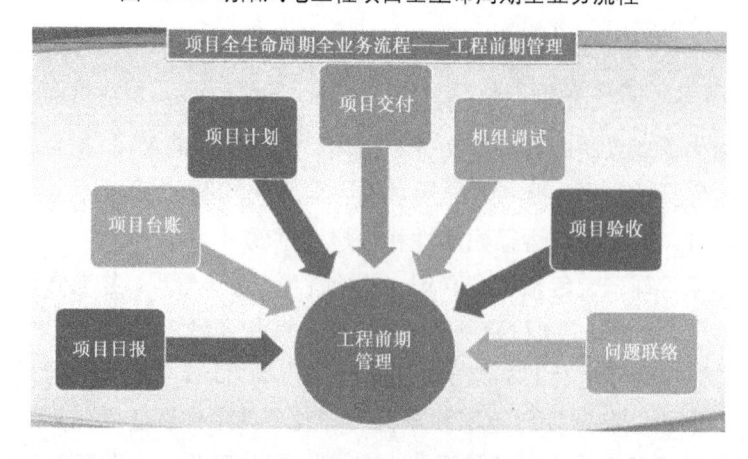

图 57-3　明阳风电项目全生命周期全业务流程——工程前期管理

该平台能在短期内帮助企业克服一些关键的风险与挑战，而且在整体上提升企业的运营水平，通过能力的提升，使设备的性能与人员的行为持续改善，从而提高风场发电量，降低风场运维成本。图 57-4 所示是风电场服务现场管理平台。

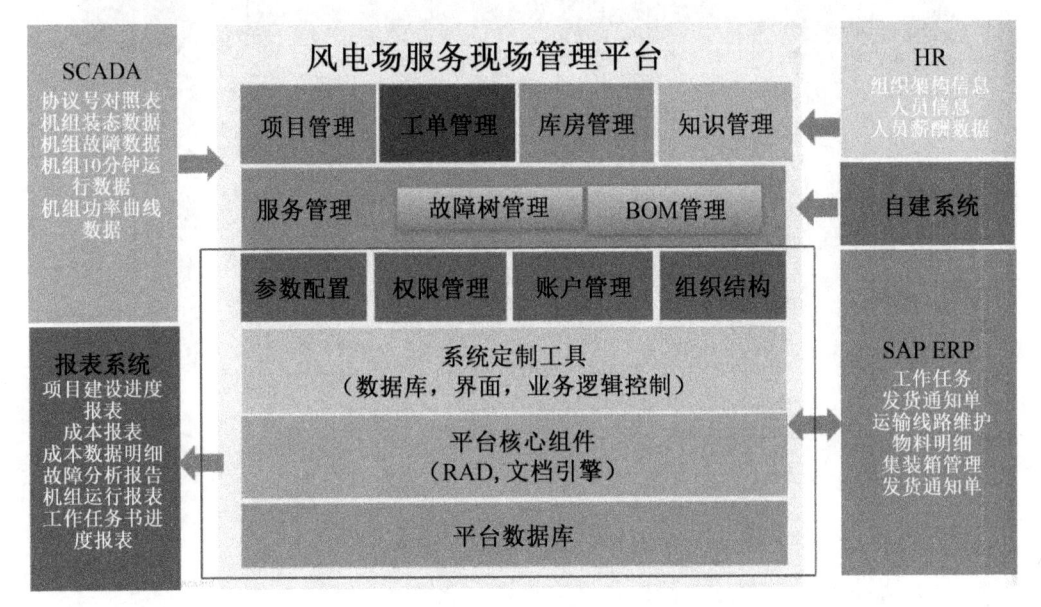

图 57-4　风电场服务现场管理平台

3．大数据云计算分析系统开发

大数据的本质是风电专业知识的有效重组，由大量风电资深专家在系统的设计与系统的客户化实施过程中，将风电的管理知识与技术知识固化入了系统，使得 IT 系统不仅仅是管理设备与人员的工具，更成为知识的载体，通过知识的转移使得风电场群获得智慧运营的能力。

基于风电场集群监控采集的大量数据和公司现场管理专家经验，利用大数据理论的高效优化计算能力和基于神经网络和遗传算法的智能化优化算法，快速获得最优现场管理模型，为管理决策提供依据，实现风电场集群智能化管理，同时也建立了风电行业"4P"模型。

P1 预防性：优化机组选型、风资源规划、调试过程，在机组投运前消除故障隐患；

P2 预测性：对运行机组测算元器件的故障发生概率和损坏概率，提前进行更换和维修；

P3 个体化：设定不同地域、环境、工况下的机组运行控制参数和检修模式，照顾到每台机组；

P4 参与性：为机组增加更多种类的传感器，通过数据能够提前准确发现隐患。

整合 SCADA 数据、服务管理数据、ERP 数据、PLM 数据、风资源等多种数据源，抽取至数据仓库，通过风电模型算法实现智能运行控制、智能管理、智能运维和智能预警等功能（见图57-5）。

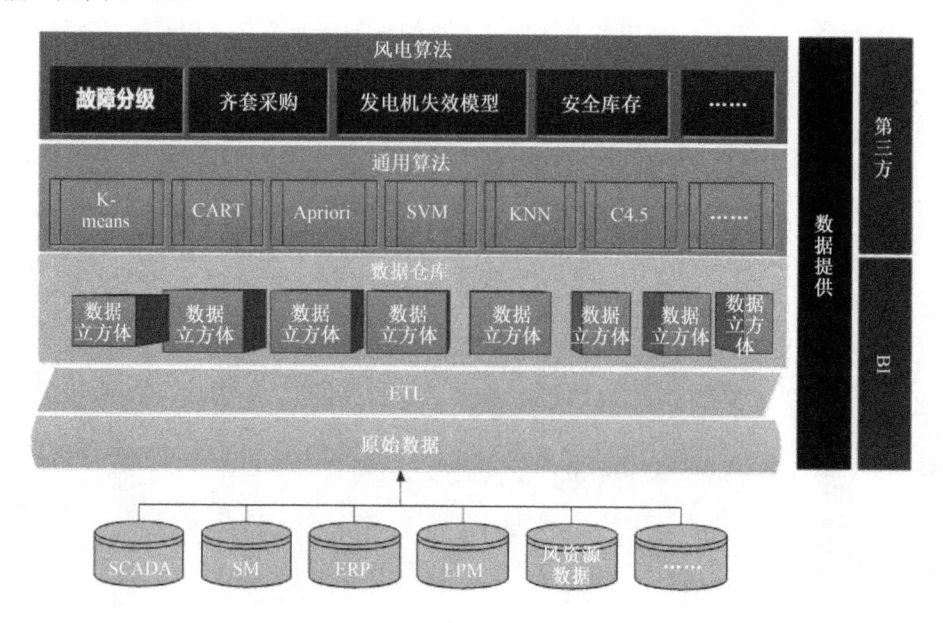

图 57-5 明阳风电的数据平台

4. 项目自主安全可控性

项目将位于企业内部的计算机资源连接起来，形成一个计算资源池，然后设立管理节点，通过集中化的方式管理和调度，以虚拟化的形式实现资源的统一调度、数据访问控制等功能，确保企业数据的稳定性及安全性，让管理和维护变得更为便利。

集控系统完全由我们自主开发，从硬件到软件及现场采集和实施等。集中监控方向实施过程中采取多点并行、全面展开的模式，当现场调试人员完成某个风场数据采集后，画面显示开发人员立即开始进行相关的开发工作。依此类推，多点扣环实施，确保按时完成数据采集、画面展示工作，系统集成组人员按照实际情况协调各风场的硬件网络集成顺序，对接口调试工作不造成影响。

集控中心侧的网络设计采用了双网冗余的方式（尤其是生产控制区设备），设备的选型采用主流通用信息设备，系统整体结构清晰，安全策略有效可靠，既保证数据和信息的可靠传输，又保证系统整体安全稳固。

系统采用分布式应用设计，应用由数据库、画面和程序组成，所有应用按一主一热备切换策略，保证多系统集成时相互运行不影响，保证系统的可用性，即使单机运行时也能承担所有的实时应用功能；采用实时数据缓存机制，在集控中心节点故障和通道链路故障的情况下，还能保存7天的历史数据。

三、实施成效

项目已实现实时数据库 50 万点同时采集，云服务器组达到 20 台，磁盘阵列容量达到 40TB，每天的数据增量为 30GB，与实施前相比，不仅提高了风电场自动化水平，增加了风电场群的经济效益，也大大提升了企业自身的管理效率及资源的利用率，保障实现风电场群综合利用效益最大化，让风电场群在电网中的竞争也更具优势。

目前，在国内外都积极发展大数据的环境下，项目保持国内领先水平的同时也做出了以下创新。

1. 风电场群远程监控、运行控制和大数据存储技术

基于区域风电场群物联网，结合现代控制技术和空气动力学理论，对风电场进行场级控制策略开发，减小同一风场风机之间的相互影响，减小风机尾流影响，提高风机整场发电量，增加风场经济效益。

2. 风电场群大数据挖掘、智能管理和机组预警技术

基于区域风电场群监控和测试数据，建立风电场群风机故障机理模型、运维预测模型、零部件失效模型、风场优化模型和控制策略决策模型等，实现对风场进行智能化故障诊断和处理、智能化运维工作规划、零部件失效预警和运维预测、风场场级控制策略应用决策等，从而实现风场降本增效。

3. 风电场群大数据云计算分析技术

风电场集群每天产生海量数据，以明阳现有风场为例，超过 60 万个传感器每天产生超过上百 GB 数据通过各种智能化预测、监控和预警模型进行优化求解。目前，数据处理系统优化求解效率为 8h/TB。然而在引入大数据云计算分析平台后，采用先进优化算法群，结合各种智能化预测模型，数据处理系统优化效率可提升至 10s/TB，极大地提高了数据处理能力和智能化管理决策能力。

四、实施经验

通过对风电大数据智能服务和管理项目的建设，实现了资源、技术共享，提高了维护水平及设备可靠性，提高了备品备件流通率，优化风场问题解决机制及企业的管理模式。同时，降低了运营成本，最大限度地改善了风电的不可控性，整体提高了解风机发电量，实现了度电成本最优化。典型经验和做法如下。

（1）无人值班或少人值守的风电场运营模式，对全面提高风电场自动化水平有极大的促进作用。

（2）根据气象部门对未来时段天气预报的预测信息，制定风电场在未来时段的生产计

划，合理地安排人员调配和设备检修计划，使资源得到充分利用。

（3）对各风电场的发电状况进行预测，并上报电网公司，以利于电网公司电力调度计划的制定。

（4）风电场群具有风电场设备多且分布分散、地处偏远的特点，如果对每个风电场单独进行管理，需要消耗大量的人力物力。设置风电场及远程监控自动化系统，实现风电场群的集中运行管理、集中检修管理、集中经营管理和集中后勤管理，保障实现风电场群综合利用效益最大化。

项目平台本身不直接产生经济效益，但项目间接地为企业风电场风机进行故障监控和分析预警，助力风机性能提升，提高风场运行效益，项目远程运维、调度与管理，提高运维效率，可以间接使项目风场每年节约30万元成本，100个风场间接产生3000万元产值；带动过亿元的质保内运维和质保外市场业务开展。其也可以指导产品研发，提高产品的性能，提高客户满意度等，间接促进公司获得更多订单，增加销售收入，对公司及行业发展起到重大的推动作用。

项目的实施直接新增就业人数30人，间接新增运维就业人员300人，并将形成不少于50人的大型风场智能化技术研究创新团队，提高我国自主研发能力。

至今项目已接入多个风电场，在风电场集控平台试运行的半年时间内，系统生成超过1TB的有效运行数据，储存故障记录文件超过1万份，平均故障响应时间降低0.2小时，发电量提升约1%，保守估计产生经济效益在80万以上。明阳的成功形成了直接带动效应，在行业内及上下游产业链内起到了很好的示范带动作用。

编委会：王金发

新能源汽车动力电池智能制造试点示范
——妙盛动力科技有限公司

一、项目实施背景与状况

新能源汽车是国家重点发展的战略性新兴产业，动力电池是新能源汽车的核心部件和动力源泉。然而，国内动力电池企业在产品生产工艺、生产设备和管理流程等方面与日韩企业存在较大差距，导致国内动力电池产品生产周期长、产品质量及稳定性差、生产成本一直居高不下。如何有效提升产品质量，降低产品生产成本，提高产品竞争力，是国内动力电池生产企业亟待解决的重大问题。

动力电池制造行业作为流程制造与离散制造的结合，工艺流程复杂，且存在大量的物理化学反应，传统的动力电池生产过程几乎处于不可控的非闭环状态，大量的人工参与，生产过程管控随意性很大。同时，国内新能源汽车企业对动力电池产品的标准、质量、交期日趋严格，对产品安全性和可追溯性具有刚性需求，急需导入智能化生产装备及管理手段，开展生产过程数据实时采集及分析，实现产品生产过程的稳定控制和产品质量的全面监控，构建安全、透明、可控的数字化车间，快速有效响应客户的需求。

妙盛动力科技有限公司依托公司的技术、质量、品牌等五大优势，确立公司的智能化数字车间的主要思路和目标：通过建成新能源汽车动力电池数字化车间，实现从电芯制造到电池包组装的智能化生产，全过程具有完备的监控和管理系统，有效地提高产品性能，提高生产效率，降低产品不良品率，降低能源消耗，为我国新能源汽车动力电池制造行业转型升级带来示范作用。为业界培养出一批成熟的、高能力的动力电池数字化车间建设实施人才。最终目标是实现在动力电池行业快速复制、推广数字化车间，提升我国动力电池制造的国际竞争力。

二、项目主要实施内容

（一）项目实施主要内容

本项目通过建设新能源汽车动力电池智能化生产线、新能源汽车动力电池车间工业网络、集散控制系统（DCS）和仓储管理系统（WMS），升级完善企业资源计划（ERP）与制造执行系统（MES），实现生产过程全流程在线检测、数据采集与可视化监控；实现生产订单、计划、排产等生产过程全要素管控；实现生产过程物料智能管控和配送；实现动力电池智能化生产线与 DCS、MES 互联互通，高效协同与集成，形成新能源汽车动力电池数字化车间，实现动力电池产品连续、稳定、可靠的生产。

（二）采取的主要措施

1. 生产管理智能化

（1）数据化建模。在建设前期，根据车间现有条件，基于数字化技术对产区的工艺规划问题进行三维仿真研究。通过三维可视化实时仿真，预先在虚拟的计算机平台上真实地展示出厂区的整体形貌、各生产单位内部设备工装布局、重要生产线的装配过程及物流走向等，根据其中存在的问题优化调整工艺规划。在车间总体设计、工艺流程及布局上均建立数据化模型，并进行模拟仿真，实现规划、生产、运营全流程数字化管理，避免由于设计质量、工艺流程设计不合理等问题造成时间和经济上的损失，实现资源配置优化。数据化建模如图 58-1 所示。

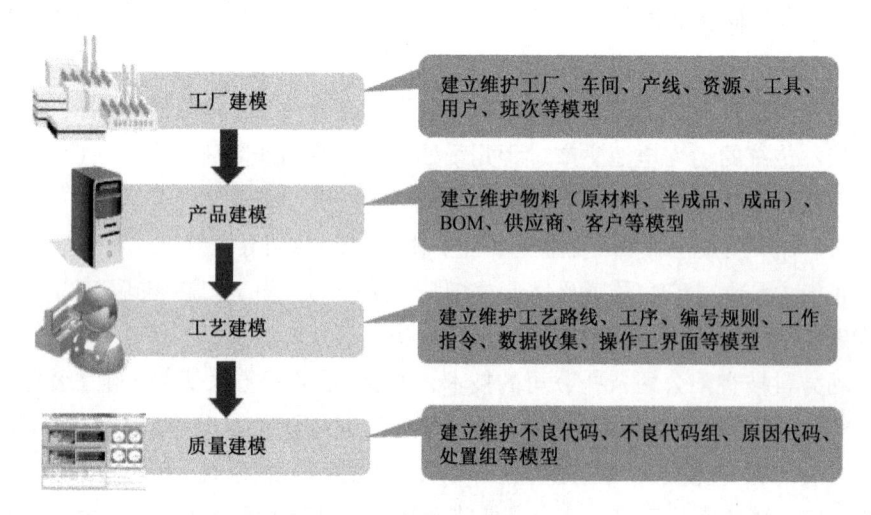

图 58-1　数据化建模流程

（2）产品数据管理优化。产品数据管理系统（PDM）以软件技术为基础，以产品为核心，以数据、过程和资源为管理信息的三大要素，所有的信息组织和资源管理都是围绕产品研发设计展开的。从静态的产品结构和动态的产品设计流程两方面进行信息管理，并与 MES、ERP 等系统互通互联，实现对产品相关的数据、过程、资源一体化集成管理。

（3）动力电池 MES 升级改造。为了实现数字化车间智能生产的目标，MES 的改造将提高智能化水平，实现设备预防性维修、智能检测与全程追溯、车间现场预警报警管理、生产过程可视化管理。MES 同时生成生产计划和配送计划，生产计划传输到生产线，配送计划传输到物流配送系统，从而实现智能排产、精准物料配送；通过给员工配备植入定位芯片的工卡实现对人员的精细化管理。MES 业务架构如图 58-2 所示。

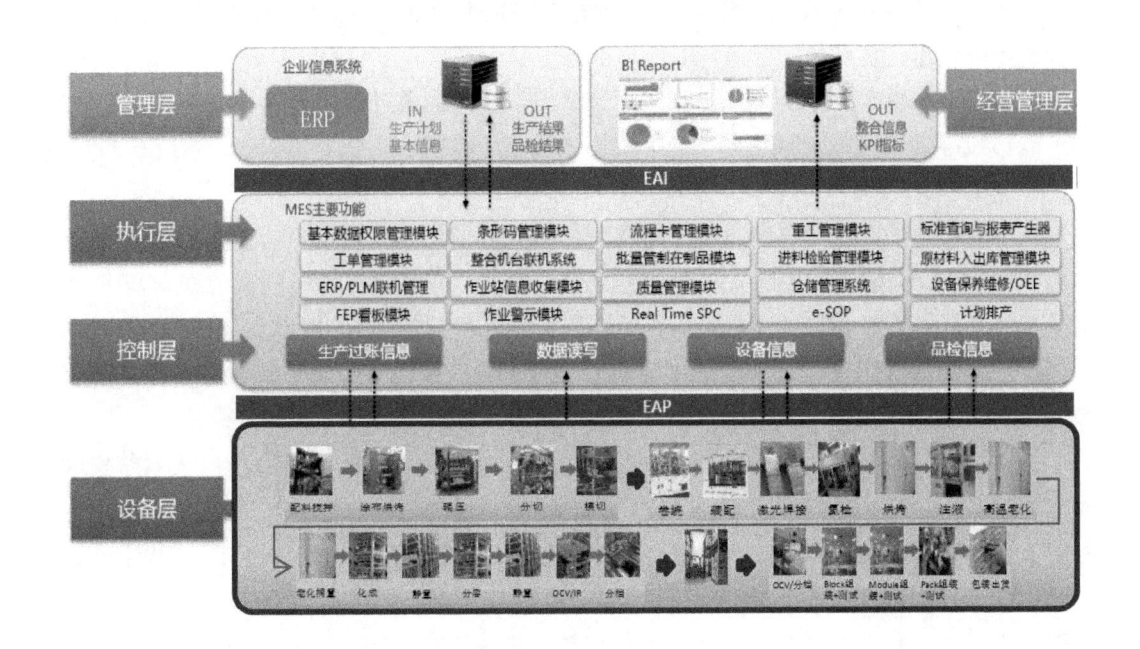

图 58-2 MES 业务架构

2. 设备管理智能化

项目引进 300 多台智能化电池制造、自动化检测设备，对电芯制造、pack 车间的生产线进行智能化设计和信息系统升级，提升车间装配的智能化、自动化，并将制造装备数据信息集成在车间 MES、ERP 系统中，建立核心流程互通机制，构建执行数据、实施收集、分析及反馈三大数据集成。

（1）建立动力电池全自动组装生产线。项目引进 pack 模组自动化装配设备、机器人焊接设备、AGV 智能移动小车等智能化装备，组建动力蓄电池全自动组装生产线，实现自动组装，实现电池组串并联机械化焊接以及成品自动化检测下料，人工不参与生产，实现电芯与极耳以及绝缘外壳的自动焊接组装，实现自动化物流，缩短生产节拍，缩短工序间的转序时间达到 35%以上，从而提升生产效率。

（2）建设设备数据采集系统。项目构建电芯制造设备、pack 设备信息网络互联及数据采集系统，完善 PDM、MES 和 ERP 的无缝对接，实现包含生产计划、生产任务调度、制造流程管理、设备管理、全面质量管理与追溯等功能模块在内的车间智能管控系统，对生产流程实时监控管理，充分采集生产进度、现场操作、质量检验、设备状态、物料传送等车间现场数据,实现锂离子动力电池生产线全自动化操作及对关键指标在线监控检测,并形成报表。

3. 动力电池车间信息系统集成

在全面升级现有 ERP 系统的同时,通过与 CRM、MES 进行集成,对生产计划、质量管理等模块进行优化。

(1)营销与生产业务协同。按照客户订单组织生产,通过营销与生产的协同,客户的需求能够被准确识别,并通过 CRM 与 ERP 的集成,将订单信息准确传递,系统自动完成生产计划编制。

(2)供应与生产业务协同。采购件及时保质到货,是提高装配齐套率,保证生产连续性的重要基础。采购供应能够按计划送达物料,并能响应生产过程中的紧急要料需求。对于供货时间和质量有保证的供应商,企业自身制定和优化期量标准,通过具有可行性的计划,保证采购物资到货;对于较小供应商,加强对供应商协作的管控,通过 SRM 系统的深化应用,及时掌握供应商的生产供应状态。

(3)MES 与 ERP 的协同集成。通过 ERP、MES 与数据收集分析系统三大系统集成,建立全生命周期产品信息统一平台,建立核心流程互通的机制;建立车间内部互联互通的网络架构,构建执行数据、实施收集、分析及反馈三大数据集成,完善设计、工艺、制造、检验、物流等制造过程各环节之间,以及与 MES/ERP 系统的协调与集成;同时,生产线中引进机械手,减少人工参与,降低操作误差,进一步提高生产。ERP 与 MES 集成图如图 58-3 所示。

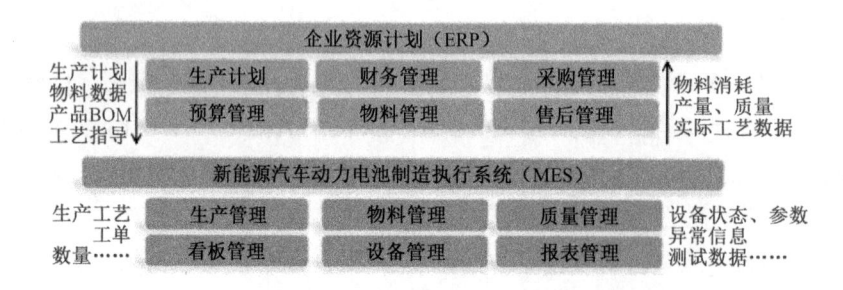

图 58-3 ERP 与 MES 集成

4. 物流系统智能化

智能物流系统包括自动化立体仓库及管理系统、自动导引运输车(AGV)、基于 RFID 的物料跟踪系统、升降设备、自动码垛设备、中转运输设备传送带等智能物流和仓储设备。通过自动化立体仓库系统可实现货物实时监控,货物入库、出库信息管理自动化,并实现数据维护、查询、库存分析、报表打印等信息处理功能,从而实现智能化车间物流配送。

三、实施成效

（1）促进动力电池企业生产设备由半自动化、自动化向智能化转型升级。通过智能化生产设备的使用，可减少生产过程中的人工参与，降低劳动力成本，提高对各生产工艺及物料使用的精准控制，进而提高产品质量及生产效率。

（2）推动国产设备厂商的先进设备在国内动力电池行业中的推广应用。在动力电池企业急需导入先进智能化生产设备的大环境下，行业内智能化水平高、制造工艺精良的生产设备基本都被日韩国家垄断。近两年来，国内厂商不断在装备技术上引进吸收国外先进技术，制造水平大大提升，但得不到国内企业的实际应用和吸收消化。通过本项目的实施，国内最先进的生产设备在数字化车间内得以实际应用，对行业起到了引领示范的作用。在实践的过程中，推动我国动力电池装备的水平不断提升。

（3）为国家建立一个新能源汽车动力电池生产行业的数字化标杆，加快我国业内企业数字化车间的建设进程。目前，国内动力电池企业对 MES、ERP、WMS 等智能系统的优势认知不深入，建设水平不高，直接阻碍了我国新能源企业快速从劳动密集型产业向技术密集型企业转型。本项目通过升级优化 MES、ERP，完成 MES 与 ERP、WMS 和智能化生产设备的集成建设，实现对生产过程的全流程监控和管控，建成数字化工厂，其模式在业内具有复制价值和示范价值。

四、实施经验

（1）重视数据资源的采集与管理。智能车间需要综合大量的数据资源，进行分析、判断、诊断等，企业要重视产品数据系统、制造执行系统、企业资源系统之间的集成，实现新产品研发、生产进度、现场操作、质量检验、设备状态、物料传送等智能化生产及现场数据实时监测及采集，实现信息数据可视化管理。

（2）重视先进智能装备的应用。当前，国内动力电池产品生产周期长、产品质量及稳定性差、生产成本一直居高不下，企业采用先进的智能装备有利于提升生产线的智能化水平，提高生产效率，提升产品质量，降低产品生产成本，提高产品竞争力。

（3）重视业务的整体协同。实现数字化车间建设，关键是要实现各个业务之间的协同集成，实现信息系统与每个环节之间的融合，杜绝由于人为传递信息造成的信息失真和误解，并做到信息的统一和实时共享。

编委会：邱则有　　编写组：刘　卓